21世纪法学系列教材配套辅导用书

宪法练习题集

（第五版）

主　编　胡锦光

撰稿人　（以撰写章节先后为序）

王理万　王　锴　沈跃东　尤晓红

董　鑫　张献勇　杜吾青

中国人民大学出版社

·北京·

出版说明

法学练习题集系列自2006年出版以来，已经发行了15年。在这15年中，这套书受到了广大法学师生的喜爱，屡屡登上法学畅销书的排行榜。作为编者，我们倍受鼓舞，为能够为中国法学教育事业的发展贡献一点微薄的力量而感到由衷的喜悦，同时也深感自己身上的担子更重了。

这套书的设计初衷是帮助学生通过做练习的方式来检测、巩固所学知识，并通过案例分析、论述等题型的设计，进一步提高解决实务问题的能力和开阔学术研究的视野，通过“应试”的方式提高学习能力。从广大读者的反馈来看，这一设计初衷较好地实现了：学生通过精心设计的同步练习，更好地掌握了本学科的知识，加深了对司法实务问题的理解，并对一些法学学术前沿问题有所涉猎。

具体来讲，这套书有如下一些特点：

第一，帮助学生系统掌握本门学科知识。这套书参照法学课程通用教材设计章节体系，每本练习题集的每章下设“知识逻辑图”栏目，提纲挈领地勾画了一章的内容中不同知识点之间的逻辑关系，能帮助学生更好地理解知识体系、结构、逻辑关系，快速记忆本章的核心知识点。其后设计了名词解释、单项选择题、多项选择题、简答题、案例分析题、论述题等常见题型的自测题，突出了本章的重点、难点知识点，并提供了详细的答案分析，从而不仅可以开阔学生的眼界，帮助学生了解不同类型考题的不同形态，掌握其解题方法，而且可以培养和增强学生的综合实战能力。除每章的自测题外，全书还专门设计了三套综合测试题，学生可以在学完本门课程后自己测验一下对这门课程总的学习效果。

第二，帮助学生通过国家统一法律职业资格考试。法学专业的学生在经过系统学习之后，通过法律职业资格考试应当是顺理成章的事情，然而，法律职业资格考试在大多数法学院校学生中的通过率并不高。这套书从历年法律职业资格考试（司法考试）的试题中精选了部分经典的试题，帮助学生在上学期间了解法律职业资格考试的难度、考查的角度和形式，并进行有针对性的学习和准备。

第三，帮助学生准备考研。一方面，这套书从一些法学名校（如中国人民大学、北京大学、中国政法大学等）的历年考研试题中精选了部分试题；另一方面，这套书专门设计了“论述题与深度思考题”栏目，以拓展学生学术视野，同时，对考研的学生掌握论述题的答题方法和技巧亦有较大帮助。

我们的思路可归纳为：通过似乎回到“应试教育”模式、进行同步练习这样一种“俗”的方式，来达到我们强化“专业教育”的大而不俗的目的。

法学教育进入了新时代，更加强调法学专业学生对国家全面依法治国方略的学习和理解，更加强调法律职业伦理的塑造，更加强调法治人才对法治理论的实际运用能力。原来的“司法考试”升级为“国家统一法律职业资格考试”，无论是客观题还是主观题，都更加强调对案例分析能力的考查。作为一门实践性、应用性很强的学科，法学案例教学的重要性日益凸显。

为了回应新时代法学教育的需求，我们对这套书进行了全新的改版升级。一方面，我们适当增大了各类案例题型（案例型选择题、案例型分析题、案例型论述题）的比例。另一方面，我们力图运用新的出版技术手段，更好地为广大读者服务。在保留原有优势和特色的基础上，我们为每本书增加了相配套的视频讲解，选择书中的重点和难点题目，由作者进行更详细的分析和讲解。书中附数字学习卡，扫码即可观看全部视频。除此之外，为方便读者学习，在有视频解析的题目下也配有二维码，读者扫码即可观看相关的讲解视频。

此外，为了更好地为广大读者服务，我们计划建立读者答疑群。购买正版图书的读者可以凭所附的数字学习卡，一书一码，扫码进微信答疑群，我们会请相关书的作者不定期地进行集中的答疑。在这里，您既可以跟全国的读者进行交流，又可以得到专家学者的指导，从而能在学习上获得更多的帮助和支持。

最后，推荐大家关注中国人民大学出版社法律分社的微信公众号“人大社法律出版”。这里不仅有大量的出版资讯，还有不少的数字资源，是跟我们联系的另一条渠道。

您的喜爱是我们前行的动力，衷心希望这套练习题集能够做得越来越好，在您的前进道路上略尽绵薄之力。

2021 年 11 月

扫码关注“人大社法律出版”

目　录

第一章　总　论

知识逻辑图

- 宪法的概念和本质
  - 宪法的概念
    - 概念一：一个国家法律体系中具有根本法律地位的法律规范的总称。宪法渊源是其外部形式，宪法规范是其实质内容
    - 概念二：它不仅具体地指作为法律形式的宪法，还包括宪法创制、宪法监督等具体地运作宪法的制度，同时，也包括作为与宪法制度相关的宪法思想和各种意识形态
  - 宪法的本质
    - 神意志论
    - 全民意志论
    - 意志调和论
    - 阶级意志论
- 宪法的分类和宪法渊源
  - 宪法的分类
    - 资本主义类型的宪法和社会主义类型的宪法
    - 其他分类
      - 成文宪法和不成文宪法
      - 刚性宪法和柔性宪法
      - 钦定宪法、民定宪法和协定宪法
      - 近代宪法和现代宪法
  - 宪法渊源
    - 宪法典
    - 宪法判例、宪法惯例
    - 宪法修正案、签订的国际条约
- 宪法的创制
  - 宪法制定
  - 宪法修改
    - 宪法修改的原因
    - 宪法修改的方式与界限
  - 宪法解释
    - 宪法解释的原因
    - 宪法解释的方式
    - 宪法创制、宪法解释、宪法修改的关系
- 宪法规范
  - 宪法规范的构成要素：规范的主体、规范的客体、规范的对象、规范力的范围
  - 宪法规范的逻辑结构：规范发生的条件、规范形态、规范的调控方式
  - 宪法规范与普通法律规范的关系：宪法规范与普通法律规范的逻辑结构不同；宪法规范与普通法律规范在规范客体上不同；宪法规范与普通法律规范的规范对象不同
- 宪法的效力和作用
  - 宪法的效力
    - 空间效力
    - 时间效力
    - 对人效力
    - 对事效力
    - 宪法序言的效力

宪法的效力和作用
- 宪法的作用
  - 宪法发挥作用的基本前提和条件
  - 宪法在组织国家政权方面的作用：确认和规范国家权力
  - 宪法在保障公民权利方面的作用
  - 宪法在维护国家和社会基本制度方面的作用
  - 宪法在实行法治方面的作用

名词解释和概念比较

1. 宪法关系（考研）
2. 立宪主义（考研）
3. 宪法惯例（考研）
4. 违宪司法审查（考研）
5. 宪法解释（考研）
6. 成文宪法与不成文宪法（考研）
7. 柔性宪法（考研）
8. 宪法指导思想（考研）
9. 宪法规范
10. 宪法的价值

选择题

（一）单项选择题

1. 宪法最主要、最核心的价值在于（　　）。

A. 确认社会各阶级的政治地位

B. 使民主制度法律化

C. 保障公民的基本权利

D. 集中体现阶级力量的对比关系

2. 关于我国宪法的修改，下列表述正确的是（　　）。（考研）

A. 现行宪法规定了不得进行修改的内容

B. 全国人大常委会有权对宪法作部分修改

C. 1/5 以上的全国人大代表有权提议宪法修改

D. 宪法修改须由全国人大以出席代表的 2/3 以上多数通过

3. 综观世界各国成文宪法，结构上一般包括序言、正文和附则三大部分。对此，下列哪一表述是正确的？（　　）（法考改编）

A. 世界各国宪法序言的长短大致相当

B. 我国宪法附则的效力具有特定性和临时性两大特点

C. 国家和社会生活诸方面的基本原则一般规定在序言之中

D. 新中国前三部宪法的正文中均将国家机构置于公民的基本权利和义务之前

4. 宪法的渊源即宪法的表现形式。关于宪法渊源，下列哪一表述是错误的？（　　）（法考改编）

A. 一国宪法究竟采取哪些表现形式，取决于历史传统和现实状况等多种因素

B. 宪法惯例实质上是一种宪法和法律条文无明确规定，但被普遍遵循的政治行为规范

C. 宪法性法律是指国家立法机关为实施宪法典而制定的调整宪法关系的法律

D. 有些成文宪法国家的法院基于对宪法的解释而形成的判例也构成该国的宪法渊源

5. 下面对宪法规范的制裁力表述正确的是（　　）。

A. 宪法规范具有制裁性，但是没有惩罚性

B. 与法律规范相比较，宪法规范的制裁性更侧重于宏观领域

C. 宪法规范的制裁力比具体法律规范的制裁力要弱得多

D. 与具体法律规范相比，宪法规范没有拘束力，也没有惩罚性

6. 宪法中最核心的权利义务关系是指（　　）。

A. 国家与社会团体间的权利义务关系

B. 国家与国家机关间的权利义务关系

C. 公民与公民间的权利义务关系

D. 公民与国家间的权利义务关系

7. 下列选项中最早提出宪法制定权概念的是（　　）。

A. 卢梭　　B. 霍布斯

C. 博丹　　D. 西耶士

8. 我国现行宪法的修改条款出现在下列哪一选项之中？（　　）

A. 宪法序言　　B. 正文的总纲部分

C. 正文的附则部分　　D. 正文的分则部分

9. 宪法的制定是指制宪主体按照一定程序创制宪

法的活动。关于宪法的制定，下列哪一选项是正确的？（　　）（法考改编）

A. 制宪权和修宪权是具有相同性质的根源性的国家权力

B. 人民可以通过对宪法草案发表意见来参与制宪的过程

C. 宪法的制定由全国人民代表大会以全体代表的2/3以上的多数通过

D. 1954年《宪法》通过后，由中华人民共和国主席根据全国人民代表大会的决定公布

10. 关于我国宪法修改，下列哪一选项是正确的？（　　）（法考改编）

A. 我国修宪实践中既有对宪法的部分修改，也有对宪法的全面修改

B. 经1/10以上的全国人大代表提议，可以启动宪法修改程序

C. 全国人大常委会是法定的修宪主体

D. 宪法修正案是我国宪法规定的宪法修改方式

11. 宪法意义的美国宪法监督制度是通过以下哪种形式建立起来的？（　　）

A. 美国宪法的规定

B. 马伯里诉麦迪逊案件的判决

C. 华盛顿总统的宣告

D. 林肯总统的宣告

12. 宪法是国家的（　　）。（考研）

A. 根本法　　B. 基本法律

C. 一般法律　　D. 永恒之法

13. 英国立宪主义制度体现的核心思想是（　　）。（考研）

A. 议会主权　　B. 权力分立

C. 天赋人权　　D. 法治主义

14. 宪法规范区别于普通法律规范的首要特点是（　　）。

A. 内容的根本性　　B. 效力的最高性

C. 立法的原则性　　D. 实现的多层次性

15. 关于宪法规范，下列哪一说法是不正确的？（　　）（法考改编）

A. 具有最高法律效力

B. 在我国的表现形式主要有宪法典、宪法性法律、宪法惯例和宪法判例

C. 是国家制定或认可的、宪法主体参与国家和社会生活最基本社会关系的行为规范

D. 权利性规范与义务性规范相互结合为一体，是我国宪法规范的鲜明特色

16. 从一般意义上讲，当宪法规范与社会生活发生冲突时，下列选项中首先应当被采用的是（　　）。

A. 通过停止现行宪法的实施解决冲突与矛盾

B. 通过宪法废除方法解决冲突与矛盾

C. 通过宪法修改的方式解决冲突与矛盾

D. 通过宪法解释的方法解决冲突与矛盾

17. 下列选项中（　　）最早设立了宪法法院。

A. 德国　　B. 意大利

C. 瑞典　　D. 奥地利

18. 根据我国现行宪法的规定，我国实行的是由（　　）负责保障宪法实施的体制。

A. 立法机关　　B. 司法机关

C. 专门机关　　D. 行政机关

19. 欧洲大陆首先颁布成文宪法的国家是下列哪个国家？（　　）

A. 英国　　B. 德国

C. 法国　　D. 奥地利

20.《中国人民政治协商会议共同纲领》（简称《共同纲领》）在新中国成立之初，起到了临时宪法的作用，其制定机关是（　　）。

A. 全国人民代表大会

B. 中国共产党

C. 全国人民代表大会常务委员会

D. 中国人民政治协商会议

21. 下列选项中有权解释宪法的机关是（　　）。（考研）

A. 全国人大

B. 全国人大常委会

C. 最高人民法院

D. 特别行政区终审法院

22. 成文宪法和不成文宪法是英国宪法学家提出的一种宪法分类。关于成文宪法和不成文宪法的理解，下列哪一选项是正确的？（　　）（法考改编）

A. 不成文宪法的特点是其内容不见于制定法

B. 宪法典的名称中必然含有“宪法”字样

C. 美国作为典型的成文宪法国家，不存在宪法惯例

D. 在程序上，英国不成文宪法的内容可像普通法

律一样被修改或者废除

23. 我国《立法法》明确规定：“宪法具有最高的法律效力，一切法律、行政法规、地方性法规、自治条例和单行条例、规章都不得同宪法相抵触。”关于这一规定的理解，下列哪一选项是正确的？（　　）（法考改编）

A. 该条文中两处“法律”均指全国人大及其常委会制定的法律

B. 宪法只能通过法律和行政法规等下位法才能发挥它的约束力

C. 宪法的最高法律效力只是针对最高立法机关的立法活动而言的

D. 维护宪法的最高法律效力需要完善相应的宪法审查或者监督制度

24. 宪法惯例形成的前提是，书面的宪法文件对某些宪法事项没有作出明确规定，而政治实践中又需要一定的政治规则。关于宪法惯例，下列哪一选项是正确的？（　　）（法考改编）

A. 具有规范性，其含义由权威机关加以解释确认

B. 由国家的强制力来保障实施，违反宪法惯例会直接导致一定的法律后果

C. 宪法惯例并非我国的宪法渊源

D. 可以采取成文的形式

25. 关于合宪性审查和备案审查，下列选项正确的是（　　）。（法考改编）

A. 备案审查是指对规范性文件的事前审查

B. 全国人大常委会备案审查的对象包括行政法规、规章、司法解释

C. 合宪性审查的主体是全国人大宪法和法律委员会

D. 合宪性审查的对象包括规范性文件和具体行为

视频讲题

26. 关于我国宪法的效力，下列说法错误的是（　　）。（考研）

A. 现行宪法首次明确规定宪法具有最高法律效力

B. 一切法律、行政法规和地方性法规都不得同宪法相抵触

C. 国家机关和武装力量，各政党都必须以宪法为根本的活动准则

D. 法院审理案件时，一般不得直接引用宪法，故宪法对法院的审判活动没有拘束力

27. 通过宪法修正案对宪法部分内容修改和完善，是宪法修改的一种方式。我国采用这一方式开始于（　　）年。（考研）

A. 1979　　B. 1982

C. 1988　　D. 2004

28.《中华人民共和国宪法》（1982 年）实施以来，先后五次以修正案的形式进行了修改。下列宪法条款与宪法修正案对应正确的是（　　）。（国家公务员考试）

A. 公民的合法的私有财产不受侵犯——1993 年宪法修正案

B. 农村集体经济组织实行家庭承包经营为基础、统分结合的双层经营体制——2004 年宪法修正案

C. 国家尊重和保障人权——1999 年宪法修正案

D. 中国共产党领导是中国特色社会主义最本质的特征——2018 年宪法修正案

（二）多项选择题

1. 宪法作为国家根本法，在国家和社会生活中发挥着重要作用。关于宪法作用和相关制度的说法，下列选项正确的是（　　）。（法考改编）

A. 宪法宣誓制度有利于宪法作用发挥

B. 宪法修改是宪法作用发挥的重要前提

C. 宪法为避免法律体系内部冲突提供了具体机制

D. 宪法能够为司法活动提供明确而直接的依据

视频讲题

2. 宪法与普通法律的主要区别表现在（　　）。

A. 宪法的内容具有根本性、宏观性、全面性的特点

B. 宪法具有最高的法律效力

C. 宪法的制定和修改程序更加严格

D. 宪法解释和监督实施的主体与程序不同

3. 依据宪法的法律效力和制定修改程序不同，宪

法分为（ ）。

A. 成文宪法　B. 不成文宪法

C. 刚性宪法　D. 柔性宪法

4. 根据宪法，下列选项中有权向全国人大提出修宪议案的主体包括（ ）。（考研）

A. 全国人大常委会

B. 全国人大主席团

C. 600名以上全国人大代表联名

D. 3个以上全国人大代表团

5. 根据我国《宪法》和法律，关于国家勋章和国家荣誉称号，下列选项正确的是（ ）。（法考改编）

A. 国家勋章和国家荣誉称号是国家最高荣誉

B. 全国人大常委会有权决定国家勋章和国家荣誉称号的授予

C. 国务院可以向全国人大常委会提出授予国家勋章和国家荣誉称号的议案

D. 全国人大常委会可以依法决定对国家勋章和国家荣誉称号予以撤销

6. 宪法解释的主要方法主要有（ ）。

A. 文义解释　B. 体系解释

C. 规范解释　D. 目的解释

7. 下列选项中，哪些是不成文宪法国家的渊源？（ ）（考研）

A. 宪法典　B. 宪法性法律

C. 宪法惯例　D. 宪法判例

8. 我国宪法规定，法院、检察院和公安机关办理刑事案件，应当分工负责，互相配合，互相制约。对此，下列哪些选项是正确的？（ ）（法考改编）

A. 分工负责是指三机关各司其职、各尽其责

B. 互相配合是指三机关以惩罚犯罪分子为目标，通力合作，互相支持

C. 互相制约是指三机关按法定职权和程序互相监督

D. 公、检、法三机关之间的这种关系，是权力制约原则在我国宪法上的具体体现

9. 我国《宪法》第二章规定了“公民的基本权利”。《宪法》中的权利之所以被称为基本权利，下列选项的理由中，正确的有（ ）。（法考改编）

A. 对公民来说不可或缺

B. 是公民其他权利的基础

C. 由《宪法》规定

D. 涉及公民和国家之间的关系

10. 在我国制定颁布的四部宪法中，规定由全国人民代表大会行使宪法实施监督权的有（ ）。

A. 1954年《宪法》　B. 1975年《宪法》

C. 1978年《宪法》　D. 1982年《宪法》

11. 党的十八届四中全会决定明确指出：“完善以宪法为核心的中国特色社会主义法律体系。”据此，下列哪些做法是正确的？（ ）（法考改编）

A. 建立全国人大及其常委会宪法监督制度，健全宪法解释程序机制

B. 健全有立法权的人大主导立法工作的体制，规范和减少政府立法活动

C. 探索委托第三方起草法律法规草案，加强立法后评估，引入第三方评估

D. 加快建立生态文明法律制度，强化生产者环境保护的法律责任

12. 宪法的作用有（ ）。

A. 确认和巩固作用　B. 限制和规范作用

C. 调解作用　D. 稳定作用

13. 宪法关系主体是宪法权利和宪法义务的直接承担者和直接行使者，包括（ ）。

A. 公民因其平等性、自由性、主动性成为宪法关系中最为活跃的主体因素

B. 国家机关是国家在宪法关系中的主要存在方式

C. 多民族国家的宪法一般都规定了民族的地位和权利

D. 利益集团也是宪法关系的一种主体

14. 宪法修正案的主要功能有（ ）。

A. 直接在宪法条文中以新内容代替旧内容

B. 废除宪法原有的条款或内容

C. 变动宪法中的规定

D. 增补宪法的条款或内容

15. 根据《立法法》的规定，下列哪些选项是不正确的？（ ）（法考改编）

A. 国务院和地方各级政府可以向全国人大常委会提出法律解释的要求

B. 经授权，行政法规可设定限制公民人身自由的强制措施

C. 专门委员会审议法律案的时候，应邀请提案人列席会议，听取其意见

D. 地方各级人大有权撤销本级政府制定的不适当

的规章

16. 关于宪法表现形式的说法，下列哪些选项是正确的？（　　）（法考改编）

A. 宪法典是所有国家宪法结构体系的核心，均具有内容完整、逻辑严谨的特征

B. 宪法判例主要存在于普通法系国家，这些国家具有“遵从先例”的司法传统

C. 宪法判例在美国只能通过联邦最高法院新的宪法判例才能推翻

D. 宪法判例在英国有着调整英王、议会、内阁之间关系的决定性作用

（三）不定项选择题

1. 下列关于宪法规范的表述，正确的是（　　）。（考研）

A. 宪法规范的效力高于法律、法规的效力

B. 宪法规范不调整国家和无国籍人之间的关系

C. 宪法规范因具有权威性而无须进行宪法解释

D. 宪法规范具有政治性，只能通过立法具体化

2. 根据我国现行宪法的规定，下列哪些机关有权解释宪法？（　　）

A. 全国人民代表大会

B. 最高人民法院

C. 全国人民代表大会及其常务委员会

D. 全国人民代表大会常务委员会

3. 下面对宪法内涵的理解，正确的有（　　）。

A. 宪法是国家的根本法

B. 宪法是公民权利的保障书

C. 宪法是民主事实法律化的基本形式

D. 宪法是调整国家和公民关系的基本法律

4. 下列关于宪法序言效力的说法，正确的是（　　）。

A. 整个宪法序言都具有最高法律效力

B. 整个宪法序言都没有最高法律性

C. 整个宪法序言具有高于宪法正文的法律效力

D. 整个宪法序言具有仅次于宪法正文的效力

5. 关于宪法效力的说法，下列选项正确的是（　　）。（法考改编）

A. 宪法修正案与宪法具有同等效力

B. 宪法不适用于定居国外的公民

C. 在一定条件下，外国人和法人也能成为某些基本权利的主体

D. 宪法作为整体的效力及于该国所有领域

6. 宪法修改的方式有（　　）。

A. 宪法全文进行修改，以新宪法取代旧宪法

B. 对宪法原有的部分条款加以改变，或者新增若干条款，而不牵动其他条款和整个宪法的修改方式

C. 形式上没有改变宪法条文内容，但在实际上变更了其含义的修改方式

D. 以宪法修正案形式

7. 在宪法规范与社会现实发生非正常性的严重冲突时，需要对宪法进行（　　）。

A. 全面修改　　B. 部分修改

C. 有形修改　　D. 无形修改

8. 宪法指引作用的实现途径主要是（　　）。

A. 宪法创制　　B. 宪法适用

C. 宪法遵守　　D. 宪法修改

9. 宪法规范的正常变动包括（　　）。

A. 宪法修改　　B. 宪法解释

C. 宪法破坏　　D. 宪法侵害

10. 制宪权的行使要（　　）。

A. 受宪法目的的制约　　B. 受法的理念的制约

C. 受自然法的制约　　D. 受国际法的制约

11. 宪法关系是立宪社会最为基本的政治秩序在宪法上的表现。关于宪法关系的要素正确的说法是（　　）。

A. 宪法关系主体是公民和国家，在某种情况下宪法关系的双方主体都是公民

B. 公民权利和国家权力是宪法关系的实质内容

C. 宪法关系的客体是宪法行为

D. 在宪法行为中宪法权利行为应当占主导位置

视频讲题

简答题

1. 简述宪法解释权与宪法修改权的关系。（考研）

2. 宪法规范的结构及种类。（考研）

3. 简述全国人大常委会进行合宪性审查的程序。（考研）

4. 宪法修改的限制。(考研)

5. 试述我国现行宪法的修改程序。

6. 人民主权原则的体现。(考研)

7. 什么是宪法?一部完整的宪法应该包括哪些基本内容?(考研)

8. 请结合中国近现代制定不同类型的多部宪法的历史,简单谈谈宪法在国家和社会发展中的作用。(考研)

9. 宪法规范有哪些主要特点?(考研)

10. 怎样理解宪法的根本法特征?(考研)

11. 为什么说宪法是公民权利的保障书?

12. 简述对我国宪法修改的评价。

13. 简述宪法渊源的基本类型。

14. 为什么说宪法是国家的根本法?

15. 宪法分类的意义是什么?

16. 宪法解释的原则是什么?

17. 宪法修改的原因是什么?

18. 宪法在形成民主政治秩序时应该具有什么功能?

19. 简述我国现行宪法中有关文化内容的规定。

20. 形式意义上的宪法和实质意义上的宪法有什么区别?实质意义上的宪法包括哪两类?(考研)

案例分析题

1. 对条约的合宪性审查——砂川事件(日本最高院 1959 年 12 月 16 日大法庭判决,刑集 13 卷 13 号 3225 页)

案件概要

在砂川案件判决中,反对砂川基地扩张的游行队伍的一部分进入了禁止进入的场所,被视为违反了《刑事特别法》第 2 条的规定。该案件涉及《日美安全保障条约》(以下简称“安保条约”)是否符合宪法以及法院是否有权对条约的合宪性进行审查。在本案一审中,并没有直接涉及条约的合宪性,而是认为“美军驻扎在日本,并没有妨碍日本国政府的行为”。当然,从“日本国政府允许联合国驻扎在日本”是违宪的意思来看,如果不适用日本《刑事特别法》所规定的正当程序就不得课以刑罚,与日本《宪法》第 31 条相悖。

对此,越级上诉人认为,一审判决对日本《宪法》第 9 条及日本《宪法》序言的解释存在误解。条约不涉及法院审查权的问题,条约一般不涉及审查权。安保条约是与日本国防密切相关的具有高度政治性的条约,超过了审判权的界限。

判决内容

本案判决认为:本案所涉及的安保条约是与作为主权国家的日本国的存在基础有着重大关系的高度政治性问题。对它的内容作出是否合乎宪法的法律上的判断,是缔结条约的内容和批准条约的国会所具有的高度政治性的自由裁量内容。因此,对上述条约作出是否合乎宪法的法律上的判断,在法院的司法审查中,原则上不应被涉及。仅限于非常明显地存在违反宪法无效的场合中才能作出这种判断,一般应当在法院的司法审查范围之外。基于有缔结条约权的内阁和对缔结条约具有确认权的国会的判断,最终应当接受享有主权的国民的政治批判(引用了“统治行为”不审查原则)。

问题

(1) 条约能否成为合宪性审查的对象?

(2) 该案判决中的“统治行为”不审查原则是指什么?

2. 2018 年 8 月,全国人大常委会对《个人所得税法》作出修改。根据修改后的《个人所得税法》第 6 条,居民个人的综合所得,以每一纳税年度的收入额减除费用 6 万元以及专项扣除、专项附加扣除和依法确定的其他扣除后的余额,为应纳税所得额。其中,专项附加扣除包括子女教育、继续教育、大病医疗、住房贷款利息或者住房租金、赡养老人等支出,具体范围、标准和实施步骤由国务院确定并报全国人大常委会备案。2018 年 12 月,国务院印发《个人所得税专项附加扣除暂行办法》,该办法明确了专项附加扣除的范围、标准、方式以及保障措施等内容。请结合上述材料,根据宪法学理论和实践,回答下列问题:

(1)《个人所得税法》规定专项附加扣除制度的宪法依据是什么?

(2) 全国人大常委会和国务院在个人所得税立法方面的权限划分是什么?

论述题与深度思考题

1. 试述我国宪法的局限性及消除局限性的对策。

2. 论宪法与国际条约的关系。
3. 试论违宪与违法的关系。
4. 试述宪法序言的效力。
5. 怎样看待宪法判例的地位和作用?

参考答案

名词解释和概念比较

1. 宪法关系是根据宪法规范产生的，以宪法主体间的权利、义务形式表现出来的，反映一国社会经济制度和政治制度基本性质的法律关系。它是宪法规范调整一定范围内的社会关系的结果，是社会生活中最根本的权利义务关系，直接反映着特定的基本利益结构和政治结构，并构成其他法律关系的基础。宪法关系主体的一方恒为公共权力机关，另一方为公民、法人、政党、社会团体等。其内容主要是公共权力与公民权利的关系。

2. 英语中的立宪主义（constitutionalism）是个多义词，除立宪主义的含义外，还包括立宪制度、宪法论等意思。虽然其内容广泛，但至少包括以下要素：(1) 强调权力制约在立宪主义思想中的地位，把立宪主义理解为一种人权保障的手段。(2) 作为一种政治哲学，立宪主义是科学地组织国家权力的方法与原则，其作用在于保证国家权力的合理性。(3) 宪法是立宪主义的基础，宪法是否正当，决定了立宪主义的实现程度。总之，它是以宪法为前提、以民主政治为核心、以法治为基石、以保障人权为目的的政治形态和过程。

3. 在宪法学研究中，一般认为宪法惯例是宪法渊源的一种。但是，相对于其他宪法渊源而言，宪法惯例并不具有十分严格的宪法规范构成要件及宪法效力，而是一种习惯性的宪法行为方式。虽然，所谓宪法惯例是宪法渊源的一种，主要是针对英国等不成文法国家而言的，但是，它也是成文宪法国家宪法渊源的一种。其重要的特征是宪法惯例对实施宪法活动具有与明示的宪法规范一样的拘束力。原则上可以通过修改宪法的方式将其变成规定在宪法典或者宪法性法律中的宪法规范。但是，由于宪法惯例作为一种具有历史传统的习惯做法，一直被人们所遵循，所以，不将宪法惯例明确地规定在宪法典中或者宪法性法律中，有时更能体现这些宪法惯例在宪法实施过程中的权威性与稳定性。

4. 这是世界上现存的三大合宪性审查模式之一。该制度肇始于美国，也以美国为代表，后被日本、菲律宾以及其他中南美洲的国家所仿效。但是美国宪法典并没有明确规定该类宪法审查模式，而是通过著名的马伯里诉麦迪逊案将其最终确立于美国宪法实践。其审查主体是包括下级法院在内的普通司法机关；其审查的对象主要是国会的立法行为及其他公权力机关的行为；基于权力分立原理，美国的司法机关需要司法自治，所以法院很难平衡司法积极主义与司法消极主义的关系。该司法审查模式，是一种附随性审查方式，它以案件为前提，在具体的、普通的法律诉讼过程中附带性地对公共权力机关的行为是否合宪进行审查，所以也被称为具体性审查模式。

5. 宪法解释是指有权的宪法解释机关，在宪法实施过程中，对宪法的条文所作的理解与说明。它是使宪法得以实现，得以继续形成的基本方式之一，同时是解决宪法规范与社会现实之间冲突的最基本、最经常的手段。宪法解释的功能如下：明确宪法含义，保障宪法实施；补充宪法遗漏；使宪法适应社会现实的变迁，协调法的现实价值与规范性价值；通过宪法解释，维护法制的统一。宪法解释遵循以下原则：统一性原则，利益衡量性原则，稳定性原则。与违宪审查相呼应，宪法解释的机关分为立法机关、司法机关，以及以宪法法院、宪法委员会为代表的专门机关。其解释方法包括文义解释、历史解释、比较解释、目的解释等。

6.

成文宪法	不成文宪法
成文宪法是指一个国家中用名称为“宪法”的成文法典来表现各种具有宪法效力的法律规范。这些通过名称为宪法的成文法典表现出来的宪法规范是明示的宪法规范，名称为宪法的成文法典一经产生，人们就知道确定在该成文法典中的法律规范为宪法规范。世界主要国家都采用成文宪法	在宪法学上将宪法分为成文宪法与不成文宪法，主要是从不同的创制宪法的文化传统来考虑的。不成文宪法是指在一个国家中，宪法规范不是通过一个名称为宪法的成文法典的法律文件表现出来的，而是通过一系列约束公共权力的法律文件中所包含的法律规范加以体现的，同时还包括非成文形式的表现方式，如宪法惯例、宪法判例等

7. 把宪法分为刚性宪法与柔性宪法是英国学者詹姆斯·布赖斯于1901年首先提出的。这种区分标准是要考查创制宪法与创制普通法律的形式和程序上的差

异，突出强调创制活动的特殊性与重要性。柔性宪法是指创制宪法的形式与程序跟普通法律一样，因此，由此产生的宪法在法律效力上与普通法律是一样的。英国是柔性宪法的典型代表。宪法的创制程序、修改程序与普通法律的相同，在适用和遵守不成文宪法时与普通法律具有相同的法律约束力。

8. 宪法指导思想是体现统治阶级意识形态并指导宪法制定、修改和实施的思想原则和理论体系。宪法的指导思想是制定或者修改宪法时确定宪法的发展方向和基本原则的理论基础，是我国宪法的重要组成部分，是宪法的核心和灵魂。我国宪法的指导思想被规定在宪法序言中，指的是马克思列宁主义、毛泽东思想、邓小平理论、“三个代表”重要思想、科学发展观、习近平新时代中国特色社会主义思想。

9. 宪法规范是调整国家最基本、最重要的社会关系的各种规范的总和。宪法规范并不调整所有的社会关系，而只调整国家和社会生活中最基本的社会关系。宪法规范具有以下特点：政治性，组织性与限制性，最高性，稳定性与适应性，制裁性。其逻辑结构也由假定、处理与制裁三部分组成。

10. 宪法的价值是指宪法本身及其在实施过程中能够满足宪法关系主体一系列需要或实现宪法关系主体一系列目标的内在规定性。宪法价值的实现是一个系统的过程。宪法价值先以宪法功能的形式表现出来，为宪法立法和宪法作用的发挥提供一个范围和方向，然后通过宪法原则和宪法规范及宪法立法过程予以立法具体化。最后，宪法的作用是宪法价值的最终实现，宪法的评价是以宪法价值为标准尺度的。

选择题

（一）单项选择题

1. 答案 C

本题考查的是宪法的核心价值。选项 A、D 是从宪法阶级本质的角度阐述的，并不是宪法的价值。选项 B 属于宪法的外在本质，是存在的事实，并非宪法的真正价值。选项 C 正确：现代意义的宪法，其主要功能是通过控制公共权力机关权力的行使来保障公民的基本权利。其核心价值在于对公民基本权利的保障。

2. 答案 C

我国宪法没有规定不得进行修改的内容，但不代表对宪法的修改内容没有限制，故 A 错误。宪法修改权只属于全国人大，全国人大常委会没有修改宪法的权力，故 B 错误。有权提议修改宪法的主体有两个：一是全国人大常委会，二是 1/5 以上的全国人大代表，故 C 选项正确。宪法修改的提议，由全国人大以全体代表的 2/3 以上的多数通过。D 中是出席代表，出席代表不等于全体代表，因而 D 错误。

3. 答案 D

A 项：说法错误，不当选。宪法一般由三部分构成：序言、正文、附则。大多数国家的宪法都有序言，有的国家宪法序言短，比如说美国，有的国家的宪法序言长，比如中国、朝鲜。BC 项：说法错误，不当选。我国现行宪法由序言和正文两部分构成，没有附则。序言由四个部分构成：历史发展的叙述、我国的根本任务、国家的基本政策、宪法的根本法地位和最高效力。正文有四章构成：总纲，公民的基本权利和义务，国家机构，国旗、国歌、国徽、首都。国家和社会生活诸方面的基本原则被规定在“总纲”之中。D 项：说法正确，当选。1954 年、1975 年、1978 年三部《宪法》均将国家机构置于公民的基本权利和义务之前。

4. 答案 C

A 选项正确，宪法的表现形式受到历史、文化、民族、经济等多种因素的影响，一个国家究竟采用成文宪法的形式还是不成文宪法的形式，往往要具体问题具体分析，典型如英国和美国这两个国家。B 选项正确，宪法惯例是指在实际的政治生活中存在着的，并为国家机关、政党及公众所普遍遵守的，具有宪法效力的习惯或传统。宪法惯例并非法律，因此并没有具体的法律形式，但它涉及国家根本制度、公民基本权利和义务等基本性的宪法问题；宪法惯例并不借由国家强制力保障，而主要依靠政治家的自觉和公共舆论来保证实施。C 选项错误，宪法性法律是指调整宪法关系的普通法律，因此无论在成文宪法国家还是不成文宪法国家（没有宪法典），宪法性法律都普遍存在。D 选项正确，宪法判例也是宪法的重要渊源，典型如具有宪法专门机关的德国和法国。

5. 答案 B

本题考查宪法规范结构中的“制裁”要素。宪法规范与其他普通的法律规范一样，也由假定、处理、制裁三要素组成。制裁是宪法规范中规定的、因为违反宪法的规定而产生的法律后果或不利益。制裁要素是保证宪法规范有效实施的必不可少的措施。宪法规范是具有最高法律效力的法律规范。这种性质要求宪法规范具有某种适用性，而不是仅仅停留在纸面上或政治宣言的层面上。现实生活中宪法的适用无论通过司法途径还是其他途径，都需要宪法规范的制裁性来保证其最高效力性。宪法规范的制裁力是宪法监督机关或适用宪法的国家机关对于违反宪法的行为所采取的为维护宪法地位和保证宪法秩序的措施；根据各国的实践，包括撤销公共权力机关的行为、宣布公共权力机关的行为无效，罢免、弹劾公职人员等。以上既是制裁性的表现，也是惩罚性的表现。因为在我们国家，宪法没有得到具体适用，所以给人们造成宪法不具制裁性的假象。其实并非如此，只不过因为宪法调整的对象具有广泛性，所以其规范的制裁性更具宏观性，且其制裁的效力不弱于具体法律的制裁效力。

6. 答案 D

本题考查宪法关系。宪法关系是指根据宪法规范产生的，以宪法主体之间的权利、义务关系表现出来的，反映一国社会经济制度和政治制度基本性质的法律关系。从宪法内容来看，宪法关系体系包括权力与权力之间的关系和权利与权力之间的关系。前者主要是指国家机关间的关系。因为宪法的根本价值就是通过规制国家公共权力机关的活动，达到最终保障公民基本权利的目的，所以，后者是宪法中最核心的。

7. 答案 D

本题考查最早提出制宪权概念的人物是谁。制宪权是制宪主体按照一定的原则创造作为国家根本法的宪法的一种权力。该概念是在社会变迁过程中产生和发展的，标志着宪法制定行为的规范化与自我完善程度。制宪权理论源于古代雅典、古罗马的法制及中世纪高级法思想，但是最早系统论述宪法制定权概念及其理论体系的学者是法国大革命时期的著名学者西耶士（1748—1836），他在《第三等级是什么》一书中提出了制宪权主体、制宪权性质等理论。

8. 答案 D

本题考查宪法结构问题。读者需大体掌握我国宪法典的结构。我国现行《宪法》第 64 条是关于宪法修改程序的条款。

9. 答案 B

修宪权是依据制宪权而产生的权力形态。制宪权与修宪权是两种不同性质的权力。故 A 项“制宪权和修宪权是具有相同性质的……国家权力”的说法错误。人民是制宪主体。人民可以直接参与制宪过程，比如通过对宪法草案发表意见来参与制宪的过程，故 B 项对。宪法的通过人数，不同的国家有不同的规定，有的国家甚至规定要通过全体投票、全民公决的方式批准。C 项仅考虑我国宪法制定实践，不全面，故错误。1954 年《宪法》通过后，由第一届全国人民代表大会第一次会议以中华人民共和国全国人民代表大会公告形式公布。故 D 项错误。

10. 答案 A

我国 1975 年《宪法》、1978 年《宪法》、1982 年《宪法》都属于全面修改，1988 年、1993 年、1999 年、2004 年、2018 年分别对 1982 年《宪法》进行了部分修改，故 A 项正确。《宪法》第 64 条第 1 款规定：“宪法的修改，由全国人民代表大会常务委员会或者五分之一以上的全国人民代表大会代表提议，并由全国人民代表大会以全体代表的三分之二以上的多数通过。”故 B 项“十分之一以上”说法错误。法定修宪机关是全国人大，而非全国人大常委会，故 C 项错误。我国宪法对宪法修改方式并无明确规定，宪法修正案是实践中对 1982 年《宪法》的修改方式。故 D 项错误。

11. 答案 B

本题考查美国宪法监督制度的历史。现代意义上的美国宪法监督制度在美国制定联邦宪法之初并没有确立。在美国联邦宪法中并未确立一套固定的合宪性审查制度，也没有对宪法解释作出规定。现代意义上的美国宪法监督制度是在司法实践中通过 1803 年的马伯里诉麦迪逊案建立起来的，它将宪法解释权与司法审查权结合起来，创造了美国的合宪性审查制度。美国的宪法监督制度属于司法机关的监督制度，是由普通法院通过司法程序依照司法原则对正在审理的各类案件所涉及的作为该案件审理依据的法律、行政法规及行政命令等规范性文件的合宪性进行审查的监督制度。现代主要为一些英美法系国家采用，如加拿大。当然，日本国宪法是在麦克阿瑟草案的基础上形成的，所以，日本的合宪性审查制度也是该类型的。

12. 答案 A

本题考查宪法的地位，及根本法与“基本法律”的区别。在成文宪法国家，只有宪法才能成为根本法：因为其确定了制宪的目的、公民的基本权利以及政府的基本体制。基本法律一般是指有关刑事、民事、国家机构等的重要法律，这些法律只能由全国人大制定，全国人大常委会只能对此进行修改。宪法具有稳定性，成文宪法一般也规定了比较烦琐的修改程序以维持其稳定性，但其绝非永恒之法，而是可以按照法律程序进行修改的。

13. 答案 A

英国实行“议会至上”，实行“议会主权”。“议会主权”的表现主要有两个方面：一方面，议会立法权在国家权力中处于最高地位。只要政府存在，立法权就应当是最高权力。行政权与司法权从属于立法权，并对立法权负责。另一方面，议会有权监督执行权的行使，有权调动和更换执行机关，从而使执行权对立法权的政治责任得到贯彻。议会主权是人民主权在英国的具体体现。在英国并没有实行严格意义上的权力分立：其议会的上议院，同时享有司法权；而且上议院议长，同时是大法官，也是内阁成员之一。在英国，天赋人权理念和法治主义是建立在议会主权原则基础之上的，所以选 A。

14. 答案 A

本题考查宪法规范特点。四个选项都是宪法规范区别于普通法律规范的特点。但是，本题考查的是“首要特点”，即决定其他特点的基础。正是由于内容的根本性，所以才有后三个选项表述的特点。

15. 答案 B

选项 A 说法正确：在整个国家的法律体系中，宪法是母法、基础法，其他法律都必须以宪法为制定依据，因而宪法规范在国家法律体系中处于最高的地位。选项 B 说法错误：我国并非判例法国家，且法院不能直接适用宪法审理案件，故不存在宪法判例。选项 C 说法正确：由于宪法是国家根本法，宪法规范所调整的社会关系有两大特点：一是调整的对象非常广泛，涉及国家和社会生活各方面最基本的社会关系；二是所调整的社会关系的一方通常总是国家或国家机关。因此，可以将宪法规范定义为：宪法规范是国家制定或认可的、宪法主体参与国家和社会生活最基本社会关系的行为规范。选项 D 说法正确：我国《宪法》第 42 条第 1 款规定，中华人民共和国公民有劳动的权利和义务。第 46 条第 1 款规定，中华人民共和国公民有受教育的权利和义务。在这类规范中，权利与义务互为一体，表现其特殊的调整方式，是我国宪法规范的鲜明特色。

16. 答案 D

本题考查宪法规范与社会生活发生冲突时的解决方法。由于客观方面的原因与制宪者主观方面的原因，随着社会的进步与发展，宪法规范难免与现实生活发生冲突。为了确保宪法的权威性与稳定性，不宜使宪法规范大起大落。所以首选的解决冲突的方式就是采取宪法解释的方法。该方法可以在不变更宪法规范的前提下，使宪法的文本意思适合发展了的社会现实。当宪法解释不能解决冲突时，则采取宪法修改方式，当然，宪法修改也是存在一定界限的。

17. 答案 D

本题考查宪法法院的始创国。宪法法院是合宪性审查机关之一。虽然德国是现代此类合宪性审查体制的代表国家，但是 1920 年的奥地利共和国宪法首创了宪法法院。宪法法院享有广泛的权力，主要是进行宪法解释与宪法监督。但是，宪法法院不以发生具体的诉讼案件为要件，也不以侵害自身利益为前提，在法律规定的特定主体的申请下，可以抽象地对法律、法规及行政命令等规范性文件的合宪性进行审查。

18. 答案 A

本题考查我国现行宪法的合宪性审查机关。由立法机关保障宪法实施的体制是保障宪法实施的体制之一。由立法机关负责保障宪法实施的体制起源于英国。由我国特定的政治理念和政治体制所决定，自 1954 年《宪法》开始即确立了由最高国家权力机关监督宪法实施的体制。1982 年《宪法》沿袭了原有的体制，并在原来只规定由全国人民代表大会监督宪法实施的基础上，增加规定全国人大常委会也负有监督宪法实施的职责。

19. 答案 C

在欧洲大陆，法国 1791 年宪法是最先制定并公布的成文宪法。就全球范围来看，美国是第一个制定成文宪法的国家，它于 1787 年制定了世界上第一部成文宪法。英国宪法虽然有悠久的历史，但是是不成文的。

20. 答案 D

本题考查《中国人民政治协商会议共同纲领》的制定机关。新中国成立之前，并没有代表人民行使国家权力的正式的国家机关。为了建立新中国，确定新中国的政治、经济、军事、文化等基本政策，建立新中国的国家机构体系，需要有一部纲领性的文件。因此，由最能够代表中国人民的中国共产党、各民主党派及著名无党派民主人士组成的中国人民政治协商会议制定了起到临时宪法作用的共同纲领。

21. 答案 B

本题考查的是我国的宪法解释体制。需要明确的是，宪法修改机关是全国人大，宪法解释机关是全国人大常委会。此外，宪法规定由全国人大常委会解释法律。全国人大常委会作出决定，授权国务院、最高人民法院、最高人民检察院行使法律解释的职权。根据基本法的规定，基本法的解释权属于全国人民代表大会常务委员会。全国人民代表大会常务委员会授权香港特别行政区法院在审理案件时对基本法关于香港特别行政区自治范围内的条款自行解释。

22. 答案 D

A 项，不成文宪法不具有统一法典的形式，但不是说其内容不见于制定法，而是散见于多种法律文书、宪法判例和宪法惯例之中。不成文宪法最显著的特征在于，虽然各种法律文件并未冠以宪法之名，但却发挥着宪法的作用。B 项，成文宪法是指具有统一法典形式的宪法，其最显著的特征在于法律文件上既明确表述为宪法，又大多冠以国名，如《日本国宪法》《法兰西第五共和国宪法》《中华人民共和国宪法》等，但并不绝对。C 项，美国是典型的成文宪法国家，但其宪法渊源不仅包括宪法典，也包括宪法惯例。如司法审查权，就是由宪法惯例形成的。D 项，英国的宪法是不成文宪法，也是柔性宪法，制定、修改的机关和程序与一般法律相同。

23. 答案 D

选项 A 错误：第一处的“法律”不是仅指全国人大及其常委会制定的法律，其指的是法的一般特征。选项 B、C 错误：宪法的最高法律效力主要包括三个方面的含义。(1) 宪法是制定普通法律的依据，普通法律是宪法的具体化。立法机关在立法时必须以宪法的规定为依据，使法律具有合宪性。(2) 任何普通法律都不得与宪法的内容、原则和精神相违背。为了保证宪法与法律的一致性，各国普遍实行不同类型的违宪审查制度，宣布违宪的法律无效。(3) 宪法是一切国家机关、社会团体和全体公民的最高行为准则。选项 D 正确：完善相应的宪法审查或者监督制度有助于维护宪法的最高法律效力。

24. 答案 D

A 选项：宪法惯例是一种社会规范，因此具有规范性。但宪法惯例并非法律，其是在国家长期政治生活实践中形成的为公民及全体社会普遍承认有约束力的习惯或传统，其含义并非由权威机关解释确认。因此 A 说法错误。B 选项：宪法惯例并非法律，没有具体的法律形式，因此不借由国家强制力来保障，违反宪法惯例并不构成违宪，也不具有司法上的适用性，不会直接导致一定的法律后果。如在我国全国人大和全国政协往往同时举行会议，这就是一种宪法惯例。但如果某一年的两会没有同时举行也并不违宪，不会导致任何法律后果。因此 B 说法错误。宪法惯例并非法律，因此并没有具体的法律形式（成文形式），故 D 选项正确。宪法惯例本质上就是一个与宪法有关的习惯，通过长期的宪法实践得以形成，虽不具有成文法的形式，但在任何一个有宪法和宪法实践的国家中，都广泛存在，典型如我国在宪法实践中形成的两会同时召开、通过宪法修正案的方式来修改宪法等，据此 C 选项错误。本题答案为 D。

25. 答案 D

备案审查是指由制定主体将规范性文件报有关机关备案，由有关机关审查是否同宪法及上位法相抵触以及同位阶的法律规范是否和谐统一的制度。其不只是对规范性文件进行合法性审查，还要进行合宪性审查。备案审查包括事前审查、事中审查和事后审查。故 A 说法错误。《立法法》第 109 条规定：“行政法规、地方性法规、自治条例和单行条例、规章应当在公布后的十日内依照下列规定报有关机关备案……”第 119 条第 2 款规定：“最高人民法院、最高人民检察院作出的属于审判、检察工作中具体应用法律的解释应当自公布之日起三十日内报全国人民代表大会常务委员会备案。”可见，备案审查的对象是行政法规、地方性法规、自治条例和单行条例、规章以及司法解释。所以 B 说法错误。

合宪性审查又称宪法监督，是指特定的机关依据法定的程序和方式对法律、法规和行政命令等规范性文件和特定主体行为是否符合宪法进行审查并作出处理的制度。比如我国《宪法》第 62 条规定：“全国人民代表大会行使下列职权：……（二）监督宪法的实施……”第 67 条规定：“全国人民代表大会常务委员会行使下列职权：（一）解释宪法，监督宪法的实施……（七）撤销国务院制定的同宪法、法律相抵触的行政法规、决定和命令；（八）撤销省、自治区、直辖市国家权力机关制定的同宪法、法律和行政法规相抵触的地方性法规和决议……”我国合宪性审查的主体是全国人民代表大会及其常务委员会，不是全国人大宪法和法律委员会。因此C说法错误、D说法正确。

26. 答案 D

A选项正确，D明显错误：审判行为一定受到宪法约束。《宪法》规定了人民法院的职权和职责，规定了公民的权利。法院的审判活动受到《宪法》约束，本题选D。

27. 答案 C

1988年宪法修正案是我国第一个宪法修正案，本题选C。

28. 答案 D

2018年，第十三届全国人大第一次会议表决通过了《中华人民共和国宪法修正案》，这是以习近平同志为核心的党中央从新时代坚持和发展中国特色社会主义全局和战略高度作出的重大决策，是推进全面依法治国，推进国家治理体系和治理能力现代化的重大举措。宪法修正案把“中国共产党领导是中国特色社会主义最本质的特征”写入《宪法》第1条第2款，与D项表述一致。2004年宪法修正案将《宪法》第13条改为：公民的合法的私有财产不受侵犯。国家依照法律规定保护公民的私有财产权和继承权。选项A表述为1993年，故A项错误。1999年宪法修正案把“家庭联产承包责任制”的提法修改为“以家庭承包经营为基础、统分结合的双层经营体制”。选项B中表述为2004年，故B项错误。2004年3月14日，第十届全国人大第二次会议通过的宪法修正案，将国家尊重和保障人权写入宪法。选项C中表述为1999年，故C项错误。

（二）多项选择题

1. 答案 AB

宪法宣誓制度有利于增强公职人员的宪法意识，维护宪法权威，对于宪法作用的发挥有明显的促进作用，故A项正确。保持宪法文本的与时俱进，避免宪法与现实的脱节，是宪法实施的基本前提，故B项正确。作为根本大法，宪法能够为避免法律体系内部冲突提供基本框架，而该基本框架的具体落实，往往需要普通法律来具体发挥作用，在国家社会生活中，宪法的作用具有根本性和宏观性，故C项错误。我国宪法并未司法化，所以宪法规定本身不能直接作为法官裁判案件的依据，故D项错误。

2. 答案 ABCD

本题考查的是宪法与普通法律的区别。宪法是一个国家的根本大法，具有高于普通法律的法律地位。相对于宪法的最高性，普通法律具有内容具有具体性、效力低于宪法、制定和修改程序简单、解释和监督方面也不同于宪法的特点。

3. 答案 CD

本题考查的是宪法的分类方式。从形式上可以对宪法进行多种分类。本题即是其中的一种。根据创制宪法的形式和程序不同，可以分为刚性宪法与柔性宪法；根据是否具有同一的宪法典形式，可以分为成文宪法与不成文宪法；根据制定宪法的主体，可以分为钦定宪法、协定宪法、民定宪法等。

4. 答案 AC

本题考查的是我国宪法的修改程序。我国《宪法》第64条规定：宪法的修改，由全国人民代表大会常务委员会或者1/5以上的全国人民代表大会代表提议，并由全国人民代表大会以全体代表的2/3以上的多数通过。所以提议修宪的主体是特定的，包括：（1）全国人大常委会；（2）1/5以上的全国人大代表。由于我国选举法规定：全国人民代表大会代表的名额不超过3 000人，所以600名以上全国人大代表达到了1/5以上的比例，有权提议修改宪法。

5. 答案 ABCD

国家勋章和国家荣誉称号往往冠以“共和国”或“人民”等称号，代表着国家的最高荣誉，故A选项正确。国家勋章和国家荣誉称号由全国人大常委会根据国务院、中央军委、委员长会议的提请决定授予，一般由国家主席参与签发相关证书。全国人大常委会能够决定授予国家荣誉称号和国家勋章，当然也能够决定撤销，因此BCD选项正确。

6. 答案 ABD

本题考查宪法解释的方法。一般认为宪法解释的方法包括文义解释、体系解释、目的解释、历史解释、比较解释。文义解释是指仅就字句含义、语言、语法等方面作出解释；体系解释是从宪法典整体着手，作逻辑体系的解释，以法条的位置及在整个法律中的地位为解释的出发点；目的解释是以立法者被客观化的意思来解释法律条文本身或目的；历史解释是指以立法者当时主观立法意志为基础，就立法当时的历史背景、社会环境、立法动机、立法理由以及立法讨论的过程为解释参酌的依据；比较解释是指对相同或相似的法律概念斟酌外国法律的规定，探求本国法律的意义，但是，由于国情不同，需谨慎使用。

7. 答案 BCD

本题考查的是宪法的渊源。概而言之，宪法的渊源一般包括成文宪法典、宪法性法律、宪法惯例、宪法解释、宪法判例、国际条约等。而在不成文宪法国家没有宪法典，所以不成文宪法国家的渊源一般只能是宪法性法律、宪法惯例、宪法判例等。

8. 答案 ACD

依法治国，要求国家机关在行使职权时，必须遵循“法定职责必须为，法无授权不可为”的原则。分工负责即各机关各司其职，各尽其责；互相配合是为了准确有效的执行法律；互相制约是指三机关按法定职权和程序互相监督。故 AC 选项均正确，B 选项错误。权力制约原则在我国表现为监督原则，具体表现为人民对国家机关的监督、公民对国家机关的监督，以及国家机关内部的监督。公检法之间相互制约正是国家机关内部的监督，属于权力制约原则的一种。故 D 选项正确。

9. 答案 ABCD

基本权利是指通过《宪法》进行规定和保护的公民权利。对该权利用“基本”加以限定，主要是为了指明该权利的重要性和根本性。首先，基本权利往往以基础人权为内容，是公民社会生活中最为重要和不可或缺的权利，也是公民能够享受其他权利的基础；其次，公民基本权利指明了公民在国家生活中的基础地位，根据经典的宪法理论，人民制宪的根本目的在于保障自身的安全和利益，对公民权益的保障是国家公权力的合法性基础，这也从根本上界定了国家和公民的基本关系。据此，本题答案为 ABCD。

10. 答案 ACD

本题考查我国宪法对全国人大宪法监督权的规定。1954 年《宪法》第 27 条第 3 项规定，全国人民代表大会监督宪法的实施；1978 年《宪法》第 22 条第 3 项规定全国人民代表大会监督宪法和法律的实施；1982 年《宪法》第 62 条第 2 项规定，全国人民代表大会监督宪法的实施。而 1975 年《宪法》对于由谁监督宪法实施未作规定，所以不选 B。

11. 答案 CD

A 选项错误，应当是健全（非建立）全国人大及其常委会宪法监督制度，健全宪法解释程序机制，因为全国人大及全国人大常委会的宪法监督机制早已建立（始自 1954 年《宪法》）。B 选项错误，完善法律体系需要发挥人大在立法工作中的主导作用，但并不意味着政府就没有立法权，也不意味着要减少政府的立法活动，只是政府的立法活动要受到人大的领导和监督，以保障政府立法的规范进行。CD 选项均为社会主义法治理论的原文引用，正确。

12. 答案 AB

宪法的作用有：确认和巩固作用；限制和规范作用；指引和协调作用；评价和宣传作用。确认和巩固作用是指用宪法这种最高法律形式将已取得的胜利成果登记和巩固下来；限制和规范作用，主要是指对公共权力机关的限制与规范，另外也表现在对公民权利行使方面的限制。宪法当然要保障公民权利得到实现，而宪法对公民行使权利的限制，最终目的是保障公民最基本权利的行使。

13. 答案 ABCD

宪法关系的一方主体有公民、国家、其他主体（国家机关、民族、政党、利益集团），另一方主体是恒久性的代表国家的公共权力机关。

14. 答案 BCD

本题考查的知识点是宪法修正案。以宪法修正案的形式修改宪法的优点就是它不需要重新通过宪法或重新公布宪法，能够保持宪法典的稳定性和完整性，从而强化宪法的权威和尊严。直接以新内容代替宪法中原有条文的做法是以决议的方式修改宪法的特征。

15. 答案 ABCD

根据《立法法》第 48 条、第 49 条的规定，法律解释权属于全国人大常委会；国务院、中央军事委员会、国家监察委员会、最高人民法院、最高人民检察院和全国人大各专门委员会以及省、自治区、直辖市的人民代表大会常务委员会，可以向全国人大常委会提出法律解释要求。由此可见，有权提出法律解释要求的主体是特定的，在地方国家机关层面上，仅是省、自治区、直辖市的人民代表大会常务委员会可以提出，而非地方各级政府均可以向全国人大常委会提出法律解释的要求。所以，A 选项错误。《立法法》第 11 条规定的法律保留事项包括“对公民政治权利的剥夺、限制人身自由的强制措施和处罚”，第 12 条进一步规定，“有关犯罪和刑罚、对公民政治权利的剥夺和限制人身自由的强制措施和处罚、司法制度”属于绝对法律保留的事项，全国人大及其常委会不得授权国务院制定行政法规。所以，B选项错误。《立法法》第18条规定，专门委员会审议的时候，可以邀请提案人列席会议，发表意见。所以，C选项是错误的，邀请提案人参与议案审议是“可以”而非“应当”。《立法法》第108条规定，地方人民代表大会常务委员会有权撤销本级人民政府制定的不适当的规章。所以D选项是错误的。

16. 答案 BD

本题考查的是宪法渊源（形式）问题。宪法典是绝大多数国家采用的形式，是指将一国最根本、最重要的问题由一种有逻辑、有系统的法律文书加以明确规定而形成的宪法。但“宪法典是所有国家宪法结构体系的核心，均具有内容完整、逻辑严谨的特征”的说法过于绝对。因此A选项说法不正确。宪法判例是指宪法条文无明文规定，而由司法机关在审判实践中逐渐形成并具有宪法效力的判例，主要存在于普通法系国家。因此B选项说法正确。根据“遵循先例”原则和合宪性审查机制，宪法判例在美国联邦最高法院和其他联邦上诉法院都可以用新的宪法判例进行推翻，故C项说法错误。宪法判例作为英国的不成文宪法的组成部分，主要调整英王、议会、内阁之间关系，并且起决定性作用，故D项说法正确。综上，本题选B、D。

（三）不定项选择题

1. 答案 A

宪法规范是调整宪法关系的各种规范的总和。宪法规范主要调整国家与公民之间的关系，国家与其他社会主体之间的关系、国家机关之间的关系、国家机关内部的关系。宪法调整国家与无国籍人之间的关系，B选项错误。宪法规范具有最高的法律效力，其效力高于法律、法规，A选项正确。宪法规范虽然具有权威性，但是宪法在实施过程中，也需要进行解释，C选项错误。宪法规范的内容具有政治性，这是由宪法所调整的社会关系所决定的。但是，政治的内容，不是只能通过立法具体化，也可以通过其他方式具体化，比如党章，D选项错误。

2. 答案 D

本题考查宪法解释机关。宪法解释是宪法适用过程中的重要活动之一。因为宪法适用与宪法解释是同一个过程，所以，有关宪法解释，各个国家的规定并不相同。各国通行的做法是，宪法解释机关同时又是合宪性审查机关。与违宪审查机关相对应，目前世界上主要的宪法解释机关有立法机关（苏联）、司法机关（美国、日本）、专门机关（德国宪法法院与法国宪法委员会）。根据我国《宪法》第67条的规定，我国的宪法解释机关是全国人大常委会。

3. 答案 ABCD

本题考查的是宪法的地位和作用。宪法是规定国家根本制度和根本任务，确认和保障公民基本权利，集中表现各种政治力量对比关系的国家根本法。宪法的作用主要包括：巩固国家政权，规范和制约国家权力，调整国家最基本的社会关系（包括国家与公民之间的权利义务关系，国家机关与国家机关之间的关系，中央与地方之间的关系等），促进人权的发展进步与保障公民基本权利等。

4. 答案 A

本题考查的是宪法序言的效力。关于宪法序言的效力，存在全部无效力说、部分有效力说、强于正文效力说、全部效力说等观点。通说肯定了最后的观点。因为，宪法作为国家根本法，设序言有其必要性；宪法序言对于解释和理解宪法正文内容的含义具有不可或缺的作用；宪法序言的通过、修改和解释程序，与宪法的正文是完全相同的；宪法序言是宪法的重要的有机组成部分；宪法序言的重要功能是为国家政权提供合法性依据。

5. 答案 ACD

宪法修正案作为宪法的组成部分，当然具有和宪法其他条文同等的效力，因此A选项正确。宪法的效力原则既包含属地主义又包含属人主义，因此定居国外的本国公民和在本国境内的外国人和法人在一定条件下，也可能成为某些基本权利的主体，因此B选项错误，C选项正确。宪法作为一国的根本大法，其整体效力当然及于该国的所有管辖领域，因此D选项也正确。

6. 答案 ABCD

宪法修改的方式有全面修改、局部修改（部分修改）、无形修改。全面修改是在原有宪法基础上的全面更新，这种修改与重新创制宪法的区别在于其并不改变宪法的根本精神和基本原则，除此以外，对宪法的其他内容都进行了较大的调整与改动。我国 1954 年《宪法》颁布以来，分别于 1975 年、1978 年、1982 年进行了三次全面修改。当然，从世界宪法修改史上看，我国的全面修改过于频繁，属不正常现象。局部修改是对宪法部分条款进行的修改，局部修改最主要的表现形式是宪法修正案。无形修改是指非正式的、不变动宪法文字而实际上变更宪法内容的修改方式。这主要是指在成文宪法已经无法适应社会现实的变化而又不能或不希望修改宪法的情况下，通过宪法解释或宪法惯例等方式，实际上改变宪法的意旨。这种“无形修改”实质上是“宪法变迁”。

7. 答案 A

全面修改宪法的起因是宪法规范与社会现实之间发生了非正常的严重冲突，如立宪或修宪的指导思想错误、宪法的基本制度与社会现实有尖锐矛盾等，对于这种冲突，部分修改和无形修改都无法解决；宪法规范与社会现实的正常冲突可以通过部分修改来加以解决。

8. 答案 BC

本题考查宪法指引作用实现的途径。指引作用是法律规范的基本作用。宪法作为法律规范的一种形式，当然同样具有指引的作用，只不过宪法的这种指引作用与一般法律的指引作用具有明显的不同点。就其指引主体来说，不仅指引国家机关的行为，还指引公民的行为；就指引的性质来说，宪法既指引法律行为，也指引伦理行为及其他社会行为。这种指引作用实现的主要途径是宪法关系主体对宪法的遵守及宪法适用机关对宪法的适用。

9. 答案 AB

本题考查宪法规范的变动。宪法规范的稳定性与适应性是辩证统一的，两者的价值是并重的。随着社会生活的变化，宪法规范处于不断的变动之中。宪法规范的变动一般有两种形式，即正常的变动与非正常的变动。正常的变动是指宪法规范体制内反映社会生活需求的一种形式。宪法规范正常变动的形式主要有宪法修改、宪法解释，以及基于规范体系的变化而出现的变动。非正常的变动是指在宪法规范外发生的变化，即在一定条件下脱离了实定法的调整，导致宪法规范的变动。非正常的变动的主要形式有：宪法破坏，即不仅全面改变现实的宪法典，而且从根本上排除成为宪法基础的宪法制定权力。宪法废除的特点是，虽然改变了现实的宪法典，但宪法制定权主体并没有变化。宪法侵害，即明明知道违宪，但是发布违背宪法规范的命令或采取一定的措施。宪法停止，即因为客观情况发生变化，暂时中止宪法规范中特定条款的效力。

10. 答案 ABCD

本题考查制宪权的界限问题。按西耶士的观点，制宪权作为创造宪法、决定国家权力的“始原的”力量，具有根本的性质。制宪权主体在制宪过程中，可以不受任何原理或制度的约束。但是，从实证的角度看，制宪权是一种受约束的权力，客观上存在一定的界限：（1）受宪法目的的制约。一般意义上讲，制宪的目的是把社会共同体规定为政治的一元化，确定国家权力活动的组织体系与原则，确立公民的宪法地位，以形成社会共同的意思，使宪法获得正当性。制宪权需要符合以上目的。（2）受法的理念的制约。制宪过程中存在的法的理念与制宪者头脑中形成的法的理念在实践中合为一体，成为指导制宪的原理。（3）受自然法的制约。以人权保障为核心的自然权实际上约束制宪权。（4）受国际法的制约。日本、伊拉克、阿富汗等国的宪法就是很好的例子。特别是日本现行宪法，即受到了战胜国现行宪法和国际条约的影响。

11. 答案 ABCD

本题考查的是宪法关系的概念和特征。宪法关系亦称宪法法律关系，是指根据一定的宪法规范，在宪法主体之间产生的、以宪法中的权利和义务为基本内容的社会政治关系。宪法关系的主体是指参与宪法所调整的基本社会关系，并享有宪法赋予的权利，履行宪法规定的义务的公民和组织。宪法关系的主体是公民和国家，在某种情况下宪法关系的双方主体可以都是公民。故选项 A 正确。宪法关系的社会内容综合地涉及社会生活各个方面的内容，包括政治、经济、文化等社会关系，并且不是全部政治、经济、文化等关系，而仅仅是其中那些最基本的政治、经济、文化关系，公民权利和国家权力构成了宪法关系的内容。故选项 B 正确。宪法关系的客体是指宪法关系各主体的宪法权利和宪法权力所指向的对象，是宪法权利和宪法权力得以实现的媒介。从宪法关系的基本理论和实践形式出发，并结合其他部门法律关系客体的有关理论可知，宪法关系的客体是宪法行为，即公民和国家等主体依法行使宪法规范所赋予的权利和权力的行为，包括公民的宪法权利行为和国家的宪法权力行为两种基本类型。故选项C、D正确。

简答题

1.（1）宪法解释权是指作为公共权力机关的有权解释宪法的机关，在宪法的实施过程中，对宪法条文所作的理解与说明的权限。

（2）宪法修改权是指具有修宪权的公共权力机关，为了解决现行宪法与社会现实的冲突，而主动地对现行宪法的内容作全部或者部分的变动，从而促进其适用的权限。

（3）宪法修改与宪法解释都是解决宪法规范与社会现实间的冲突的基本方式。那么它们间的关系是什么呢？从宪法修改权与解释权的关系来看，解释权运用的极限就是修宪的开始。宪法修改权与宪法解释权的发动，是解决行宪过程中规范与现实冲突的两种基本形式，但是两者有着各自不同的作用范围。

当宪法规范与现实间的冲突处于“正常性范畴”时，首先可以通过宪法解释对宪法文字进行扩展而使现实的合理需求为规范所包含。

当规范与现实的冲突十分激烈而达到“违宪”程度时，才开始考虑动用修宪权。

总之，宪法本身是有其弹性机制的，这种弹性机制以其规范的原则性、抽象性为基础，而主要通过宪法解释权的发动来发挥作用，只有当这种弹性机制达到极限，无法再发挥作用时，才可以考虑修宪权的发动。对其二者的选择适用是以规范与现实冲突的激烈程度为依据的，宪法解释是正常的、优先的解决方式，而宪法修改权的发动是非正常的、最后的解决手段，修宪权是一种只能在极端情况下运用的权力。

2.（1）从逻辑结构上看，宪法规范与一般法律规范一样，由假定、处理、制裁三要素组成，体现规范性。假定是宪法规范中规定的规则的条件；处理是宪法规范中规定的行为模式本身，以要求、授权、禁止等形式加以表现；制裁是宪法规范中规定的因违反规则而产生的法律后果或具体制裁。

（2）宪法规范包括以下种类：1）确认性规范。确认性规范是对已存的事实的认定，其主要意义在于根据一定原则与程序，确立具体宪法制度和权力关系，以肯定性规范的存在为其主要特征。2）禁止性规范。这种规范是指对特定主体或行为的一种限制，也称强行性规范。这种规范对宪法的实现起着十分重要的作用，集中表现宪法的法属性。3）权利规范与义务规范。这类规范主要是在调整公民基本权利与义务的过程中形成的，同时为行使权利与履行义务提供依据。4）程序性规范。程序性规范具体规定宪法制度运行的程序，主要涉及国家机关活动程序方面的内容。

3. 根据《立法法》的相关规定，全国人民代表大会专门委员会在审查中认为行政法规、地方性法规、自治条例和单行条例同宪法或者法律相抵触的，可以向制定机关提出书面审查意见；也可以由宪法和法律委员会与有关的专门委员会召开联合审查会议，要求制定机关到会说明情况，再向制定机关提出书面审查意见。制定机关应当在两个月内研究提出是否修改的意见，并向全国人民代表大会宪法和法律委员会以及有关的专门委员会反馈。全国人民代表大会宪法和法律委员会和有关专门委员会审查认为行政法规、地方性法规、自治条例和单行条例同宪法或者法律相抵触而制定机关不予修改的，可以向委员长会议提出书面审查意见和予以撤销的议案，由委员长会议决定是否提请常务委员会会议审议决定。

4. 宪法修改应受限制的原因之一在于对宪法安定性的维护，要防止修宪者以社会变迁为借口，轻易变更宪法，使宪法秩序的稳定性遭到破坏。对修宪的限制，一般包括以下几个方面。

（1）宪法修改内容上的限制。从大多数国家的宪法来看，基本上都规定了不得对宪法的某些内容进行随意修改。比如不得对基本原则进行修改、不得对共和政体进行修改、不得修改公民的基本权利条款等。

（2）宪法修改时间上的限制。宪法修改不能过于频繁，为了防止宪法修改过于频繁而影响其稳定性，资本主义国家在立宪之初，曾在宪法上规定修改宪法的时间上的限制。

（3）宪法修改程序上的限制。世界各国宪法都规定了严格的修宪程序。

（4）其他方面的限制。比如有些国家宪法规定，国家面临危机的情况下，不得修改宪法。

5. 宪法修改必须经过严格的程序，非经过法定的、严格的修改程序，不得对宪法进行修改，修改程序上的严格性也是宪法区别于普通法的基本特征。宪法修改的程序包括以下内容。

（1）宪法修正案的提出。我国 1982 年《宪法》规定，全国人民代表大会常委会或者 1/5 以上的全国人民代表大会代表有修改宪法的提案权。而其他任何机关或者个人均不能享有这项权力。

（2）宪法修正案的议决。我国 1954 年《宪法》规定，宪法的修改，由全国人民代表大会以全体代表的 2/3 多数通过。而 1975 年《宪法》和 1978 年《宪法》对此没有作规定。我国现行《宪法》规定，宪法的修改，要由全国人民代表大会以全体代表的 2/3 以上多数通过。

（3）宪法修正案的公布。宪法修正案的公布是修宪的最后一道程序。任何国家修改宪法，必须经过公布程序。我国宪法对宪法修正案的公布主体没有作明确规定。惯例是由全国人民代表大会主席团进行公布。

6. 人民主权是指国家中的绝大多数人拥有国家的最高权力。从世界各国宪法内容来看，各国宪法一般都从三个方面体现人民主权原则。

（1）明确规定人民主权原则。如法国第五共和国宪法规定，国家主权属于人民，人民通过自己的代表和公民复决来行使国家主权。

（2）通过规定人民行使国家权力的形式来保障人民主权。各国宪法都规定人民通过间接代议制或直选来保障国民当家作主的权利。

（3）通过规定公民广泛的基本权利和自由来体现人民主权。

人民主权作为宪法的一项抽象原则，一方面，通过人民的委托表现为国家机关的权力；另一方面，则表现为公民享有广泛的政治、经济、社会和文化权利与自由。特别是通过保障公民的政治权利来确保国民参政议政、当家作主的权利。

7.（1）宪法概念是一个发展的动态存在。从不同的角度可以对其进行不同的概念界定。李步云教授认为，宪法是规定国家根本制度和人民基本权利义务、集中体现掌握国家政权的阶级或者集团的根本利益的国家根本大法。“国家的根本制度和人民的基本权利义务”是宪法的基本内容，“集中体现掌握国家政权的阶级或集团的根本利益”是宪法的本质，“国家根本大法”表明宪法在国家生活中的地位和作用。

（2）从宪法结构来看，一部完整的宪法基本上包括宪法序言、宪法正文与宪法附则。从内容来看，一部完整的宪法会包括国家基本的政治、经济、文化制度；对国家机构的规定，一般是对立法、行政、司法三机关的权限与职责加以规定，对中央与地方的关系加以界定；最主要的是对国民基本权利义务的规定。对国家机构的规制是为了更好地实现国民的基本权利。

8.（1）确认和巩固作用。取得革命胜利后的无产阶级，用宪法的形式将其取得的胜利成果登记和固定了下来，使之得以巩固。这种确认和巩固作用主要表现在：1）确认革命胜利成果；2）确认调整社会关系的基本原则，运用国家强制力量将有利于统治阶级的整体社会秩序固定化；3）确认国家制度和其他社会制度；4）使统治阶级的政权合法化；5）将政治权力的更迭程序化和固定化，保证政治权力更迭的稳定。

（2）组织协调的作用。主要表现在以下方面：1）宪法将国家政权内部的各国家机关及其活动程序固定下来，使国家机关形成了一个严密的体系，使国家机器有条不紊地运转。2）宪法将法规名称规范化，严密了国家的法律体系。3）宪法规范了法的监督体系。

（3）限制作用。主要的限制作用在于对公共权力的限制。比如，各种权力机构是如何组成的；对这些机构赋予了什么职权；这些职权是如何行使的。对公民基本权利的限制，主要是基于公共利益，且这种限制是为了更好地促成公民整体上基本权利的实现。

（4）维护国家统一。主要是指宪法是阶级力量对比关系的反映，它不仅要规范被统治阶级的行为，同时要规范统治阶级的行为。正是通过这种规范的作用，整个社会才结成一个完整的整体，社会各方面的力量才在宪法的旗帜下大体上保持统一。

（5）指引作用。指引作用同样也是作为法律规范的宪法规范的作用形式的一种。宪法既指引公民的行为，又指引国家的行为。就其指引的性质而言，宪法既指引法律行为，又指引伦理行为以及其他社会行为。

（6）促进经济发展的作用。宪法促进经济发展，主要体现在它直接或间接地确认生产资料的所有制形式，它直接宣布公共财产神圣不可侵犯，并明确地规定国家发展经济的方针、政策和措施。

（7）思想教育的作用。不论任何性质的宪法，它总是要把该社会占统治地位的意识形态合法化，并且要不断向社会成员加以传播和灌输。社会成员通过接受宪法的宣传和灌输，可以提高其本身的文化素养，特别是能够提高其公民意识和法律意识。

9. 宪法规范是一种根本性的法律规范，与其他法律规范相比，具有其自身的特点。

（1）宪法规范的政治性。宪法是调整国家权力运行与人权保障的法律规范，制宪及其实施过程中不可避免地表现其政治性。宪法规范中主要规定政治权力运行规律、权力主体的地位与职权、国家与公民间的相互关系等。

（2）宪法规范的组织性与限制性。宪法规范是一种组织国家权力的规范。宪法规范组织性的主要功能是合理地确定国家机关的组成与体系，为权力运行提供合宪性基础。宪法规范除直接对国家权力的运行设置各种限制外，其中的人权保障规范本身也强化了规范的限制功能。

（3）宪法规范的最高性。此即在时间与空间上具有优位性、妥当性、实效性，能够约束一切国家机关、社会团体与公民活动。其依据是宪法地位的优位性。宪法优位性是指宪法作为根本法构成国家一切实定法的基础与核心，在整个法律体系中处于最高地位。宪法规范最高性的保障是建设法治国家的基本条件与标志。

（4）宪法规范的稳定性与适应性。由于宪法规范作为最高规范，需要在社会生活中长期稳定，不得轻易变动。宪法在调整社会生活中应保持其内容的合理性与运行程序的科学性。当然，宪法规范的稳定性只是相对的，宪法规范的稳定性与适应性是并重的。总之，在宪法与社会生活的相互联系中，一方面，需要维护宪法规范的稳定性；另一方面，也要强调宪法规范本身的现实适应性。

（5）宪法规范的制裁性。宪法规范作为具体的法律规范，具有特殊的制裁性。这是由宪法效力最高性与直接性特点所决定的，并且宪法规范的制裁更侧重于宏观领域的制裁，宪法规范不仅有法律效力，而且具有具体的惩罚性。

（6）宪法规范的历史性与概括性。宪法规范是一定历史阶段的产物，具有历史性。概括性是宪法存在的基本形式，通过不同形式的规则表现其特点。

除以上特点外，学者们还提出宪法规范具有广泛性、妥当性、灵活性、纲领性、现实性等方面的特点。

10.（1）“根本法”有广义和狭义之分。就狭义而言，根本法是指在国家法律中居于最高地位、具有最高法律效力，在内容上规定国家的根本性质或者基本性问题从而成为国家一切法律规范的渊源的法律规范。就广义而言，根本法是指在社会中居于最高地位、具有最高效力的最高规则和根本规范，这种意义上的根本法应当说自国家产生以来即已存在。

（2）宪法是国家的根本法，并不是就一切有宪法的国家而言的，而仅仅是就成文宪法的国家即具有形式意义上的宪法的国家而言的。

（3）成文宪法国家一般在宪法典中，用具体的条文明确规定了宪法的根本法地位。

宪法成为根本法的实质性根据如下：1）最具根本性和决定性的原因是经济原因。商品经济的统一性、权威性、平等性是近代宪法的经济基础。2）宪法成为国家根本法的思想因素，主要包括“天赋人权论”“自然权利论”“社会契约论”“人民主权论”“权力分立论”“法治”思想。3）宪法成为国家根本法的政治因素。4）宪法成为根本法的法律因素。

（4）从内容上看，宪法规定了国家生活的基本原则和基本方面，规定了国家的根本制度和根本任务；从制定和修改程序来看，绝大多数刚性宪法的制定和修改程序较一般法律要严格得多。

11. 宪法最主要、最核心的价值在于，它是公民权利的保障书。从历史上看，宪法或宪法性文件往往是公民权利斗争的产物。宪法最早是资产阶级在反对封建专制制度的斗争中，为了确认取得的权利，以巩固斗争的胜利成果而制定出来的。从宪法的基本内容来看，尽管作为国家根本法的宪法涉及国家和社会生活的各个方面，但其基本内容仍然可以分为两大部分：国家权力的正确行使和公民权利的有效保障。然而，这两大块并非地位平行的两部分，就它们之间的相互关系来说，公民权利的保障居于支配地位，国家权力的正确行使的目的即在于保障公民的基本权利。

12. 我国自1954年制定《宪法》之后，先后进行了1975年、1978年、1982年三次全面修改和1979年、1980年、1988年、1993年、1999年、2004年、2018年七次局部修改，我国修宪的主要特点如下。

（1）修宪方式逐步合理化。1982年之前的修宪，会破坏宪法的稳定性。但是，在1982年对宪法全面修改后的5次修宪，都采用了最为合理、科学的宪法修正案方式，使我国的修宪方式进一步合理化。

（2）对经济制度密切关注。我国的宪法修改，特别是近几次修宪，其主要内容都是针对经济制度的，内容涉及经济体制、分配制度、国有企业、非公有制经济、土地制度等经济生活的方方面面，这种以经济制度为主要修宪内容的状况在其他国家是较少见的。

(3) 修宪过于频繁，影响到宪法的权威性。我国宪法修改过于频繁，现行的 1982 年《宪法》至今已修改过 5 次，平均六七年修改一次。这样频繁修宪导致了宪法的权威性的下降，非常不利于合乎宪法的秩序的形成和宪法价值的实现。这主要是由我国释宪机制不畅所致，所以应当充分发挥宪法解释的功能，以此来避免频繁修宪。

13. 宪法渊源主要是指宪法各种存在方式的总称，与其相关的其他术语还有宪法的起源、宪法的来源、宪法形式、宪法性法律等。宪法渊源一般包括以下几种类型。

(1) 宪法典。宪法典是最主要的宪法渊源，目前世界上大多数国家采取宪法典的形式来确立宪法规范。相对于其他宪法渊源来说，宪法典形式鲜明、结构完整，并且集中地确立了一个主权国家所有的宪法规范，因此，宪法典作为现实宪法的存在方式，比较容易为世界各国所接受。

(2) 宪法修正案。宪法修正案是一种重要的宪法渊源，它与宪法典具有密切的联系。宪法修正案是在不改变现行宪法基本结构和原有条款内容的前提下，对宪法部分规定作出的修改。宪法修正案有三种形式：第一种是增补宪法中原来没有的内容，第二种是修改宪法中已有的内容，第三种是废止宪法中某些规定。宪法修正案构成了宪法典的一部分。

(3) 宪法解释。宪法解释的对象无疑就是宪法，在对宪法进行解释时，必须对宪法进行整体、全方位、多角度意义上的释义。但是，作为宪法渊源之一，宪法解释一般不具有独立的宪法规范的特性，必须依附某个具体的宪法规范而存在。它在实践中主要分为立宪解释、行宪解释、违宪司法解释和监督解释。

(4) 宪法判例。宪法判例也是重要的宪法渊源之一，尤其是在确立法院具有违宪审查权的国家，宪法判例是法院在审理有关宪法问题作出相应的判决中形成的。

(5) 宪法惯例。宪法惯例在宪法学研究中，一般也被视为一种宪法渊源。相对于其他宪法渊源而言，宪法惯例并不具有十分严格的宪法规范构成要件以及宪法效力，而是一种习惯性的宪法行为方式。

(6) 其他宪法渊源。有关学者关于宪法原理的论述、国际组织的宪章、国际人权法院的判例等，都可以作为审理宪法案件的宪法依据。

14. 宪法是国家的根本法主要取决于以下三个方面：(1) 在内容上，宪法规定国家最根本、最重要的问题。这些问题包括公民基本权利和义务、国家性质、政权组织形式、国家的经济制度、国家机构的组织及其权限等。这些规定不仅反映着一个国家政治、经济、文化和社会生活等各方面的主要内容及发展方向，而且规范着整个国家的活动。(2) 宪法具有最高法律效力。宪法的法律效力高于普通法律的，宪法在国家的法律体系中处于最高地位。在成文宪法国家，宪法是制定普通法律的依据，任何普通法律都不得与宪法的规定相违背；宪法是公民、国家机关、社会团体的最高行为准则。(3) 宪法在制定和修改的程序上比其他法律要求更加严格。制定和修改宪法的机关，往往是依法特别成立的，而不是普通的立法机关；宪法的通过和批准以及宪法修正案的通过，一般要求制宪机关或者国家立法机关成员的 2/3 或者 3/4 以上多数赞成，才能生效。

15. 宪法分类是指按照一定标准把宪法划分和归纳为不同类别的活动，是宪法与宪法学不断发展的必然要求。随着立宪和行宪成为近代国家发展的普遍现象，立宪国家越来越多，但各个国家在阶级本质、历史传统、民族心理等方面却存在很大差异，因此根据宪法的基本特征对其进行划分和归纳，从而形成“类”的概念，才可能深化对宪法和宪法现象的认识。宪法分类基本上具有以下意义：(1) 宪法分类是人们认识宪法特征、本质的有效途径。既然分类的形成基于分类对象的基本特征，那么一方面，如果人们要对宪法和宪法现象进行分类，就必须弄清楚宪法和宪法现象的基本特征；另一方面，如果人们对宪法和宪法现象已经形成了相对稳定的类别，那么就能以此为基础，进一步分析、总结宪法的各种特征。(2) 宪法分类是对宪法进行比较研究的前提和基础。通过宪法分类，既可以对同一类别的宪法进行比较研究，又可以对不同类别的宪法进行比较分析，从而更加全面、更加有效地分析宪法的基本规律。(3) 宪法分类对立宪和行宪具有重要意义。任何国家的统治阶级要制定一部科学的宪法，并使其发挥实际作用，都必须吸收、借鉴他国的先进经验，而通过分类比较研究可获得这方面的认识。

16. 宪法解释是需要遵循一定原则的，其中重要的原则如下。

（1）统一性原则。这里的统一性包括两个方面：一方面是指宪法和社会的统一性，另一方面是指宪法规范内部的统一性。因为宪法作为根本法、政治法，其目的在于创造和维持民主政治的统一，而宪法解释就应该优先考虑这种政治统一上的导向性。当然宪法规范体系的统一性只能是相对的，对宪法的解释是一个过程，规范间的矛盾总是在不断地出现与消弭的过程中，宪法解释可能客观上会制造这种矛盾，但其目标在于消除这种矛盾。

（2）利益衡量原则。对同一宪法条文，存在有多种解释的可能性，不同的解释可能代表着不同的利益，而选择何种解释为最终解释，实际上是对不同利益进行衡量的结果。利益衡量原则要求解释者在考虑宪法文本的同时，考察社会生活中的政治、经济文化等方面的各种利益，从中作出判断取舍。宪法并非一个封闭体系，它是开放的，要时时刻刻对社会中出现的利益予以保证或限制，这就要求宪法解释以利益衡量为基本的内容，从而使宪法成为不断发展的、有生命力的规范体系。

（3）稳定性原则。稳定性原则要求宪法解释保证宪法秩序的稳定。这首先要求保证宪法文本以及宪法性法律的稳定，不要轻易地以解释变更宪法的内容。进行宪法解释时不要轻易地通过解释实质上地修改宪法，不然，会使宪法的规范体系难以稳定下来，法的安全性和可预测性价值也就难以实现。此外，要防止因宪法解释而造成社会的动荡。

17. 现实中宪法修改是具有可能性的。社会生活具有恒动性，调整社会生活的法律自然不可能不随时代而变更。如果认为宪法不可变更的话，势必会丧失宪法对现实生活的调控能力。在宪法与社会现实激烈冲突的情况下，为了避免重大的社会动荡乃至革命的出现，甚至造成对宪法秩序的完全破坏，对宪法适时进行修改是有其必然性的。而且，从全球各国宪法运行的实践来看，基本上没有哪个国家的宪法是“永久宪法”，都是随社会的变迁而变动的。

（1）宪法修改的客观原因。宪法修改的客观原因主要是社会现实的发展变化，社会生活处于永恒的变动之中，而宪法制定出来之后，总会表现出一定的滞后性，而社会的政治、经济方面的发展变化是宪法修改的基本和最主要的原因。现代宪法学要求宪法必须以积极的态度回应社会，即要求宪法时刻保持对社会生活的调控功能，假设宪法失去了对现实的规范能力，脱离社会现实，那么其将失去“规范宪法”的地位而成为空文。所以，宪法规范与社会现实之间总会体现出一定的矛盾和冲突，解决这种冲突的基本方式之一就是宪法修改。

（2）宪法修改的主观原因。宪法修改的主观原因是指由于受到人们认识能力的限制，制宪者难免有考虑不周之处。该不周之处包括以下几个方面：一是，因制宪者缺乏对宪法基本属性的全面认识而形成的立宪短期化的指导思想，使得宪法不能长久，不得不对宪法作出修改。二是，统治者由于宪法工具主义观念，不重视宪法规范的规范价值，使得宪法修改。三是，成文宪法固有的概括性、抽象性、原则性、普遍性等特点，可能会造成规定不明确、不具体、不严谨等特点。即使是最具天赋、最聪明的人也无从避免基于宪法特征而导致的认识局限。所以就需要在一定情况下对其进行补充性修订。

18. 由宪法本质和保障民主的宪法价值所决定，宪法在形成民主政治秩序时应该具有三大功能。

（1）赋权功能。宪法的根本价值是民主，即以民主的方式形成秩序以保障和发展人类基本的自由，这就决定了宪法首先应该具有赋权的功能。民主是以民主方式进行统治的政权，因而其中首先有一个民主权力的归属问题，也就是说谁是民主的主体、谁来行使民主政治权力的问题；其次，民主还是民主政治权力的行使和运作过程，因而有一个民主机构的设置及其职权问题；最后，民主政治还意味着对公民基本权利的保障。宪法是民主制度的法律化，是规范和保障民主政治秩序的基础，是规范和保障民主政治秩序的法律，那么，就必须对民主的权力、职权和权利作出规定，以便规范国家最基本的民主政治关系和民主政治地位，这是实现民主秩序的关键。

（2）限权功能。宪法确认民主的目的在于最大限度地保障人的自由，即人们认识自然，特别是认识社会以后所达到的合乎规律要求的自觉行为状态，这才是宪法民主价值的本源，以民主形成秩序只是实现人的自由的形式。但是，民主毕竟是一种权利和权力的运行过程，如果任其随意作用，就会走向极端，不但达不到保障自由的目的，反而会由于违背客观社会规律或基本民主原则而限制和破坏人的自由。因而，宪法赋权的同时，必须要限制权力，同时要限制权利，以防权力和权利的滥用导致人的不自由。

（3）保权功能。宪法要达到形成民主政治秩序的目的，仅有赋权是不够的，还必须要保权，即以法律的形式，运用国家强制力保障权力及规则的民主运行，保障人们民主权利的实现。通过赋权和限制只是形成了民主权力运行的平衡规则，这种规则能够让有权者遵守、能够为其他政治主体或政治行为所尊重而不被破坏，这才是民主政治。

19.1982年《宪法》中，有关文化内容的规定是比较多的，《宪法》第19条至第24条规定了宪法规范调整的文化内容，具体如下。

（1）宪法把建设社会主义精神文明作为国家的一项根本任务和根本目标，准确而全面地规定了社会主义精神文明的基本政策和措施。精神文明的重要内容是文化建设，对此，宪法作了具体的规定。在宪法中规定精神文明是对宪法学理论的重大发展，2018年宪法修正案加入了“国家倡导社会主义核心价值观”的内容，有助于进一步强化宪法在现代社会中的功能。

（2）重视文化建设。现行宪法在总纲和具体条款中规定了有关文化建设方面的内容，主要有：国家必须发展社会主义的教育事业，提高全国人民的科学文化水平，具体确定了发展教育的原则、要求与途径；国家发展自然科学和社会科学事业，普及科学和技术知识，奖励科学研究成果和科技创造；国家发展文学艺术事业、新闻广播电视事业、出版发行事业、图书馆、博物馆、文化馆和其他文化事业，开展群众性的文化活动等。

（3）重视知识分子的地位。文化建设离不开广大知识分子的创造性活动，对知识分子的重视本身就是对文化的重视。宪法规定，国家培养为社会主义服务的各种专门人才，为扩大知识分子的队伍创造条件，充分发挥其在社会主义建设中的作用。

20.形式意义的宪法是指以“宪法”这一名称所命名的规范性文件，此种命名与内容无关。实质意义的宪法又可以分为两种：一种是固有意义的宪法，即规定国家统治之基本的法，在近代，只要任何涉及国家统治权力的基础和构造的法，都可以称之为宪法。另一种是指立宪主义的宪法，专指限制专断权力以广泛保障基本人权的国家之基本法。

案例分析题

1.（1）在日本学界关于条约内容是否可以成为合宪性审查的对象存在否定说与肯定说两种观点。否定说中以条约优位说为根据又分为不属于审查对象的A1说和顾及宪法优位说并以1）宪法无明文规定、2）宪法第98条第2项渗透着遵守条约的精神、3）法院不能介入国家间的合议为理由的A2学说。与之相反的是肯定说，也是通说，站在宪法优位说的立场上，认为即使是条约的内容也是应该被纳入合宪性审查范畴的。肯定说的根据是：1）即使第81条列举的事项具有例示性，但是合宪性审查制度还是尽最大努力将国家行为纳入审查对象之列的。2）第81条的“法律”、第98条的“与国务有关的行为”是包括条约的（肯定说中也有人认为，条约是与“规则和处分”相当的，在对条约的国内法效力的审查的限度内，可以把条约当作准法律来对待）。3）对条约的合宪性审查是面向条约的国内法效力而言的，即使有违宪判决，其国际法方面的效力是不变的，因为与缔约国进行改、废条约的谈判是困难的，所以伴随合宪性审查而导致的国际纷争的发展是不确实的。4）即使所预想到的是政治性纷争，也会以“统治行为论”或者个别效力说甚至别的方式来回避合宪性审查。我们认为：虽然合宪性审查的程度不得不随社会的变化而变化，但大体上还是应采取肯定说。首先，虽然条约的缔结是以宪法为根据的，但是程序违宪的条约是存在的，如果连这样的条约也遵守的话，是不符合日本宪法的国际协调主义要求的。其次，如果把条约排除在审查范围之外，有时会通过条约来限制国内的基本人权，此时如果不行使合宪性审查权的话，宪法保障就会在实质上受到条约的限制，这是不合理的。当然不得不否认，大多数条约具有很强的政治性，法院经常以政治性强为由回避违宪判决，但这并不表明条约不是合宪性审查的对象。

（2）“统治行为”是指“根据法律规定，即使法院可以裁判，但因为其具有高度的政治性，因而不属于法院裁判权行使对象的，所谓政治部门的国会、内阁等国家机关的具有高度政治性的行为（也就是说，法院不能对它进行合宪性审查）”。那么什么是“统治行为”不审查原则呢？法院在受理诉讼案件，运作司法审查权能时，对关涉“统治行为”者，回避作出是否违宪的审查，换言之，“统治行为”在司法审查体制下拥有豁免权。确立该原则是基于以下原因：第一，从西方权力分立原则来看，本来政治问题之运作是属于政治部门的权限，依宪法自应由行政机关、立法机关或者此二机关共同协商，来斟酌裁量以作成解决问题的决定。第二，从司法权本身性质来看，宪法所赋予司法机关的司法审查权，并非绝对没有限制而可以随意行使的，诚如田中二郎教授所言，司法权基于裁判的性质或诉讼程序的原因，并非能对一切的法律问题发挥其无限裁判的权能，而有一定的“司法权的界限”，只有在这种界限内的问题，才可以审理或行使司法审查权。因此，为使整个宪法秩序和政治秩序更合理，颇有必要使“统治行为”被置于司法权能行使的范围之外。关于这一原因，其理由虽错综复杂、不一而足，然小林直树教授所述下列观点可谓是通说：首先，法官本身并非民意的代表，对与国家命运息息相关的政治问题，依其立场，不能作出负政治责任的判断；其次，法官并不是什么政治或行政专家，在有组织地整理、分析各种资料和情报方面，一般来说，难以期待其能凌驾于国会议员或行政官吏之上，因此，要求法官有运作情报及训练的能力，以发挥决定机能，毕竟过于牵强；最后，法院或法官如若能干预政治问题，必然导致法院卷入政治旋涡，司法权的独立及其中立性，将受到重大影响，裁判权威也难免受损。如小林教授所言，如若法官逾越合理的司法权的界限，而无视其资格或能力，恣意地过问政治，则其结果必非“政治的司法化”，反而背道而驰，变为“司法的政治化”。这将导致司法权丧失固有的性质，也会动摇西方权力分立的理念的根基。

2.（1）《宪法》第33条第2款规定：“中华人民共和国公民在法律面前一律平等。”宪法当中的平等权，不仅仅指形式上的平等权，有时为了实现真正的平等，也可以制造合理差别，专项附加扣除制度是合理差别的体现，实现了公民的平等权。根据《宪法》第13条的规定，公民的合法的私有财产不受侵犯。国家依照法律规定保护公民的私有财产权和继承权。专项附加扣除制度减轻了公民的纳税负担，是对公民财产权的保护。根据《宪法》第45条的规定，中华人民共和国公民在年老、疾病或者丧失劳动能力的情况下，有从国家和社会获得物质帮助的权利。专项附加扣除制度减轻了公民在教育、医疗、住房、赡养老人等方面的经济负担，保障了相关群体获得物质帮助的权利。

（2）根据《宪法》第56条的规定，中华人民共和国公民有依照法律纳税的义务。根据《立法法》第11条第6项的规定，税种的设立、税率的确定和税收征收管理等税收基本制度只能制定法律。因此，全国人大及其常委会有权对税种的设立、税率的确定和税收征收管理等税收基本制度制定法律。国务院为执行《个人所得税法》的规定可以制定行政法规，根据《立法法》第12条的规定，国务院可以根据全国人大常委会的授权就授权事项作出规定。国务院在制定行政法规时必须根据宪法和法律，不得违背《个人所得税法》税收征收管理的精神或授权立法应遵循的原则。

论述题与深度思考题

1.（1）任何社会调整的方式、手段、机制、规范都不是万能的和绝对的，它们既有积极作用的一面，又有其一定的局限性，有的甚至还有消极作用或者可能带来逆反效应。宪法也是不例外的，它的积极作用和局限性是并存的。对宪法的局限性进行研究，有助于全面、准确地把握宪法功能和作用，通过宪法立法技巧和普通法律的完善来弥补不足，通过宪法运作，尽量做到趋利避害。

（2）宪法的局限性基本有以下几点。

1）立法过于原则，伸缩性较大。这往往导致宪法规范失去内在的确定性，执法者随意性较大，并容易使其逃避责任。

2）立法过粗，常留有执法上的空白，易于形成执法独断专行，导致宪法被架空。

3）规范设计偏重行为模式，宪法制裁很多情况下依靠具体法律来规定，导致宪法规范立法特色性的宪法制裁较少，降低了宪法的规范性和权威性。

4）制度性的确认和规定多，而实施性的规范少，导致宪法的监督保障无规律可循，宪法往往流于形式。

（3）大体而言，消除宪法局限性的对策如下：

1）加强普通立法。这样一方面可以使已有的宪法规范更加具体而具有可操作性，另一方面也可以通过普通立法来规范宪法化轨道。事实上，法制网络的健全和完备是保证宪法规定和宪法精神最终落实的有效条件，如果没有层层普通立法将宪法的规定逐次具体化，宪法的原则规定就犹如空中楼阁而无法接触和规范现实社会的人和事，宪法实施就失去依托的条件。应该说宪法统率普通立法，普通立法弥补宪法规范过于原则的不足，二者统一作用，才能建立起合乎宪法的整体法秩序。

2）注意处理好宪法修改与宪法稳定性的关系。宪法修改是解决宪法与现实冲突的有效方式之一，但是为了保持宪法的权威性与稳定性，必须掌握好运用宪法修改权的时机与频度，这样既能很好地促成宪法功能的发挥，又能保持宪法的稳定性。

3）改进承担宪法责任的方式，尽量将宪法规范的制裁部分纳入宪法和宪法性法律，使宪法制裁不但在理论上成为与刑事、民事、行政制裁相并列的一种法律制裁方式，而且使宪法制裁在行宪实践中发挥权威的主导性作用。同时，要注意在宪法立法中协调好制度确认和宪法保障措施立法的关系，使宪法监督和宪法制裁、宪法保障等制度在宪法条文上系统化、规范化。

4）强化宪法解释。宪法解释的功能在于阐发宪法原则，明确宪法规范的立法原意，同时可根据宪法精神和宪法原则，推出具体的、合宪的行为规则。所以，强化宪法解释，一方面，可以解决宪法实施中出现的问题，保证宪法适用的同一性；另一方面，也可弥补宪法立法的过于原则和填补立法空白。

5）重视合宪性审查。合宪性审查一方面可以将一些宪法不能规定或不便规定的宪法事项纳入规范化的范围；另一方面，在没有相关宪法规范立法时，能起到规范社会宪法实践的作用，而一旦有了宪法规定，合宪性审查又是督促其实施的最有效手段。所以重视和强化合宪性审查是弥补宪法局限性的重要一环。特别是在我国，为了使“纸上的宪法”变成活的、能对现实生活发挥更大作用的宪法，建立适合我国国情的合宪性审查制度，是摆在我们面前的一个重大课题。这是推进宪法适用的最重要的一环。

2.（1）广义上的宪法渊源包括该国家签订或加入的国际条约。同为一个国家的宪法渊源，宪法典是国家的根本大法，在一国之中具有最高的法律效力；条约是国际主体间根据国际法所缔结的据以确定其相互权利义务的协议。只要一个条约是合法的，就对各当事方产生拘束力，必须由各当事方善意履行。但是，当宪法与条约发生冲突时，是宪法的地位和效力高于条约的呢，还是条约的地位和效力高于宪法的呢？

（2）关于宪法与国际条约的关系，在国际法学界一直存在不同的看法。自 19 世纪末以来，国际法学界流行着“二元论”，即认为它们是不同的法律体系，两者没有隶属关系，而处于同等的地位。两者间的关系是彼此“转化、采纳、接受”等。学者认为两者的主体、对象、渊源都不同：国际法的主体主要是国家，而宪法的主体主要是个人；国际法调整的对象主要是国家之间的关系，而国内法调整的对象主要是个人之间的关系；国际法的主要渊源是国际条约和习惯，而国内法的主要渊源是国内立法和习惯；等等。在实践中，各国对于解决国际法与宪法的关系的办法很不一样，但主要倾向于把国际法和国内法看作两个不同的法律体系。

（3）同时，国际法学界还认为，国际法和国内法的关系可以从国际法和国内法两个方面来看：从国际法方面看，首先应该肯定，公认的国际法原则、规则和制度是各国所应遵守的，因此，任何国家都不能用国内法加以改变或否定。其次国家是主权国家，国际法也不能干预国家所制定的国内法。从国内法方面看，国际法被认为是国内法的一部分。由于国际法是各国协议制定的，也就是每个国家参与制定的，因而，原则上，它在国内应该与国内法处于同等的地位，具有同等的法律效力。国际法与国内法发生冲突时，在国内可能的解决办法有三种：一是国际法处于优越地位；二是国内法处于优越地位；三是国内法与国际法处于同等的地位，后法优于前法，时间在后者优先。

（4）在日本的宪法实践中因为存在《日美安全保障条约》与日本《宪法》第 9 条的关系问题，所以日本宪法学界存在宪法优位说和条约优位说两种截然不同的学说。1）宪法优位说的依据如下：第一，条约从程序上和内容上都可能与宪法相抵触。第二，缔结条约既然是按照宪法的规定进行的，因而无论从程序上还是从实质上，条约的合宪性审查也是可能的。否则由条约限制国内的基本人权，就完全否定了司法审查，这是不合理的。第三，最高法院是维护宪法实施的机关，一切有碍宪法实施的行为都必须予以纠正。2）条约优位说的主要依据是：第一，日本《宪法》第 98 条第 2 款规定，“日本国缔结的条约及已确定的国际法规，必须诚实遵守之”，因此，即使是对违宪的条约，也有遵守的义务。第二，日本《宪法》第 98 条第 1 款规定，“本宪法是国家的最高法规，与本宪法条款相违反的法律、命令、诏敕以及有关国务的其他行为的全部或一部，一律无效”。该条及《宪法》第 81 条均未把条约列为审查的对象。第三，条约作为国际社会的法，具有高度的政治性，不应成为司法审查的对象。

（5）世界上只有极少数国家的宪法明确规定条约的效力低于宪法的，将条约纳入司法审查的范围。例如，1973 年的菲律宾宪法规定，一切涉及条约、政府协定或法律合宪性的案件，应由最高法院全庭审判；绝大多数国家的宪法中对宪法与条约的法律效力的高低问题未作明确的规定，法院在进行司法审查时也以条约具有“高度政治性”，属于“国家行为”，而回避对条约是否符合宪法作出判断。司法机关在司法审查中的这种态度，实际上既是对本国政府签订国际条约及国会批准国际条约的行为表示尊重，也是对其他国家表示本国履行国际条约诚意的一种表现。

（6）我国宪法没有规定宪法与条约的关系，但宪法序言中规定：中国坚持独立自主的对外政策，坚持相互尊重主权和领土完整、互不侵犯、互不干涉内政、平等互利、和平共处的五项原则，发展同各国的外交关系和经济、文化的交流。从宪法序言的规定中可以看出，中国对于已经缔结的国际条约是愿意履行的。同时，在我国，由国务院同外国缔结条约和协定，全国人大常委会决定同外国缔结的条约和重要协议的批准和废除。我国监督宪法实施的权力属于全国人大及其常委会，而条约和重要协定是由全国人大常委会批准和废除的，因此，一般不可能出现与宪法相抵触的问题。

3. 关于违宪与违法的关系，历来是充满争论的。下面大体列举一下违宪与违法的区别。

（1）主体不同。违法的主体主要是指具有中国国籍的自然人即中国公民、国家机关、政党、社会团体、企业事业组织。而违宪的主体只能是国家机关、政党、社会团体、企业事业组织及其工作人员，不包括公民个人。国家工作人员是指在职务上根据宪法或法律规定有一定权利义务的人，他们的违宪行为是与他们的职务分不开的。

（2）侵害的客体不同。违法行为所侵害的客体是我国法律所保护的全部社会关系，其范围极为广泛；违宪行为所侵害的客体则应是特定的，它专指宪法或宪法性法律所调整和保护的社会关系，具体来说，就是国家机关、企业事业组织、政党和各社会团体所制定的法律、行政法规、决定、命令、地方性法规、决议等各种规范性文件，以及它们所采取的行政措施、公务活动，是否与宪法和宪法性文件相抵触，即是否侵害了宪法或宪法性法律所保护的社会关系。

（3）危害的程度不同。一般来说，由于宪法所调整和保护的社会关系是国家生活中最重要、最根本的关系，而一般法律所调整和保护的社会关系只是社会生活中的某一部分，所以违宪行为所造成的危害，一般来说要广泛得多，而违法行为的危害程度相对来说，要较为局部或单一。

（4）法律后果不同。一般来说，违法的法律责任包括经济责任、行政责任、刑事责任等，即是根据违法所触犯的法律的性质不同以及在诉讼中的权利义务不同的关系所确定的法律责任。根据现行宪法的有关规定，违宪的后果只包括：一是宣布违宪的法律文件或者国家机关的活动或国家工作人员的某项活动无效；二是撤销违宪的法律、行政法规等法律文件；三是改变与宪法相抵触的法律、行政法规等法律文件。

（5）通说还认为，宪法同普通法律的法律地位不同，法律效力也不同，违宪不等于违法，违法也不等于违宪。如果把违宪的概念作扩大的解释，认为违法也是违宪，那势必会降低宪法作为根本法的最高法地位。

违宪与违法间的关系如下：

（1）违宪不一定违法。有观点认为，违宪就是违法。在英国这类只具有部门法意义的而不具有根本法意义上的宪法的国家，认为宪法是法律的一种，并进而认为违宪就是违法，是完全正确的。但是，在具有根本法意义的宪法的国家，如果说宪法是法律的一种，未免过于简单化，容易将宪法与一般法律在地位上进行混淆。我国宪法是国家的根本法，宪法与一般法律存在地位上的差异，而我国约定俗成地是将违反一般法律称为“违法”，“法”与一般法律处于同等的概念，因此，在此前提下，如果说宪法也是法，违反宪法也是违法，就混淆了违反宪法与违反一般法律的界限。如果我们将违法的“法”看作是对宪法、法律、行政法规、地方性法规的概称和抽象，从宪法也具有法的性质出发，认为违宪也是违法，当然是可以的。但是，这里所说的违宪是指“直接违宪”，并不涉及一般法律上的规定，因而，违宪与违反一般法律具有严格的界限。

（2）违法必定违宪。有观点认为违法不一定违宪。

但是，我们知道，宪法是国家的根本法，一般法律必须以宪法为基础制定，同时不得与宪法相抵触。一般法律的规定都是宪法的规定、原则及精神的具体化，可见，违法必定违宪，其不一定直接违反宪法的规定，可能是违反了宪法的原则或者精神。一般法律中有的规定，在宪法中找不到相应的规定，这是非常正常的，但不是违法不一定违宪的根据。

4. 我国 1949 年的《共同纲领》、1954 年《宪法》、1975 年《宪法》和 1978 年《宪法》都有名为“序言”的部分。我国现行宪法的序言共有 13 个自然段，约 1 900 字。当然也有学者不赞成将序言写入宪法典。主要原因是对宪法序言的法律效力存在争议。关于宪法序言的效力问题，学界主要有以下几种观点。

（1）全部无效力说。持这一观点的学者认为，宪法序言不是规范性的东西，它只是起到一种说明、解释和类似宣言的作用，本身没有强制性，也不像条文那样具体，所以不具有法律效力。

（2）部分效力说。持这一观点的学者认为，中国现行宪法序言最后一段明确宣布宪法是“国家的根本法，具有最高的法律效力。全国各族人民、一切国家机关和武装力量、各政党和各社会团体、各企业事业组织，都必须以宪法为根本的活动准则，并且负有维护宪法尊严、保证宪法实施的职责”。这里用了“必须”二字，是有一定的法律效力的。具体而言，该学说认为，各国的宪法序言，其法律效力大体有三种不同情况：第一，记载历史事实的部分完全没有法律效力。第二，确认基本原则的部分必须和宪法文本的规范结合起来才有法律效力。第三，属于规范性的部分具有宪法效力。如我国现行宪法序言最后一段就是规范性的序文，具有强制力、法律效力。

（3）强于正文效力说。持这种观点的学者认为，现行宪法序言与《宪法》第 1 条以下的各条款一样，具有法规的性质，序言虽然不以条文的形式存在，但它是宪法规范的主要组成部分。不能仅仅认为采取条款形式的才是法律规范，序言以总括的形式表明了宪法的法律地位，也应该是法律规范。现行宪法序言就有法规性质，从它在宪法典中的地位和作用来看，这是十分清楚的。其明确规定：本宪法以法律的形式确认了中国各族人民奋斗的成果，规定了国家的根本制度和根本任务，是国家的根本法，具有最高的法律效力。全国各族人民、一切国家机关和武装力量、各政党和各社会团体、各企业事业组织，都必须以宪法为根本的活动准则，并且负有维护宪法尊严、保证宪法实施的职责。这段文字，明白地表示了宪法序言具有法律规范的性质，而且宪法序言宣布的内容，鉴于其重要性，与第 1 条以下的法律规范相比，不能不说是上位的规范，是第 1 条以下宪法规范的前提。即在宪法各规定中，宪法序言属于最上级的规范。

（4）全部有效力说。绝大部分宪法学者持这种观点。其主要理由如下：

第一，宪法作为国家根本法，设序言有其必要性。据统计，世界上有 2/3 的国家的宪法中设立了序言部分。这绝对不是偶然的。宪法之所以要设序言部分，是因为制宪者需要在作为国家根本法的宪法中，确认已经取得的胜利成果，交代政权的建立过程，并宣布将实行有别于以前社会的新的建国纲领和建国方案，表明现行政权的合法性。这些问题不是可规定可不规定的，而是必须规定的。

第二，宪法序言对于解释和理解宪法正文内容的含义具有不可或缺的作用。宪法序言往往是作为制宪的根据和目的而存在的，故常常能为考察宪法的政治意图和背景提供重要指南，特别是对宪法条款应当怎样解释能够起到指导作用。

第三，宪法序言的通过、修改和解释程序，与宪法正文是完全相同的。这在各国都是通例。我国几次修宪都曾涉及对宪法序言的修改，就是例证。

第四，宪法序言中记载的历史事实部分并非可有可无、毫无意义，它是新制度建立和实行的基础及根据。例如，中国现行宪法中记载的事实部分是为了说明中国为什么要实行社会主义制度。单纯就历史事实部分而言，的确很难说明其具有法律效力，但结合宪法正文内容，其法律效力应当得到承认。

第五，宪法序言是宪法的重要的有机组成部分。宪法序言中规定了国家的基本制度和基本政策、宪法的基本原则等内容，这些内容在国家生活中是不可或缺的。尤其是在社会主义国家，其宪法序言一般都比较长，规定的内容也比较重要，国家的某些基本制度和基本政策都规定在序言之中，在宪法正文中，这些内容并没有重复规定。

第六，宪法序言的重要功能是为国家政权提供合法性依据。国家政权存在的基础，不仅需要有客观事实，在形式上还需要合法性作依据。制定宪法是使政权取得合法地位的重要途径，而制定宪法首先需要解决制宪权问题，新政权与旧政权有无延续和继承关系；在新政权与旧政权没有延续关系的情况下，新政权制定宪法的根据是什么，制定的目的是什么。在制定宪法之前必须回答这些问题。

第七，在宪法学中，讲到“宪法”则自然包括了宪法的序言部分。在宪法学的研究中，宪法序言是其研究的重要内容之一。

第八，某个国家的宪法结构中，设不设序言部分，完全取决于该国在制定宪法时的指导思想、历史条件、民族习惯和文化传统等因素，但在有宪法序言的国家，其宪法序言都被包括在宪法结构之中。

总之，与宪法正文相比较，宪法序言无论在内容上还是在表现形式上，都有其特殊性，其作为整部宪法不可分割的组成部分，并且具有与宪法正文同等的法律效力，应该是确定无疑的。

5.（1）宪法是一个国家法律体系的核心内容之一。因此，宪法判例在一国宪法体系中及宪法的发展中的地位和作用具有普通判例的特征。除此之外，宪法是一个国家的根本法，它确定了一国的政府架构、各政府机关之间的相互关系及公民的基本权利，是一切其他法律之母。

宪法的特征和其作为国家根本大法的本质，决定了宪法解释的必要性、复杂性和艰巨性。而对宪法具体条文的解释或创立新宪法规则的裁定，不管是由立法机关、司法机关，还是任何其他独立机关所作出，都构成宪法判例。法治原则的实施，要求这些宪法判例在实践中得以反复援用，直至一个新的宪法规则由新的宪法判例确立为止。这些宪法判例所确立的宪法规则和成文宪法条文具有相同的地位。而有些宪法判例更确立了一些地位高于成文宪法某些具体条文的宪法基本原则。这些宪法判例和成文宪法相辅相成，共同构造出一个能动的宪法体制。

（2）宪法判例是合宪性审查制度运行的必然结果。虽然很多学者都同意，中国 1982 年《宪法》确立了具有中国特色的合宪性审查机制，但是，由于种种原因，这一机制从来没有真正运行过。2000 年《立法法》、2005 年 12 月 16 日第十届全国人大常委会第四十次委员长会议对《行政法规、地方性法规、自治条例和单行条例、经济特区法规备案审查工作程序》的修订和《司法解释备案审查工作程序》的通过，进一步建立健全了法规和司法解释备案审查制度。2019 年，全国人大常委会委员长会议在两个备案审查工作程序规定的基础上，又通过了《法规、司法解释备案审查工作办法》。以上法律文件的通过与实施给中国的合宪性审查机制的运作以及中国建立自己的宪法判例带来了曙光。但是，后两个文件对于合宪性审查的机关、合宪性审查的具体程序、提起合宪性审查的第二类主体的限制等仍未作出实效性的规定，中国的合宪性审查制度仍然还有很长的路需要走。

第二章　宪法的产生与发展

知识逻辑图

- 近代宪法
  - 资本主义宪法
    - 英国宪法（1689 年《权利法案》）
    - 美国宪法（1787 年宪法）
    - 法国宪法（1791 年宪法）
  - 社会主义宪法
    - 苏联宪法（1918 年《苏俄宪法》、1924 年宪法、1936 年宪法）
    - 蒙古宪法（1924 年宪法）
- 当代宪法
  - 宪法类型上的发展（资本主义宪法⟶社会主义宪法）
  - 宪法形式上的发展（不成文宪法⟶成文宪法）
  - 宪法内容上的发展
    - 重视人权保障，扩大公民权利
    - 重视宪法实施保障，维护宪法权威
    - 重视国际协作，维护世界和平
- 旧中国宪法
  - 君主立宪
  - 资产阶级民主共和国宪法：1912 年《中华民国临时约法》
  - 北洋军阀时期宪法
    - 1914 年《中华民国约法》
    - 1923 年《中华民国宪法》
  - 国民党政府时期宪法
    - 1931 年《中华民国训政时期约法》
    - 1946 年《中华民国宪法》
  - 人民革命根据地的宪法性文件
    - 1931 年《中华苏维埃共和国宪法大纲》
    - 1941 年《陕甘宁边区施政纲领》
    - 1946 年《陕甘宁边区宪法原则》
- 新中国宪法
  - 1949 年《中国人民政治协商会议共同纲领》
  - 1954 年《宪法》
  - 1975 年《宪法》
  - 1978 年《宪法》
    - 1979 年《关于修正〈中华人民共和国宪法〉若干规定的决议》
    - 1980 年《关于修改〈中华人民共和国宪法〉第四十五条的决议》
  - 1982 年《宪法》
    - 1988 年宪法修正案第 1 条至第 2 条
    - 1993 年宪法修正案第 3 条至第 11 条
    - 1999 年宪法修正案第 12 条至第 17 条
    - 2004 年宪法修正案第 18 条至第 31 条
    - 2018 年宪法修正案第 32 条至第 52 条

名词解释和概念比较

1. 魏玛宪法（考研）
2. 《共同纲领》（考研）
3. 《中华民国约法》
4. 1923 年的《中华民国宪法》与 1946 年的《中华民国宪法》（考研）
5. 《天坛宪草》
6. 《中华民国训政时期约法》
7. 《钦定宪法大纲》和《宪法重大信条十九条》
8. 《陕甘宁边区施政纲领》与《陕甘宁边区宪法原则》
9. 《人权和公民权宣言》（简称《人权宣言》）

选择题

（一）单项选择题

1. 中国历史上第一部由人民代表机关正式通过并公布实施的宪法性文件是（　　）。

A.《陕甘宁边区施政纲领》
B.《陕甘宁边区宪法原则》
C.《中华苏维埃共和国宪法大纲》
D.《共同纲领》

2. 旧中国反动派正式公布的第一部宪法《中华民国宪法》，又称“贿选宪法”，颁布于（　　）。

A. 1923 年　　B. 1947 年
C. 1914 年　　D. 1946 年

3. 新中国成立初期全国各族人民团结奋斗的共同政治基础是（　　）。（考研）

A. 1954 年《中华人民共和国宪法》
B. 1949 年《中国人民政治协商会议共同纲领》
C. 1946 年《陕甘宁边区宪法原则》
D. 1931 年《中华苏维埃共和国宪法大纲》

4. 我国现行宪法通过以后，全国人民代表大会以下列选项中的哪种方式对其进行修改？（　　）（考研）

A. 通过修改宪法的决议
B. 通过宪法修正案
C. 通过宪法解释
D. 对宪法进行全面修改

5. 下列关于英国宪法的表述，正确的是（　　）。（考研）

A. 英国宪法是议会共和制的体现
B. 宪法修正案是英国宪法的组成部分
C. 英国宪法是欧洲第一部成文宪法，以保障人权为特点
D. 英国宪法是资产阶级在不同历史时期同封建贵族斗争、妥协的产物

6. 在英国，尽管 1215 年的（　　）并不是近代意义的宪法性法律，但它对英国宪法的发展与英国立宪主义体制的确立，产生了非常大的影响。（考研）

A.《权利法案》　　B.《自由大宪章》
C.《人身保护法》　　D.《王位继承法》

7. 规定“私营经济是社会主义公有制经济的补充”，是在对我国现行宪法进行（　　）修正时作出的。（考研）

A. 第一次　　B. 第二次
C. 第三次　　D. 第四次

8.（　　）是 18 世纪末资产阶级在反封建革命斗争中的著名纲领性文件，以后成为法国宪法的序言。（考研）

A.《人权宣言》　　B.《独立宣言》
C.《自由大宪章》　　D.《人身保护法》

9. 下列选项中哪一项是欧洲第一部成文宪法？（　　）

A.《权利法案》　　B.《人权和公民权宣言》
C. 1787 年美国宪法　　D. 1791 年法国宪法

10. 下列哪一个法律文件是中国近现代历史上第一部宪法性文件？（　　）

A.《重大信条十九条》
B.《钦定宪法大纲》
C.《中华民国约法》
D.《中华苏维埃共和国宪法大纲》

11. 下列选项中哪一部文件被认为是世界上第一部成文宪法？（　　）

A. 1215 年《自由大宪章》
B. 1689 年《权利法案》
C. 1787 年美国宪法
D. 1791 年法国宪法

12. 下列选项中哪一部宪法是世界历史上第一部社会主义宪法？（　　）

A. 1789 年法国的《人权和公民权宣言》
B. 1787 年美国宪法
C. 1871 年巴黎公社的《中央委员会宣言》

D. 1918 年苏俄宪法

13. 由专门机关负责保障宪法实施的规定始于下列哪一部宪法？（　　）（法考改编）

A. 1958 年法国宪法　　B. 1787 年美国宪法

C. 1799 年法国宪法　　D. 1908 年苏俄宪法

14. 下列选项中哪一项是旧中国第一部正式公布的宪法？（　　）

A. 1912 年颁布的《中华民国临时约法》

B. 1914 年颁布的《中华民国约法》

C. 1923 年颁布的《中华民国宪法》

D. 1946 年颁布的《中华民国宪法》

15. 至今为止，全国人大以宪法修正案的方式对 1982 年《宪法》共进行了（　　）修改。

A. 2 次　　B. 3 次

C. 5 次　　D. 6 次

16. “中华人民共和国实行依法治国，建设社会主义法治国家”被写入宪法的时间是（　　）。

A. 1982 年　　B. 1988 年

C. 1993 年　　D. 1999 年

17. “凡权利无保障和分权未确立的社会就没有宪法”的论断是由下列哪一部宪法文件予以明文规定的？（　　）

A. 1789 年的法国《人权和公民权宣言》

B. 1776 年的北美《独立宣言》

C. 1688 年的英国《权利法案》

D. 1918 年的苏俄《被剥削劳动人民权利宣言》

18. 根据我国宪法规定，中国人民政治协商会议是爱国统一战线的组织。下列说法错误的是（　　）。（法考改编）

A. 中国人民政治协商会议属于我国的国家机构

B. 1993 年宪法修正案增加规定，中国共产党领导的多党合作和政治协商制度将长期存在和发展

C. 2004 年宪法修正案增加了“社会主义事业的建设者”的规定，丰富了爱国统一战线的组成人员

D. 2018 年宪法修正案增加了“致力于中华民族伟大复兴的爱国者”的规定，丰富了爱国统一战线的组成人员

19. 下列有关英国宪法中四个宪法性法律颁布时间顺序的判断哪个是正确的？（　　）（考研）

①《权利请愿书》②《王位继承法》③《权利法案》④《自由大宪章》

A. ①②③④　　B. ②③④①

C. ④①③②　　D. ③②③①

20. 下列关于法国首部成文宪法制定时间的选项哪项是正确的？（　　）

A. 1789 年　　B. 1788 年

C. 1791 年　　D. 1790 年

21. 下列关于美国现行宪法制定时间的表述中哪一选项是正确的？（　　）

A. 1776 年　　B. 1787 年

C. 1789 年　　D. 1775 年

22. 下列关于《中国人民政治协商会议共同纲领》的性质的表述中哪一项是正确的？（　　）

A. 它是新中国的第一部宪法

B. 它是新中国的第一部宪法性文件

C. 它是一部社会主义性质的宪法性法律

D. 它是中国第一部通过民主制定的宪法

23. 关于马克思主义的宪法分类，下列表述正确的是（　　）。（考研）

A. 马克思主义的宪法分类以制宪主体为标准

B. 马克思主义的宪法分类揭示了宪法的阶级本质

C. 马克思主义的宪法分类是基于宪法形式特征进行的分类

D. 根据马克思主义的宪法分类，民定宪法属于资本主义宪法

视频讲题

24. 清末和民国时期的旧中国曾经进行频繁的立宪活动，下列关于该时期宪法文件，说法错误的是（　　）。（法考改编）

A.《钦定宪法大纲》为中国近代史上第一个宪法性文件，是由宪政编查馆编订，于 1908 年公布的

B. 1912 年《临时约法》是由孙中山主导创制的中国第一部资产阶级共和国性质的宪法文件

C. 北洋政府时期的第一部宪法草案为“天坛宪草”，采用资产阶级三权分立的宪法原则，确认民主共和制度

D.《中华民国宪法》（1947 年）是中国近代史上

首部正式颁行的宪法

25. 世界上第一部社会主义国家的成文宪法产生于（　　）。

A. 巴黎公社时期　　B. 十月革命胜利后

C. 1922 年苏联成立后　　D. 1949 年新中国成立后

26. 在宪法中取消“大鸣，大放，大辩论，大字报”始于下列哪次修宪？（　　）

A. 1975 年四届人大一次会议

B. 1978 年五届人大一次会议

C. 1979 年五届人大二次会议

D. 1980 年五届人大三次会议

27. 下列有关宪法发展史的论述正确是（　　）。

A. “君权神授”观念是近代宪法发展的思想条件之一

B. 美国宪法是美洲最早的成文宪法

C. 1918 年的《苏联宪法》是世界上第一部社会主义性质的宪法

D.《人权宣言》被 1791 年的法国宪法列为序言，所以它是法国的第一部宪法

28. 被马克思称为世界上“第一个人权宣言”的是（　　）。

A. 1689 年英国的《权利法案》

B. 1776 年美国的《独立宣言》

C. 1789 年法国的《人权和公民权利宣言》

D. 1848 年的《共产党宣言》

29. 下列各项中，由 2004 年全国人民代表大会第二次会议修改宪法时通过的是（　　）。

A. 实行依法治国，建设法治国家

B. 土地的使用权可以依法转让

C. 中国共产党领导的多党合作和政治协商制度将长期存在和发展

D. 国家尊重和保障人权

30. 根据我国宪法，下列自然资源专属国家所有的是（　　）。（考研）

A. 农村的土地　　B. 荒地、滩涂

C. 矿藏、水流　　D. 森林、山岭

31. 下列关于社会保障权的表述，正确的是（　　）。（考研）

A. 社会保障权包括退休人员生活保障权、物质帮助权等内容

B. 1999 年宪法修正案强化了对公民社会保障权的保护

C. 国家不负有保障社会保障权实现的义务

D. 社会保障权是一种消极权利

32. 关于宪法的历史发展，下列哪一选项是不正确的？（　　）（法考改编）

A. 资本主义商品经济的普遍化发展，是近代宪法产生的经济基础

B. 1787 年美国宪法是世界历史上的第一部成文宪法

C. 1918 年《苏俄宪法》和 1919 年德国《魏玛宪法》的颁布，标志着现代宪法的产生

D. 行政权力的扩大是中国宪法发展的趋势

（二）多项选择题

1. 下列选项中属于我国 1988 年宪法修正案的内容的是（　　）。

A. 承认私营经济的合法地位

B. 承认个体经济的合法地位

C. 允许土地使用权可以依照法律规定转让

D. 将“国有经济”改为“国营经济”

2.《中国人民政治协商会议共同纲领》是中国共产党主持制定的一个具有临时宪法作用的文件，于 1949 年 9 月 29 日经中国人民政治协商会议第一届全体会议通过。对于该文件，下列哪些选项是正确的？（　　）（法考改编）

A. 该文件规定人民有选举权和被选举权

B. 该文件为社会主义性质的宪法文件

C. 中国人民政治协商会议的一项工作是在普选的全国人大召开之前行使全国人大的职权

D. 中华人民共和国的国家政权属于人民

3. 1803 年，美国联邦最高法院在审理马伯里诉麦迪逊一案的判决中，明确宣布了下列选项中的哪些内容，从而开创了由联邦最高法院审查国会立法合宪性之先河？（　　）

A. 违宪的法律不是法律

B. 阐明法律的意义是法院的职权

C. 法院有权责令国会限期改变不当立法

D. 法院有权撤销国会违宪的法案

4. 根据宪法和法律的规定，下列哪些选项是错误的？（　　）

A. 2004 年宪法修正案明确规定“非公有制经济的从业人员”是“我国社会主义事业的建设者”

B. 1999 年宪法修正案明确规定非公有制经济是社

会主义市场经济的组成部分

C. 1999 年宪法修正案将国家保障公民的合法的私有财产权神圣不可侵犯写进宪法

D. 1988 年宪法修正案明确规定集体土地所有权可以依法出租或者转让

5. 19 世纪 40 年代，英国完成了工业革命进入自由资本主义时期。这一时期英国宪法的发展主要体现在以下哪些方面？（　　）

A. 责任内阁制逐步形成

B. 议会至上的宪法原则确立

C. 政党制度开始兴起

D. 行政权干预立法权

6. 下列关于《钦定宪法大纲》的叙述中哪些选项合乎历史真相？（　　）

A. 它制定于 1908 年

B. 它以慈禧太后的名义颁发

C. 它以 1850 年普鲁士宪法为蓝本

D. 它以 1889 年日本宪法为蓝本

7. 关于我国《宪法》的修改，下列哪些选项是正确的？（　　）

A. 1954 年《宪法》明确规定了宪法修改的提案主体

B. 1982 年《宪法》是对 1954 年《宪法》的全面修改

C. 我国现行宪法共进行了五次修改，通过了 52 条宪法修正案

D. “国家尊重和保障人权”是 2004 年《宪法修正案》规定的内容

8. 关于现代宪法的发展趋势，下列哪些说法是正确的？（　　）（法考改编）

A. 重视保障人权是宪法发展的共识

B. 重视宪法实施保障，专门宪法监督成为宪法发展的潮流

C. 通过加强司法审查弱化行政权力逐步成为宪法发展的方向

D. 寻求与国际法相结合成为宪法发展的趋势

视频讲题

9. 下列有关我国宪法的叙述不正确的有哪些？（　　）

A. 新中国成立后，我国行使制宪权制定和颁布了 5 部宪法

B.《共同纲领》是中华人民共和国成立之初起着临时宪法作用的宪法性文件

C.《共同纲领》是我国第一部社会主义类型的宪法

D. 1982 年《宪法》将县级人大代表由间接选举产生改为由直接选举产生

10. 下列选项中，表述正确的选项包括（　　）。

A. 宪法性法律、宪法判例和宪法惯例是英国宪法的三个组成部分

B. 1701 年的王位继承法是英国最终确立君主立宪的标志

C. 1789 年生效的美国宪法是世界上第一部成文宪法

D. 1803 年马伯里诉麦迪逊案开创了由司法机关解释宪法的先河

11．下列关于各国“人权与宪法”问题的说法，哪些不成立？（　　）（法考改编）

①美国《独立宣言》与《美国联邦宪法》给予了人权充分保障

②法国《人权宣言》明确宣布“人们生来并且始终是自由的，并在权利上是平等的”，该宣言成为此后多部法国宪法的序言

③日本《明治宪法》对公民自由权作出充分规定，促进了日本现代民主政体的建立

④德国《魏玛宪法》扩大了人权范围，将“社会权”纳入宪法保护范围

A. ①②　　B. ③④

C. ①③　　D. ②④

12. 资本主义宪法产生的思想基础是（　　）。

A. 天赋人权学说　　B. 主权在民学说

C. 社会契约论　　D. 权力分立学说

13. 清朝末年，清政府为了挽救其覆灭的命运而颁布的两个宪法性文件是（　　）。

A.《钦定宪法大纲》

B.《中华民国约法》

C.《中华民国临时约法》

D.《宪法重大信条十九条》

14. 下列选项中哪些是革命根据地制定的宪法性文

件？（　　）

A.《中华苏维埃共和国宪法大纲》

B.《中华民国临时约法》

C.《陕甘宁边区施政纲领》

D. 1923 年《中华民国宪法》

15. 我国现行《宪法》第 16 条规定："在法律规定范围内的（　　）等非公有制经济，是社会主义市场经济的重要组成部分。"

A. 个体经济　　B. 私营经济

C. 三资企业　　D. 股份制经济

16. 2018 年全国人民代表大会对现行宪法进行了修改。下列表述属于此次修改内容的是（　　）。(考研)

A. 土地的使用权可以依照法律的规定转让

B. 有关监察机关职权的规定

C. 中国共产党领导的多党合作和政治协商制度将长期存在和发展

D. 推动物质文明、政治文明、精神文明、社会文明、生态文明协调发展

17. 在长期的革命、建设、改革过程中，我国已经结成的爱国统一战线包括（　　）。(地方公务员考试)

A. 全体社会主义劳动者

B. 社会主义事业的建设者

C. 拥护社会主义的爱国者

D. 拥护祖国统一和致力于中华民族伟大复兴的爱国者

（三）不定项选择题

1. 在旧中国宪法史上，南京国民政府制定的宪法性文件包括（　　）。(考研)

A.《中华民国临时约法》

B.《中华民国训政时期约法》

C.《五五宪草》

D.《中华民国宪法》

2. 1954 年《宪法》的基本原则是（　　）。(考研)

A. 社会主义原则　　B. 民主集中制原则

C. 法制原则　　D. 民主原则

3. 下列关于宪法发展趋势的表述，正确的有（　　）。(考研)

A. 成文宪法成为世界上绝大部分国家采取的宪法形式

B. 宪法保障的公民基本权利的范围随时代发展而逐渐扩展

C. 宪法领域从国内法扩展到国际法，国际条约已经成为各国宪法的正式渊源

D. 各国宪法一方面授予政府更多权力，另一方面设定多种监督机制防止权力滥用

视频讲题

4. 下列有关中国宪法发展史的表述，何者为正确？（　　）(法考改编)

A.《中华民国临时约法》是中国历史上唯一的一部资产阶级共和国性质的宪法性文件

B. 1949 年《中国人民政治协商会议共同纲领》是中国历史上的第一部社会主义类型的宪法

C. 1982 年《宪法》是中华人民共和国成立后制定的第三部宪法

D.《钦定宪法大纲》是中国历史上的第一部宪法性文件

5. 1988 年和 2004 年全国人大通过的宪法修正案对我国的土地制度进行了修正。关于这些修正，下列哪些说法是错误的？（　　）

A. 禁止土地的使用权转让

B. 2004 年通过宪法修正案将土地专属于国家所有修改为土地既可以为国家所有也可以为集体所有

C. 明确了国家对土地实行征收或者征用的公共目的和补偿义务

D. 确立了农民的土地所有权

6. 我国 1993 年的宪法修正案涉及下列哪些方面的内容？（　　）(法考改编)

A. 明确把"坚持改革开放"写进宪法

B. 增加规定"土地的使用权可以依照法律的规定转让"

C. 明确把"我国将长期处于社会主义初级阶段"写进宪法

D. 把县级人民代表大会的任期由 3 年改成 5 年

7. 中国历史上仅有的一部资产阶级性质的宪法性文件是（　　）。

A.《中华民国约法》

B.《中华民国临时约法》

C.《中华民国宪法》

D.《中华民国训政时期约法》

8. 我国 1975 年《宪法》取消了下列选项中的哪些机关？(　　)

A. 最高人民法院　　B. 国家安全部

C. 最高人民检察院　　D. 全国人大常委会

9. 根据 2018 年宪法修正案，爱国统一战线中增加的社会群体是（　　）。(考研)

A. 社会主义劳动者

B. 社会主义事业的建设者

C. 拥护社会主义的爱国者

D. 致力于中华民族伟大复兴的爱国者

10. 我国新民主主义革命时期制定的宪法文件有（　　）。

A.《中华民国临时约法》

B.《中华苏维埃共和国宪法大纲》

C.《陕甘宁边区施政纲领》

D.《陕甘宁边区宪法原则》

简答题

1. 简述近代宪法产生以来在内容上发展的基本标志。(考研)

2. 试述我国 1982 年《宪法》的主要特点。(考研)

3. 现行宪法颁布以来通过了几个修正案？这些修正案的内容如何？(考研)

4. 我国 1979 年和 1980 年对 1978 年《宪法》的部分条文作了哪些修改？(考研)

5. 简述宪法产生的历史必然性及其特点。(考研)

6. 简述《中华民国临时约法》的内容与意义。

7. 简述“尊重和保障人权”条款的规范含义。(考研)

8. 1954 年《宪法》颁布后我国宪法的修改方式。(考研)

案例分析题

1. 对美国违宪审查第一案“马伯里诉麦迪逊案”进行分析。

案情：马伯里诉麦迪逊案发生于 1801 年年初，当时美国的党争非常激烈。以亚当斯为首的联邦党与以杰弗逊为首的共和党之间的政治角逐白热化。在 1800 年年底举行的总统大选中，亚当斯未获连任，杰弗逊获胜，成为美国第三任总统。在总统权力交接之前，亚当斯利用手中的总统权力及其由联邦党所控制的国会，对司法机构作了重大调整，并且迅速委任联邦党人出任联邦法官。正好在 1800 年 12 月，美国最高法院首席大法官埃尔斯沃思辞职，亚当斯即提名当时任亚当斯政府国务卿的联邦党的重要领导人之一马歇尔继任首席大法官。这一提名立即获得国会批准。但是，马歇尔并未立即就任，而是根据亚当斯的要求，续任国务卿至换届为止。与此同时，亚当斯抓紧提名由联邦党人出任新调整的法官职位，这些新提名的法官在杰弗逊就任总统前两天获得由联邦党人控制的国会批准。因而这些法官被人们称之为“午夜法官”。在亚当斯任职总统的最后一天，即 1801 年 3 月 3 日，他正式签署了 42 名哥伦比亚和亚历山大地区的法官的委任书，并盖了国印。这些委任状都由国务卿马歇尔颁发给法官本人。作为国务卿的马歇尔于 3 月 3 日抓紧送发委任状，但是由于当时的交通和通信条件，仍有几位法官的委任状未能送出。其中一位就是马伯里。3 月 4 日，杰弗逊就任总统，任命麦迪逊为国务卿。杰弗逊对亚当斯卸任前的这些做法十分恼火，决心采取措施纠正。第一个办法就是停发尚未发出的法官委任状。

马伯里等几位已得到法官任命，但未接到委任状的人对此当然不满，因此向最高法院提起诉讼，请求最高法院对国务卿麦迪逊下达法院强制令，强制他向马伯里等人发出委任状，故此案名为马伯里诉麦迪逊案。马伯里等人的这一请求的法律依据是美国 1789 年 9 月 24 日通过的《司法法》第 13 条。它规定，美国最高法院具有受理针对美国官员的排他管辖权，可以针对美国政府官员下达强制令。

2. 对美国政治问题审查第一案“贝克诉卡尔案”进行分析。

案情：贝克（Charles W. Baker）是田纳西州有选举权的公民，卡尔（Joe C. Carr）是该州经法定程序选举产生的州政务卿，他负责为郡县选举委员会制作空白表格、套封及选举信息、确认选举结果，并负责掌管选举记录。与卡尔一起被起诉还有该州的司法总长、州选举协调官，以及州选举委员会等，他们也都分别承担一部分选举工作。在该案当中，原告认为田纳西州 1901 年的立法对该州 95 个郡县的大选议席的分配是专断而任意的，并且明显无视该州几十年来的经济发展和人口变迁，致使原告"选举权受到贬抑"，从而不能实现宪法修正案第 14 条所规定的法律的平等保护。他们由此诉请法院判决 1901 年立法违宪，并请求法院发布一项禁令，要求该州的有关官员不再根据该法组织选举。联邦区法院初审裁定驳回了原告诉讼请求，理由之一就是该案属于"政治问题"，不具备"可诉性"，因此法院不能为本案提供适当的司法救济。对此，联邦最高法院认为，要求保护政治权利的案件并不等同于"政治问题"案件。所谓不具有可诉性的政治问题案件，应当主要限于宪法第 4 条所规定的"保证条款"，即"合众国保证本联邦各州实行共和政体"(美国宪法第 4 条第 4 款)。最高法院认为，本案与保证条款无关，因此不属于保证条款所指向的"政治问题"。保证条款之所以不具有可诉性，是因为裁决将涉及法院与其他平行的联邦政府职能部门的关系，而无关乎联邦法院与各州之间的关系。因此，"在判定某一问题是否属于政治问题时，首要的考虑是看该问题是否已交由其他政治部门进行终局性裁决，以及是否缺乏司法裁量的适当标准"。传统的属于政治问题范畴的事项包括：(1) 对外关系；(2) 与敌对国的敌对时间；(3) 立法的实效，包括宪法修正案议案的效力和普遍立法的程序等；(4) 对印第安部落的法律地位的确定；(5) 共和政体的形式等。"政治问题"案件必须具备"五项基本原则"，只有符合以下五项要件之一的争议才能被认定为不属于法院管辖的"政治问题"：(1) 宪法已明文规定这一事项属于另一平行的政治部门管辖；(2)"缺乏司法上可发现的和可以掌握的解决争端的标准"；(3) 在不预先从政策上确定显然属于非司法部门斟酌决定的情况下，不可能进行判决；(4)"非常需要毫无异议地恪守已经作出的政治决定"；(5)"潜藏着出现各部门对同一问题有种种不同意见的尴尬局面之可能"。据此，联邦最高法院以 6∶2 的多数票裁定：原告以未适用宪法修正案第 14 条平等保护权利为由提起的诉讼请求成立，区法院的判决被撤销，并要求区法院按照最高法院判决的意见对本案进行重新审理。

3. 假如你是一名法官，你在审理案件中需要援引我国现行宪法修正案。你认为，我国现行宪法修正案在援引上可能会出现什么问题。

4. 2019 年年底，十三届全国人大常委会第十五次会议通过了《关于废止有关收容教育法律规定和制度的决定》，废止了 1991 年全国人大常委会《关于严禁卖淫嫖娼的决定》第 4 条第 2 款："对卖淫、嫖娼的，可以由公安机关会同有关部门强制集中进行法律、道德教育和生产劳动，使之改掉恶习。期限为六个月至二年。具体办法由国务院规定。"根据《关于严禁卖淫嫖娼的决定》，国务院于 1993 年制定了《卖淫嫖娼人员收容教育办法》。

请分析《卖淫嫖娼人员收容教育办法》的合宪性和合法性。

论述题与深度思考题

1. 简述近代意义宪法产生的条件。(考研)

2. 简述当代宪法的发展趋势。(考研)

3. 试论我国现行宪法是具有中国特色的社会主义宪法。(考研)

4. 试论我国宪法的当代发展趋势。

参考答案

名词解释和概念比较

1. 魏玛宪法即 1919 年《德意志国宪法》，因其在德国魏玛城制定而得名。德国于 1918 年发生革命，推翻帝制，建立共和国，制定了这部宪法。全文共 181 条，分两编。第一编为联邦的组织及其职责，规定德国为联邦，主权在民。人民有普选权、创制权。采用责任内阁制，但总统有紧急命令权，可以暂时停止宪法中部分规定的效力。第二编为德国人民的基本权利及基本义务，分个人、共同生活、宗教及宗教团体、教育及学校、经济生活 5 章。该编表现出这部宪法的特色，规定了个人的各种基本权利和许多社会生活的准则，其中有一些社会民主主义性质的规定。

2. 在中国共产党的号召和领导下，作为人民民主统一战线组织形式的中国人民政治协商会议第一次全体会议，于 1949 年 9 月在北京召开，由它代行全国人民代表大会这一最高国家权力机关的职权，这次全会通过了起临时宪法作用的《中国人民政治协商会议共同纲领》，选出中央人民政府委员会，作为行使最高国家权力的常设机关。对于《共同纲领》的性质和作用，毛泽东当时说得非常明确，我们国家现时的根本大法即《共同纲领》。

《共同纲领》除序言外，分为总纲、政权机关、军事制度、经济政策、文化教育政策等共7章60条。它肯定了中国人民革命的胜利成果，宣告帝国主义、封建主义、官僚资本主义在中国统治的结束和中华人民共和国的成立；它确认我国为新民主主义即人民民主主义国家，实行人民民主专政，“中国人民民主专政是中国工人阶级、农民阶级、小资产阶级、民族资产阶级及其他爱国民主分子的人民民主统一战线的政权，而以工农联盟为基础，以工人阶级为领导”；确认人民代表大会制度为我国的政权组织形式，规定我国的国家政权属于人民，人民行使国家政权的机关为各级人民代表大会和各级人民政府；宣布取消帝国主义在华的一切特权，没收官僚资本，进行土地改革；规定了新中国将要实行的政治、经济、军事、文化教育、民族和外交等各项基本政策；规定了公民享有的各项基本权利和自由。《共同纲领》所规定内容的根本性和中国人民政治协商会议代表社会利益的广泛性，使它能够反映全国各族人民的共同愿望，在新中国成立之初发挥临时宪法的作用。它是新中国成立初期动员人民迅速完成民主革命的遗留任务、朝着社会主义方向共同前进的政治基础和战斗纲领，它对于巩固人民民主专政政权，加强民主法制建设，维护公民权利和自由，恢复和发展国民经济，有重要的指导意义和保障作用，也为我国正式宪法的制定和实施积累了经验，创造了条件。

3.《中华民国约法》是袁世凯于北京就任中华民国临时大总统之后，为了摆脱《临时约法》的束缚，登上正式大总统宝座并复辟帝制，而于1914年5月1日正式抛出的。它取消了《临时约法》中规定的近似于责任内阁制的政权体制和对总统权力的限制性条款，规定大总统为国家元首，总揽统治权，对外代表国家；有权统率海陆军，制定官制官规，任免文武官员；有权宣战、媾和、宣布戒严；有权召集、解散立法院，否决立法院议决的法律案，进行财政紧急处分；有权发布与法律有同等效力的教令，从而确认了大总统至高无上的权力，为袁世凯以后登基称帝奠定了基础。它虽然也规定人民有一定的权利和自由，但同时又规定要将其严格限制在“法律范围内”，使之成为空文。

4. 1923年的《中华民国宪法》是由直系军阀曹锟掌握政权以后于1923年10月10日颁布的，因其是通过贿赂国会议员而制定的，故又被称为“贿选宪法”，这是旧中国颁布的第一部正式宪法。该宪法规定，“中华民国永远为一统一的民主国”，“中华民国主权，属于国民全体”，它同时规定“中华民国之行政权，由大总统以国务员之赞襄行之”，“大总统为民国陆海军大元帅，统率陆海军”，“大总统得停止众议院或参议院之会议”，大总统还有权解散众议院等，赋予了大总统绝对的统治权。可见，该宪法是一部形式上以资产阶级议会民主制作招牌，实际上确认反动军阀专制独裁统治的宪法。

1946年的《中华民国宪法》是国民党政府在撕毁1946年政治协商会议决议，准备全面发动内战的情况下，通过没有共产党和其他民主党派参加的伪国民大会于1946年年底制定，并于1947年1月1日公布的。该宪法共14章175条。它确立了高度专制的政治体制，赋予了总统很大的权力：规定总统为国家元首，对外代表中华民国，统率全国陆海空军；有权依法公布法律，发布命令，缔结条约，宣战媾和；有权宣布戒严、大赦、特赦、减刑及复权；有权任免文武官员，授予荣典；有权发布紧急命令。它还规定，政府由立法、行政、司法、考试、监察五院组成，总统可提名或任命各部会长、委员及大法官；有权协调院与院之间的争执；有权召集临时国民大会等。它确立了以四大家族为代表的官僚垄断资本在“国家所有”、“以公营为原则”和“国家管理”等招牌下，对国民经济和自然资源掠夺和垄断的合法性：规定“附着于土地之矿产及经济上可供公众利用之天然力，属于国家所有”，“公用事业及其他有独占性之企业，以公营为原则”，“国家对于私人财富及私营事业，认为有妨害国计民生之平衡发展者，应以法律限制之”，“金融机构，应依法受国家管理”等。同时该宪法还在形式上确立了人民的某些权利和自由，并且规定“除为防止妨碍他人自由，避免紧急危难，维持社会秩序，或增进公共利益所必要者外，不得以法律限制之”，但在实际上，国民党政府既无视宪法的规定，又经常以法限制和剥夺人民的权利和自由。总之，1946年《中华民国宪法》是一部确认国民党专制独裁统治的宪法。

5. 1925年的《中华民国宪法草案》是由皖系军阀段祺瑞政府于1925年12月起草的。该草案规定大总统有权发布与法律有同等效力的教令，副总统兼任参议院议长，从而确认了大总统高度集中的权力和对议会的控制权，反映了段祺瑞政府渴望加强自己的专制独裁统治，向势力派夺权的企图；该草案删除了“贿选宪法”中关于“统一民主国”的内容，而代之以各省区有权制定本省区的宪法，由各县选出的选举人间接选举总统等规定，反映了段祺瑞政权与各派军阀之间的妥协和让步；该草案还规定“学校教育不得为党派主义之宣传”，企图阻止马克思主义在中国的传播。该草案由于受到了各方面的强烈反对，故未能成为正式宪法。

6.《中华民国训政时期约法》是由国民党政府于1931年6月颁布的，这是国民党统治时期的一个重要法律文件，其效力一直延续到1946年《中华民国宪法》的颁布实施。该约法规定，“训政时期由中国国民党全国代表大会代表国民大会行使中央统治权”，“国民政府总揽中华民国之治权”，“国民政府设主席一人，委员若干人，由中国国民党中央委员会选任”，“国民政府主席对内对外代表国民政府”，国民政府下设立法、行政、司法、考试、监察五院及各部会，各院及各部会首长由国民政府主席提请国民政府任免。在中国国民党全国代表大会闭会期间，统治权由蒋介石担任委员长的中国国民党中央执行委员会行使，该执行委员会享有对约法的解释权。因此，该约法实际上确认了国民党一党专制的政治体制，确认了国民政府对国民党的隶属关系，确认了蒋介石的最高独裁者地位。该约法在规定公民享有某些权利和自由的同时，又规定“选举、罢免、创制、复决四种政权之行使由国民政府训导之”，从而使权利和自由的行使受到很大的限制。可见，它是一部反民主的宪法性文件。

7.《钦定宪法大纲》共23条，分为君上大权和臣民权利义务两部分，其重心在于维护君上大权。大纲确立了皇帝至高无上的尊严和地位，规定“大清皇帝统治大清帝国万世一系，承永尊戴”，“君上神圣尊严不可侵犯”。大纲确立了皇帝实际上不受约束的绝对权力，规定皇帝有权批准颁行法律；有权召集、开闭、停止及解散议院，在议院闭会期间遇有紧急情况时有权发布代替法律的诏令；有权设官制禄，黜陟百司；有权统率陆海军，调遣军队，编定军制；有权宣战、媾和、订约、宣布戒严、派遣及接受使者；有权爵赏恩赦、委任审判官员等。大纲赋予了臣民最低限度的权利和自由，规定合乎法律和命令规定资格的臣民有担任文武官员的权利，臣民在法律范围内有言论、著作、出版、集会、结社的自由，臣民非按法律规定不得加以逮捕、监禁和处罚，臣民的财产及住所无故不得侵扰等。大纲同时还规定，臣民有纳税、当兵和守法的义务。可见，《钦定宪法大纲》是一部封建性质浓厚，没有实现价值，而统治者也根本没有打算让其实现的宪法性文件。

《宪法重大信条十九条》（简称《十九信条》）是在武昌起义爆发，全国群起响应，清政府面临覆亡的紧急关头制定的，因此它在维护皇帝的尊严和地位神圣不可侵犯的同时，又不得不对皇帝的权力作出某些限制。它规定“大清帝国皇帝万世不易”，“皇帝神圣不可侵犯”，但“皇帝之权，以宪法规定者为限”，“宪法由资政院起草议决，皇帝颁布之”，“宪法改正提案之权属于国会”，“总理大臣由国会公选，由皇帝任命之”，“官制官规以法律定之”，而对于公民的权利和自由只字未提。这充分反映了清政府迫于形势不得不作出让步，而实际上又不愿让步的心态。可见，《十九信条》不过是“假立宪之名，行抵制革命之实”的宪法性文件而已，由于清政府很快便被推翻，因而它也根本未发生过什么作用。

8.《陕甘宁边区施政纲领》共21条，其主要内容是：（1）规定要团结边区各社会阶级、各抗日党派，发挥一切人力、物力、财力、智力，为保卫边区，保卫中国，驱逐日本帝国主义而战。（2）规定要在抗日政权的组成上实行“三三制”原则，即共产党员、其他抗日党派和无党派民主人士各占1/3。（3）规定要保证一切抗日人民的人权、政权、财权及言论、出版、集会、结社、信仰、居住、迁徙等自由。（4）规定了关于司法制度、工业、农业、商业、文化、卫生、教育、民族等各方面工作的基本政策。这一纲领对于团结边区各界人民、动员社会各方面的力量为驱逐日本帝国主义而战，发挥了重要作用。

《陕甘宁边区宪法原则》共24条，其主要内容是：（1）规定边区、县、乡人民代表会议为人民管理政权机关；人民按普遍、直接、平等、无记名的原则选举各级人民代表会议的代表，各级代表会议选举政府；各级政府对各级代表会议负责，各级代表对各级选举人负责。（2）规定人民享有政治、经济、文化等方面的广泛的权利和自由，并规定了实现这些权利和自由的物质保障。（3）确认了民族平等、男女平等的原则，规定在各少数民族聚居区可以组织民族自治政权。（4）规定了人民司法的原则和边区经济、文化等方面的基本政策。这一宪法原则总结了解放区政权建设和民主政治运动的经验，对解放区民主政治运动和国统区人民争取民主运动的发展，发挥了重要作用。

9.《人权宣言》全名为《人权和公民权宣言》。1789年，在美国革命的影响下，法国爆发了资产阶级革命，国民议会通过了著名的《人权宣言》。迄今为止，《人权宣言》是世界上影响最为深远的一份权利宣言，是法国也是世界上其他许多国家宪法的基础及模仿与借鉴的对象。《人权宣言》除序言外，共有17条，明确宣告了“主权在民”“天赋人权”“权力分立”“私有财产神圣不可侵犯”等资产阶级民主法治原则。

选择题

（一）单项选择题

1. 答案C

《中华苏维埃共和国宪法大纲》于1931年由中华苏维埃共和国全国工农兵代表大会通过。

2. 答案A

“贿选宪法”于1923年由北洋军阀曹锟政府颁布。

3. 答案B

1949年《中国人民政治协商会议共同纲领》是当时的临时宪法。

4. 答案B

本题考查的是我国宪法修改的方式。目前我国对于宪法修改的方式包括三种：(1) 对宪法进行全面修改。1975年、1978年和1982年《宪法》均是全面修改（或称“大修”)。(2) 通过修改宪法的决议。对于1978年《宪法》的修改采用的是决议方式：1979年第五届全国人民代表大会第二次会议通过《关于修正〈中华人民共和国宪法〉若干规定的决议》，同意县和县以上的地方各级人民代表大会设立常务委员会，将地方各级革命委员会改为地方各级人民政府，将县的人民代表大会改为由选民直接选举，将上级人民检察院同下级人民检察院的关系由监督改为领导；1980年第五届全国人民代表大会常务委员会通过决议，修正取消《宪法》第45条中公民“有运用‘大鸣、大放、大辩论、大字报’的权利”的规定。(3) 通过宪法修正案的方式。1982年《宪法》的修改采取宪法修正案的方式，分别于1988年、1993年、1999年、2004年、2018年进行了修改，通过了52条宪法修正案。

5. 答案D

英国宪法是典型的不成文宪法，由1215年《自由大宪章》、1701年《王位继承法》、1628年《权利请愿书》等宪法文件组成，是资产阶级同封建贵族斗争、妥协的产物，所以D正确。

英国是君主立宪制国家，不是共和制，且英国没有宪法典，更不可能有宪法修正案。

6. 答案B

《自由大宪章》是英国制定的最早的一部宪法性文件。

7. 答案A

“私营经济是社会主义公有制经济的补充”是1988年现行宪法第一次修改时《宪法修正案》第1条通过的。

8. 答案A

《人权宣言》又称《人权和公民权宣言》，是法国于1789年制定的，后来成为法国历部宪法的序言。

9. 答案D

1791年法国宪法是欧洲大陆的第一部成文宪法。

10. 答案B

在面对列强侵略、国内各种革命运动风起云涌的压力下，清政府于1905年派5名大臣出国考察各国宪法，后于1908年颁布以“君上大权”为核心的《钦定宪法大纲》，它是我国历史上第一部宪法性文件。

11. 答案C

1787年美国宪法是世界上第一部成文宪法。

12. 答案D

1918年苏俄宪法是世界上第一部社会主义的宪法。

13. 答案C

本题考查的是宪法实施制度的发展。由专门机关负责保障宪法实施的体制起源于1799年法国宪法设立的护法元老院，故正确答案为C。

14. 答案C

1923年的“贿选宪法”是旧中国第一部正式公布的宪法。

15. 答案C

自1982年《宪法》施行以来，全国人大分别在1988年、1993年、1999年、2004年、2018年以宪法修正案形式对其进行了修改。

16. 答案D

“中华人民共和国实行依法治国，建设社会主义法治国家”是1999年宪法修正案第13条首次写入宪法的。

17. 答案 A

法国《人权宣言》规定："凡权利无保障和分权未确立的社会，就没有宪法。"1776 年的北美《独立宣言》规定了北美殖民地脱离英国殖民统治，建立独立自主的国家。1688 年的英国《权利法案》规定了人民的基本权利，并加以保护。1918 年的苏俄《被剥削劳动人民权利宣言》第一次系统地规定了经济制度，扩大了宪法的调整范围。

18. 答案 A

本题考查爱国统一战线及其组织形式。A 选项错误：中国人民政治协商会议既是爱国统一战线的基本组织形式，也是我党领导下多党合作政治协商制度的基本组织形式，在我国的政治生活中具有重要的影响力（政治影响力，不是公权力），但其定位并非国家机关。B 选项正确：多党合作和政治协商制度是在 1993 年同改革开放和发展市场经济的要求同步入宪的。现行宪法将爱国统一战线的成分（也就是人民的成分）界定为社会主义劳动者、社会主义事业的建设者、拥护社会主义的爱国者、拥护祖国统一和致力于中华民族伟大复兴的爱国者五个部分，其中社会主义事业的建设者 2004 年入宪，致力于中华民族伟大复兴的爱国者 2018 年入宪。据此，CD 选项正确。

19. 答案 C

本题考查的是英国宪法史上重要法律的颁行顺序。英国是不成文宪法国家，重要的宪法性法律包括：（1）1215 年《自由大宪章》，它确定了限制王权，国王不经过有僧俗贵族参加的大会议则不得征税；（2）1628 年《权利请愿书》，它重申了《自由大宪章》对王权的限制及对臣民权利的允诺；（3）1679 年《人身保护法》，它确定了在司法审判中保护被拘禁者权利，限制非法逮捕和拘禁；（4）1689 年《权利法案》，其中形成英国宪法基本原则，包括议会至上原则、法院独立原则等；（5）1701 年《王位继承法》，它确定了议会有权利选择皇位继承人；（6）1911 年和 1949 年《议会法》，它扩大了政府权力，削减了议会权力。由此可见英国立宪主义传统的渐进性。

20. 答案 C

1789 年法国爆发大革命，国民议会通过了《人权宣言》；1791 年，法国制宪会议制定了法国第一部宪法，因此答案是 C。

21. 答案 B

1776 年北美殖民地宣布独立并发表著名的《独立宣言》，1787 年美国 13 个州的代表在费城召开制宪会议，制定了美国现行宪法。

22. 答案 B

《中国人民政治协商会议共同纲领》是 1949 年制定的一部临时宪法，而非正式宪法。

23. 答案 B

本题目考查宪法的分类。马克思主义的宪法分类是以宪法的阶级本质和经济基础为标准划分的，分为资本主义类型宪法和社会主义类型宪法，因此，A 和 C 错误。民定宪法是以制宪主体为依据划分的，当今世界绝大多数国家均采此种宪法，民定宪法既有资本主义宪法又有社会主义宪法，所以 D 错。

24. 答案 D

中国近代史上首部正式颁行的宪法是 1923 年的"贿选宪法"。据此 D 选项入选。ABC 选项均属史实，为正确选项。本题答案为 D。

25. 答案 B

世界上第一部社会主义宪法是 1918 年的苏俄宪法，它产生于十月革命胜利后。

26. 答案 D

本题考查的是中国宪法的历次修改。1954 年《宪法》至今共经历了 10 次修改：3 次大修（分别是 1975 年、1978 年和 1982 年），7 次小修（分别是 1979 年、1980 年、1988 年、1993 年、1999 年、2004 年、2018 年）。1980 年第五届全国人民代表大会常务委员会将《宪法》第 45 条"公民有言论、通信、出版、集会、结社、游行、示威、罢工的自由，有运用'大鸣、大放、大辩论、大字报'的权利"，修改为"公民有言论、通信、出版、集会、结社、游行、示威、罢工的自由"，取消原第 45 条中"有运用'大鸣、大放、大辩论、大字报'的权利"的规定。

27. 答案 B

本题考查的是世界宪法发展历史。近代宪法是在限制封建王权过程中发生的资产阶级革命的产物，其思想基础是"主权在民"与"天赋人权"，所以 A 项错误。美国宪法是世界上第一部成文宪法，当然也是美洲最早的成文宪法，所以 B 项正确。1918 年《苏俄宪法》是世界上第一部社会主义性质的宪法，所以 C 项错误。法国的第一部宪法是 1791 年宪法，而非《人权宣言》，所以 D 项错误。

28. 答案 B

本题考查的是世界宪法发展历史。《独立宣言》被马克思称为世界上“第一个人权宣言”，原因在于：(1) 其颁行时间早于《人权宣言》；(2) 其申明了“人人生而平等，造物者赋予他们若干不可剥夺的权利，其中包括生命权、自由权和追求幸福的权利”。

29. 答案 D

本题考查的是中国宪法的历次修订。该考点是历年司法考试和考研的重要考点，需要重点掌握的是：(1) 1988 年宪法修订确立了土地的使用权可以依法转让；(2) 1993 年宪法修订将中国政党制度写入宪法，即“中国共产党领导的多党合作和政治协商会议制度将长期存在和发展”；(3) 1999 年宪法修订将“实行依法治国，建设法治国家”、社会主义初级阶段等写入宪法；(4) 2004 年宪法修订将“国家尊重和保障人权”“社会保障制度”“土地征收补偿”等写入宪法。

30. 答案 C

《宪法》第 9 条规定：矿藏、水流、森林、山岭、草原、荒地、滩涂等自然资源，都属于国家所有，即全民所有；由法律规定属于集体所有的森林和山岭、草原、荒地、滩涂除外。因此本题选 C。

31. 答案 A

社会保障权是一项基本人权，包括退休人员的生活保障权、物质帮助权等方面的内容，A 项正确。2004 年宪法修正案增加了“国家建立健全同经济发展水平相适应的社会保障制度”的条款，强化了对公民社会保障权的保护，B 项错误。国家负有保障社会保障权实现的义务，社会保障权是一种积极权利，C、D 项错误。

32. 答案 D

近代宪法的产生是资本主义商品经济普遍化发展的必然结果。此外，资产阶级革命的胜利以及资产阶级国家政权的建立和以普选制、议会制为核心的民主制度的形成，为近代宪法的产生提供了政治条件。资产阶级启蒙思想家提出的民主、自由、平等、人权和法治等理论，为近代宪法的产生奠定了思想基础。故 A 项说法正确。1787 年《美国联邦宪法》的主要内容由序言和 7 条本文组成。根据联邦法院解释，序言虽在宪法全文中，但不是宪法的组成部分，在审判活动中不能被引用。宪法的主要内容包括：立法权、行政权、司法权、授予各州的权力、宪法修正案提出和通过的程序、强调宪法和根据宪法制定的法律以及缔结的条约是“全国最高法律”、宪法本身的批准问题。它是世界上第一部成文宪法。故 B 项说法正确。19 世纪末，随着社会的发展，资本主义自由竞争发展到了垄断阶段；20 世纪初，又出现了不同于资本主义国家的社会主义国家。1917 年俄国十月社会主义革命胜利后，世界上出现了社会主义国家和社会主义宪法。二战后，许多殖民地和附属国独立前后也都制定了各自的宪法。现代宪法从限制政府权力的这样一种首要精神转变为对社会整体利益的追求。现代宪法大多体现了社会利益的原则，也更加重视社会福利与社会的协调发展。因此 C 项说法正确。中国宪法发展趋势：第一，政府权力受到一定程度的限制。第二，以人民法院审判权为核心的司法权将得到扩大和加强。第三，中国共产党领导的多党合作与政治协商制度将进一步加强和发展。第四，宪法监督制度将进一步完善。故 D 项说法错误。本题选非，故答案为 D。

（二）多项选择题

1. 答案 AC

承认私营经济的合法地位和允许土地使用权依法进行转让是 1988 年宪法修正案第 1 条、第 2 条的内容。

2. 答案 ACD

本题涉及对《中国人民政治协商会议共同纲领》的内容、性质和政协在过渡时期定位的考查。A 选项正确：《中国人民政治协商会议共同纲领》的第 4 条和第 5 条简要地规定了人民的基本权利，第 4 条规定中华人民共和国人民依法有选举权和被选举权，第 5 条规定中华人民共和国人民有思想、言论、出版、集会、结社、通讯、人身、居住、迁徙、宗教信仰及示威游行的自由权。B 选项错误：新中国的成立标志着新民主主义革命的成功，在新中国成立后我国通过社会主义改造的方式走上社会主义道路，而完成社会主义改造的时间是在 1956 年前后，因此 1949 年的《中国人民政治协商会议共同纲领》在性质上只能属于新民主主义性质。C 选项正确：由于我国一届全国人大直到 1954 年才召开一次会议，在普选的全国人大开会之前，一直由中国人民政治协商会议全体会议代行人大职权。D 选项正确：新民主主义革命的成功，意味着“三座大山”的推翻，也意味着人民掌握国家政权，翻身做主人。本题答案为 ACD。

3. 答案 AB

C、D两项并非马伯里诉麦迪逊案的判决内容。

4. 答案 ACD

2004年宪法修正案在序言中增加了“社会主义事业的建设者”，但是并没有明确规定“非公有制经济的从业人员”是“我国社会主义事业的建设者”，故A项错误；2004年宪法修正案将国家私人财产权的规定修改为“公民的合法的私有财产不受侵犯”，并没有“神圣”二字，因此C项错误；1988年宪法修正案将有关土地的规定进行了修改，规定“土地使用权可以依照法律规定转让”，并非D项所说的土地所有权，故D项错误。

5. 答案 ABCD

随着1832年《选举改革法》、1937年《国王大臣法》等法律的实施，英国的议会至上原则确立，责任内阁制形成，政党制度开始兴起，随着自由资本主义向垄断资本主义的过渡，行政权开始干预立法权。

6. 答案 AD

B项错误，它是以清王朝的名义发布的。C项也错误。

7. 答案 BCD

本题考查宪法的修改、宪法的历史发展。选项A错误：宪法修改的提案主体是1982年《宪法》的规定。选项B是正确的：包括司法部在内提供的参考答案均认为1982年《宪法》是对1978年《宪法》的全面修改，而不是对1954年《宪法》的修改——此处我们需要郑重强调的是1982年《宪法》与1954年《宪法》的直接承接关系。彭真在1982年《关于中华人民共和国宪法修改草案的报告》中提道：现在我们国家和社会的情况已经有了很大变化，1954年《宪法》当然不能完全适用于现在。这个宪法修改草案继承和发展了1954年《宪法》的基本原则，充分注意总结我国社会主义发展的丰富经验，也注意吸取国际的经验；既考虑到当前的现实，又考虑到发展的前景。这充分说明1982年《宪法》是对1954年《宪法》的修改。选项C正确：截至目前有1988年、1993年、1999年、2004年和2018年五次修改，通过了共52条修正案。选项D正确：“人权入宪”是2004年宪法修改的重要内容。

8. 答案 ABD

本题考查的是世界宪法发展的一般趋势。对世界各国宪法理论与实践的考察表明，宪法的基本原则主要有人民主权原则、基本人权原则、权力制约原则和法治原则。故重视保障人权是宪法发展的共识是正确的，A项正确。权力制约原则是通过宪法规定达到各种机关权力的平衡，而不是通过加强司法审查弱化行政权力，故C项错误。宪法的国际化趋势日益明显。它要求将生存权、发展权、环境权等体现终极人性关怀的人权纳入各国宪法对国民权利的保护范围。联合国、欧盟等国际组织发挥了单个国家所不能发挥的推动和组织作用。故宪法基本原则的国际化是趋势，D项正确。从世界各国的宪法规定和实践来看，宪法实施保障体制主要有三种：一是由司法机关负责保障宪法实施体制；二是由立法机关负责保障宪法实施体制；三是由专门机关负责保障宪法实施体制。由此可知，重视宪法实施保障，专门宪法监督成为宪法发展的潮流，故B项正确。综上，本题选A、B、D。

9. 答案 ACD

A项错误，新中国成立后，我国行使制宪权仅制定了1部宪法，即1954年《宪法》。C项错误，《共同纲领》规定的国家性质是人民民主主义而非社会主义。D项错误，将县级人大代表由间接选举改为直接选举是1979年《关于修改〈中华人民共和国宪法〉若干规定的决议》针对1978年《宪法》进行的修改。

10. 答案 ACD

本题考查的是对于国外宪法常识的掌握。英国作为典型的不成文宪法国家，没有成文宪法典，宪法性法律、宪法判例和宪法惯例是英国宪法的三个组成部分，故A项说法是正确的。一般认为1689年《权利法案》是英国最终确立君主立宪的标志，而1701年《王位继承法》仅是对于君主立宪制度的完善。1789年生效的美国宪法是世界上第一部成文宪法，该宪法为日后许多国家成文宪法的制定提供了成功的典范。由普通司法机关解释宪法首创于美国1803年马伯里诉麦迪逊案，当时的联邦最高法院首席大法官马歇尔在该案的判决中，确立了“违宪的法律不是法律”“阐释宪法是法官的职责”的宪法原则，从此开创了司法审查制度的先河，目前世界上有六十多个国家采用该体制。它是指法院一般遵循不告不理的原则，只有在审理案件时才可以附带性地审查其所适用的法律是否违宪，如果认为违宪可以拒绝在本案中适用。

11. 答案 BC

本题考查的是对于国外宪法常识的掌握。《美国联邦宪法》在正文中并没有对人权进行规定，而是用修正案来进行补充，故①说法不成立。《人权宣言》第1条明确指出：“人们生来并且始终是自由的，在权利上是平等的。”故②说法成立。《明治宪法》对公民自由权利的规定，不仅范围狭窄，而且随时可加以限制，是一部带有明显封建性和军事性的宪法。故③说法不成立。1919年，战败的德国进入魏玛共和国时期。在沿用原有法律的同时，颁布了大量的“社会化”法律，如调整社会经济的法律和保障劳工利益的法律，使德国成为经济立法和劳工立法的先导，但是它没有规定社会权，故④说法不成立。本题为选非题，故答案为B、C。

12. 答案 ABCD

在资产阶级革命中，以洛克、卢梭为代表的思想家们提出了“天赋人权”“主权在民”“社会契约”“权力分立”等学说，成为资本主义宪法产生的基础。

13. 答案 AD

分别是1908年的《钦定宪法大纲》和1911年的《宪法重大信条十九条》。

14. 答案 AC

《中华民国临时约法》是以孙中山为代表的民族资产阶级革命派制定的，1923年《中华民国宪法》是北洋军阀制定的，故答案是A、C。

15. 答案 AB

参见宪法修正案第16条。

16. 答案 BD

A选项说法为1988年宪法修正案的内容；B选项说法为2018年宪法修正案的内容；C选项说法为1993年宪法修正案的内容；D选项说法为2018年宪法修正案的内容。

17. 答案 ABCD

《宪法》序言明确提到：在长期的革命、建设、改革过程中，已经结成由中国共产党领导的，由各民主党派和各人民团体参加的，包括全体社会主义劳动者、社会主义事业的建设者、拥护社会主义的爱国者、拥护祖国统一和致力于中华民族伟大复兴的爱国者的广泛的爱国统一战线，这个统一战线将继续巩固和发展。故A、B、C、D正确。

（三）不定项选择题

1. 答案 BCD

A项错误，它是南京临时政府制定的宪法性文件。

2. 答案 ABCD

1954年《宪法》在内容上充分反映了人民民主原则和社会主义原则，规定了国家机构的组织活动原则即民主集中制，同时还确定了法制原则。

3. 答案 ABD

现在世界上绝大多数国家的宪法都是成文宪法。徐秀义、韩大元主编的《现代宪法学基本原理》认为只有英国、新西兰和以色列为不成文宪法国家，A项正确。各国宪法越来越强调对人权的保障，不断扩大公民基本权利的范围，故B选项正确。政府权力的扩大，是社会发展的必然。各国宪法一方面确认和授予政府更多的权力，另一方面更加注重通过设定多种监督机制对政府权力加以限制，以防止政府权力的滥用，故D选项正确。各国越来越重视通过建立违宪审查制度来维护宪法的最高权威。各国普遍认为，必须建立和完善违宪审查的机构与制度，行使违宪审查的职能，保障宪法的实施。宪法领域从国内法扩展到国际法。许多国家的宪法出现了同国际法相结合的内容，在人权的国际法保障方面尤为明显。虽然宪法领域从国内法扩展到国际法，但只有一国加入的国际条约才能成为其法律的正式渊源，因而C选项错误。

4. 答案 AD

B项错误：《共同纲领》不是中国历史上第一部社会主义类型的宪法。C项错误：1982年《宪法》是对1978年《宪法》的修改，而非制定。

5. 答案 ABD

本题考查的是我国宪法中土地制度的变迁。关于土地制度的宪法条款分别于1988年和2004年进行了修订：1988年修正案增加了“土地使用权可以依照法律的规定转让”，2004年确立了土地征收的补偿制度。但是，我国土地制度的所有权并没有发生变化：城市的土地属于国家所有；农村和城市郊区的土地，除由法律规定属于国家所有的以外，属于集体所有；宅基地和自留地、自留山，也属于集体所有。

6. 答案 AD

1993年第八届全国人大第一次会议对现行宪法进行了第二次修正。这次修正的主要内容包括：（1）明确把“我国正处于社会主义初级阶段”“建设有中国特色社会主义”“坚持改革开放”写进宪法，使党的基本路线在宪法中得到集中、完整的表述；（2）增加了“中国共产党领导的多党合作和政治协商制度将长期存在和发展”；（3）把家庭联产承包责任制作为农村集体经济组织的基本形式确定下来；（4）将社会主义市场经济确定为国家的基本经济体制，并对相关内容作了修改；（5）把县级人民代表大会的任期由 3 年改为 5 年。故 A、D 项正确，B、C 项错误。B 项是 1988 年修正的内容，C 项是 1999 年修正的内容。

7. 答案 B

1912 年的《中华民国临时约法》是中国历史上唯一一部带有资产阶级色彩的宪法性文件。

8. 答案 C

1975 年《宪法》取消了各级检察机关。

9. 答案 D

统一战线的组成修改为“包括全体社会主义劳动者、社会主义事业的建设者、拥护社会主义的爱国者、拥护祖国统一和致力于中华民族伟大复兴的爱国者”。

10. 答案 BCD

选项 A 错误：《中华民国临时约法》是南京临时政府制定的。

简答题

1.（1）英国宪法。17 世纪出现的英国宪法是近代宪法的先驱，尽管它在内容和形式上都不太成熟。从内容上看，英国宪法扩大了议会的权力，确立了议会至上的宪法原则；确立了议会制君主立宪制的政治体制，把国王纳入必须受法律约束的范围；规定了公民的基本权利，强化了权利保护措施。它没有统一完整的法典，由宪法性文件、宪法性惯例、宪法性判例构成。

（2）美国宪法。1789 年生效的美国宪法在形式上表现为统一完整的法典，成为世界上最早的成文宪法之一。在内容上它确立了分权制衡、联邦主义、代议制政府等原则，即规定了西方权力分立的资产阶级民主共和政体；规定了宪法修改的特别程序；于 1791 年通过一个由 10 条宪法修正案组成的《权利法案》，规定了公民的基本权利。

（3）法国宪法。法国革命经历了几个阶段，每个阶段都有作为革命纲领和革命成果的宪法文件和宪法颁布。法国宪法在形式上采用完整统一的法典形式，是欧洲大陆第一部成文宪法。法国大革命的性质、进程和特点决定了法国宪法内容上的特点：第一，法国宪法充分贯彻了进步的资产阶级的宪法要求，宣告废除封建等级特权和贵族爵位、称号；确立人民主权原则、保护公民权利和自由原则以及共和制。第二，随着大革命的深入进行，经历了从宣布一般原则到制定君主立宪宪法，到最后颁布共和宪法的过程。第三，启蒙思想家的观点不仅是革命的指导思想，而且被写入宪法。法国宪法赋予公民迁徙、集会、请愿和宗教信仰等自由，民主气息浓厚；其序言《人权宣言》明确宣告了“人民主权”“天赋人权”“权力分立”“法律面前人人平等”等资本主义民主法治原则；宣告了“私有财产神圣不可侵犯”。

总之，如果说 17 世纪出现的英国宪法在内容和形式上都还不太成熟的话，那么美国宪法和法国宪法的诞生，则使宪法无论在形式上还是在内容上都已经与普通法律有了明显的区别，它们所确立的内容和形式为日后宪法在世界范围内的发展奠定了基本框架，标志着宪法作为法的一个独立部门已经形成。

2. 1982 年《宪法》是我国的现行宪法，它由第五届全国人大第五次会议于 1982 年 12 月 4 日通过，由序言及总纲，公民的基本权利和义务，国家机构，国旗、国徽、首都等四章组成，共 138 条。其特点如下。

（1）1982 年《宪法》总的指导思想是坚持四项基本原则，即坚持党的领导，坚持人民民主专政，坚持社会主义道路，坚持马列主义、毛泽东思想。坚持四项基本原则是中国人民在长期革命和建设中取得胜利的经验总结，是团结全国各族人民不断前进的共同政治基础，也是建设社会主义现代化国家的根本保证。1982 年《宪法》第一次把它作为一个统一不可分割的整体，明确写入宪法，并把它贯彻于整个宪法的始终，成为宪法总的指导思想。

（2）把社会主义现代化建设确认为今后国家的根本任务，规定了经济制度，倡导经济体制改革。1982 年《宪法》总结了新中国成立以来，特别是社会主义改造完成以后，根本任务是集中力量进行社会主义现代化建设，“逐步实现工业、农业、国防和科学技术的现代化，把我国建设成为高度文明、高度民主的社会主义国家”。这就用根本法的形式把国家工作重点的历史性转变固定了下来，同时意味着今后国家的一切工作，都要围绕社会主义现代化建设这个重点，要为这个中心服务。宪法关于经济制度及倡导经济体制改革的精神主要表现在：从中国生产力的实际水平出发，规定了以公有制为基础的多层次的所有制形式和以按劳分配为主体的多种分配形式；肯定了各种形式的责任制；重视市场调节的重要作用；赋予全民所有制企事业和集体所有制企业不同范围的经营自主权；规定了正确发挥政府机构管理经济的职能等，从而有利于我国经济体制改革的深入进行。

（3）重视政治制度建设和国家机构的合理设置，弘扬政治体制改革的精神。宪法既规定了人民民主专政的国体、人民代表大会制的政体、统一的多民族的国家结构形式等制度，又规定了颇具特色的爱国统一战线和特别行政区等内容。在国家机构的设置上有所创新和发展，充满改革精神，这主要体现在：1）扩大全国人大常委会的职权与组织，即享有立法权，增设专门委员会，以及规定常委会委员不担任其他国家机关的职务，以加强人民代表大会制度；2）为健全国家领导体制而恢复国家主席的建制；3）设立中央军事委员会领导全国武装力量，以确立军队在国家体制中的地位；4）实行行政首长责任制，以提高工作效率；5）为加强地方政权建设，县级以上各级人大设立常委会，省级人大及其常设机关享有地方性法规的制定权；6）恢复设立乡政权，改变农村人民公社的政社合一体制，并把群众性自治组织的城市居民委员会和农村村民委员会的地位和作用列入宪法之中；7）规定部分国家领导人的限任制，即连续任职不得超过两届，以废除领导职务的终身制。此外，宪法还规定，一切国家机关武装力量、各政党必须在宪法和法律的范围内活动，并负有维护宪法尊严，保证宪法实施的职责，一切违反宪法和法律的行为，必须予以追究。这些规定的目的在于：使全体人民能够更好地行使国家权力；使国家机构能够更好地领导和组织社会主义建设事业，使各个国家机关更好地分工合作、相互配合，使之充满活力，富有实效。

（4）高度重视社会主义文化制度和精神文明建设。1982年《宪法》在序言中还把建设高度文明的社会主义国家确定为国家的根本任务和奋斗目标之一。社会主义文明包括物质文明和精神文明，精神文明包括科学文化建设和思想建设两个方面的内容。《宪法》第20条到第23条，集中规定了文化建设的有关内容；第24条规定了思想建设的方式和内容，并将它贯穿于各级国家机关的职权和公民的基本权利义务之中。

（5）发扬社会主义民主，健全社会主义法制。1982年《宪法》规定：中华人民共和国的一切权利属于人民。这是我国国家制度的核心内容和根本准则。为了保证人民充分行使当家作主的权利，宪法加强了全国人大及其常委会的建设，加强了地方国家权力机关的建设；规定人民依法享有通过各种途径和形式，管理国家事务、管理经济和文化事业、管理社会事务的权利；规定设立村民委员会、居民委员会这一基层群众性自治组织，并且把“公民的基本权利和义务”一章，从原来的第三章改为第二章，突出了人民是国家主人的地位，赋予公民广泛而真实的权利自由。为了切实保障人民民主，必须把民主建设和法制建设结合起来，使民主法律化、制度化。为此，宪法在序言中宣告了自身的最高法律地位和最高法律效力。第5条又明确规定“国家维护社会主义法制的统一和尊严”，“一切法律、行政法规和地方性法规都不得同宪法相抵触”，“一切国家机关和武装力量、各政党和各社会团体、各企业事业组织都必须遵守宪法和法律。一切违反宪法和法律的行为，必须予以追究”，“任何组织或者个人都不得有超越宪法和法律的特权”。

3. 至2018年，现行《宪法》一共有52条宪法修正案。内容分别如下。

1988年4月12日第七届全国人大第一次会议通过了2条宪法修正案：一是增加了关于私营经济的内容，规定“国家允许私营经济在法律规定的范围内存在和发展。私营经济是社会主义公有制经济的补充。国家保护私营经济的合法的权利和利益，对私营经济实行引导、监督和管理”。二是修改了土地政策，规定“任何组织或者个人不得侵占、买卖或者以其他形式非法转让土地。土地的使用权可以依照法律的规定转让”。

1993年3月29日第八届全国人大第一次会议通过了9条宪法修正案。其主要内容是：第一，在序言中把建设有中国特色社会主义理论确立为进行社会主义现代化建设的指导思想，把我国的建设目标由“高度文明、高度民主的社会主义国家”修改为“富强、民主、文明的社会主义国家”。第二，增加了“中国共产党领导的多党合作和政治协商制度将长期存在和发展”。第三，根据经营权和所有权的分离，把“国营企业”一律改为“国有企业”。第四，将“农村人民公社、农业生产合作社和其他生产、供销、信用、消费等各种形式的合作经济，是社会主义劳动群众集体所有制经济”修改为“农村中的家庭联产承包为主的责任制和生产、供销、信用、消费等各种形式的合作经济，是社会主义劳动群众集体所有制经济”。第五，将有关条文中的“计划经济”改为“市场经济”，规定

“国家实行社会主义市场经济”。第六，将县级人民代表大会的任期由3年改为5年。

1999年3月15日第九届全国人大第二次会议通过了6条宪法修正案。修正案的主要内容是：第一，在序言中，明确了社会主义初级阶段的长期性，把“我国正处于社会主义初级阶段”的规定改为“我国将长期处于社会主义初级阶段”；把邓小平理论与马克思列宁主义、毛泽东思想一样确立为指导我国社会主义现代化建设的理论基础。第二，增加了“中华人民共和国实行依法治国，建设社会主义法治国家”的规定。第三，国家基本经济制度和分配制度修改为“国家在社会主义初级阶段，坚持公有制为主体、多种所有制经济共同发展的基本经济制度，坚持按劳分配为主体、多种分配方式并存的分配制度”。第四，进一步完善了农村集体经济组织的经营体制，规定“农村集体经济组织实行家庭承包经营为基础、统分结合的双层经营体制”。第五，调整了对非公有制经济的政策，规定“在法律范围内的个体经济、私营经济等非公有制经济，是社会主义市场经济的重要组成部分”，“国家保护个体经济、私营经济的合法的权利和利益。国家对个体经济、私营经济实行引导、监督和管理”。第六，将“国家维护社会秩序，镇压叛国和其他反革命的活动，制裁危害社会治安、破坏社会主义经济和其他犯罪的活动，惩办和改造犯罪分子”，修改为“国家维护社会秩序，镇压叛国和其他危害国家安全的犯罪活动，制裁危害社会治安、破坏社会主义经济和其他犯罪的活动，惩办和改造犯罪分子”。

2004年《宪法修正案》第21条将《宪法》第11条第2款修改为：“国家保护个体经济、私营经济等非公有制经济的合法的权利和利益。国家鼓励、支持和引导非公有制经济的发展，并对非公有制经济依法实行监督和管理。”一是把非公有制经济的主体从原来的“个体经济、私营经济”改为“个体经济、私营经济等非公有制经济”，在表述上与这一条第1款中的“个体经济、私营经济等非公有制经济”的语句一致，在内涵上表明非公有制经济不仅限于个体经济、私营经济，还包括外商投资企业等其他形式的非公有制经济，它们同样受法律保护；二是在原来国家对个体经济、私营经济实行引导、监督和管理的基础上，增加规定国家鼓励、支持非公有制经济的发展，表明国家对非公有制经济发展不仅要引导、监督和管理，还要积极采取各种有效措施给予鼓励和支持。这标志着宪法对发展非公有制经济的规定更加完善，更加符合和适应非公有制经济发展的客观要求。

2018年通过的宪法修正案共有21条。主要内容包括：第一，确立了科学发展观、习近平新时代中国特色社会主义思想在国家政治和社会生活中的指导地位，实现指导思想的与时俱进；第二，调整完善中国特色社会主义事业总体布局和第二个百年奋斗目标；第三，完善全面依法治国和宪法实施；第四，调整充实我国革命和建设发展历程的内容；第五，调整完善广泛的爱国统一战线和民族关系；第六，调整完善和平外交政策；第七，充实坚持和加强中国共产党全面领导；第八，增加国家倡导社会主义核心价值观这方面的内容；第九，修改完善国家主席任职任期方面的规定；第十，在宪法中增加有关设区的市的地方立法权这方面的内容；第十一，适应深化国家监察体制改革的发展要求，完善了宪法这方面的制度，增加与监察委员会有关的规定；第十二，修改完善全国人大专门委员会的有关规定。

4.1978年《宪法》除序言外，包括总纲，国家机构，公民的基本权利和义务，以及国旗、国徽、首都，共4章60条。它是我国进入新的历史发展时期的根本法。它将“全国人民在新的历史时期建设农业、工业、国防和科学技术现代化的伟大的社会主义强国”作为新时期的总任务肯定下来；取消了1975年《宪法》关于“全面专政”的规定，反映了人民要求发扬社会主义民主，健全社会主义法制的强烈愿望；恢复了检察机关的设置和1954年《宪法》中规定的有关国家机关的某些职权；增添了公民的一些权利和自由。1978年《宪法》在一定程度上纠正了1975年《宪法》的极左倾向，但由于当时清除极左流毒和影响的工作正在进行，许多是非问题在理论上和政治上还未能分清，因而，1978年《宪法》也没有完全摆脱极左思想的影响，仍然存在着许多问题，是一部很不完善的宪法。为了肃清极左流毒影响，解决存在的问题，第五届全国人大第二次会议于1979年7月通过了《关于修改〈中华人民共和国宪法〉若干规定的决议》，决定在县级以上各级人民代表大会设立常委会，改地方各级革命委员会为各级人民政府，将县级人大代表由间接选举改为直接选举，将上下级检察机关之间的监督关系改为领导关系。第五届全国人大第三次会议又于1980年9月通过了《关于修改〈中华人民共和国宪法〉第四十五条的决议》，对1978年《宪法》进行了第二次修改，取消了宪法关于公民有运用“大鸣、大放、大辩论、大字报”的自由的规定。尽管1978年《宪法》经过了上述两次修改，但从总体上仍不能适应国家生活和社会生活的需要，必须进行全面的修改。因此，该次会议还作出了对1978年《宪法》进行全面修改的决定。

5. 近代宪法最早出现于近代的资本主义社会，是资本主义革命时期的产物。奴隶制社会和封建制社会没有出现国家根本法意义上的宪法，宪法能在资本主义社会中产生，这是社会发展的历史必然。因为到资本主义社会时期，宪法产生的条件已经具备。(1) 经济条件。以商品生产为特征的资本主义生产关系的发展，要求人们能够成为具有独立人格的平等权利主体，可以自由地占有财产，自由地出卖劳动力，自由地进行生产、交换和竞争，这种资本主义生产关系为近代宪法的产生奠定了经济基础。(2) 政治条件。资本主义生产关系的产生和发展，为资产阶级民主制度的产生和发展创造了条件，从而为近代宪法的产生奠定了政治基础。(3) 思想条件。资本主义生产关系与资产阶级民主制度的产生和发展，为立宪主义思想的产生奠定了基础。在反对封建专制制度的斗争中，以洛克、卢梭、孟德斯鸠为代表的资产阶级启蒙思想家提出了天赋人权、主权在民、社会契约、权力分立等一系列民主、自由和人权的宪法思想，这些思想观念经过广泛的宣传和在革命中的实际应用，得到了进一步的发展和完善，并为人们所普遍接受，成为资产阶级民主制度的基本内容，也成为近代宪法产生的思想基础。(4) 法律条件。资产阶级革命时期，随着工业革命的飞速发展，社会生产力得到了极大提高，各国人口不断增长，人们的交流日益增多，活动范围日益扩大，这一切都使得社会生活极为复杂。为了调整复杂的社会关系，各国的立法活动越来越频繁，法律规范的数量急剧增加，法律部门的划分越来越细。法律自身已经发展到了必须有一部母法凌驾于众法之上以起到统一法制作用的程度。

6.《中华民国临时约法》共7章56条，其主要内容包括以下两个方面：(1) 确立了资产阶级民主共和国的国家制度。它规定中华民国由中华民国人民组织，中华民国的主权属于国民全体，中华民国人民一律平等，无种族、阶级区别，从而彻底否定了“主权在君”的封建君主专制制度和等级特权制度。它还规定了“权力分立”式的政权组织形式，即“中华民国以参议院、临时大总统、国务员、法院行使治权”。参议院是最高立法机关，临时大总统和国务员（国务总理和各部总长的总称）是最高行政机关，法院是司法机关。根据规定，法官独立审判不受上级官厅的干涉。在参议院、临时大总统、国务员三者关系中，参议院拥有广泛权力，国务员也负有实际责任，临时大总统则要受到很大的牵制，几乎不能独立行使其权力。这充分反映了资产阶级革命派力图通过“议会斗争”和“责任内阁”这两件法宝，限制袁世凯的权力，维护民国基础的意图。(2) 赋予了人民较为广泛的权利和自由。它规定人民享有人身、住宅、财产及营业权；有言论、著作、游行、集会、结社、通信、信仰、居住、迁徙等自由。它还规定只有在为了“增进公益，维持治安，或非常紧急必要时”，才能依法对人民的权利和自由加以限制。这些规定反映了资产阶级革命派要求发展资产阶级民主制度，反对封建专制制度的倾向。

《中华民国临时约法》是中国民族资产阶级革命的产物，是中国历史上唯一的一部资产阶级性质的宪法性文件。它以根本法的形式宣告了在中国延续了两千多年的封建制度的终结，肯定了辛亥革命的胜利成果，建立了中国历史上第一个民主共和国，确认了资产阶级民主共和国的基本国家制度，赋予了人民较为广泛的权利和自由，标志着中国历史进入了一个新的发展阶段；体现了一定的民主性和革命性，对于民主共和观念的确立、传播和中国民主革命进程的继续发展，具有重要的推动作用和历史意义。但是，由于中国民族资产阶级的软弱性和阶级局限性，它未能提出彻底的反帝、反封建纲领，反映了资产阶级革命派与帝国主义、立宪派和旧军阀的妥协。由于没有政权保障，袁世凯上台以后，《中华民国临时约法》很快便被束之高阁，成为几张废纸。

7. 第一，以“国家尊重和保障人权”作为宪法原则，对我国立法起到重要的指导作用。尊重和保障人权，意味着社会关系的调整要更加注重权力和权利的平衡、权力和责任的平衡、权利和义务的平衡。通过立法合理配置个人与社会、个人与个人的权利义务关系，实现社会的和谐有序发展。具体到我国的立法实践，就是坚持以人为本，立法为民的原则，忠实于人民的利益，对人民负责。立法为民，重点在于依法配置权力，要确保行政权力依法得到有效监督，促使行政机关依照法定权限和程序正确地行使权力，确保自然人、法人和其他组织的合法权益不受非法侵害。

第二，有利于国家机关及其工作人员树立保障人权的意识。尊重和保障人权要求国家机关及其工作人员要摆正自己的位置，履行公仆职责，任何政治决策和管理措施，都要考虑人民的利益。强化人权意识也有利于发展民主，抑制官僚主义。

第三，有利于推动人与社会的协调发展，片面强调经济增长，无视社会全面发展和人文关怀，必然导致经济与社会发展失衡。经济发展应该是以人为本的发展。尊重和保障人权，还要求我们统筹城乡经济社会发展，创造条件逐步改变城乡二元结构。

第四，有利于推动人与环境和资源协调发展。在人与自然的关系、人权与自然的关系上，我们认识到，只有尊重自然规律，使人与自然协调发展，才能使人享有人权。

8. 宪法修改是指宪法修改机关认为宪法的部分内容不适应社会实际，而根据宪法规定的特定修改程序删除、增加、变更宪法部分内容的活动。在成文宪法国家，宪法的内容规定于一个或者若干个宪法文件之中，当宪法文件的内容已经不适应社会实际时，就需要对宪法文本的内容进行调整。

我国从 1954 年制定第一部宪法以来，全面修改宪法共进行了 3 次，即 1975 年《宪法》、1978 年《宪法》及 1982 年《宪法》，都是对前一部宪法进行的整体修改。1975 年《宪法》与 1954 年《宪法》比较，在宪法的指导思想、宪法规范、基本内容等方面作了修改；1978 年《宪法》与 1975 年《宪法》比较，在宪法内容上稍微有些变化（主要是国家机构和公民权利方面）；1982 年《宪法》与 1978 年《宪法》比较，在指导思想、宪法规范、宪法结构、基本内容等方面作了修改。1982 年《宪法》对 1978 年《宪法》的修改幅度最大，1978 年《宪法》只有 60 条，而 1982 年《宪法》达到 138 条之多。

以决议的方式直接在宪法条文中以新内容代替旧内容，修改之后，重新公布宪法。我国在 1979 年 7 月 1 日五届全国人大二次会议通过了《关于修正〈中华人民共和国宪法〉若干规定的决议》，对 1978 年《宪法》进行了修改。修改的主要内容是：同意县和县以上的地方各级人民代表大会设立常务委员会；将地方各级革命委员会改为地方各级人民政府；将县的人民代表大会代表改为由选民直接选举；将上级人民检察院同下级人民检察院的关系由监督改为领导。这次修改是以决议的方式以上述内容代替原来的内容。

以决议的方式直接废除宪法条文中的某些规定，修改之后，也需要重新公布宪法。我国在 1980 年 9 月 10 日五届全国人大三次会议通过了《关于修改〈中华人民共和国宪法〉第四十五条的决议》，决定：将 1978 年《宪法》第 45 条“公民有言论、通信、出版、集会、结社、游行、示威、罢工的自由，有运用‘大鸣、大放、大辩论、大字报’的权利”修改为“公民有言论、通信、出版、集会、结社、游行、示威、罢工的自由”，取消原第 45 条中“有运用‘大鸣、大放、大辩论、大字报’的权利”的规定。

以修正案的方式增删宪法的内容。我国 2018 年宪法修正案中关于监察委员会的条款是最为典型的实例。

案例分析题

1. 马伯里诉麦迪逊案的意义并不在于该判决肯定了美国宪法是美国联邦的最高法、具有最高的法律效力，不在于该判决肯定了马伯里有权获得治安法官的委任状，不在于该判决肯定了马伯里在没有获得委任状时有权获得法律救济，也不在于该判决认为联邦最高法院对该类案件没有管辖权。本案的意义在于，联邦最高法院通过对该案件所涉及问题的审理，推理出自己和所有的联邦法院在审理案件过程中，拥有对联邦国会制定的法律的违宪审查权。本案的这一历史意义已经掩盖了本案所解决的马伯里与国务卿麦迪逊之间所涉及的实体权利义务纠纷的意义。

马伯里诉麦迪逊案审理的背景是，美国《宪法》第 6 条中虽然确立了美国联邦宪法的最高法地位，但美国宪法中留下了一个重大缺憾：它没有规定由哪个机关来进行合宪性审查。换言之，它明确规定美国的联邦宪法在美国是最高法，实际上，也随之预见到了可能会出现违反宪法的情形，但在由哪个机关进行合宪性审查这一重大问题上，由于在制宪过程中存在极大争议，对此在宪法中也就没有定论。在制宪者对于这一问题无法进行妥协的情况下，无论制宪者是出于有意还是无意，事实上，这一问题只能留待宪法在实际运行中去消解。

既然美国宪法没有明确规定实施合宪性审查的机关，这就需要去论证所谓的宪法的本意，或者说推理出宪法关于合宪性审查机关的内涵。马歇尔在马伯里诉麦迪逊案的判决中的重点就在于此。马歇尔是怎样做到这一点的呢？或者说，马歇尔是怎样结合本案得出宪法的本意是由联邦最高法院包括其他联邦法院实施合宪性审查的结论的呢？

首先，首席大法官马歇尔引述美国《宪法》第 6 条的规定，得出这样的宪法性结论：宪法是最高法，具有最高的法效力，其他一切法律均在宪法之下。因此，“一切违反宪法的法律都不是法律”，当然也就不具有法律效力。司法机关和法官以法为依据进行判案，而当法律与宪法相抵触时，当然要适用法效力更高的宪法，不能适用法效力低而与宪法相抵触的法律。马歇尔说：“宪法要么是优先的、最高的法律，不能以普通方法加以改变；要么宪法如同普通立法一样，立法机关想怎么变就怎么变。此外，别无他途。如果是前一种的话，立法机关所立的与宪法相违背的法就不是法律；如果是后一种的话，那么成文宪法就是荒谬的企图，对于公民来说，限制权力的企图本身就是不可限制的。”他还认为：“显然，制定宪法的人们都意在使宪法成为国家的根本法、最高的法，因此，任何政府理论都必然是，立法机关制定的法律若与宪法相违背就是无效的。”

“立法机关的权力是限定的和有限制的，并且这些限制不得被误解或忘却。宪法是成文的。出于什么目的对权力加以限制，又是出于何种目的对这些限制要予以明文规定？假如这些限制随时有可能被所限制者超越，假如这些限制没有约束所限制的人，假如所禁止的行为和允许的行为同样被遵守，则有限政府和无限权力之间的区别就消失了。”

具体到本案，涉及联邦最高法院关于初审案件的管辖权问题。美国《宪法》第 3 条第 2 款第 2 项规定：“涉及大使、其他使节和领事以及一州为一方当事人的一切案件，最高法院具有第一审管辖权。”可见，根据宪法的这一规定，联邦最高法院的一审案件管辖权只限于两类：(1) 以大使、其他使节和领事为一方当事人的一切案件；(2) 以一州为一方当事人的一切案件。而1789 年联邦国会制定的《司法法》第 13 条所规定的联邦最高法院管辖的一审案件有三类，即除宪法中规定的两类外，还包括在联邦行政部门不履行法定职责时，当事人向联邦最高法院起诉请求向联邦行政部门发布强制执行令的案件。换言之，《司法法》扩大了宪法赋予联邦最高法院的一审案件的管辖权。这就涉及《司法法》扩大的部分是否有宪法依据、是否违反了宪法的问题。而马伯里恰恰是依据《司法法》中扩大了宪法规定的联邦最高法院一审案件管辖权的规定向联邦最高法院提起的诉讼。马伯里有权获得委任状，马伯里也有权在没有获得委任状的情况下寻求司法救济，但马伯里向联邦最高法院提起诉讼的依据是否合宪，马伯里的诉讼请求是否应当向联邦最高法院提出？

马歇尔认为，《司法法》第 13 条关于在联邦行政部门不履行法定职责时，当事人可以向联邦最高法院提起诉讼，请求联邦最高法院向联邦行政部门发布强制执行令的规定，扩大了宪法中规定的联邦最高法院的一审案件管辖权，这在宪法上是没有依据的。因此，这一规定是违反宪法的。而违反宪法的法律规定是无效的，马歇尔认为：“将既定规则适用于特定案件的人必然要解释这种规则。如果两个法律相互抵触，法院必须决定适用其中哪个法律。如果一部法律是违宪的，而该法与宪法都适用于同一案件，那么，法院必然要么无视宪法，适用法律，要么无视该法，适用宪法。”因此，得出结论：联邦最高法院不能依据《司法法》的规定，受理马伯里的起诉，必须裁定驳回马伯里的起诉。

在美国宪法已经确认宪法是最高法、具有最高的法效力的前提下，要得出“违反宪法的法律不是法律”、不具有法律效力的结论，是一件非常容易的事情。但是，要论证为什么是由法院来认定法律是否违反或者符合宪法，而不是由分权原则下的其他国家机关进行违宪审查，就是一件非常困难的事情。这是马歇尔在判决中所要做的主要工作，这也是本案判决的核心部分。

其次，马歇尔在作了上述一系列铺垫后，得出了本案的最后结论：法院有审查法律是否违反宪法的职责。马歇尔在判决书中运用三段论推断出法院的这一职责：大前提，宪法是最高法、具有最高的法效力；小前提，法官在就职时宣誓忠于宪法；结论，法官有维护宪法、判断法律是否违反宪法的职责。由于法院拥有违宪审查权是由这一三段论推导出来的，而不是宪法上的明确规定，因而马歇尔在判决中说，法院的这一权力虽不是宪法上明确规定的，但它是宪法上

"默示"的。马歇尔还认为:"应强调的是,司法部门的职权和职责在于确定法律是什么。将规则适用于特定案件的人必须要阐明和解释该规则。如果两项法律相互抵触,法院必须决定两者的效力。""美国宪法的特定用语肯定并加强了下述对一切成文宪法都是基本的原则,即凡违反宪法者无效,法院以及所有其他部门都受这一文件的约束。"

本来这是一项非常重大而严肃的宪法权力,而马歇尔在论证法院拥有这一权力时显然是非常粗糙和不经一驳的。

从理论上对马歇尔的判决提出有力批判的要数约翰·B. 吉布森法官。他在宾夕法尼亚州最高法院审理埃金诉劳布案中,对马歇尔的判决提出了以下批驳:第一,司法机关的正常的和主要的权力并未扩展到取消立法机关所制定的法令。第二,凡适用于具有平等地位的政府部门之一的东西,也应适用于政府的其他部门。司法机关有权解释宪法,那么,立法机关至少有同样的宪法解释权。不解释宪法怎么可能依据宪法的精神制定具体的法律呢?第三,相互制约的概念本身并不包含司法否决权的思想。第四,他用另一个三段论来反驳马歇尔的三段论:大前提,宪法是最高法、具有最高的法效力;小前提,总统在就职时宣誓忠于宪法;结论,总统有维护宪法、审查法律是否违反宪法的权力。而我们知道,在美国宪法上,联邦的行政权属于总统一个人,行政权实行总统高度集权制。因此,由总统来行使违宪审查权是不可思议的。由此得出结论说,法院的违宪审查权并不是宪法上默示的权力,而是马歇尔从宪法那里"偷"来的权力。

无论对马歇尔的论证提出什么样的批判,在美国这样的法治国家和法治社会,实行着司法终局主义。以马歇尔大法官为代表的联邦最高法院在马伯里诉麦迪逊案的判决中,推理得出法院拥有合宪性审查权,并以这一推理和判断作出了判决,其理由是否能够成立不论,法院在审理案件过程中,对作为案件审理依据的法律进行合宪性审查的这一做法,已经成为宪法惯例,而为法院在以后审理案件时所仿效。

2. 政治问题法治化是现代立宪主义国家所面临的共同问题。贝克诉卡尔案发生时,也正是美国社会经历着新的社会震荡之时,人们要求以一种新的民主方式代替越来越倾向于集权的既得利益集团所确立的政治构架,而司法审查权对于代议机关的平衡就契合了这种需要。当对贝克诉卡尔案进行判决时,持反对意见的联邦最高法院大法官菲利克斯·弗兰克福特大法官曾气愤地谴责这一判决:"今日之法院推翻了建立在一系列先例基础之上的有关判决的一贯程序,包括那项如今被确定的而仅仅在五年前还遭到一致否决的请求……然而,无论怎样迎合人心,也无论政府政策的制定者以及伟大的政治思想家们曾经多么渴望代表的比例应当按照地理分布来配置,都从未被普遍地实践过……这不是英国的制度,这不是殖民地制度,这不是联邦政府依照宪法而选择的制度,这不是在正式通过第四修正案时美国所实行的独一无二的或者说无比优越的制度。这也不是美国现行的无比优越的制度。"然而,实践证明,正是这一判决符合了美国社会历史的发展,避免了因社会权力分配不公而导致的进一步动荡。它尽管不是英国的传统,却超越了英国的传统而树立了新的值得仿效的传统。

贝克诉卡尔案发生在20世纪60年代,然而,其所确立的标准直到今天仍然是界定政治问题的核心。对于一向含混不清的"政治问题"概念来说,1962年的这一判决赋予它鲜明的含义。但是,贝克诉卡尔案的意义远不只此,它契合了宪法发展的方向,为美国本土乃至域外提供了政治问题法治化的先例。

从贝克诉卡尔案当中我们不难发现,政治问题法治化不能只停留在政治理论当中,对于进入法律领域的"政治问题",应当从以下维度来进行审视。

第一,政治问题应当制度化。贝克诉卡尔案以界定什么是不具有可诉性的"政治问题"的方式,实际上完成了对不可诉的"政治问题"的限制。通过将政治问题归结为五个方面,政治问题变得更加制度化,也更方便司法操作了。

第二,法治当中的"政治问题"需要有明确的主体资格,因此需要对分权原则进行充分阐释。布伦南大法官在谈到政治问题理论的基础和前提时说,"政治问题不可由法院进行审理从根本上说是一种分权功能"。在分权原则之下,虽然"政治问题"可以使其权力主体享有司法裁量的豁免,但是,对于什么样的案件是不可裁的,仍然应当由法院来判定,因此,不存在绝对的自由裁量,也不存在绝对的"政治问题"。在本案的判决当中,布伦南大法官就曾经多次强调,无论是外交领域、立法程序,还是共和政体问题,尽管法院不能回答"是与否"的问题,但是,政治问题已经消除其不确定状态，司法权就有许多机会介入。可见，确定“政治问题”原则标准的目的在于防止政治自由裁量权的滥用。

第三，贝克诉卡尔案体现了司法审慎与司法权的刚性。在案件的判决当中，对政治问题不可裁的确认体现了司法的审慎考虑，判决还对管辖权与可裁性进行区分，这是司法区别于政治机关的刚性体现。从根本上说，司法权不以民意基础为要件，也缺乏行政部门的武装力量，其权威建立在公众对其道德约束力的持久信任的基础上。因此，司法权应当尽量避免介入政治力量冲突，以免危及公共信任。

第四，司法权的行使应当富有张力。这种张力表现在依法独立行使审判权与公民权利保障的结合。在本案当中，确保宪法修正案第 14 条所规定的平等保护权利是案件的最终目的。因此，放在司法的天平上来进行衡量的，不是司法权与政治权力孰轻孰重的问题，而是在州（甚至国家）权力与公民宪法性权利之间孰轻孰重的问题。当司法权力作为公开、公正、公平的裁判者为保障公民权利而与政府的政治行为相抗衡时，才有可能具备最终的合法性与权威。

3. 所谓宪法修正案，即在保持宪法稳定的前提下，不直接在原宪法条文中进行增删，而是在宪法典的条文之后，以修改年代的先后重新设立条文，对宪法典中的相应条文进行修改，按照“新法优于旧法”或“后法优于前法”的原则，凡与新条文相抵触的旧条文一律无效。

采用“宪法修正案”的方式修改宪法的做法，起源于美国。美国是运用宪法修正案方式的鼻祖，迄今美国已经通过了 27 条宪法修正案。“宪法修正案”方式的优点是，因不需要对原有的宪法文本进行修改并重新公布宪法文本，其给社会成员在直观上的一个感觉是宪法的稳定性强，有利于增强宪法的权威性和尊严，这也是我国采用“宪法修正案”方式的重要原因；“宪法修正案”方式的弊端是，因其并不根据宪法修正案的内容对原有的宪法文本进行修改，而需要根据“后法优于前法”的原理，来判断实际有效的宪法规范，这就需要社会有一定的法治环境、社会成员有较强的法治意识，以便有条件并能够作出这种判断。

“宪法修正案”方式还有一个重要的特点在于，“宪法修正案”具有独立的宪法规范价值，其可以直接予以适用。从这一意义上说，“宪法修正案”就不仅仅是修改宪法的一种方式，又是可以独立存在并予以适用的宪法条款。

从我国已有的 52 条宪法修正案的外在特征看，其符合宪法修正案的表现形式：（1）宪法修正案独立成为一个序列，按照通过的年代，依次进行排列。1988 年通过的宪法修正案为第 1 条和第 2 条；1993 年从第 3 条开始到第 11 条；1999 年从第 12 条开始到第 17 条；2004 年从第 18 条开始到第 31 条；2018 年从第 32 条开始到第 52 条。（2）宪法修正案依附于原有宪法文本之后而独立存在，全国人大并没有根据宪法修正案的内容对原有宪法文本进行修改，也没有公布新的宪法文本。宪法修正案的功能是多方面的：（1）对原有宪法条款进行修改；（2）废除原有宪法条款；（3）在原有宪法条文的基础上增加新的款项；（4）增加原宪法条款中所没有的条款。

我国已通过的 52 条宪法修正案主要完成了上述第 1 项和第 3 项功能，即对原有宪法相应条款的修改或者在原有宪法条款的基础上增加新的条款。因为宪法修正案通过以后，并不根据宪法修正案的内容对原有宪法相应条款进行修改，并公布新的宪法文本，所以，虽然宪法修正案是对原有宪法条款进行修改或者增加，但是若在表述上也如此明确的话，则在技术上和适用时的引用上就存在一定困难。比如，1999 年通过的宪法修正案第 15 条是这样表述的：将《宪法》第 8 条第 1 款“农村中的家庭联产承包为主的责任制和生产、供销、信用、消费等各种形式的合作经济，是社会主义劳动群众集体所有制经济。参加农村集体经济组织的劳动者，有权在法律规定的范围内经营自留地、自留山、家庭副业和饲养自留畜。”修改为：“农村集体经济组织实行家庭承包经营为基础、统分结合的双层经营体制。农村中的生产、供销、信用、消费等各种形式的合作经济，是社会主义劳动群众集体所有制经济。参加农村集体经济组织的劳动者，有权在法律规定的范围内经营自留地、自留山、家庭副业和饲养自留畜。”而实际上，《宪法》第 8 条第 1 款是这样规定的：“农村人民公社、农业生产合作社和其他生产、供销、信用、消费等各种形式的合作经济，是社会主义劳动群众集体所有制经济。参加农村集体经济组织的劳动者，有权在法律规定的范围内经营自留地、自留山、家庭副业和饲养自留畜。”被第 15 条宪法修正案修改的实际上是宪法修正案的第 6 条而非《宪法》第 8 条第 1 款。再比如，1999 年通过的第 16 条宪法修正案是这样表述的：将《宪法》第 11 条“在法律规定范围内的城乡劳动者个体经济，是社会主义公有制经济的补充。国家保护个体经济的合法的权利和利益。”“国家通过行政管理，指导、帮助和监督个体经济。”“国家允许私营经济在法律规定的范围内存在和发展。私营经济是社会主义公有制经济的补充。国家保护私营经济的合法的权利和利益，对私营经济实行引导、监督和管理。”修改为：“在法律规定范围内的个体经济、私营经济等非公有制经济，是社会主义市场经济的重要组成部分。”“国家保护个体经济、私营经济的合法的权利和利益。国家对个体经济、私营经济实行引导、监督和管理。”由此可见，第 16 条宪法修正案存在两个问题：(1) 被修改的《宪法》第 11 条第 1 款和第 2 款仅仅规定：“在法律规定范围内的城乡劳动者个体经济，是社会主义公有制经济的补充。国家保护个体经济的合法的权利和利益。”“国家通过行政管理，指导、帮助和监督个体经济。”而没有关于“国家允许私营经济在法律规定的范围内存在和发展。私营经济是社会主义公有制经济的补充。国家保护私营经济的合法的权利和利益，对私营经济实行引导、监督和管理”的规定。关于私营经济地位的规定实际是由宪法修正案第 1 条增加的，而不是由《宪法》第 11 条规定的。(2) 第 16 条宪法修正案仍然将修改后的关于个体经济和私营经济的规定作为宪法的第 11 条。如前所述，已通过的所有的宪法修正案都是对原有宪法条款的修改或者增加，因此，宪法修正案在表述上一般是先将被修改的条款列出，然后再将修改后的条款列出。由于在宪法修正案通过以后，并不根据宪法修正案对原有宪法条款作相应的修改，因而这样的表述方法，就使新通过的宪法修正案的内容难以成为一个独立的条款，客观上造成不太好引用的结果，国家机关在适用宪法时其根据就可能出现混乱。

可见，我国已经通过的宪法修正案，既像是以“决议”的方式修改宪法，因为是把宪法修正案的条款作为宪法中的相应条款，又不像以“决议”的方式修改宪法，因为全国人大并没有根据宪法修正案对原有宪法中的相应条款进行修改，也并没有重新公布宪法文本；既像是以“宪法修正案”的方式修改宪法，因为宪法修正案依附于原有宪法文本之后，并按照通过的年代依次排列，又不像是以“宪法修正案”的方式修改宪法，因为宪法修正案没有独立适用的作为宪法规范的价值。这种混乱的状况需要引起修宪者的深思。

4.《卖淫嫖娼人员收容教育办法》具有合法性，但不具有合宪性。

该办法制定的依据是国务院依照全国人大常委会《关于严禁卖淫嫖娼的决定》，不违反法律保留事项，国务院的决定有上位法的授权。虽然《立法法》规定只能由法律来设定人身自由的强制措施和处罚，但由于 1991 年全国人大常委会已经通过《关于严禁卖淫嫖娼的决定》，国务院的规定没有创设新的限制人身自由的强制措施。

《治安管理处罚法》第 76 条规定，有本法第 67 条、第 68 条、第 70 条的行为，屡教不改的，可以按照国家规定采取强制性教育措施。《治安管理处罚法》取消了针对普通卖淫嫖娼行为的劳动教养，但没有取消对卖淫嫖娼行为人员的收容教育。立法以沉默的方式认可了收容教育的继续存在。收容教育作为中国社会发展到特定阶段的一种特殊措施，既不是《行政处罚法》所定义的“行政处罚”，也不属于《行政强制法》所定义的“行政强制措施”。既然它不受《行政处罚法》《行政强制法》的调整，自然也谈不上与这两部法律相冲突。

《卖淫嫖娼人员收容教育办法》涉及公民的人身自由。人身自由是近代以来伴随着个人的解放所确立的一项传统的基本人权，它指的是无正当理由身体的活动不受拘束的权利。人身自由是我国公民的基本权利。《宪法》第 37 条第 1 款明确规定：“中华人民共和国公民的人身自由不受侵犯。”

收容教育是对人身自由的一种限制，收容教育强制性强，是公权力对基本权利的干涉。涉及对基本权利的限制时，公权力对基本权利的限制要符合比例原则，也就是说它服务正当目的，能够促进该目的的实现，而且它作为手段是必要的，与所追求的目的是相称的。从目的上分析，国务院的规定旨在通过收容教育纠正卖淫嫖娼人员的不良习俗，净化社会风气，维护社会的公序良俗。国务院的设想及出发点是好的。

收容教育对卖淫嫖娼人员的教育挽救功能是有限的，结束收容教育后仍有相当一部分人重操旧业。卖淫嫖娼作为一种社会现象，很难人为遏制。社会学家告诉人们，卖淫是“人类第二古老的职业”，它不可能被禁绝。综上，收容教育制度的手段无法促进该目的实现。

取缔和遏制卖淫嫖娼，也是收容教育所要达到的目的。一开始，通过收容教育来遏制、取缔卖淫嫖娼，是设想通过“边教育、边劳动、边治疗性病”来实现的。在实践中，收容教育实际上蜕化为对卖淫嫖娼人员的一项严厉的惩罚措施。长达半年到两年的限制人身自由，不但是对被收容人员的各种机会的剥夺，也是对其名誉和人格的贬损。这种手段不是必要的，与所追求的目的显然不相符合。

综上所述，《卖淫嫖娼人员收容教育办法》不具有合宪性。

论述题与深度思考题

1. 英美法等国近代意义宪法产生的伟大事件已成为历史，从现象上看，它们都直接产生于各具特色的资产阶级革命之后，因而不难发现它们是资产阶级革命的产物和结果。然而，资产阶级革命会导致一种新的法现象的产生，应引起深思。一般认为，宪法是一定社会政治、经济和思想文化所具有的特别内涵互动的结果，具体表现为以下几方面。

（1）比较发达的商品经济是近代意义宪法产生的经济条件。在商品经济条件下，在商品生产和商品交换过程中必然自发产生平等观念。商品的自由竞争必然导致自由观念的产生。且只有在较为发达的商品经济条件下，平等自由的观念才会普及并为全社会所接受。只有当商品经济已处于社会经济的主导地位时，伴随商品经济的平等自由观念才会成为时代精神。近代宪法正是以平等自由为思想基础和价值追求的，所以较为发达的商品经济是近代宪法产生的经济条件。

（2）比较发达的民主政治是近代意义宪法产生的政治条件。近代以来的民主政治是较为发达和成熟的民主政治。一方面，它以平等自由为目标和追求；另一方面，它有较为完备的制度形式。最为重要的是它以发达的商品经济为经济基础。随着商品经济的发展，作为先进生产关系代表的资产阶级逐渐在经济生活中处于支配地位，日益不满其在政治和其他社会生活中的无权地位。随着资产阶级革命的爆发和最终取得胜利，资产阶级需要将有利于自己的政治体制和政治权利及自由，以具有最高法律效力的宪法固定下来。正是在这种意义上，才有宪法是资产阶级革命的产物之说。

（3）民主的、大众的和科学的文化是宪法产生的思想文化条件。近代民主的、大众的和科学的文化，对宪法的产生起了重要的作用。首先，近代资产阶级的文化革命对近代宪法的产生起到直接的促进作用。启蒙思想家高举理性的大旗，运用自然法理论的武器，用科学批判神学，用人权反对专制，使自由、平等、博爱等思想观念得以传播和普及，为宪法的产生提供了思想条件。其次，资本主义文化为宪法的产生提供了理论和技术条件。近代社会科学，特别是政治学、社会学、法律学起了重要作用。因此，近代文化是宪法产生的重要思想条件。

2. 近代意义宪法产生及其发展的历史表明，宪法是人类文明高度发达的产物，是特定社会政治经济和思想文化条件综合作用的结果；宪法是基于人类生存和发展的需要，即以保障基本人权为目的，对人类社会进行制度安排的基本形式；宪法所要解决的基本问题是政治共同体国家内的公共权力和个人权利之间的关系问题。随着人类社会的发展，人类对人权内涵认识的不断深化，宪法也在不断地发展变化，而其直接作用的是国内的各种政治力量对比关系和国际关系的影响，有时国际的影响起主导作用。正是在上述原因的作用下，当代宪法呈现了以下发展趋势。

（1）当代宪法的发展呈现了两方面的趋势。

其一，从宪法对近代社会进行制度安排的角度看，在传统的政治领域，宪法对国家权力的配置，一方面，表现为加强行政权，使行政权呈扩大趋势；另一方面，表现为国家权力向中央集中，中央集权的趋势日渐明显。前者是宪法对国家权力的横向配置方面的发展趋势。宪法对国家权力的横向的配置大致有两种模式：一是权力分立式，如美国的分权制衡和英国的议会内阁制；二是议行合一，如苏联的苏维埃制。但不管哪一种，在近代宪法时期，行政权都没有处于国家权力的核心，即使在美国权力分立制衡体制下，以总统权力为代表的行政权也没有处于与立法权和司法权均势的地位。然而，在当代宪法时期，行政权出现了上升趋势，在奉行议会主权的议会内阁制国家，有的议会内阁制国家议会主权受到行政权的挑战，如英国；有的改议会内阁制为总统制，如法国。美国的行政权率先打破了权力均衡格局，在权力的运作过程中逐渐处于核心地位。各国行政权的扩张主要表现为：第一，行政权干预立法权，如美国总统频繁地使用否决权。第二，紧急命令权，如法国宪法规定了紧急命令权。第三，委托立法权，即行政机关经委托享有一定的立法权。行政权的扩大还有进一步发展态势，如俄罗斯现行宪法规定总统权力就是明显的例子。后者是宪法对国家权力进行纵向配置方面的发展趋势。宪法对国家权力进行纵向配置分为两种模式：中央集权和地方分权。所谓国家权力向中央集中表现在：第一，在传统的中央集权的国家，国家权力的中心在中央，虽然有的国家的宪法中也有地方分权、地方自治的规定，但地方分权的程度、地方自治的范围均由中央决定，事实上，自治并不具有实际意义。第二，奉行地方分权并以此为基础，实行地方自治的国家，如英国，中央对地方的干预越来越多。地方自治往往受到中央的立法、行政、司法的监督。第三，在联邦制国家，联邦中央的权力在理论上和宪法规定上是有限的，但在现实的联邦与州的关系上，联邦中央的权力越来越大。美国尤为突出。

其二，随着国家权力进入了社会经济和文化生活领域，宪法对社会经济和文化的规定越来越多，并因而在宪法中形成了基本经济制度和文化制度，而且内容日益丰富和完备。大量的有关公民的财产、教育、文化、社会保障等规定已经成为宪法的重要内容。由此可见，宪法已不仅是政治法，而且是内容更为丰富的社会法。

（2）宪法越来越重视公民基本权利的保障。

从公共权力和个人权利的关系来看，宪法在组织配置公共权力的同时，对公民基本权利的保护日益重视，公民基本权利的保护范围进一步扩大。主权在民是宪法的基本原则，也是调整公共权力和公民权利的基本准则。随着国家权力进入了社会经济和文化生活领域，为贯彻主权在民原则，应在经济和文化生活中的相应方面设定的公民基本权利以制约国家权力。首先，公民基本权利的保护范围的扩大表现在宪法对公民经济和文化权利的规定，这是对以往宪法只规定公民的政治权利和自由权的发展。其次，宪法对社会权利的规定。社会权利是公民享有的政治经济文化权利之外的其他基本权利。各国宪法对社会权利保障的范围不尽相同，但其核心都是家庭、婚姻和社会保障。再次，表现为对环境权的规定。改善人类生存和发展的权利，是人类对人权内涵的揭示的新成果。为了保护环境，越来越多国家对环境保护作了专门规定，环境权已成为一项新的公民基本权利。最后，宪法强调权利保障。现代宪法在设定公民基本权利的同时，还对权利规定了各种保障措施。

（3）宪法保障加强，建立专门的宪法监督机关成为一种潮流。

随着宪法是法律而不仅仅是政治宣言观念的普及，加强宪法实施和保障的呼声越来越高，各国纷纷建立了宪法保障制度。1920年奥地利率先成立了宪法法院，随后法国成立了宪法委员会；第二次世界大战后，德国、日本和法国进一步完善了本国的宪法监督制度。从众多国家来看，专门机构监督成为主流，其中成立宪法委员会更是成了它的主流。

（4）宪法发展的国际化趋势进一步扩大。

近代宪法以来，人类社会国际交往日益频繁和密切。对宪法的产生和发展而言，正如美国宪法和法国宪法表明的那样，国际关系具有重要意义，两次世界大战就证明了这一点。全球经济一体化，对宪法发展产生了重大影响，表现为宪法的国际化。具体而言，第一，对国家法的直接承认和接受国际法是国际关系的准则，各国近代宪法基于国家主权观念对国际法往往采取了保留原则。现代宪法则明显地表现为直接承认和接受。第二，对国家主权有条件的限制。如法国宪法规定，“法国同意，基于相互条件，为了组织及保卫和平，对其主权加以必要的限制”。第三，人权是国际法的重要领域，围绕人权问题签署了许多公约，其中主要有《公民权利和政治权利国际公约》《经济、社会和文化权利国际公约》等，许多国家直接加入这些公约，体现了公民基本权利领域的国际化。第四，宪法发展的国际化趋势从发展的方式来看，过去主要通过政治手段，现在则主要通过在经济一体化的进程中，由国家采取有关措施来顺应国际化趋势。

（5）宪法形式上的发展趋势。

近代意义的宪法有较为完备的法律形式，宪法典则是最重要的渊源。现代宪法形式上的发展表现为：第一，宪法渊源的多样化趋势。一方面，国家法成为它的重要的渊源；另一方面，在成文宪法国家，其他法律渊源，如宪法性法律、宪法惯例和判例也得到了广泛的运用。第二，宪法修改较为频繁，一方面是因为社会发展较快，另一方面是由于现代社会的人们基于共同利益的需要，对许多问题达成了共识。此外，宪法修改程序较以往的宪法规定有了简化的趋势，也为宪法修改提供了方便。

3. 我国是社会主义国家，我们当前所走的道路是有中国特色的社会主义道路，我们的宪法是有中国特色的社会主义宪法。具体表现在以下几个方面。

（1）确认我国社会主义初级阶段的基本路线，即“一个中心，两个基本点”，以经济建设为中心，坚持四项基本原则，坚持改革开放的总方针，为国家在新时期的根本任务。

现行《宪法》于序言中规定，我国将长期处于社会主义初级阶段。国家的根本任务是，沿着中国特色社会主义的道路，集中力量进行社会主义现代化建设。中国各族人民将继续在中国共产党领导下，在马克思列宁主义、毛泽东思想、邓小平理论、“三个代表”重要思想、科学发展观、习近平新时代中国特色社会主义思想指引下，坚持人民民主专政，坚持社会主义道路，坚持改革开放，不断完善社会主义的各项制度，发展社会主义市场经济，发展社会主义民主，健全社会主义法治，贯彻新发展理念，自力更生、艰苦奋斗，逐步实现工业、农业、国防和科学技术的现代化，推动物质文明、政治文明、精神文明、社会文明、生态文明协调发展，把我国建设成为富强民主文明和谐美丽的社会主义现代化强国，实现中华民族伟大复兴。

（2）规定由人民民主专政的国体，人民代表大会制的政体，统一多民族国家结构三部分所组成的国家根本制度，并各具特色。另外，宪法还在序言中对人民民主专政的政权基础作了规定，指出将进一步巩固和发展爱国统一战线，进一步发挥人民政协的重要作用。现行宪法通过宪法修正案，强调中国共产党领导的多党合作和政治协商制度将长期存在和发展。

在政权组织形式层面上的人民代表大会制度，是指依据宪法和有关法律的规定，由人民按照一定的原则和程序，选举人民代表组成全国人民代表大会和地方各级人民代表大会作为国家的权力机关，再由各级权力机关产生同级其他国家机关，这些国家机关要对人民代表大会负责，并接受其监督的一种国家政权组织形式。

在国家结构形式中，特别行政区是最具中国特色的。特别行政区是我国的特别地方。它是指根据我国宪法和有关特别行政区基本法规定，在我国领土范围内设立的，具有特殊法律地位，实行特别的政治、经济和社会制度的地方。它的“特殊的法律地位”主要表现在：1）特别行政区作为国家一个不可分割的地方行政区域，直辖于中央人民政府。2）特别行政区作为一个具有相对独立性的政治主体，享有高度的自治权。3）特别行政区所实行的各种制度，由全国人民代表大会以专门制定的基本法律确定，这种基本法具有特别法的性质。所谓“实行特别的政治、经济和社会制度”主要是针对中国现行的各种制度而言的。

（3）国家的根本任务是，沿着建设有中国特色社会主义的道路，集中力量进行社会主义现代化建设。其目的在于促进经济持续、快速、协调发展，保障经济建设的顺利进行。以公有制为主体，多种所有制经济共同发展，是我国现阶段的一项基本经济制度。实行社会主义市场经济体制后，我国现阶段的分配制度是以按劳分配为主体、多种分配方式并存，这是由我国社会主义初级阶段以公有制为主体、多种所有制经济并存的所有制结构决定的。

（4）规定建设社会主义精神文明，包括科学与思想道德两个主要内容及其相互关系。现行宪法对精神文明建设的规定主要表现在两个方面：第一，在宪法序言中把精神文明建设作为国家根本任务进行了规定。第二，《宪法》第 24 条对加强精神文明建设的形式和内容作出了规定。

（5）赋予公民广泛真实的权利自由与必要义务。

以上特色表明：现行宪法在性质上不同于资本主义宪法，在国情上不同于其他社会主义国家的宪法，在阶段上不同于以往的我国各部宪法。所以，宪法的特色取决于国家的特色，这种特色也会随着国家在各历史时期的形势发展而有所变化。

4. 随着市场经济体制的确立，在改革推动下的宪法发展有了更为明确的走向。在改革的大背景下，中国宪法发展的趋势，具体而言，主要有以下几种表现。

（1）政府行政权力在客观上将受到一定程度的限制，行政指导在政府对经济管理的过程中将显得日益重要。我国的行政权一向比较发达，政府凭借着行政权力不仅以各种形式的计划管理着经济，还通过十分健全的行政组织直接参与企业的经营活动。市场经济体制确立后，虽然也需政府对经济的宏观调控，但政府对企业经营活动的直接干预将有所减弱。1993 年的宪法修正案将“国营企业”改为“国有企业”的主旨，在于说明国家仅仅是企业的所有者，而不一定就是企业的经营者。这样更为彻底地强调所有权和使用权（包括经营权）的分离，既是市场经济的客观需要，也是政府行政权力受到一定限制的依据。在现有条件下，政府行政权力受到的限制，主要来自下列方面：第一，立法限制。权力机关通过有关立法赋予企业更多独立自主的经营权，相应地限制了政府习惯性地干预企业经营活动的做法。第二，获得经营自主权的企业，特别是民办企业，对政府不当干预的抵制。第三，经济组织和企业还可通过行政诉讼等途径，借助司法监督的权威，对政府的非法干预进行排斥并获得救济。第四，政府的自律性措施，如中央政府对地方政府干预企业经营活动的限制等。在这种情况下，除必要的宏观调控外，政府经济职能主要靠政府行之有效的行政指导得以实现。行政指导的性质、作用、方式、途径等方面的问题，将成为宪法和行政法领域引人注目的问题。

（2）以人民法院审判权为核心的司法权的扩大与加强。事实上，从这一意义上讲，司法权的扩大与加强，与政府行政权受到相应限制是相对的。在计划经济体制下，经济纠纷主要通过隶属于政府的企业主管部门或综合经济管理部门（如经济贸易委员会），以行政手段予以解决，即便是民事纠纷，也有不少以行政手段作为解决方式。在市场经济体制下或在向市场经济体制的过渡中，一方面是经济纠纷会大量增加，另一方面是经济组织既不愿也无法从政府方面获得经济纠纷的有效解决，从而只有寻求司法途径。这就在客观上要求进一步扩大法院的经济审判职能，加强经济审判组织。实际上，人民法院的经济审判职能和组织，是改革开放后出现的新事物，并随改革开放的深入进行不断地扩大和加强。司法权的扩大与加强还表现在人民法院获得了对行政案件的审判权，随着公民、法人和其他组织宪法意识的提高，法院行政案件的审判权将会更加充实和强化。在此基础上，人民法院独立行使审判权和人民检察院独立行使检察权，将会成为一项政治性较强的司法原则。

（3）中国共产党领导的多党合作与政治协商制度在宪法实践中将得到进一步加强和发展。《宪法修正案》第 4 条确立的“中国共产党领导的多党合作和政治协商制度将长期存在和发展”的宪法制度，是我国政治体制改革最重要的成果之一，同时反映了该项制度进一步发展的趋势。这一制度的确立具有重大的意义：第一，使我国多党合作的政党关系有了明确的宪法调整，预示着中国共产党与各民主党派、各民主党派相互之间在中国共产党领导下，在国家政治、经济、文化等方面更广泛的合作。第二，中国共产党的领导是多党合作的前提，在多党合作的政党制度下，中国共产党对国家和各民主党派的领导将会得到进一步加强。中国共产党对国家领导的加强，在第八届全国人大第一次会议产生国家领导人方面已得到了一定反映。第三，中国共产党对民主党派的领导，将通过对统一战线的领导和在政协中的强有力作用得到加强。我国政党制度中的多党合作，是建立在民主党派性质的改变与其承认和接受中国共产党的领导基础之上的。但是，这种领导不能被理解为中国共产党可以直接干预民主党派的内部事务，把自己的意志强加于民主党派。由于多党合作和政治协商制度的长期存在和发展，客观上要求中国共产党的领导，因而，中国共产党对民主党派的领导，就只能通过加强对统一战线的领导和强化在政治协商会议中的地位和作用来实现。第四，民主党派的参政将会朝着进一步制度化的方向发展。随着市场经济的发展，民主党派所联系的那部分社会主义劳动者和爱国者，在同全国人民根本利益一致的前提下，不可避免地要形成特殊的利益要求。在民主政治下，表达与实现这种要求的最佳途径莫过于通过各自的党派对国家政治的参与。民主党派参政的进一步制度化，主要表现为两个方面：一是现有一系列民主党派参政的制度，将随着有关宪法制度的发展而进一步法律化，成为国家政治制度的重要组成部分。二是多党合作和政治协商丰富多彩的政治实践，可能创制新的宪法惯例，从而使中国共产党领导的多党合作和政治协商制度进一步制度化。

（4）公民基本权利也将得到重大发展。市场经济的本质是自由经济，它不仅要求给予经济组织以更多的自由经营权利，而且更重要的是赋予公民更多的自由权利。从我国目前的实际情况看，公民基本权利的发展，将主要呈现在以下几个方面：第一，财产所有权将成为我国公民的一项基本权利。对此，我国已有学者提出并论证了将财产权作为公民一项基本经济权利规定在现行宪法第二章的必要性。虽然《宪法》已明确规定“国家依照法律规定、保护公民的私有财产权和继承权”，却没有给公民私有财产的所有权以应有的宪法地位。另外，《宪法》第13条规定的财产所有权，虽然克服了1975年《宪法》和1978年《宪法》规定的财产所有权仅限于生活资料所有权的局限，在一定意义上包括了生产资料所有权，但主要仍指生活资料的所有权。在市场经济条件下，生产资料的所有权也应同生活资料的所有权一样具有重要意义，因此在宪法中应有强调平等保护的规定。第二，迁徙自由在条件成熟时，也会成为公民基本的人身自由权。1954年《宪法》规定了公民有迁徙自由权，现行《宪法》从当时的实际情况出发，没有将其列为公民的基本权利。从某种意义上看，这是计划经济体制的必然结果。在市场经济体制下，经济的发展需要自由的劳动力，而迁徙自由是获得自由劳动力不可缺少的条件。可以说，迁徙自由是市场经济的客观要求在公民权利方面的反映。第三，政治权利将进一步得到认同，而更加现实地为公民所实际享有。在市场体制下，公民政治权利与现实利益间存在一定的差距，公民参与政治的积极性缺乏经济利益的激励，使《宪法》规定的公民政治权利的许多方面被虚置或只有形式上的意义。在市场经济条件下，通过市场的纽带作用，将公民的经济利益同政治权利紧密地联系在一起。公民只有有效地参与政治，才能从根本上使政治决策体现和反映其经济利益，这样《宪法》规定的政治权利才会被公民认同和重视，最终为公民所实际享有。

（5）宪法监督制度将进一步完善。现行《宪法》规定了较前几部宪法更为健全的宪法监督制度，但从宪法监督的实际看，我国宪法监督制度仍有待进一步完善。市场经济从某种意义上看是法治经济，而法治以宪法的全面有效实施为根本出发点。宪法全面有效地实施，有赖于健全的宪法监督制度。在现行体制下，完善我国宪法监督制度，主要有两个方面的内容：第一，将所有的规范性文件纳入备案审查范围，加强备案审查制度建设和能力建设；第二，推进合宪性审查工作。

第三章　国家性质

知识逻辑图

- 社会主义制度是我国的根本制度
  - 政治上实行以工人阶级为领导、以工农联盟为基础的人民民主专政
    - 以知识分子为依靠力量之一，以爱国统一战线为政治基础
    - 对人民实行民主，对敌人实行专政
  - 经济上以公有制为主体、多种所有制经济共同发展，以按劳分配为主体、多种分配方式并存
    - 公有制经济与非公有制经济
    - 实行各尽所能、按劳分配
  - 在文明上物质文明、政治文明、精神文明、社会文明、生态文明协调发展
    - 社会主义政治文明、物质文明、精神文明、社会文明、生态文明统一于社会主义建设的实践
    - 社会主义精神文明建设包括文化建设和思想道德建设
- 中国共产党
  - 中国共产党领导的多党合作的政党体制是我国政治制度的特点和优点。“长期共存、互相监督、肝胆相照、荣辱与共”是中国共产党与民主党派合作的基本方针
    - 中国共产党领导是中国特色社会主义最本质的特征
    - 我国的多党合作必须坚持中国共产党的领导
  - 中国人民政治协商会议是中国人民爱国统一战线组织，是中国共产党领导的多党合作和政治协商的重要机构。它不是国家机关，而是我国政治生活中发扬社会主义民主的重要形式
    - 中国人民政治协商会议的主要职能是政治协商、民主监督、参政议政
    - 中国人民政治协商会议设全国委员会和地方委员会

名词解释和概念比较

1. 国体与政体（考研）
2. 民主与专政
3. 人民民主专政（考研）
4. 一党制、两党制与多党制
5. 爱国统一战线
6. 经济制度
7. 全民所有制
8. 物质文明、精神文明、政治文明、社会文明和生态文明

选择题

（一）单项选择题

1. 国家制度的核心是（　　）。

A. 国体　　B. 政体

C. 选举制度　　D. 国家结构形式

2. 下列有关国体和政体关系的表述，不正确的是（　　）。

A. 国体决定着政体，是政体存在和发展的基础

B. 国体是内容，政体是国体的表现形式

C. 国体是国家的内在表现形式，政体是国家的外在表现形式

D. 没有政体，国体也可以存在

3. 通常下列哪类国家会在宪法中公开明确地规定国家性质？（　　）

A. 伊斯兰国家　　B. 社会主义国家

C. 资本主义国家　　D. 君主立宪制国家

4. 现行《宪法》中哪项规定充分表明了我国的国家性质？（　　）

A. 中华人民共和国是工人阶级领导的、以工农联盟为基础的人民民主专政的社会主义国家。社会主义制度是中华人民共和国的根本制度

B. 中华人民共和国的一切权力属于人民

C. 中华人民共和国实行依法治国，建设社会主义法治国家

D. 中华人民共和国的国家机构实行民主集中制原则

5. 人民民主专政的首要标志是（　　）。

A. 工人阶级（通过共产党）对国家的领导

B. 以工农联盟为基础

C. 依靠知识分子

D. 爱国统一战线

6. 下列选项中，哪个是国家的根本制度？（　　）（考研）

A. 人民代表大会制度　　B. 人民民主专政制度

C. 民主集中制　　D. 社会主义制度

7. 关于统一战线的范围，下列选项中哪个是2004年修宪时增加的？（　　）

A. 社会主义劳动者

B. 社会主义事业的建设者

C. 拥护社会主义的爱国者

D. 拥护祖国统一和致力于中华民族伟大复兴的爱国者

8. 中国共产党领导的多党合作和政治协商制度是下列哪一年修改宪法时入宪的？（　　）（考研）

A. 1988　　B. 1993

C. 1999　　D. 2004

9. 国家的基本社会制度是国家制度体系中的重要内容。根据我国宪法规定，关于国家基本社会制度，下列哪一表述是正确的？（　　）（法考改编）

A. 国家基本社会制度包括发展社会科学事业的内容

B. 社会人才培养制度是我国的基本社会制度之一

C. 关于社会弱势群体和特殊群体的社会保障的规定是对平等原则的突破

D. 社会保障制度的建立健全同我国政治、经济、文化和生态建设水平相适应

10. 在中国共产党领导的多党合作制下，各民主党派的地位和性质是（　　）。

A. 反对党　　B. 在野党

C. 参政党　　D. 执政党

11. 中国人民政治协商会议全国委员会和地方委员会之间的关系是（　　）。（考研）

A. 领导与被领导的关系

B. 监督与被监督的关系

C. 协助与被协助的关系

D. 指导与被指导的关系

12. 根据我国现行宪法规定，国民经济的主导力量是（　　）。

A. 个体经济

B. 私营经济

C. 国有经济

D. 劳动者集体所有制经济

13. 下列有关我国经济制度的表述正确的是（　　）。

A. 我国经济制度的基础是生产资料的公有制和非公有制

B. 非公有制是我国社会主义市场经济的有益补充

C. 国家对非公有制经济的政策是引导、监督和管理

D. 我国的森林和草原等自然资源属于国家所有，依照法律属于集体所有的除外

14. 社会主义公有制是我国经济制度的基础。根据

现行《宪法》的规定，关于基本经济制度的表述，下列哪一选项是正确的？（　　）（法考改编）

A. 国家财产主要由国有企业组成

B. 城市的土地属于国家所有

C. 农村和城市郊区的土地都属于集体所有

D. 国营经济是社会主义全民所有制经济，是国民经济中的主导力量

15. 根据宪法规定，国家保护社会主义的公共财产，禁止任何组织和个人用任何手段（　　）。

A. 侵占或破坏　　B. 侵夺或损坏

C. 侵占或损坏　　D. 侵害或破坏

16. 根据我国民族区域自治制度，关于民族自治县，下列哪一选项是错误的？（　　）（法考改编）

A. 自治机关保障本地方各民族都有保持或改革自己风俗习惯的自由

B. 经国务院批准，可开辟对外贸易口岸

C. 县人大常委会中应有实行区域自治的民族的公民担任主任或者副主任

D. 县人大可自行变通或者停止执行上级国家机关的决议、决定、命令和指示

17. 我国宪法规定，城镇中的手工业、工业、建筑业、运输业、商业、服务业等行业的各种形式的合作经济，都是（　　）。

A. 个体经济

B. 社会主义全民所有制经济

C. 私营经济

D. 社会主义劳动群众集体所有制经济

18. 根据我国宪法规定，在社会主义初级阶段坚持（　　）的分配制度。

A. 各尽所能、按劳分配

B. 各尽所能、按需分配

C. 按劳分配与按需分配相结合

D. 按劳分配为主体、多种分配方式并存

19. 根据我国宪法规定，农村中的生产、供销、信用、消费等各种形式的合作经济属于哪种经济形式？（　　）

A. 国有经济　　B. 集体所有制经济

C. 个体经济　　D. 私营经济

20. 根据我国宪法规定，国家为了（　　）的需要，可以依照法律规定对土地实行征收或者征用并给予补偿。

A. 公共利益　　B. 公共要求

C. 公共秩序　　D. 公共管理

21. 根据我国宪法规定，国有企业依照法律，通过（　　）和其他形式，实行民主管理。

A. 职工代表大会　　B. 工会

C. 职工参与　　D. 民主选举

22. 近代意义宪法产生以来，文化制度便是宪法的内容。关于两者的关系，下列哪一选项是不正确的？（　　）（法考改编）

A. 1787 年《美国宪法》规定了公民广泛的文化权利和国家的文化政策

B. 1919 年《德国魏玛宪法》规定了公民的文化权利

C. 我国现行《宪法》对文化制度的原则、内容等作了比较全面的规定

D. 公民的文化教育权、国家机关的文化教育管理职权和文化政策，是宪法文化制度的主要内容

23. 依据 2004 年宪法修正案，关于国家对非公有制经济的政策，下列选项中表述正确的是（　　）。

A. 鼓励、保护、引导

B. 鼓励、支持、引导

C. 保护、控制、引导

D. 鼓励、管理和引导

24. 下列各项中，有关中国人民政治协商会议性质的表述正确的是（　　）。（考研）

A. 中国人民政治协商会议是我国的爱国统一战线组织

B. 中国人民政治协商会议全国委员会是我国的上议院

C. 中国人民政治协商会议是行使国家立法权的机构

D. 中国人民政治协商会议是各级人民代表大会的一个附属机构

（二）多项选择题

1. 国家性质又称“国体”，一般而言，决定国家性质的因素主要有哪些？（　　）

A. 国家政权的阶级本质

B. 国家政权的经济基础

C. 社会的精神文明

D. 政党制度

2. 人民民主专政实质上即无产阶级专政，是因为

人民民主专政在（　　）方面同无产阶级专政是根本一致的。

A. 领导权　　B. 阶级基础

C. 国家职能　　D. 历史使命

3. 党的十八届四中全会决定明确指出："完善以宪法为核心的中国特色社会主义法律体系。"据此，下列哪些做法是正确的？（　　）（法考改编）

A. 建立全国人大及其常委会宪法监督制度，健全宪法解释程序机制

B. 健全有立法权的人大主导立法工作的体制，规范和减少政府立法活动

C. 探索委托第三方起草法律法规草案，加强立法后评估，引入第三方评估

D. 加快建立生态文明法律制度，强化生产者环境保护的法律责任

视频讲题

4. 人民民主专政包括两方面内容，即对人民实行民主、对敌人实行专政，那么，现阶段对敌人实行专政主要表现在（　　）。

A. 与敌视和破坏我国社会主义制度的国内外的敌对势力进行斗争

B. 国家制裁危害国家安全的犯罪活动

C. 国家惩办和改造犯罪分子

D. 国家镇压叛国活动

5. 下列有关"民主"与"专政"关系的表述正确的是（　　）。

A. 民主与专政既对立又统一，既有区别又有联系

B. 民主与专政永远是同等重要的

C. 民主与专政互相依存、互相促进，在一定条件下是可以相互转化的

D. 在我国，民主是政权的主要方面

6. 下列关于"知识分子"的表述正确的是（　　）。

A. 知识分子是指那些具有一定的科学文化知识，并且因此而主要从事脑力劳动的社会成员

B. 知识分子是一个独立的社会阶级

C. 知识分子是社会主义建设事业的依靠力量之一

D. 作为脑力劳动者的知识分子与体力劳动者的区别在于社会分工的不同

7. 现代立宪国家中政党所具有的特征是（　　）。

A. 与国家政权有着不可分割的密切联系

B. 属于社会组织，但不同于一般的社会团体

C. 有政治纲领的组织

D. 有组织系统和组织纪律的组织

8. 我国的政党制度是中国共产党领导的多党合作制度，"多党"指的是合法存在的民主党派，其中包括（　　）。

A. 中国国民党革命委员会

B. 中国民主同盟

C. 九三学社

D. 台湾民主自治同盟

9. 现阶段，中国共产党领导的多党合作的形式主要有（　　）。

A. 中国共产党与民主党派进行政治协商

B. 民主党派成员担任政府机关的领导职务

C. 民主党派成员担任司法机关的领导职务

D. 民主党派成员在国家权力机关参政议政

10. 我国《宪法》规定："中国共产党领导的多党合作和政治协商制度将长期存在和发展。"下列哪些选项是关于多党合作制度的正确表述？（　　）（法考改编）

A. 中国共产党与各民主党派都必须以宪法为基本活动准则

B. 共产党是执政党、各民主党派是参政党

C. 共产党与各民主党派合作的方针是"长期共存、互相监督、肝胆相照、荣辱与共"

D. 共产党与各民主党派合作的政治基础是坚持四项基本原则

11. 下列选项中属于现阶段我国爱国统一战线范围的是（　　）。

A. 全体社会主义劳动者

B. 社会主义事业的建设者

C. 拥护社会主义的爱国者

D. 拥护祖国统一和致力于中华民族伟大复兴的爱国者

12. 关于国家文化制度，下列哪些表述是正确的？（　　）（法考改编）

A. 我国宪法所规定的文化制度包含了爱国统一战线的内容

B. 国家鼓励自学成才，鼓励社会力量依照法律规定举办各种教育事业

C. 是否较为系统地规定文化制度，是社会主义宪法区别于资本主义宪法的重要标志之一

D. 公民道德教育的目的在于培养有理想、有道德、有文化、有纪律的社会主义公民

13. 根据现行宪法规定，我国社会主义经济制度的基础是（ ）。

A. 劳动者个体经济和私营经济

B. 全民所有制

C. 劳动群众集体所有制

D. 以公有制为主体、多种所有制经济共同发展

14. 根据现行宪法中关于土地制度的规定，可以属于集体所有的是（ ）。

A. 城市的土地

B. 农村和城市郊区的土地

C. 宅基地

D. 自留地和自留山

15. 我国的基本社会制度是基于经济、政治、文化、社会、生态文明五位一体的社会主义建设的需要，在社会领域所建构的制度体系。关于国家的基本社会制度，下列哪些选项是正确的？（ ）（法考改编）

A. 我国的基本社会制度是国家的根本制度

B. 社会保障制度是我国基本社会制度的核心内容

C. 职工的工作时间和休假制度是我国基本社会制度的重要内容

D. 加强社会法的实施是发展与完善我国基本社会制度的重要途径

16. 下列关于我国土地制度的表述，正确的是（ ）。（考研）

A. 农村的土地属于农民所有

B. 土地所有权可以依法进行转让

C. 1982 年《宪法》首次规定城市的土地属于国家所有

D. 城市郊区的土地除由法律规定属于国家所有的以外，属于集体所有

17. 社会主义精神文明建设包括（ ）。

A. 文化建设　　B. 思想道德建设

C. 经济建设　　D. 社会主义现代化建设

18. 下列选项中哪些属于我国宪法中关于教育事业的规定？（ ）

A. 国家发展社会主义的教育事业，提高全国人民的科学文化水平

B. 国家推广全国通用的普通话

C. 国家举办各种学校，普及初等义务教育，发展中等教育、职业教育和高等教育，并且发展学前教育

D. 国家保护名胜古迹、珍贵文物和其他重要历史文化遗产

19. 根据宪法规定，国家鼓励（ ）依照法律规定举办各种教育事业。

A. 集体经济组织　　B. 国家企业事业组织

C. 其他社会力量　　D. 街道组织

20.《全国人民代表大会常务委员会关于实行宪法宣誓制度的决定》于 2016 年 1 月 1 日起实施。关于宪法宣誓制度的表述，下列哪些选项是正确的？（ ）（法考改编）

A. 该制度的建立有助于树立宪法的权威

B. 宣誓场所应当悬挂中华人民共和国国旗或者国徽

C. 宣誓主体限于各级政府、法院和检察院任命的国家工作人员

D. 最高法院副院长、审判委员会委员进行宣誓的仪式由最高法院组织

（三）不定项选择题

1. 决定国家性质的根本因素是（ ）。

A. 经济基础

B. 社会各阶级在国家中的地位

C. 意识形态

D. 社会历史条件

2. 社会主义事业的建设者是指（ ）。

A. 民营科技企业的创业人员和技术人员

B. 中介组织的从业人员

C. 受聘于外资企业的管理技术人员

D. 自由职业人员

3. 下列有关民主的表述中，正确的是（ ）。

A. 民主就是要让人讲话，要有民主作风

B. 民主仅仅是手段，而不是目的

C. 经济发展了，民主自然也就会有了

D. 民主与自由不可分

4. 根据《宪法》的规定，关于我国基本经济制度的说法，下列选项正确的是（ ）。（法考改编）

A. 国家实行社会主义市场经济

B. 国有企业在法律规定范围内和政府统一安排下，开展管理经营

C. 集体经济组织实行家庭承包经营为基础、统分结合的双层经营体制

D. 土地的使用权可以依照法律的规定转让

5. 我国的政党制度，即在中国共产党领导的多党合作和政治协商制度下，下列有关我国各民主党派的地位和性质的表述不正确的是（　　）。

A. 民主党派和共产党是联合执政党

B. 民主党派是反对党

C. 民主党派是在野党

D. 民主党派是参政党

6. 根据政党在西方国家政治生活中的政治地位可以把政党分为（　　）。

A. 多数党和少数党

B. 合法政党与非法政党

C. 执政党与在野党（反对党）

D. 资产阶级政党、无产阶级政党、小资产阶级政党

7. 根据我国现行宪法规定，国家保护个体经济、私营经济的合法权利和利益。国家对个体经济、私营经济实行（　　）。

A. 引导　　B. 鼓励

C. 监督　　D. 管理

8. 关于个体经济的特点，下列说法正确的是（　　）。

A. 生产资料和产品归个体劳动者所有

B. 个体经济以个体劳动为基础

C. 劳动所得归个体劳动者支配

D. 个体经济在法律上具体表现为个体工商户

9. 现阶段，我国文化建设的基本内容包括（　　）。

A. 发展社会主义教育事业

B. 发展科学事业

C. 发展医疗卫生体育事业

D. 发展文化事业

10. 根据宪法规定，国家通过普及（　　），通过在城乡不同范围的群众中制定和执行各种守则、公约，加强社会主义精神文明的建设。

A. 理想教育　　B. 道德教育

C. 文化教育　　D. 纪律和法制教育

简答题

1. 简述决定国家性质的基本因素。

2. 简述我国人民民主专政实质上是无产阶级专政。

3. 简述我国宪法关于政党制度的规定。

4. 简述我国政治协商制度的特点。

5. 简述中国人民政治协商会议的职能。

6. 简述我国社会主义公有制的构成。

论述题与深度思考题

1. 论我国人民民主专政的基本特点。

2. 论新形势下怎样坚持和完善共产党领导下的多党合作制度。（考研）

3. 论我国宪法中关于精神文明的规定。

参考答案

名词解释和概念比较

1.

国体	政体
国体即国家性质，指社会各阶级在国家中的地位。国体决定政体，国体是内容，政体是国体的表现形式。国体相同的国家，由于历史条件和国情的不同，也可能采取不同的政体	政体即政权组织形式或国家管理形式，它是一个国家的根本政治制度，也就是掌握政权的统治阶级，用以实现其行使国家权力的特定形式，即统治者为了反对敌人、保护自己而组织起来的政权机关。它主要是指最高国家权力机关的组织形式，包括政权的构成、组织程序和最高权力的分配情况，以及公民参加管理国家和社会事务的程序和方式。政权组织形式反映国家的本质，同时服务于国家本质的要求

2.

民主	专政
民主作为国家制度是指掌握国家政权的阶级在内部依据平等、少数服从多数的原则管理国家，实行阶级统治的国家制度	专政也是指国家制度，指掌握国家政权的阶级依靠暴力对被统治阶级进行压迫的国家制度

3. 人民民主专政是指我国工人阶级领导的、以工农联盟为基础的，对人民实行民主和对敌人实行专政的国家政权。人民民主专政是无产阶级专政在中国具体国情下的一种表现形式，它在实质上是无产阶级专政。它以知识分子为依靠力量之一，以广泛的爱国统一战线为政治基础。

4.

一党制	两党制	多党制
一党制是指在一个国家里，长期由一个政党单独掌握政权	两党制是指在一个国家的诸多政党中，只有两个势均力敌的大党，通过选举而轮流上台执政	多党制是指在一个国家里存在许多政党，但没有一个占据绝对或稳定的优势，因而它们只能组成各种政党联盟，通过选举，轮流联合执政

5. 爱国统一战线是指由中国共产党领导的，有各民主党派和各人民团体参加的，包括全体社会主义劳动者、社会主义事业的建设者、拥护社会主义的爱国者、拥护祖国统一和致力于中华民族伟大复兴的爱国者的广泛的政治联盟。爱国统一战线实际上包含两个不同范围的联盟：一个是由大陆（内地）范围内全体劳动者、爱国者组成的以社会主义为政治基础的联盟；另一个是广泛团结台湾同胞、港澳同胞、海外侨胞，以拥护祖国统一和致力于中华民族伟大复兴为政治基础的联盟。

6. 经济制度是指人类历史发展到一定阶段的经济基础，即生产关系的总和。生产资料所有制形式是生产关系的核心，它决定着生产关系的其他方面，是经济制度的基础。

7. 全民所有制是指由代表人民利益的国家占有生产资料的一种所有制形式。我国的社会主义全民所有制是通过没收官僚资本为国家所有、取消帝国主义的一切特权、对民族资本主义实行赎买及国家大力投资兴建各种企业等途径建立起来的。

8.

物质文明	精神文明	政治文明	社会文明	生态文明
人类在改造客观世界的实践活动中形成的有益成果，表现为物质生产方式和经济生活的进步，即物质文明	人类在改造客观世界的同时改造主观世界中形成的有益成果，表现为精神生活的进步，即精神文明	人类在改造客观世界的政治实践活动中形成的有益成果，表现为政治生活的进步即政治文明	社会领域的进步程度和社会建设的积极成果，是社会主体文明、社会关系文明、社会观念文明、社会制度文明、社会行为文明等方面的总和	人类遵循人、自然、社会和谐发展这一客观规律而取得的物质与精神成果的总和，是以人与自然、人与人、人与社会和谐共生、良性循环、全面发展、持续繁荣为基本宗旨的文化伦理形态

选择题

（一）单项选择题

1. 答案 A

国家制度包括国体、政体、国家结构形式、选举制度、地方制度等内容，国体问题不仅是宪法学中的基本问题，也是宪法所规定的各项国家制度中的最重要和本质性的制度，国体与宪法所规定的其他制度之间大体上是一种决定与被决定的关系。

2. 答案 D

国体即国家性质，指社会各阶级在国家中的地位。政体主要是指最高国家权力机关的组织形式，包括政权的构成、组织程序和最高权力的分配情况，以及公民参加管理国家和社会事务的程序和方式。国体决定政体，国体是内容，政体是国体的表现形式。国体相同的国家，由于历史条件和国情的不同，也可能采取不同的政体。政体不是可有可无的，一定的国家政权必须通过相应的政体来体现，没有一定的政体，就不能实现国家权力，离开作为表现形式的政体，作为内容的国体是不能存在的。

3. 答案 B

资产阶级宪法通常不对其国家性质作公开明确的规定，而只作隐蔽性规定，如“国家主权属于人民”。社会主义宪法对国家性质作公开明确的规定，如我国《宪法》第 1 条中规定：中华人民共和国是工人阶级领导的、以工农联盟为基础的人民民主专政的社会主义国家。社会主义制度是中华人民共和国的根本制度。从国家性质角度看，人类历史上共有四类国家，即奴隶制国家、封建制国家、资本主义国家和社会主义国家。A 是从宗教信仰角度对国家进行划分的，D 是指一种政权组织形式，故都不是正确答案。

4. 答案 A

我国《宪法》第 1 条规定：中华人民共和国是工人阶级领导的、以工农联盟为基础的人民民主专政的社会主义国家。社会主义制度是中华人民共和国的根本制度。中国共产党领导是中国特色社会主义最本质的特征。禁止任何组织或者个人破坏社会主义制度。

5. 答案 A

工人阶级通过自己的政党即共产党实现对国家的领导是人民民主专政的首要标志，因为工人阶级是国家的领导阶级，它代表最先进的生产力，最富有组织性、纪律性和革命的彻底性。而工农联盟是人民民主专政的基础，知识分子是人民民主专政的依靠力量，爱国统一战线是无产阶级与一切可能团结的力量结成的联盟。

6. 答案 D

本题考查的是对于国体相关概念的辨析。社会主义制度是我国的根本制度——社会主义制度作为根本制度，在各个方面的体现是不同的：在政治方面体现为人民代表大会制度（根本政治制度）；在经济方面体现为公有制的主体地位（根本经济制度）。此外，在根本政治制度之下，有一些“基本政治制度”，一般包括政治协商制度、民族区域自治制度等。

7. 答案 B

本题考查的是我国爱国统一战线的范围。2004 年修宪时通过的第 19 条修正案规定：将宪法序言第十自然段第二句“在长期的革命和建设过程中，已经结成由中国共产党领导的，有各民主党派和各人民团体参加的，包括全体社会主义劳动者、拥护社会主义的爱国者和拥护祖国统一的爱国者的广泛的爱国统一战线，这个统一战线将继续巩固和发展。”修改为：“在长期的革命和建设过程中，已经结成由中国共产党领导的，有各民主党派和各人民团体参加的，包括全体社会主义劳动者、社会主义事业的建设者、拥护社会主义的爱国者和拥护祖国统一的爱国者的广泛的爱国统一战线，这个统一战线将继续巩固和发展。”2018 年《宪法修正案》第 33 条规定，将宪法序言第十自然段中“在长期的革命和建设过程中”修改为“在长期的革命、建设、改革过程中”；将“包括全体社会主义劳动者、社会主义事业的建设者、拥护社会主义的爱国者和拥护祖国统一的爱国者的广泛的爱国统一战线”修改为“包括全体社会主义劳动者、社会主义事业的建设者、拥护社会主义的爱国者、拥护祖国统一和致力于中华民族伟大复兴的爱国者的广泛的爱国统一战线”。

8. 答案 B

本题考查的是我国的政党制度。1993 年《宪法》修订时，通过了宪法的第 4 条修正案，宪法序言第十自然段末尾增加，“中国共产党领导的多党合作和政治协商制度将长期存在和发展”。

9. 答案 B

社会制度是指一国通过宪法和法律调整以基本社会生活保障及社会秩序维护为核心的各种基本关系的规则、原则和政策的总和。广义的社会制度包括社会保障、医疗卫生事业、劳动保障、社会人才培养、计划生育、社会秩序及安全维护等方面的内容，狭义的社会制度单指社会保障制度。因此，A 选项错误，B 选项正确。C 选项错误：我国宪法当中的平等原则并非形式上的平等，更不是均等，在特定条件下，为了实现真正的平等，可以制造合理差别，因此对社会弱势群体和特殊群体的社会保障并不是对平等原则的突破，恰恰是平等原则的应有之义。D 选项错误：我国 2004 年《宪法》规定“国家建立健全同经济发展水平相适应的社会保障制度”，因此社会保障制度的建立健全同政治、文化、生态等方面的建设发展没有什么法定的直接关系。

10. 答案 C

根据 1989 年《中共中央关于坚持和完善中国共产党领导的多党合作和政治协商制度的意见》的规定，中国共产党是中国社会主义事业的领导核心，是执政党。各民主党派是各自所联系的一部分社会主义劳动者、社会主义事业建设者和一部分拥护社会主义、祖国统一和致力于中华民族伟大复兴的爱国者的政治联盟，是接受中国共产党领导的，同中国共产党通力合作、共同致力于社会主义事业的亲密友党，是参政党。在西方国家中，一般根据政党在国家政治生活中的地位分为执政党和在野党（或反对党），我国政党制度与西方的不同，因此这种划分不适用于我国，故 A 项和 B 项是不正确的。

11. 答案 D

本题考查的是我国的政治协商制度。《中国人民政治协商会议章程》规定：中国人民政治协商会议全国委员会对地方委员会的关系和地方委员会对下一级地方委员会的关系是指导关系。上下级政协之间的指导关系主要体现在：政协全国委员会通过修改、解释政协章程并监督章程的实施，规范地方委员会的工作；地方委员会对全国委员会的全国性决议，下级地方委员会对上级地方委员会的全地区性的决议，都有遵守和履行的义务；政协全国委员会加强同地方委员会的联系，沟通情况，交流经验，研究地方委员会带有共同性的问题。1954 年 12 月 4 日，周恩来在《关于政协章程和政协第二届全国委员会委员名单问题》的讲话中曾就政协上下级的关系作过概括和解释，他指出，人民政协“上下之间有指导和被指导、指示和接受指示、报告和接受报告的关系”。

12. 答案 C

我国《宪法》第 6 条规定，中华人民共和国的社会主义经济制度的基础是生产资料的社会主义公有制，即全民所有制和劳动群众集体所有制。国家在社会主义初级阶段，坚持以公有制为主体、多种所有制经济共同发展的基本经济制度。《宪法》第 7 条规定，国有经济，即社会主义全民所有制经济，是国民经济中的主导力量。国家保障国有经济的巩固和发展。个体经济和私营经济属于非公有制经济，不可能成为国民经济的主导力量。

13. 答案 D

本题考查的是我国经济制度和自然资源所有权的知识。根据宪法规定，我国社会主义经济制度的基础是生产资料的社会主义公有制，对此需要掌握的是：(1) 公有制包括两个方面，即国有（或者说是全民所有）以及集体所有。(2) 我国对于所有制形式的宪法规定的沿革。社会主义初级阶段的所有制形式和分配形式是 1999 年《宪法》修订的时候增加的，即“国家在社会主义初级阶段，坚持公有制为主体、多种所有制经济共同发展的基本经济制度，坚持按劳分配为主体、多种分配方式并存的分配制度”。另外，需要注意非公有制经济在宪法中的地位。1988 年宪法修正案规定，私营经济是社会主义公有制经济的补充；1999 年宪法修正案规定，非公有制经济是社会主义市场经济的重要组成部分。对于非公有制经济，2004 年修宪时确定了“鼓励、支持和引导”的政策，取代了原来“引导、监督和管理”的规定。关于自然资源的所有权，《宪法》规定，矿藏、水流、森林、山岭、草原、荒地、滩涂等自然资源，都属于国家所有，即全民所有；有法律规定属于集体所有的森林和山岭、草原、荒地、滩涂除外——这意味着森林和山岭、草原、荒地、滩涂既可以属于国家所有，亦可以属于集体所有；而矿藏和水流只能属于国家所有。

14. 答案 B

国家财产即全民所有制财产主要由矿藏、水流、海域、城市的土地等其他自然资源组成，国有企业是国家开放利用上述自然资源的基本组织形式（当然国有企业的财产也属于国家所有），因此 A 选项错误。B 选项正确，按照宪法规定，矿藏、水流、海域、城市的土地绝对归国家所有。农村和城市郊区的土地，原则上归集体所有，但是按照法律规定属于国家所有的例外，故 C 选项错误。D 选项错误，在 1993 年宪法修正案中，国营经济被国有经济取代，国有经济是国民经济中的主导力量。

15. 答案 A

我国《宪法》第 12 条规定，社会主义的公共财产神圣不可侵犯。国家保护社会主义的公共财产。禁止任何组织或者个人用任何手段侵占或者破坏国家的和集体的财产。

16. 答案 D

根据《宪法》第 4 条的规定，各民族都有使用和发展自己的语言文字的自由，都有保持或者改革自己的风俗习惯的自由，因此 A 选项说法正确。根据《民族区域自治法》第 31 条的规定，民族自治地方依照国家规定，可以开展对外经济贸易活动，经国务院批准，可以开辟对外贸易口岸，故 B 选项说法正确。根据《宪法》第 113 条的规定，自治区、自治州、自治县的人民代表大会常务委员会中应当有实行区域自治的民族的公民担任主任或者副主任，故 C 选项说法正确。根据《民族区域自治法》第 20 条的规定，上级国家机关的决议、决定、命令和指示，如有不适合民族自治地方实际情况的，自治机关可以报经该上级国家机关批准，变通执行或者停止执行；该上级国家机关应当在收到报告之日起 60 日内给予答复。因此上级国家机关的决议、决定、命令和指示并非自行变通和停止，而是需要向上级国家机关报批，故 D 选项说法错误。本题为选非题，故 D 选项当选。

17. 答案 D

该条规定说的是“各种形式的合作经济”，不是指一般的个体或私营的手工业、建筑业、工业等，但是它也不是国有经济。

18. 答案 D

我国《宪法》规定，国家在社会主义初级阶段，坚持以公有制为主体、多种所有制经济共同发展的基本经济制度，坚持以按劳分配为主体、多种分配方式并存的分配制度。

19. 答案 B

我国《宪法》规定，农村集体经济组织实行家庭承包经营为基础、统分结合的双层经营体制。农村中的生产、供销、信用、消费等各种形式的合作经济，是社会主义劳动群众集体所有制经济。参加农村集体经济组织的劳动者，有权在法律规定的范围内经营自留地、自留山、家庭副业和饲养自留畜。

20. 答案 A

该题测试的是对宪法中有关土地制度规定的准确把握程度。《宪法》第 10 条规定，城市的土地属于国家所有。农村和城市郊区的土地，除由法律规定属于国家所有的以外，属于集体所有；宅基地和自留地、自留山，也属于集体所有。国家为了公共利益的需要，可以依照法律规定对土地实行征收或者征用并给予补偿。任何组织或者个人不得侵占、买卖或者以其他形式非法转让土地。土地的使用权可以依照法律的规定转让。一切使用土地的组织和个人必须合理地利用土地。显然，答案是 A。

21. 答案 A

我国《宪法》第 16 条规定，国有企业在法律规定的范围内有权自主经营。国有企业依照法律规定，通过职工代表大会和其他形式，实行民主管理。显然，答案是 A。

22. 答案 A

文化制度是指一国通过宪法和法律调整以社会意识形态为核心的各种基本关系的规则、原则和政策的综合。文化制度主要包括教育事业，科技事业，文学艺术事业，广播电影电视事业，医疗、卫生、体育事业，新闻出版事业，文物事业，图书馆事业以及社会意识形态等方面。早期资产阶级宪法或宪法性文件对文化制度的规定内容狭窄，仅限于著作权、教育等几个方面，美国宪法文本中并没有对公民的权利进行规定，故 A 项说法错误。1919 年德国《魏玛宪法》不仅详尽地规定了公民的文化权利，而且明确地规定了国家的基本文化政策。这部宪法第一次比较全面、系统地规定了文化制度。故 B 项说法正确。C 项中，我国现行《宪法》对文化制度的规定是全面而详细的，我国现行《宪法》第 19 条规定，国家发展社会主义的教育事业，提高全国人民的科学文化水平。国家举办各种学校，普及初等义务教育，发展中等教育、职业教育和高等教育，并且发展学前教育。故 C 项说法正确。D 项中，文化制度不仅仅是教育权，更重要的是国家的文化政策，故 D 项说法正确。本题为选非题，答案为 A。

23. 答案 B

本题考查的是我国的经济制度。需要注意的是现行宪法的前 4 次修改均涉及经济体制的内容，对于私营经济的政策也在不断宽容和发展，1999 年的政策是“引导、监督和管理”（可以简化记忆为“引、监、管”），2004 年的政策是“鼓励、支持和引导”（可以简化记忆为“鼓、支、引”）。这个历程不仅反映了国家对于私营经济的政策变化，而且更重要的是，私营经济在整个国民经济中的地位在不断变化。

24. 答案 A

本题考查的是我国的政治协商制度的性质和功能。政治协商制度是指在中国共产党领导下，各政党、各人民团体、各少数民族和社会各界的代表，以中国人民政治协商会议为组织形式，经常就国家的大政方针进行民主协商的一种制度。政协章程规定：“中国人民政治协商会议（简称人民政协）是中国人民爱国统一战线的组织，是中国共产党领导的多党合作和政治协商的重要机构。”人民政协既不属于国家机构体系内的国家机关，也不同于一般的社会团体，而是爱国统一战线的组织形式。它根据“长期共存、互相监督，肝胆相照、荣辱与共”的方针，不断充实与完善中国共产党领导的多党合作和政治协商制度，努力发挥民主党派和无党派爱国人士在国家政治生活中的重要作用，对国家的大政方针、各项建设事业和人民生活中的重大问题进行协商、讨论，并实行民主监督。这对于建设社会主义民主政治，改善和加强中国共产党的领导，改进和支持政府的工作，实现重大决策的民主化、科学化，都起到了重要作用。

（二）多项选择题

1. 答案 ABC

国家政权的阶级本质，即社会各阶级在国家中的地位，这是决定国家性质的主要方面。因此，A 是正确的。任何国家政权都要建立在一定经济基础之上，从根本上说是由一定经济基础决定的，在一定经济基础之上，只能产生相应性质的政权在人类发展的不同阶段，所以 B 也正确。精神文明发展的程度是不同的，精神文明的内容决定着一个国家活动的方向，对国家政策的制定起着巨大的作用，对国家的性质的确定有着很大的影响，这样 C 也正确。政党制度是国家政治制度的一部分，但它并不是决定国家性质的因素。所以答案是 A、B、C。

2. 答案 ABCD

在领导权上，人民民主专政和无产阶级专政都以工人阶级为领导；在阶级基础上，人民民主专政和无产阶级专政都以工农联盟为阶级基础；在国家职能上，人民民主专政和无产阶级专政并无本质差别；人民民主专政和无产阶级专政的共同使命都是要消灭一切阶级，实现共产主义。因此答案是A、B、C、D。

3. 答案 CD

A选项错误，应当是健全（非建立）全国人大及其常委会宪法监督制度，健全宪法解释程序机制，因为全国人大及全国人大常委会的宪法监督机制早已建立（始自1954年《宪法》）。B选项错误，完善法律体系需要发挥人大在立法工作中的主导作用，但并不意味着政府就没有立法权，也不意味着要减少政府的立法活动，只是政府的立法活动要受到人大的领导和监督，以保障政府立法的规范进行。CD选项均为社会主义法治理论的原文引用，正确。

4. 答案 ABCD

我国《宪法》序言规定，在我国，剥削阶级作为阶级已经消灭，但是阶级斗争还将在一定范围内长期存在。中国人民对敌视和破坏我国社会主义制度的国内外的敌对势力和敌对分子，必须进行斗争。我国《宪法》第28条规定，国家维护社会秩序，镇压叛国和其他危害国家安全的犯罪活动，制裁危害社会治安、破坏社会主义经济和其他犯罪的活动，惩办和改造犯罪分子。

5. 答案 ACD

民主与专政是有区别的，它们适用的对象不同，民主适用于人民，而专政适用于敌人，民主与专政使用的方法也不同。此外二者又是相互依存的，民主与专政共处于人民政权这一个统一体中，构成了这个政权的两个方面，各方都以和它对立着的另一方作为自己存在的前提或条件，显然选项A表述的民主与专政既对立又统一，既有区别又有联系是正确的。虽然民主与专政构成了人民政权的两个方面，但它们的地位并不永远是完全一样、同等重要的，选项B不正确。民主与专政是互相依存、互相促进的，民主越发展，人民的积极性越高，对敌人的专政就越有力量，它们在一定条件下是可以相互转化的，选项C正确。我国人民当家作主的社会主义国家性质主要是由人民民主而不是由对敌人专政所决定的，可见民主才是我国政权的主要方面，因此选项D也是正确的。

6. 答案 ACD

所谓知识分子一般是指那些具有一定的科学文化知识，并且因此而主要从事脑力劳动的社会成员，选项A正确。知识分子从来就不是一个独立的社会阶级，而是来自不同社会阶级的特殊社会阶层，所以选项B不正确。我国宪法序言规定，社会主义的建设事业必须依靠工人、农民和知识分子，团结一切可以团结的力量，因此选项C正确。作为脑力劳动者的知识分子与体力劳动者的区别在于社会分工的不同，从事体力劳动及从事脑力劳动的都是社会主义社会的劳动者，选项D也正确。

7. 答案 ABCD

对于政党来说，纲领和目标都必须通过政权来实现，没有政权就没有其他的一切。政党的活动中心就是国家政权，所以选项A正确。从政党的属性看，政党属于社会组织，但不同于一般的社会团体，政党属于政治组织，但又有别于一般的政治利益集团，所以选项B正确。拥有争取或实现阶级统治的政治纲领，是政党区别于其他社会组织的一个重要标志，同时政治纲领也是判断政党性质及其基本主张的依据，这样选项C也正确。为了实现其政治纲领和政治目标，政党必须有健全的组织系统，为了保证政党进行有效的活动，政党需要有组织纪律，因此选项D也正确。

8. 答案 ABCD

在我国除了中国共产党，还有八个合法存在的民主党派，分别是中国国民党革命委员会、中国民主同盟、中国民主建国会、中国民主促进会、中国农工民主党、中国致公党、九三学社、台湾民主自治同盟。

9. 答案 ABCD

根据《中共中央关于坚持和完善中国共产党领导的多党合作和政治协商制度的意见》，现阶段，中国共产党领导的多党合作的形式主要有：中国共产党与民主党派进行政治协商，民主党派成员、无党派人士担任各级政府及司法机关的领导职务，民主党派成员或无党派人士在国家权力机关参政议政，以及民主党派在人民政协中发挥作用等。

10. 答案 ABCD

根据《中共中央关于坚持和完善中国共产党领导的多党合作和政治协商制度的意见》的规定，中国共产党是中国社会主义事业的领导核心，是执政党。各民主党派是各自所联系的一部分社会主义劳动者和一部分拥护社会主义的爱国者的政治联盟，是接受中国共产党领导的，同中国共产党通力合作、共同致力于社会主义事业的亲密友党，是参政党。坚持中国共产党的领导，坚持四项基本原则是共产党与民主党派合作的政治基础。“长期共存、互相监督、肝胆相照、荣辱与共”是中国共产党与各民主党派合作的基本方针。以宪法为多党合作的根本活动准则，并负有维护宪法尊严、保证宪法实施的职责。

11. 答案 ABCD

我国《宪法》“序言”规定，在长期的革命、建设、改革过程中，已经结成由中国共产党领导的，有各民主党派和各人民团体参加的，包括全体社会主义劳动者、社会主义事业的建设者、拥护社会主义的爱国者、拥护祖国统一和致力于中华民族伟大复兴的爱国者的广泛的爱国统一战线，这个统一战线将继续巩固和发展。中国人民政治协商会议是有广泛代表性的统一战线组织，过去发挥了重要的历史作用，今后在国家政治生活、社会生活和对外友好活动中，在进行社会主义现代化建设、维护国家的统一和团结的斗争中，将进一步发挥它的重要作用。因此答案是 A、B、C、D。

12. 答案 BD

A 选项错误：宪法中的文化制度并不包含爱国统一战线的内容（政治性内容），这二者之间并无关联。B 选项正确：宪法规定国家举办各种学校，普及初等义务教育，发展中等教育、职业教育和高等教育，并且发展学前教育，发展教育事业必然要调动社会力量。C 选项错误：资本主义宪法和社会主义宪法的核心差别在于阶级本质，并不在于是否系统地规定文化制度。事实上，历史上第一次系统规定文化制度的做法就源于资本主义的《魏玛宪法》（1919 年）。D 选项正确：宪法规定国家普及理想教育、道德教育、文化教育、纪律和法制教育；提倡爱祖国、爱人民、爱劳动、爱科学、爱社会主义的公德，在人民中进行爱国主义、集体主义和国际主义、共产主义的教育，进行辩证唯物主义和历史唯物主义的教育，反对资本主义的、封建主义的和其他的腐朽思想。

13. 答案 BC

我国《宪法》第 6 条规定，中华人民共和国的社会主义经济制度的基础是生产资料的社会主义公有制，即全民所有制和劳动群众集体所有制。社会主义公有制消灭人剥削人的制度，实行各尽所能、按劳分配的原则。国家在社会主义初级阶段，坚持公有制为主体、多种所有制经济共同发展的基本经济制度，坚持按劳分配为主体、多种分配方式并存的分配制度。本题问的是社会主义经济制度的基础，并非社会主义的经济制度，所以选项 A、D 是错误的。正确答案是 B、C。

14. 答案 BCD

该题考查的是对宪法中有关土地制度规定的准确把握程度。《宪法》第 10 条规定：城市的土地属于国家所有。农村和城市郊区的土地，除由法律规定属于国家所有的以外，属于集体所有；宅基地和自留地、自留山，也属于集体所有。国家为了公共利益的需要，可以依照法律规定对土地实行征收或者征用并给予补偿。任何组织或者个人不得侵占、买卖或者以其他形式非法转让土地。土地的使用权可以依照法律的规定转让。一切使用土地的组织和个人必须合理地利用土地。显然，答案是 B、C、D。

15. 答案 BCD

本题考查我国的基本社会制度。社会制度是指一国通过宪法和法律调整以基本社会生活保障及社会秩序维护为核心的各种基本关系的规则、原则和政策的综合。社会制度是国家制度中的基本组成部分，是相对于政治制度、经济制度、文化制度、生态制度而言的，为保障社会成员基本的生活权利，以及为营造公平、安全、有序的生活环境而建构的制度体系。国家的根本制度是社会主义制度。故 A 项说法错误。B 项中，通过社会制度保障社会成员在实现基本生活权利过程中的相对公正，以及在基本生活权利满足上的相对均衡就成为社会保障制度的核心要旨。社会保障制度是基本社会制度的核心内容，甚至说狭义上的社会制度就是指社会保障制度。故 B 项说法正确。C 项中，劳动是公民的一项基本权利，也是社会正常运转和持续发展的基础。因此，要想保持社会活力、促进社会发展就必然要通过宪法、法律建立相应的劳动保障制度，以鼓励、保障和促进公民参与社会劳动，并在劳动中贡献自身的智慧与热情。而休息权是劳动权不可分割的部分。故 C 项说法正确。D 项中，社会只有依法而治，实现和谐稳定，公民的基本生活权利得到保障、安居乐业，国家的兴盛和发展才具有存在基础。社会制度捍卫和谐稳定的法治秩序涉及方方面面，其既立足于对社会治安、社会安全的捍卫，也离不开对社会人口及其结构的调节，离不开对社会矛盾的引导和化解，同时还涉及社会公平正义的环境的形成等。故D项说法正确。本题答案为BCD。

16. 答案CD

《宪法》第10条规定城市的土地属于国家所有。农村和城市郊区的土地，除由法律规定属于国家所有的以外，属于集体所有。根据此条款，A错、D正确。1982年《宪法》首次规定城市的土地属于国家所有，故C正确。土地的使用权可以转让，所有权不能转让，故B错。

17. 答案AB

精神文明是指人类在改造客观世界的同时改造主观世界中形成的有益成果，表现为精神生活的进步即精神文明。我国现行《宪法》继承了《共同纲领》和1954年《宪法》关于社会主义文化、教育和社会公德的规定，从文化建设和思想道德建设两个方面全面系统地规定了社会主义精神文明建设的内容。

18. 答案ABC

我国《宪法》规定，国家发展社会主义的教育事业，提高全国人民的科学文化水平。国家举办各种学校，普及初等义务教育，发展中等教育、职业教育和高等教育，并且发展学前教育。国家发展各种教育设施，扫除文盲，对工人、农民、国家工作人员和其他劳动者进行政治、文化、科学、技术、业务的教育，鼓励自学成才。国家鼓励集体经济组织、国家企业事业组织和其他社会力量依照法律规定举办各种教育事业。国家推广全国通用的普通话。国家发展自然科学和社会科学事业，普及科学和技术知识，奖励科学研究成果和技术发明创造。国家保护名胜古迹、珍贵文物和其他重要历史文化遗产，这是宪法关于文化事业的规定，所以D是错误的。

19. 答案ABC

我国《宪法》规定，国家鼓励集体经济组织、国家企业事业组织和其他社会力量依照法律规定举办各种教育事业。

20. 答案ABD

本题考查的是宪法宣誓制度。宪法宣誓制度是建设法治社会、加强国家工作人员监督、提升国家工作人员责任感的一个必要制度。A项中，该制度的建立有助于树立宪法的权威，故A项说法正确。B项中，根据规定，宣誓场所应当悬挂中华人民共和国国旗或者国徽，注意，不是党旗。故B项说法正确。C项中，宪法宣誓制度的主体为各级人民代表大会及县级以上各级人民代表大会常务委员会选举或者决定任命的国家工作人员，以及各级人民政府、监察委员会、人民法院、人民检察院任命的国家工作人员，在就职时应当公开进行宪法宣誓。故C项说法错误。D项中，国家监察委员会副主任、委员，全国人民代表大会常务委员会任命或者决定任命的最高人民法院副院长、审判委员会委员、庭长、副庭长、审判员和军事法院院长，最高人民检察院副检察长、检察委员会委员、检察员和军事检察院检察长，中华人民共和国驻外全权代表，在依照法定程序产生后，进行宪法宣誓。宣誓仪式由国家监察委员会、最高人民法院、最高人民检察院、外交部分别组织。注意：最高人民法院的院长宣誓是由全国人民代表大会会议主席团组织。故D项说法正确。本题答案为ABD。

（三）不定项选择题

1. 答案A

任何国家政权都要建立在一定经济基础之上，从根本上说是由一定经济基础决定的，在一定经济基础之上，只能产生相应性质的政权，在经济基础发生变化之后，国家政权的性质也会发生相应的变化。干扰项B即社会各阶级在国家中的地位是决定国家性质的主要方面，题干是问根本因素，因此应选A。

2. 答案ABCD

《宪法》规定：在长期的革命、建设、改革过程中，已经结成由中国共产党领导的，有各民主党派和各人民团体参加的，包括全体社会主义劳动者、社会主义事业的建设者、拥护社会主义的爱国者、拥护祖国统一和致力于中华民族伟大复兴的爱国者的广泛的爱国统一战线，这个统一战线将继续巩固和发展。这样，在爱国统一战线的构成中就包括社会主义建设者。根据党中央会议文件，社会主义建设者是指在社会变革中出现的民营科技企业的创业人员和技术人员、受聘于外资企业的管理技术人员、个体户、私营企业主、中介组织的从业人员、自由职业人员等社会阶层。因此答案是A、B、C、D。

3. 答案D

“民主就是要让人讲话，要有民主作风”，其错误之处在于把国家的重要制度看成了个人的作风问题，把权利的主体从人民群众换成了干部；“民主仅仅是手段，而不是目的”，其错误之处在于把民主看作一种工具，贬低了民主的价值；“经济发展了，民主自然也就会有了”，其错误之处在于民主与经济的关系虽然很密切，但它们毕竟属于两个不同的范畴，分属于经济基础和上层建筑，经济的发展不会自然而然地产生出相应的民主；“民主与自由不可分”是正确的表述，国家的一切权力属于人民，人民当然应该享有各种权利，没有各种自由和权利，人民就无法行使有关的国家权力，民主也就成了一句空话。

4. 答案 AD

《宪法》第 15 条规定，国家实行社会主义市场经济。故 A 项说法正确。《宪法》第 16 条规定，国有企业在法律规定的范围内有权自主经营。国有企业依照法律规定，通过职工代表大会和其他形式，实行民主管理。国有企业不在政府的安排下开展管理经营，应当政企分开。故 B 项错误。《宪法》第 8 条规定，农村集体经济组织实行家庭承包经营为基础、统分结合的双层经营体制。不是所有的集体经济组织都适用。故 C 项说法错误。《宪法》第 10 条规定，任何组织或者个人不得侵占、买卖或者以其他形式非法转让土地。土地的使用权可以依照法律的规定转让。故 D 项说法正确。本题答案为 A、D。

5. 答案 ABC

本题考查的是我国的政党制度。民主党派，指在中国大陆的中华人民共和国政党，除执政党中国共产党以外的八个参政党的统称，它们是：中国国民党革命委员会、中国民主同盟、中国民主建国会、中国民主促进会、中国农工民主党、中国致公党、九三学社、台湾民主自治同盟。八个党派作为参政党，在自己的党章中都明确规定接受中国共产党的领导，参政议政。民主党派的主席一般兼任全国人民代表大会常务委员会副委员长或中国人民政治协商会议副主席。

6. 答案 C

按照在议会中获得的议席多少为标准，可将政党划分为多数党和少数党，因此 A 不正确；按照本国的法律是否承认为标准，可将政党划分为合法政党与非法政党，因此 B 不正确；根据政党在西方国家政治生活中的政治地位可以把政党分为执政党与在野党（反对党），因此 C 是正确的；按照阶级基础可将政党划分为资产阶级政党、无产阶级政党、小资产阶级政党，因此 D 不正确。

7. 答案 ABCD

我国《宪法》第 11 条规定，在法律规定范围内的个体经济、私营经济等非公有制经济，是社会主义市场经济的重要组成部分。国家保护个体经济、私营经济等非公有制经济的合法的权利和利益。国家鼓励、支持和引导非公有制经济的发展，并对非公有制经济依法实行监督和管理。

8. 答案 ABCD

个体经济是指城乡劳动者个人占有少量生产资料和产品，从事不剥削他人的个体劳动，收益归自己的经济形式。根据这一定义，A、B、C 项是正确的。在我国，个体经济在法律上表现为个体工商户，他们在市场监督管理部门依据法律核准的经营范围内经营，因此，D 项也是正确的。

9. 答案 ABCD

我国《宪法》第 19 条规定，国家发展社会主义的教育事业，提高全国人民的科学文化水平。国家举办各种学校，普及初等义务教育，发展中等教育、职业教育和高等教育，并且发展学前教育。国家发展各种教育设施，扫除文盲，对工人、农民、国家工作人员和其他劳动者进行政治、文化、科学、技术、业务的教育，鼓励自学成才。国家鼓励集体经济组织、国家企业事业组织和其他社会力量依照法律规定举办各种教育事业。国家推广全国通用的普通话。第 20 条规定，国家发展自然科学和社会科学事业，普及科学和技术知识，奖励科学研究成果和技术发明创造。第 21 条规定，国家发展医疗卫生事业，发展现代医药和我国传统医药，鼓励和支持农村集体经济组织、国家企业事业组织和街道组织举办各种医疗卫生设施，开展群众性的卫生活动，保护人民健康。国家发展体育事业，开展群众性的体育活动，增强人民体质。第 22 条规定，国家发展为人民服务、为社会主义服务的文学艺术事业、新闻广播电视事业、出版发行事业、图书馆博物馆文化馆和其他文化事业，开展群众性的文化活动。国家保护名胜古迹、珍贵文物和其他重要历史文化遗产。

10. 答案 ABCD

我国《宪法》第 24 条规定，国家通过普及理想教育、道德教育、文化教育、纪律和法制教育，通过在城乡不同范围的群众中制定和执行各种守则、公约，加强社会主义精神文明的建设。国家倡导社会主义核心价值观，提倡爱祖国、爱人民、爱劳动、爱科学、爱社会主义的公德，在人民中进行爱国主义、集体主义和国际主义、共产主义的教育，进行辩证唯物主义和历史唯物主义的教育，反对资本主义的、封建主义的和其他的腐朽思想。

简答题

1. 国家性质即国家的本质。在人类历史上出现过四类性质的国家，即奴隶制国家、封建制国家、资本主义国家和社会主义国家。决定国家性质的因素主要有三个。

第一，国家政权的阶级本质，即社会各阶级在国家中的地位，这是决定国家性质的主要方面。社会各阶级在国家中的地位，即在一个国家中的政治力量对比关系，包括两个方面：一是统治阶级与被统治阶级在国家中所处的地位，也就是哪个阶级是统治阶级，哪个阶级是被统治阶级；二是统治阶级内部各阶级、阶层之间在国家中所处的地位。决定国家性质的最主要因素是第一个方面。

第二，国家政权的经济基础。任何国家政权都要建立在一定经济基础之上，从根本上说是由一定经济基础决定的，在一定经济基础之上，只能产生相应性质的政权，在经济基础发生变化之后，国家政权的性质也会发生相应的变化。国家政权又都是为一定阶级基础服务的，占统治地位的阶级总是运用国家政权的力量来维护自己的经济利益、经济上的统治地位。

第三，社会的精神文明。精神文明是指人类在改造客观世界的同时对精神世界进行改造而获得的成果。在人类发展的不同阶段，精神文明发展的程度是不同的，精神文明的内容决定着一个国家活动的方向，对国家政策的制定起着巨大的作用，对国家的性质的确定有着很大的影响。就我国而言，现行《宪法》第1条明确规定了国家性质，即社会主义制度是中华人民共和国的根本制度。我国的社会主义制度取决于三个方面的因素，即：政治上实行以工人阶级为领导、工农联盟为基础的人民民主专政，同时，中国共产党领导是中国特色社会主义最本质的特征；经济上以公有制为主体、多种所有制经济共同发展，以按劳分配为主体、多种分配方式并存；在文明上是社会主义政治文明、社会主义物质文明、社会主义精神文明、社会主义社会文明、社会主义生态文明。

2. 人民民主专政是指我国工人阶级领导的、以工农联盟为基础的，对人民实行民主和对敌人实行专政的国家政权。人民民主专政是无产阶级专政在中国具体国情下的一种表现形式，它在实质上是无产阶级专政。它以知识分子为依靠力量之一，以广泛的爱国统一战线为政治基础。我国的人民民主专政实质上是无产阶级专政：在领导权上，人民民主专政和无产阶级专政都以工人阶级为领导；在阶级基础上，人民民主专政和无产阶级专政都以工农联盟为阶级基础；在国家职能上，人民民主专政和无产阶级专政并无本质差别，人民民主专政和无产阶级专政的共同使命都是要消灭一切阶级，实现共产主义。因此，人民民主专政不过是无产阶级专政在中国具体国情下的一种表现形式。我国之所以采用“人民民主专政”的提法而未采用“无产阶级专政”的提法是因为：第一，人民民主专政的提法更符合我国的国情；第二，人民民主专政的提法确切地表明了我国的阶级状况和政权的广泛基础；第三，人民民主专政的提法直接体现出对人民实行民主和对敌人实行专政的两个方面，准确体现出民主和专政的职能；第四，人民民主专政的提法更加符合我国人民政权的历史传统，早已为广大人民群众所理解和接受。

3. 中国共产党和各民主党派都是我国宪法承认和保护的合法政党，现行宪法对我国的政党制度作了原则性的规定。

第一，肯定中国共产党的历史作用。我国《宪法》序言规定，1949年，以毛泽东主席为领袖的中国共产党领导中国各族人民，在经历了长期的艰难曲折的武装斗争和其他形式的斗争以后，终于推翻了帝国主义、封建主义和官僚资本主义的统治，取得了新民主主义革命的伟大胜利，建立了中华人民共和国。中国新民主主义革命的胜利和社会主义事业的成就，是中国共产党领导中国各族人民，在马克思列宁主义、毛泽东思想的指引下，坚持真理，修正错误，战胜许多艰难险阻而取得的。

第二，确立了中国共产党在社会主义初级阶段的基本路线和中国共产党的领导。我国《宪法》序言规定，我国将长期处于社会主义初级阶段。国家的根本任务是，沿着中国特色社会主义道路，集中力量进行社会主义现代化建设。中国各族人民将继续在中国共产党领导下，在马克思列宁主义、毛泽东思想、邓小平理论、“三个代表”重要思想、科学发展观、习近平新时代中国特色社会主义思想指引下，坚持人民民主专政，坚持社会主义道路，坚持改革开放，不断完善社会主义的各项制度，发展社会主义市场经济，发展社会主义民主，健全社会主义法治，贯彻新发展理念，自力更生，艰苦奋斗，逐步实现工业、农业、国防和科学技术的现代化，推动物质文明、政治文明、精神文明、社会文明、生态文明协调发展，把我国建设成为富强民主文明和谐美丽的社会主义现代化强国，实现中华民族伟大复兴。《宪法》第 1 条明确规定，中国共产党领导是中国特色社会主义最本质的特征。

第三，确认了中国共产党领导的多党合作和政治协商制度。我国《宪法》序言规定，在长期的革命、建设、改革过程中，已经结成由中国共产党领导的，有各民主党派和各人民团体参加的，包括全体社会主义劳动者、社会主义事业的建设者、拥护社会主义的爱国者、拥护祖国统一和致力于中华民族伟大复兴的爱国者的广泛的爱国统一战线，这个统一战线将继续巩固和发展。中国人民政治协商会议是有广泛代表性的统一战线组织，过去发挥了重要的历史作用，今后在国家政治生活、社会生活和对外友好活动中，在进行社会主义现代化建设、维护国家的统一和团结的斗争中，将进一步发挥它的重要作用。中国共产党领导的多党合作和政治协商制度将长期存在和发展。

第四，规定了党在宪法和法律范围内活动的原则。我国《宪法》序言规定，全国各族人民、一切国家机关和武装力量、各政党和各社会团体、各企业事业组织，都必须以宪法为根本的活动准则，并且负有维护宪法尊严、保证宪法实施的职责。

4. 政治协商制度是指参加人民政协的各民主党派、无党派爱国人士、人民团体、少数民族人士和各界爱国人士，在中国共产党的领导下，通过政治协商、民主监督和参政议政，以发挥自己在国家政治生活中的积极作用的各项制度的总称。中国共产党领导的多党合作和政治协商制度，是我国的一项基本政治制度，体现了我国政治体制的特点和优势。我国的政治协商制度，具有以下几个比较显著的特点：第一，政治协商制度反映了我国政治生活的显著特点。在其他国家，政党和政党之间的斗争或联合的政治关系，主要表现在国家机构范围之内，而我国的政党之间的政治关系发生在国家机构之外的另一种政治协商机构体系之内。第二，政治协商制度表现了我国政党之间的一种特殊的关系。在其他国家，政党之间有着执政党和反对党的区分，但在我国，虽然共产党是执政党和领导党，但民主党派不是反对党或在野党，而是亲密友党和参政党，通过人民政协，还可进行政治协商、民主监督和参政议政的重要活动。第三，政治协商制度是我国社会主义民主的一种重要表现形式。在我国，各民主党派、无党派人士、少数民族和其他各界爱国人士，除享有一般公民的民主权利之外，还可以通过人民政协进行政治协商、民主监督和参政议政的活动，这显然是对社会主义民主的一种丰富和发展。第四，政治协商制度带有咨询性，并不具有法律效力，这是它与人民代表大会制度显然不同的地方。第五，政治协商制度带有鲜明的时代特色，即不同的历史时期有着不同的内容和作用。在当前和今后相当长的一段时间，政治协商制度主要是为我国现代化建设和祖国的统一服务。

5. 中国人民政治协商会议是中国人民爱国统一战线的组织，是中国共产党领导的多党合作和政治协商的重要机构，是我国政治生活中发扬社会主义民主的重要形式。人民政协的主要职能是政治协商和民主监督，组织参加本会议的各党派、团体和各族各界人士参政议政。政治协商、民主监督、参政议政的目的是：发扬社会主义民主，反映社会各方面的意见和要求，为参加人民政协的各民主党派、无党派爱国人士、人民团体、少数民族人士和各界爱国人士发挥作用开辟畅通的渠道，集思广益，促进国家重大决策的科学化与民主化；监督国家宪法、法律和方针政策的贯彻执行，协助并推动国家机关改进工作，提高效率，克服官僚主义，反对腐败现象；推动物质文明、政治文明、精神文明、社会文明、生态文明协调发展，促进社会主义市场经济和社会生产力的发展；协调社会各方面的关系，促进各方面的相互沟通和理解，加强在共产党领导下各党派的团结合作；贯彻执行“和平统一、一国两制”的方针，促进祖国统一大业的实现。政治协商是对国家和地方的大政方针以及政治、经济、文化和社会生活中的重要问题在决策之前进行协商和就决策执行过程中的重要问题进行协商。政治协商的主要内容包括：国家在物质文明建设、政治文明建设、精神文明建设、社会文明建设、生态文明建设和改革开放中的重要方针政策及重要部署，政府工作报告，国家财政预算，经济与社会发展规划，国家政治生活方面的重大事项，国家的重要法律草案，中共中央提出的国家领导人人选，国家省级行政区划的变动，外交方面的重要方针政策，关于统一祖国的重要方针政策，群众生活的重大问题，各党派之间的共同性事务，政协内部的重要事务以及有关爱国统一战线的其他重要问题。政治协商的主要形式有：政协全国委员会的全体会议，常务委员会议，主席会议，常务委员专题座谈会，各专门委员会会议，根据需要召开的各党派、无党派爱国人士、人民团体、少数民族人士和各界爱国人士的代表参加的协商座谈会等。民主监督是对国家宪法、法律和法规的实施，重大方针政策的贯彻执行、国家机关及其工作人员的工作，通过建议和批评进行监督。民主监督的主要内容包括：国家宪法与法律、法规的实施情况，中共中央与国家领导机关制定的重要方针政策的贯彻执行情况，国民经济和社会发展计划及财政预算执行情况，国家机关及其工作人员履行职责、遵守法纪、为政清廉等方面情况，参加政协的各单位和个人遵守政协章程和执行政协决议的情况。民主监督的主要形式有：政协全国委员会的全体会议、常务委员会议或主席会议向中共中央、国务院提出建议案，各专门委员会提出建议或有关报告；委员视察，委员提案，委员举报或以其他形式提出批评和建议；参加中共中央、国务院有关部门组织的调查和检查活动。参政议政是政治协商和民主监督的拓展和延伸。参政议政的内容与形式除依据政治协商和民主监督的规定以外，还包括选择人民群众关心、党政部门重视、政协有条件做的课题，组织调查和研究，积极主动地向党政领导机关提出建设性的意见；通过多种方式，广开言路，广开才路，充分发挥委员专长和作用，为改革开放和社会主义现代化建设献计献策等。

6. 社会主义公有制，又称“社会主义所有制”，是指生产资料属于全体人民或者劳动者集体所有的形式。我国《宪法》第6条规定，中华人民共和国的社会主义经济制度的基础是生产资料的社会主义公有制，即全民所有制和劳动群众集体所有制。

（1）全民所有制是指由代表人民利益的国家占有生产资料的一种所有制形式。我国的社会主义全民所有制是通过没收官僚资本为国家所有、取消帝国主义的一切特权、对民族资本主义实行赎买及国家大力投资兴建各种企业等途径建立起来的。国有经济是社会主义经济基础的重要组成部分，现行《宪法》第7条规定，国有经济，即社会主义全民所有制经济，是国民经济中的主导力量。国家保障国有经济的巩固和发展。以全民所有制为基础的国有经济，掌握和控制着国家的经济命脉及对国民经济发展具有极其重要意义的资源，对关系国民经济命脉的重要行业和关键领域占支配地位，在整个国民经济中居于主导地位。除国有经济属于全民所有制经济以外，我国宪法规定，矿藏、水流、森林、山岭、草原、荒地、滩涂等自然资源，都属于国家所有，即全民所有；由法律规定属于集体所有的森林和山岭、草原、荒地、滩涂除外。城市的土地属于国家所有，由法律规定属于国家所有的农村和城市郊区的土地，以及国家依法征用的土地都属于国家所有。

（2）集体所有制经济是指由集体单位内的劳动群众共同占有生产资料的一种公有制经济，集体所有制经济是在土地改革的基础上，通过对农业和手工业的个体经济实行社会主义改造而建立起来的。我国宪法规定，农村集体经济组织实行家庭承包经营为基础、统分结合的双层经营体制。农村中的生产、供销、信用、消费等各种形式的合作经济，是社会主义劳动群众集体所有制经济。城镇中的手工业、工业、建筑业、运输业、商业、服务业等行业的各种形式的合作经济，都是社会主义劳动群众集体所有制经济；由法律规定属于集体所有的森林、山岭、草原、荒地、滩涂，以及农村和城市郊区的土地除由法律规定属于国家所有的以外，属于集体所有；宅基地和自留地、自留山，也属于集体所有。集体所有制经济是公有制经济的重要组成部分，它是农村的主要经济形式，对社会主义经济的发展而言，起着全民所有制经济不可替代的作用。

论述题与深度思考题

1. 人民民主专政是指我国工人阶级领导的、以工农联盟为基础的，对人民实行民主和对敌人实行专政的国家政权。人民民主专政是无产阶级专政在中国具体国情下的一种表现形式，它在实质上是无产阶级专政。它以知识分子为依靠力量之一，以广泛的爱国统一战线为政治基础。

在我国，人民民主专政的基本特点是：

第一，对人民实行民主和对敌人实行专政。对人民实行民主和对敌人实行专政，是人民民主专政的两个方面。在我国现阶段，人民包括社会主义的工人、农民和知识分子以及其他一切拥护社会主义和拥护祖国统一的社会力量和爱国者。民主作为国家制度是指掌握国家政权的阶级在内部依据平等、少数服从多数的原则管理国家，实行阶级统治的国家制度。专政也是指国家制度，指掌握国家政权的阶级依靠暴力对被统治阶级进行压迫的国家制度。我国宪法序言规定，在我国，剥削阶级作为阶级已经消灭，但是阶级斗争还将在一定范围内长期存在。中国人民对敌视和破坏我国社会主义制度的国内外的敌对势力和敌对分子，必须进行斗争。我国《宪法》第28条规定，国家维护社会秩序，镇压叛国和其他危害国家安全的犯罪活动，制裁危害社会治安、破坏社会主义经济和其他犯罪的活动，惩办和改造犯罪分子。人民民主专政的民主方面和专政方面是辩证统一的：一方面，它们的对象、内容、范围各不相同；另一方面，它们又互为条件、互相依存。

第二，工人阶级领导。工人阶级通过共产党对国家的领导是人民民主专政的首要标志。工人阶级能够成为国家的领导阶级是由工人阶级的阶级本质和历史使命决定的。工人阶级代表最先进的生产力，最有远见，最富有组织性、纪律性和革命的彻底性。工人阶级的领导是通过自己的政党中国共产党实现的，坚持中国共产党对一切工作的领导，是对我们党历史经验的深刻总结，也是我们党在新时代新征程中必须牢牢把握和始终坚持的第一条基本方略。

第三，工农联盟为基础及以知识分子为依靠力量之一。农民阶级是工人阶级的同盟军，工农联盟是人民民主专政的阶级基础。农民阶级和工农联盟在革命斗争以及政权建设中发挥了巨大作用，现阶段仍有其不可代替的作用：工农联盟是巩固和加强人民民主专政的阶级基础；工农联盟是建设社会主义现代化国家的基本依靠力量；工农联盟是巩固和发展爱国统一战线的基础和前提；工农联盟是维护祖国统一和民族团结的可靠保证；工农联盟是党和国家制定政策和法律的主要依据。所谓知识分子，一般是指那些具有一定的科学文化知识，并且因此而主要从事脑力劳动的社会成员。作为脑力劳动者的知识分子与体力劳动者的区别在于社会分工的不同，从事体力劳动的及从事脑力劳动的都是社会主义社会的劳动者。知识分子从来就不是一个独立的社会阶级，而是来自不同社会阶级的特殊社会阶层。我国《宪法》序言规定，社会主义的建设事业必须依靠工人、农民和知识分子，团结一切可以团结的力量；《宪法》第23条规定，国家培养为社会主义服务的各种专业人才，扩大知识分子的队伍，创造条件，充分发挥他们在社会主义现代化建设中的作用。事实上，在我国，知识分子在物质文明和精神文明建设以及在社会主义民主和法治建设中都起着特别重要的作用。

第四，爱国统一战线。统一战线是无产阶级在革命斗争中，为反对主要敌人，与一切可能团结的力量结成的联盟。现阶段存在一个由中国共产党领导的，有各民主党派和各人民团体参加的，包括全体社会主义劳动者、社会主义事业的建设者、拥护社会主义的爱国者、拥护祖国统一和致力于中华民族伟大复兴的爱国者的广泛的政治联盟。爱国统一战线实际上包含两个不同范围的联盟：一个是由大陆（内地）范围内全体劳动者、爱国者组成的以社会主义为政治基础的联盟；另一个是广泛团结台湾同胞、港澳同胞、海外侨胞，以拥护祖国统一和致力于中华民族伟大复兴为政治基础的联盟。爱国统一战线的组织形式是中国人民政治协商会议。在新时代，爱国统一战线的任务是为社会主义现代化建设服务，为实现祖国统一大业和致力于中华民族伟大复兴服务，为维护国际团结、世界和平、推动构建人类命运共同体服务。

2. 我国《宪法》序言规定，中国共产党领导的多党合作和政治协商制度将长期存在和发展，这是对我国政党制度的概括表述。我国实行的共产党领导的多党合作的政党体制是我国政治制度的特点和优点，它是在中国革命和建设的长期实践中形成和发展起来的。就性质而言，它不同于西方国家的两党制或多党制。坚持和完善中国共产党领导的多党合作制度，是我国政治体制改革的一项重要内容，对巩固和扩大爱国统一战线，促进社会主义民主和法治建设都具有十分重要的意义。

（1）在新形势下，我们要坚持中国共产党领导的多党合作制度，必须做到以下几点。

第一，坚持中国共产党的领导地位。中国共产党的领导是多党合作的前提。共产党的这种领导地位，是近代中国历史发展的必然结果，是中国特色社会主义最本质的特征，也是新形势下我国进行社会主义现代化建设的需要。中国共产党是中国社会主义事业的领导核心，是执政党。各民主党派是各自所联系的一部分社会主义劳动者和一部分拥护社会主义的爱国者、拥护祖国统一和致力于中华民族伟大复兴的爱国者的政治联盟，是接受中国共产党领导的，同中国共产党通力合作、共同致力于建设社会主义现代化国家的亲密友党，是参政党。坚持中国共产党的领导，坚持四项基本原则是共产党与民主党派合作的政治基础。中国共产党对各民主党派的领导是政治领导，即政治原则、政治方向和重大方针政策的领导。我国的多党合作，只能由共产党领导，而共产党的领导，也是我国多党合作制度存在和发展的最重要的政治保障，同时是新时期建设有中国特色社会主义事业的前提条件。

第二，坚持多党合作，发挥民主党派的积极作用。多党合作是指若干政党为了共同目标而结成的一种政治联盟，在我国是指中国共产党与各民主党派之间形成的一种合作的政治关系。坚持多党合作，需要遵循共产党与民主党派合作的基本方针，即“长期共存、互相监督、肝胆相照、荣辱与共”；需要坚定共同的奋斗目标，即坚持社会主义初级阶段的基本路线，为把我国建设成富强、民主、文明的社会主义现代化国家和统一祖国、振兴中华而奋斗；需要承担共同的责任，即共产党和各民主党派共同负有保卫国家安全、维护社会安定团结的责任。为了发挥民主党派的积极作用，需要鼓励民主党派参政议政，即鼓励和支持民主党派和无党派人士对党和国家的方针政策、各项工作提出意见、批评、建议，鼓励民主党派参加国家政权、参与国家大政方针和国家领导人选的协商、参与国家事务的管理、参与国家方针政策、法律、法规的制定执行，鼓励民主党派和无党派人士担任各级政府及司法机关的领导职务，需支持各民主党派独立处理自己的内部事务，帮助他们改善工作条件，支持他们开展各项活动，维护本组织成员及其所联系群众的合法利益和合理要求。此外，需巩固和保护民主党派享有的宪法规定的权利和义务范围内的政治自由、组织独立和法律地位平等，这是发挥民主党派作用的重要前提。

（2）在新形势下，我们要完善中国共产党领导的多党合作制度，必须做到以下几点。

第一，改善中国共产党的领导。首先，必须坚持党领导立法、保证执法、支持司法、带头守法。党对国家事务的领导的主要方式是：使党的主张经过法定程序变成国家意志，然后再通过党组织的活动和党员的模范作用带动广大人民群众加以实现。其次，正确处理党与宪法和法律的关系问题。我国《宪法》序言规定，全国各族人民、一切国家机关和武装力量、各政党和各社会团体、各企业事业组织，都必须以宪法为根本的活动准则，并且负有维护宪法尊严、保证宪法实施的职责。共产党是我国的执政党和领导党，共产党员模范地遵守宪法和法律，对于健全我国的法制建设，改善和加强党的领导，具有重大的影响和作用。最后，认真接受党内外的监督。共产党是我国唯一的执政党，权力大，责任也大，特别需要接受各方面的监督。这种监督既包括党内的也包括党外的，如民主党派、人民团体、人民群众和新闻舆论的监督等。

第二，加强和改善多党合作。首先，加强共产党和民主党派之间的合作与协商。如多举办一些民主协商会，经常召开民主党派、无党派人士座谈会等，可以促进彼此在政治上和思想上互相了解和帮助，有利于共产党和民主党派之间的合作与协商。其次，进一步发挥民主党派成员、无党派人士在人民代表大会中的作用。如在全国人民代表大会代表、人民代表大会常委会委员和人民代表大会常设的专门委员会委员中，应切实保证民主党派成员、无党派人士占有适当的比例，人民代表大会及人民代表大会常委会和人民代表大会常设的专门委员会在组织有关问题调查时，应积极吸收民主党派成员、无党派人士参加等。最后，进一步发挥民主党派在人民政协中的作用。如在政协的会议上，要切实保障民主党派提出批评的自由和发表不同意见的自由，切实尊重民主党派视察、举报及参与调查的权利等。此外，尤为重要的一点是，要使多党合作的内容进一步具体化，要使多党合作的运行程序化。要对政治协商、民主监督、参政议政的内容、形式、范围、操作规则、议事程序、实施办法进行具体化的规定，如必须进行政治协商的范围，哪些内容由哪些级别的人员协商，以哪种会议形式协商，协商的结果如何实施，实施的程序等。逐步实现政治协商、民主监督和参政议政的规范化、制度化，只有制定了具体化的实施细则，才能杜绝主观任意性和随意性，避免形式主义，才能提高政治协商、民主监督、参政议政的质量，才能使多党合作更加适应新形势的需要。

3. 精神文明是指人类在改造客观世界的同时改造

主观世界中形成的有益成果，表现为精神生活的进步即精神文明。我国现行《宪法》继承了《共同纲领》和1954年《宪法》关于社会主义文化、教育和社会公德的规定，从文化建设和思想道德建设两个方面全面系统地规定了社会主义精神文明建设的内容。

（1）文化建设。

文化建设是社会主义精神文明建设的重要内容，它是物质文明建设及提高人民群众民主意识、思想道德觉悟水平的重要条件，也是推动历史进步的一种力量，它标志着一个民族的文明水平。我国宪法中有关文化建设的规定包括以下内容。

第一，国家发展教育事业。教育事业是社会主义现代化建设的基础，是整个精神文明建设中的基本建设，也是整个文化建设事业中的重要内容。《宪法》第19条规定，国家发展社会主义的教育事业，提高全国人民的科学文化水平。国家举办各种学校，普及初等义务教育，发展中等教育、职业教育和高等教育，并且发展学前教育。国家发展各种教育设施，扫除文盲，对工人、农民、国家工作人员和其他劳动者进行政治、文化、科学、技术、业务的教育，鼓励自学成才。国家鼓励集体经济组织、国家企业事业组织和其他社会力量依照法律规定举办各种教育事业。国家推广全国通用的普通话。现行《宪法》正是从发展正规的学校教育、开展社会教育、鼓励和提倡社会力量举办各种教育事业、推广全国通用的普通话这几个方面规定了我国教育事业的发展方向和基本策略。

第二，国家发展科学事业。科学包括自然科学和社会科学，在当代，科学技术已经成为第一生产力。《宪法》序言规定，我国将长期处于社会主义初级阶段。国家的根本任务是，沿着建设有中国特色社会主义的道路，集中力量进行社会主义现代化建设。而科学技术的现代化是搞好我国整个社会主义现代化建设的关键。《宪法》第20条规定，国家发展自然科学和社会科学事业，普及科学和技术知识，奖励科学研究成果和技术发明创造。

第三，国家发展医疗卫生体育事业。卫生事业和体育事业的发展水平，标志着一个国家的文明和进步程度，它们是社会主义精神文明建设的重要组成部分。发展卫生和体育事业，有利于提高人民的健康水平，加速我国现代化建设的进程。《宪法》第21条规定，国家发展医疗卫生事业，发展现代医药和我国传统医药，鼓励和支持农村集体经济组织、国家企业事业组织和街道组织举办各种医疗卫生设施，开展群众性的卫生活动，保护人民健康。国家发展体育事业，开展群众性的体育活动，增强人民体质。

第四，国家发展文化事业。发展文化事业，有利于提高整个中华民族的文化素质和修养，有利于弘扬民族文化的优良传统。文学艺术是人精神生活中不可缺少的重要组成部分，它在陶冶人的情操、培养健康的情趣，树立崇高理想等方面都有不可替代的作用。新闻广播电视事业、出版发行事业、图书馆、博物馆、文化馆等是传播科学文化知识，进行精神文明建设的重要途径。为此，《宪法》第22条规定，国家发展为人民服务、为社会主义服务的文学艺术事业、新闻广播电视事业、出版发行事业、图书馆博物馆文化馆和其他文化事业，开展群众性的文化活动。国家保护名胜古迹、珍贵文物和其他重要历史文化遗产。

（2）思想道德建设。

思想道德建设是精神文明建设的一个重要方面，它决定着精神文明建设的社会主义性质，是整个精神文明建设的根本问题。在社会主义初级阶段，必须以马列主义、毛泽东思想、邓小平理论、“三个代表”重要思想、科学发展观、习近平新时代中国特色社会主义思想为思想道德建设的指导方针，不断提高人民群众的思想道德水平，以适应社会主义现代化建设的需要。我国宪法中有关思想道德建设的规定包括以下内容。

第一，培育“四有”公民。培育有理想、有道德、有文化、有纪律的公民，提高整个中华民族的素质是社会主义精神文明建设的根本任务。《宪法》第24条规定，国家通过普及理想教育、道德教育、文化教育、纪律和法制教育，通过在城乡不同范围的群众中制定和执行各种守则、公约，加强社会主义精神文明的建设。理想教育的内容包括共同理想和最高理想，其指向培育有理想的公民；道德教育的内容包括社会主义道德和共产主义道德，其指向培育有道德的公民；文化教育的内容包括普及文化知识，其指向培育有文化的公民；纪律和法制教育的内容要求人们遵守法律和各种纪律，其指向培育守纪律的公民。宪法的规定是培育“四有”公民的具体策略和措施，同时国家倡导社会主义核心价值观，进一步强化公民思想道德建设。

第二，提倡“五爱”的社会公德。《宪法》规定，国家提倡爱祖国、爱人民、爱劳动、爱科学、爱社会主义的公德，进行爱国主义、集体主义教育。这是我国社会主义思想道德建设的基本要求，也是正确处理国家、社会、集体以及个人之间关系的基本行为准则。

第三，进行共产主义教育和马克思主义教育。《宪法》规定，在人民中进行国际主义、共产主义的教育，进行辩证唯物主义和历史唯物主义的教育。进行国际主义、共产主义教育，其目标就是使人民坚定共产主义信仰，确信共产主义社会是人类社会发展的终极形态，此外，还需进行辩证唯物主义和历史唯物主义的教育，二者是马克思主义基本理论和基本方法的组成部分。

第四，反对各种腐朽的思想。社会主义思想道德建设需批判地继承人类历史上的优良道德传统，同时需反对各种腐朽思想，这样才会进一步丰富人民的精神世界和精神生活，从而端正社会风气。为此，《宪法》规定，反对资本主义的、封建主义的和其他的腐朽思想。

第四章　国家形式

知识逻辑图

- 国家形式概述
  - 政权组织形式
    - 资本主义国家政权组织形式
      - 君主立宪制
        - 议会君主立宪制
        - 二元君主立宪制
      - 共和制
        - 议会制
        - 总统制
        - 委员会制
    - 社会主义国家政权组织形式
  - 国家结构形式
    - 单一制
    - 复合制
      - 联邦制
      - 邦联制
  - 国家象征
    - 国旗
    - 国歌
    - 国徽
    - 首都
- 我国的政权组织形式是人民代表大会制度
  - 人民代表大会制度是我国的根本政治制度
    - 人民代表大会制度体现了我国一切权力属于人民的本质要求
    - 人民代表大会制度反映了我国政治生活的全貌
  - 加强和完善人民代表大会制度
    - 保障人民代表大会充分行使职权
    - 完善人民代表大会的组织机构
    - 提高各级人民代表大会代表的素质
    - 坚持和改善党对人民代表大会的领导
- 我国的国家结构形式是单一制
  - 民族区域自治制度是解决我国民族问题的基本国策 ⟶ 按照宪法的规定，以少数民族聚居区为基础，建立相应自治地方，设立自治机关，行使自治权，民族区域自治的民族实现当家作主，管理本民族内部地方事务
  - 特别行政区制度是“一国两制”方针的体现 ⟶ 在统一的中华人民共和国范围内，根据宪法和法律的规定，实行不同于一般行政区的政治、经济和法律制度，享有高度自治权的地方行政区域，直辖于中央人民政府

名词解释和概念比较

1. 政权组织形式与国家结构形式（考研）
2. 人民代表大会制度（考研）
3. 议会君主立宪制与二元君主立宪制（考研）
4. 单一制
5. 联邦制与邦联制
6. 民族区域自治制度（考研）
7. 特别行政区
8. 行政区划

选择题

（一）单项选择题

1. 我国的政权组织形式是（　　）。

A. 人民代表大会　　B. 人民代表大会制度
C. 单一制　　D. 人民民主专政

2. 资本主义国家的政权组织形式主要可分为共和制和（　　）。

A. 君主立宪制　　B. 议会制
C. 总统制　　D. 议会君主立宪制

3. 我国的根本政治制度是（　　）。

A. 人民代表大会制度
B. 中国共产党领导的多党合作制度
C. 民主集中制
D. 单一制

4. 英国是典型的（　　）国家。

A. 议会制　　B. 总统制
C. 议会君主立宪制　　D. 君主立宪制

5. 瑞士国家最高行政机关实行（　　）。

A. 议会制　　B. 总统制
C. 君主立宪制　　D. 委员会制

6. 根据《宪法》和法律法规的规定，关于我国行政区划变更的法律程序，下列哪一选项是正确的？（　　）（法考改编）

A. 甲县欲更名，须报该县所属的省级政府审批

B. 乙省行政区域界线的变更，应由全国人大审议决定

C. 丙镇与邻近的一个镇合并，须报两镇所属的县级政府审批

D. 丁市部分行政区域界线的变更，由国务院授权丁市所属的省级政府审批

7. 我国人民代表大会制度的实质内容是（　　）。

A. 民主集中制
B. 人民代表大会依法行使职权
C. 少数服从多数
D. 国家的一切权力属于人民

8. 从组织与活动的原则角度看，我国的人民代表大会制度实行（　　）。

A. 少数服从多数　　B. 民主集中制
C. 首长负责制　　D. 政治协商

9. 我国人民行使国家权力的基本方式和途径是（　　）。

A. 国务院
B. 中国人民政治协商会议
C. 全国人民代表大会和地方各级人民代表大会
D. 居民委员会和村民委员会

10. 马克思列宁主义关于国家结构形式的基本观点是（　　）。

A. 建立联邦制国家　　B. 建立单一制国家
C. 建立邦联制国家　　D. 建立复合制国家

11. 下列哪项自治制度是我国宪法所没有规定的？（　　）

A. 地方自治制度
B. 特别行政区高度自治制度
C. 民族区域自治制度
D. 基层群众自治制度

12. 我国的国家结构形式是（　　）。

A. 单一制　　B. 联邦制
C. 民族区域自治　　D. “一国两制”

13. 自治州、自治县行政区划的审批权限属于（　　）。（考研）

A. 全国人大常委会　　B. 国务院
C. 民政部　　D. 省级人民政府

14. 下列哪个行政区域不是我国的民族自治地方？（　　）（考研）

A. 自治区　　B. 民族乡
C. 自治州　　D. 自治县

15. 依照法律，下列哪个不属于澳门的法院系统？（　　）（考研）

A. 初级法院　　B. 中级法院
C. 高级法院　　D. 终审法院

16. 根据《宪法》和法律的规定，关于特别行政区，下列哪一选项是正确的？（　　）（法考改编）

A. 澳门特别行政区财政收入全部由其自行支配，不上缴中央人民政府

B. 澳门特别行政区立法会举行会议的法定人数为不少于全体议员的 2/3

C. 非中国籍的香港特别行政区永久性居民不得当选为香港特别行政区立法会议员

D. 香港特别行政区廉政公署独立工作，对香港特别行政区立法会负责

17.《香港特别行政区基本法》的解释权依法属于下列哪个机关？（　　）

A. 香港特别行政区法院　B. 全国人大常委会

C. 全国人民代表大会　D. 最高人民法院

视频讲题

18. 将“中华人民共和国国歌是《义勇军进行曲》”明确载入宪法的是（　　）。

A. 1988 年宪法修正案

B. 1993 年宪法修正案

C. 1999 年宪法修正案

D. 2004 年宪法修正案

19. 每个公民和组织，都应当尊重和爱护国旗。根据国旗法的规定，（　　）对本行政区域内国旗的升挂和使用，实施监督管理。

A. 地方各级人民政府

B. 地方各级人民代表大会

C. 地方各级人民代表大会常务委员会

D. 地方法院

20. 关于香港特别行政区立法会，下列表述中正确的是（　　）。

A. 立法会组成人员为 120 名

B. 立法会主席必须年满 40 周岁

C. 立法会议员必须是具有中国国籍的特区的永久居民

D. 除第一届外，立法会议员每届任期 5 年

21. 关于自治县，依据法律规定，下列表述中错误的是（　　）。（考研）

A. 自治县的人大代表由选民直接选举产生

B. 自治县的人民代表大会每届任期 5 年

C. 自治县人民代表大会有权制定自治条例，报上级人大常委会批准后生效

D. 自治县人大代表名额的基数为 240 名

22. 某县为土家族自治县，依照宪法，该县人大常委会主任或副主任人选应当符合下列哪项规定？（　　）

A. 主任或副主任中任一由土家族公民担任即可

B. 主任必须由土家族公民担任

C. 副主任必须由土家族公民担任

D. 主任和副主任都必须由土家族公民担任

23. 下列关于国家结构形式的理解，正确的是（　　）。

A. 我国实行单一制的国家结构形式

B. 政权组织形式决定国家结构形式

C. 现代国家结构形式主要有单一制和邦联制

D. 国家结构形式是指国家各组成部分之间的横向权力配置关系

（二）多项选择题

1. 关于国家形式与国家性质的关系，下列表述正确的是（　　）。

A. 国家性质是内容问题，而国家形式属于形式问题

B. 国家形式被认为是一个国家量的规定，而国家性质是质的规定

C. 在国家性质与国家形式的关系中，后者处于次要位置

D. 在国家性质与国家形式的关系中，二者都不能被忽视

视频讲题

2. 社会主义国家采用的共和政体与资本主义国家共和政体的区别是（　　）。

A. 赖以建立的经济基础不同

B. 阶级本质不同

C. 政权组织原则不同

D. 人民民主的范围和形式不同

3. 资产阶级共和制可分为（　　）。

A. 议会制　B. 总统制

C. 委员会制　D. 君主立宪制

4. 总统制最早实行于美国，它的主要特征是（　　）。

A. 总统既是国家元首又兼任政府首脑

B. 总统由选民产生，对选民负责

C. 总统有权解散议会

D. 议会可依法对总统提出弹劾

5. 根据我国宪法规定，人民行使国家权力的机关

是（　　）。

A. 全国人民代表大会

B. 地方各级人民代表大会

C. 中国人民政治协商会议

D. 国务院

6. 现代国家基本上有两种国家结构形式，即（　　）。

A. 联邦制　　B. 单一制

C. “一国两制”　　D. 邦联制

7. 关于邦联制，下列说法正确的是（　　）。

A. 邦联是一种松散的联盟

B. 邦联是主权国家

C. 邦联以有关国家签订的条约为基础

D. 邦联没有统一的宪法

8. 根据《宪法》和法律的规定，关于自治和自治权，下列哪些选项是正确的？（　　）（法考改编）

A. 特别行政区依照法律规定实行高度自治，享有行政管理权、立法权、独立的司法权和终审权

B. 民族区域自治地方的法院依法行使自治权

C. 民族乡依法享有一定的自治权

D. 村民委员会是基层群众性自治组织

9. 对于上级机关的决议、决定、命令和指示，如有不适合民族自治地方实际情况的，经过该上级国家机关批准，自治机关可以（　　）。

A. 不予执行　　B. 停止执行

C. 变通执行　　D. 拒绝执行

10. 据《宪法》和法律的规定，关于民族区域自治制度，下列哪些选项是正确的？（　　）（法考改编）

A. 民族自治地方法院的审判工作，受最高法院和上级法院监督

B. 民族自治地方的政府首长由实行区域自治的民族的公民担任，实行首长负责制

C. 民族自治区的自治条例和单行条例报全国人大批准后生效

D. 民族自治地方自主决定本地区人口政策，不实行计划生育

视频讲题

11. 根据我国宪法和民族区域自治法的规定，民族自治地方分为（　　）。

A. 自治区　　B. 自治州

C. 自治县　　D. 自治村

12. 2017 年 11 月 21 日，国务院常务会议通过《行政区划管理条例》，该条例于 2018 年 10 月 10 日公布，并自 2019 年 1 月 1 日起实施。关于《行政区划管理条例》，下列哪些选项是正确的？（　　）（法考改编）

A. 省、自治区、直辖市的行政区域界线的变更，报全国人民代表大会批准

B. 由国务院总理签署，以国务院令形式公布

C. 全国人大常委会有权撤销该条例

D. 应在 2018 年 10 月 10 日后的 30 日内，报全国人大常委会备案

13. 关于行政区划问题，下列选项中，表述正确的有（　　）。（考研）

A. 国务院有权决定功能直辖市的建置

B. 国务院有权决定省的区域划分

C. 省人民政府有权决定乡的设立

D. 全国人大常委会有权决定特别行政区的设立及其制度

14. 依据我国香港特别行政区基本法，下列哪些选项的表述是正确的？（　　）

A. 特别行政区的立法需要报全国人大常委会备案

B. 不服特别行政区法院的判决，可以上诉至我国最高人民法院

C. 特别行政区可以自主决定外交、经济、财政等事项

D. 中央人民政府可授权特别行政区依照基本法自行处理有关对外事务

15. 2020 年 5 月 28 日，十三届全国人大三次会议表决通过了《全国人民代表大会关于建立健全香港特别行政区维护国家安全的法律制度和执行机制的决定》。关于香港特别行政区制定维护国家安全法的宪制责任，下面观点正确的是（　　）。（法考改编）

A. 维护国家主权统一和领土完整是香港特别行政区的宪制责任

B. 香港特别行政区应当尽早完成香港特别行政区基本法规定的维护国家安全立法。香港特别行政区行政机关、立法机关、司法机关应当依据有关法律规定有效防范、制止和惩治危害国家安全的行为和活动

C. 全国人大常委会有权力有责任维护香港特别行政区宪制秩序

D. 国家应当采取必要措施建立健全香港特别行政区维护国家安全的法律制度和执行机制，依法防范、制止和惩治危害国家安全的行为和活动

视频讲题

16. 根据《宪法》和法律的规定，关于国家机构，下列哪些选项是正确的？（　　）（法考改编）

A. 全国人民代表大会代表、全国人民代表大会常务委员会的组成人员，在全国人民代表大会和全国人民代表大会常务委员会各种会议上的发言和表决，不受法律追究

B. 中央军事委员会实行主席负责制

C. 地方各级审计机关依法独立行使审计监督权，对上一级审计机关负责

D. 市辖区的政府经本级人大批准可设立若干街道办事处，作为派出机关

17. 社会主义国家的政权组织形式，虽然在具体形式上有所不同，但它们都有一些基本的共同点，都可称为人民代表制。其特点是（　　）。

A. 国家的一切权力属于人民

B. 实行民主集中制原则

C. 工人阶级的政党是国家的执政党

D. 均实行两院制

18. 依香港基本法，香港法院系统包括（　　）。（考研）

A. 终审法院　　B. 高级法院

C. 区域法院　　D. 裁判署法院

19. 马克思主义认为，无产阶级专政的国家政体必须是人民代表制的共和国形式。下列属于社会主义国家政权组织形式的是（　　）。

A. 法国无产阶级在1871年创立的巴黎公社

B. 1918年俄罗斯联邦共和国创立的苏维埃

C. 朝鲜的人民会议制度

D. 我国的人民代表大会制度

20. 国家象征是一个主权国家的代表和标志，主要包括（　　）。

A. 国旗　　B. 国歌

C. 国徽　　D. 首都

21. 国家标志是国家的主权独立和尊严的象征。根据《宪法》和法律，关于中华人民共和国的国家标志，下列选项正确的是（　　）。

A. 各级人民政府应当悬挂国徽

B. 举行宪法宣誓仪式时，应当在宣誓场所悬挂国旗、国徽，奏唱国歌

C. 机场、港口、火车站应当每日升挂国旗

D. 国家标志包括国旗、国歌、国徽、首都、国家主席等

22. 下列选项中依法应当悬挂国徽的场合包括（　　）。

A. 人民大会堂

B. 北京天安门城楼

C. 最高人民法院审判庭

D. 中央军事委员会

23. 根据我国国旗法的规定，应当每日升挂国旗的有（　　）。

A. 国务院

B. 最高人民法院

C. 中国人民政治协商会议全国委员会

D. 外交部

（三）不定项选择题

1. 下列关于民族自治地方立法的表述，正确的是（　　）。（考研）

A. 自治县人大无权制定自治条例和单行条例

B. 自治州人大常委会可以制定地方性法规和单行条例

C. 自治区不能全部适用刑法规定的，可由自治区人大常委会制定变通规定

D. 自治州人大可以制定地方性法规

2. 根据《国旗法》，下列哪些情形属于应当或可以下半旗志哀的情形？（　　）

A. 对国家作出杰出贡献的人逝世

B. 对世界和平或者人类进步事业作出杰出贡献的人逝世

C. 发生严重自然灾害造成特别重大伤亡的

D. 发生突发公共卫生事件造成特别重大伤亡的

3. 法国的政权组织形式是（　　）。

A. 总统制

B. 兼有议会制特点的总统制

C. 议会君主立宪制

D. 委员会制

4. 我国宪法规定，人民依照法律规定，通过各种途径和形式，管理国家事务，管理经济和文化事业，管理社会事务，那么这里的途径包括（　　）。

A. 各级人民代表大会　　B. 职工代表大会

C. 村民委员会　　D. 居民委员会

5. 美国是世界上首先建立现代联邦制的国家，那么，下列国家中同样实行联邦制的是（　　）。

A. 俄罗斯　B. 德国　C. 瑞士　D. 瑞典

6. 下列关于香港特别行政区的表述中，正确的是（　　）。

A. 香港特别行政区是中央人民政府领导下的一级地方行政单位

B. 香港特别行政区与一般行政区一样，都是我国地方制度的有机组成部分

C. 香港是我国的第一个特别行政区

D. 香港特别行政区享有高度自治权

7. 民族自治地方的自治机关是自治区、自治州、自治县的（　　）。

A. 人民代表大会　　B. 人民政府

C. 人民法院　　D. 人民检察院

8. 根据特别行政区基本法，下列关于特别行政区的表述，正确的有（　　）。（考研）

A. 特别行政区基本法是全国人大制定的法律

B. 特别行政区行政长官在当地通过选举或协商产生，由中央人民政府任命

C. 与特别行政区有关的外交事务由中央人民政府负责管理

D. 特别行政区立法机关制定的法律须报全国人大常委会备案

9. 下列选项中，我国宪法作了明确规定的是（　　）。

A. 国旗　B. 国歌　C. 国徽　D. 首都

10. 根据我国国徽法的规定，国徽及其图案不得用于（　　）。

A. 商标　　B. 广告

C. 日常生活的陈设布置　D. 私人庆典活动

简答题

1. 简述社会主义国家共和政体与资本主义国家的共和政体的区别。

2. 简述人民代表大会制度的基本内容。

3. 简述单一制和联邦制的区别。（考研）

4. 简述我国国家结构形式及其特征。（考研）

5. 简述特别行政区与一般行政区的关系。

6. 简述我国国旗和国徽的含义。

7. 简述我国国徽法中关于国徽悬挂和使用的规定。

8. 简述我国国旗法中关于国旗升挂的规定。

论述题与深度思考题

1. 举例论述西方国家政权组织形式的类型。

2. 如何理解人民代表大会制度是我国的根本政治制度？

3. 论我国人民代表大会制度的主要内容与进一步健全、完善人民代表大会制度的目标、途径。（考研）

4. 为什么说民族区域自治制度是解决我国民族问题的基本政策？

5. 论香港特别行政区的法律地位。

参考答案

名词解释和概念比较

1.

政权组织形式	国家结构形式
政体即政权组织形式或国家管理形式，它是一个国家的根本政治制度，也就是掌握政权的统治阶级，用以实现其行使国家权力的特定形式，即统治者为了反对敌人、保护自己而组织起来的政权机关。它主要是指最高国家权力机关的组织形式，包括政权的构成、组织程序和最高权力的分配情况，以及公民参加管理国家和社会事务的程序和方式。国家结构形式与政权组织形式同属国家形式。但是，政权组织形式侧重解决的是权力机关同行政机关、司法机关以及其他国家机关之间的相互关系，即体现政权体系横的方面	国家结构形式指的是特定国家的统治阶级根据什么原则，采取何种方式划分国家内部的组成以及调整国家整体与组成部分之间的相互关系。国家结构形式与政权组织形式同属国家形式。但是，国家结构形式侧重解决的是领土结构划分中整体与组成部分之间的关系，即体现政权体系纵的方面

2. 人民代表大会制度是中华人民共和国的根本政治制度，是人民民主专政的政权组织形式。它是指我国的一切权力属于人民；人民在普选的基础上选派代表，按照民主集中制的原则，组成全国人民代表大会

和地方各级人民代表大会，并集中统一行使国家权力；其他国家机关由人民代表大会产生，受人民代表大会监督，对人民代表大会负责；人民代表大会常务委员会向本级人民代表大会负责，人民代表大会向人民负责，并最终实现人民当家作主这一项根本政治制度。

3.

议会君主立宪制	二元君主立宪制
(1) 在议会君主立宪政体下，君主是国家的元首或象征，其权力受到宪法和议会的限制和制约，君主一般是“统而不治”。 (2) 在议会君主立宪政体下，国家权力实际上控制在政府手中，政府是由议会中占多数席位的政党或政党联盟组成的，政府在形式上对议会负责，而实际上控制着议会	(1) 在二元君主立宪政体下，君主的权力虽然受到宪法的限制，但权力仍然很大，议会只是作为君主的咨询、协商机构而起次要作用。 (2) 在二元君主立宪政体下，君主掌握着国家的主要权力，内阁首相由君主直接任命，内阁的组成不是取决于议会中政党所占的议席，内阁不对议会负责，而是对君主负责。君主的权力不受议会约束，君主有权解散议会，否决议会决议

4. 以普通行政单位（省、县、乡等）或自治单位的形式来划分其国家内部组成。它在形式上比较简单，是一个统一完整的政治实体，其主要特点是，国家设有统一的立法机关和统一的中央政府，全国只有一部宪法，按行政区域划分行政单位和自治单位，各行政单位和自治单位都受中央的统一领导，没有脱离中央而独立的权力，在对外关系上，国家是单一的主体。

5.

联邦制	邦联制
联邦制也叫联盟国家，它是以州、邦或成员国的形式来划分其国家内部组成。 除有整个联邦的宪法、法律和最高国家机关以外，各组成单位还有自己的宪法和法律以及最高国家机关。联邦的权力可以遍及全国，而各州或成员共和国的权力只能在各州或成员共和国内行使，各成员国的公民同时又是联邦公民	邦联是一种松散的联盟，它以有关国家签订的条约为基础，是一些主权国家为了达到军事贸易或其他共同目的而组成的一种国家联合。 邦联不是主权国家，没有统一的宪法、最高权力机关和行政机关，也没有统一的军队、赋税、国籍等。邦联所设的机关仅具有协商的性质，所形成的决定以成员国的自觉接受和自愿服从为基础

6. 在统一的祖国大家庭内，在国家的统一领导下，按照宪法规定，以民族聚居区为基础，建立相应的自治地方，设立自治机关，行使自治权，实行民族区域自治的民族的人民当家作主，管理本民族内部地方性事务。各民族自治地方都是中华人民共和国不可分离的组成部分。

7. 在统一的中华人民共和国范围内，按照“一国两制”的构想，根据宪法和法律的规定，实行不同于一般行政区的政治、经济和法律制度，享有高度自治权的地方行政区域，属于中华人民共和国不可分割的组成部分。特别行政区政权直辖于中央人民政府。

8. 行政区域划分，属于国家结构的范围，也是国家领土结构。国家按照历史因素、经济发展和行政管理的需要，把全国的领土划分为大小不同、层级不同的部分，并设立相应的地方国家机关，以便进行管理。

选择题

（一）单项选择题

1. 答案 B

C 是我国的国家结构形式，D 是我国的国体，都很容易排除。人民代表大会制度与人民代表大会有着密切的关系，但它们是两个不同的概念。人民代表大会是我国的国家权力机关，而人民代表大会制度是我国的根本政治制度，它包括以人民代表大会为核心的所有国家政权机关的组织形式，还包括有关这些机关的组织和职权以及各个政权机关之间、各个政权机关同人民之间关系的一系列制度和原则。因此 A 也应该排除，答案是 B。

2. 答案 A

共和制分为议会制、总统制和委员会制三种，B 和 C 都是共和制的一种，因此可以很快排除。君主立宪制是以君主或国王为国家元首，国家最高权力实际上或者名义上由君主一人掌握的政权组织形式。君主立宪制又分为二元君主立宪制和议会君主立宪制，显然 D 也可以排除，答案是 A。

3. 答案 A

B 是我国的政党制度，C 是我国国家机构的组织和活动原则，D 是我国的国家结构形式，都很容易排除。

4. 答案 C

A 和 B 显然不对。在议会君主立宪政体下，君主是国家的元首或象征，其权力受到宪法和议会的限制和制约，君主一般是“统而不治”。国家权力实际上控制在政府手中，政府是由议会中占多数席位的政党或政党联盟组成的，政府在形式上对议会负责，而实际上控制着议会。英国就是典型的议会君主立宪制国家。君主立宪制又分为二元君主立宪制和议会君主立宪制，因此，D显然不够精确，应该排除。

5. 答案D

瑞士是典型的委员会制国家，即联邦委员会是瑞士最高行政机关，它是议会的执行机关，必须服从和执行联邦议会的决定，它无权解散议会。但在议会否决委员会的某项政策或提案时，委员会不必因此而辞职，这是不同于总统制和内阁制的主要特点。

6. 答案D

中国的行政区划共分为四级：省、自治区、直辖市；地级市、自治州；县、自治县、市辖区和县级市；乡、镇、民族乡。具体的决定机关及权限：全国人大决定：(1) 省、自治区、直辖市的设立、撤销、更名；(2) 特别行政区的成立。国务院审批：(1) 省、自治区、直辖市的区域界限的变更；(2) 自治州、县、自治县、市、市辖区的设立、撤销、更名及隶属关系的变更；(3) 自治州、自治县行政界线的变更；(4) 普通县、市行政区域界限的重大变更。省级人民政府审批：(1) 根据国务院授权，决定普通县、市行政区域界限的局部变更；(2) 乡、民族乡、镇的设立、撤销、更名及区域界线的变更。据此，D选项入选。

7. 答案D

民主集中制是我国国家机构的组织和活动原则，人民代表大会依法行使职权是其行为规则，防止其滥用权力，少数服从多数是民主的一种可操作的规则。人民是国家的主人，国家的权力应由人民直接行使。但是，在现代条件下，任何民主国家一般都不可能由全体人民直接行使国家权力，只能实行间接民主。在我国，人民选举人民代表组成人民代表大会代表人民行使国家权力，其实质就是为了实现国家的一切权力属于人民。

8. 答案B

少数服从多数是民主的一种可操作的规则，首长负责制一般是在行政机关中适用，如我国国务院的领导体制就实行总理负责制，政治协商是中国人民政治协商会议的一项基本职能。我国的人民代表大会制度实行民主集中制，即全国和地方各级人民代表大会由人民选举产生，并对人民负责，受人民监督；国家行政机关、监察机关、审判机关、检察机关都由人民代表大会产生，并对它负责，受它监督。

9. 答案B

《国旗法》第5条规定：下列场所或者机构所在地，应当每日升挂国旗：(1) 北京天安门广场、新华门；(2) 中国共产党中央委员会，全国人民代表大会常务委员会，国务院，中央军事委员会，中国共产党中央纪律检查委员会、国家监察委员会，最高人民法院，最高人民检察院，中国人民政治协商会议全国委员会；(3) 外交部；(4) 出境入境的机场、港口、火车站和其他边境口岸，边防海防哨所。因此，答案是B。

10. 答案B

马列主义认为，社会主义国家建立政权后，采取何种国家结构形式要考虑无产阶级专政利益，同时要考虑到国内的民族关系，在一般条件下，无产阶级应坚持建立集中统一的国家，即单一制国家，原则上反对建立联邦制国家。

11. 答案A

本题考查的是我国现有的自治形式。需要注意的是，我国虽然是单一制国家，但存在多种形式的自治制度，其中宪法确定的包括特别行政区高度自治制度、民族区域自治制度、基层群众自治制度。而我国并不存在所谓的地方自治制度，而是根据宪法规定的“两个积极性”的原则调适央地关系——“中央和地方的国家机构职权的划分，遵循在中央的统一领导下，充分发挥地方的主动性、积极性的原则”。

12. 答案A

现代国家的国家结构形式基本上可分为单一制和联邦制两种。单一制是指以普通行政单位（省、县、乡等）或自治单位的形式来划分其国家内部组成。我国的国家结构形式是单一制。

13. 答案B

行政区域的设立、撤销、更名必须按照法律规定，经有关机关的批准。在我国，全国人民代表大会批准省、自治区和直辖市的建制，决定特别行政区的设立及其制度；国务院批准省、自治区、直辖市的区域划分，批准自治州、县、自治县、市的建制和区域划分。因此正确答案是B。

14. 答案B

本题考查的是我国民族自治地方的内涵。宪法和《民族区域自治法》所认可的民族自治地方仅有三类：

自治区、自治州、自治县，不包括民族乡。民族乡（镇）是民族区域自治制度的一种必要补充形式。

15. 答案 C

本题考查的是特别行政区的司法体制。澳门特别行政区设立初级法院、中级法院和终审法院。需要对比的是，香港特别行政区设立终审法院、高等法院、区域法院、裁判署法庭和其他专门法庭。高等法院设上诉法庭和原讼法庭。二者隶属于不同的法系，所以司法体制有很大差别，需要对比掌握。

16. 答案 A

选项 A 涉及特别行政区与中央政府的权力分配，根据《澳门特别行政区基本法》第 104 条的规定，澳门保持财政独立；澳门财政收入全部由澳门自行支配，不上缴中央人民政府；中央人民政府不在澳门征税。据此，A 选项正确。选项 B 错误，因为根据《澳门特别行政区基本法》第 77 条的规定，澳门立法会举行会议的法定人数为不少于全体议员的 1/2，除本法另有规定外，立法会的法案、议案由全体议员过半数通过，而不是 2/3。选项 C 错误：根据《香港特别行政区基本法》第 67 条的规定，香港特别行政区立法会由在外国无居留权的香港特别行政区永久性居民中的中国公民组成；但非中国籍的香港特别行政区永久性居民和在外国有居留权的香港特别行政区永久性居民也可以当选为香港特别行政区立法会议员，其所占比例不得超过立法会全体议员的 20%。因此，非中国国籍的香港特别行政区永久性居民也有当选为立法会议员的可能，只是在总体数额上作了一些限定而已。选项 D 错误：虽然廉政公署独立工作，不受其他政府部门的干预，但其要对行政长官而非立法会负责。

17. 答案 B

本题考查的是基本法的解释体制。基本法对解释权设计了精密的体制：（1）基本法的解释权属于全国人民代表大会常务委员会。（2）全国人民代表大会常务委员会授权香港特别行政区法院在审理案件时对基本法关于香港特别行政区自治范围内的条款自行解释。（3）香港特别行政区法院在审理案件时对基本法的其他条款也可解释。但是，如香港特别行政区法院在审理案件时需要对本法关于中央人民政府管理的事务或中央和香港特别行政区关系的条款进行解释，而该条款的解释又影响到案件的判决，在对该案件作出不可上诉的终局判决前，应由香港特别行政区终审法院请全国人民代表大会常务委员会对有关条款作出解释。如全国人民代表大会常务委员会作出解释，香港特别行政区法院在引用该条款时，应以全国人民代表大会常务委员会的解释为准。但在此以前作出的判决不受影响。（4）全国人民代表大会常务委员会在对基本法进行解释前，应征询其所属的香港特别行政区基本法委员会的意见。

18. 答案 D

2004 年宪法修正案规定，将《宪法》第四章章名“国旗、国徽、首都”修改为“国旗、国歌、国徽、首都”，《宪法》第 136 条增加一款，作为第 2 款：“中华人民共和国国歌是《义勇军进行曲》。”

19. 答案 A

根据《国旗法》的规定，国务院办公厅统筹协调全国范围内国旗管理有关工作。地方各级人民政府统筹协调本行政区域内国旗管理有关工作。各级人民政府市场监督管理部门对国旗的制作和销售实施监督管理。县级人民政府确定的部门对本行政区域内国旗的升挂、使用和收回实施监督管理。外交部、国务院交通主管部门、中央军事委员会有关部门对各自管辖范围内国旗的升挂、使用和收回实施监督管理。因此答案是 A。

20. 答案 B

本题考查的是特别行政区的立法机关设置问题。（1）人员构成：香港特别行政区立法会由在外国无居留权的香港特别行政区永久性居民中的中国公民组成。但是，非中国籍的香港特别行政区永久性居民和在外国有居留权的香港特别行政区永久性居民也可以当选为香港特别行政区立法会议员，其所占比例不得超过立法会全体议员的 20%。香港特别行政区立法会议员每届 90 人。（2）任职期限：香港特别行政区立法会除第一届任期为 2 年外，每届任期 4 年。（3）主席任职条件：香港特别行政区立法会主席由年满 40 周岁，在香港通常居住连续满 20 年并在外国无居留权的香港特别行政区永久性居民中的中国公民担任。

21. 答案 D

本题考查的是自治县人民代表大会的构成与职权。需要注意的是，与一般县级人大相同的是，自治县的人大代表的产生方式（直接选举）、任期（5 年）和名额基数（140 人）。只是自治县作为民族自治地方，享有制定自治条例和单行条例的权力。根据《立法法》

的规定，自治州、自治县的自治条例和单行条例，报省、自治区、直辖市的人民代表大会常务委员会批准后生效。所以，本题中A、B、C选项说法均是正确的，D项说法错误。

22. 答案 A

本题考查的是民族自治地方自治机关首长的任职限制。需要掌握的是：(1) 民族自治地方的人民代表大会常务委员会中应当由实行区域自治的民族的公民担任主任或者副主任。(2) 自治区主席、自治州州长、自治县县长由实行区域自治的民族的公民担任。(3) 自治区、自治州、自治县的人民政府的其他组成人员，应当合理配备实行区域自治的民族和其他少数民族的人员。所以，在土家族自治县中的人大常委会中，主任或副主任由土家族公民担任即可。

23. 答案 A

国家结构形式是指国家整体与组成部分、中央与地方的相互关系。国家结构形式与政权组织形式都属于国家的形式，两者的区分主要在于国家对权力的配置上。国家结构形式体现的是纵向的权力配置关系。现代国家的国家结构形式主要有单一制和联邦制。我国实行的是单一制。因此本题选A。

（二）多项选择题

1. 答案 ABD

从哲学的角度看，国家形式属于内容与形式中的形式问题，而国家性质是内容问题；或者在质与量的关系中，国家形式被认为是一个国家量的规定，而国家性质是质的规定。内容与形式、质与量都是一个事物的两个方面，它们是不可分割的，只重视一个方面而轻视另一个方面是错误的，国家形式对特定的国家本质具有反作用，有时国家形式问题也会转化为一个国家发展过程中的主要矛盾，因此应该高度重视二者的统一。选项C认为国家形式处于次要位置，这是错误的。

2. 答案 ABCD

社会主义的共和政体建立在生产资料公有制基础之上，并为它服务；而资本主义共和政体建立在生产资料私有制基础之上，并为资本主义经济制度服务，因此A正确。社会主义的政权组织形式与无产阶级专政的国家本质相适应；而资本主义国家的政权组织形式与资产阶级国家的阶级本质相一致，所以B也正确。社会主义国家政权组织形式是按照民主集中制原则组织和活动的，实行的是人民代表制；资产阶级国家的政权组织形式是议会制，它是根据“权力分立”的原则组织起来的，所以C也是对的。社会主义的民主是新型的民主，即绝大多数人享有的民主，民主的范围十分广泛；而资产阶级国家只对资产阶级实行民主，是少数人享有政治、经济、文化、教育的管理权利，这样D也正确。

3. 答案 ABC

共和制是为较多的西方国家所采取的政体。它是指国家最高权力在实际上和形式上都不属于一人所有，而由经选举产生，并有一定任期的国家机关掌握的政权组织形式。共和制分为议会制、总统制和委员会制三种。因此答案是A、B、C。

4. 答案 ABD

美国总统制的主要特征是：总统由选民产生，对选民负责，他既是国家元首，又是政府首脑，实际掌有军事、内政、外交大权；行政权由总统掌握，各部长经议会同意由总统任免，重大决策由总统作出；总统不对议会负责，也无权解散议会；而议会除了依法对总统提出弹劾予以定罪，无权罢免总统；但议会行使立法权，法院行使违宪审查权，是对总统职权的制约。选项C是错误的，总统没有解散议会的权力。

5. 答案 AB

我国宪法规定，中华人民共和国的一切权力属于人民。人民行使国家权力的机关是全国人民代表大会和地方各级人民代表大会。人民依照法律规定，通过各种途径和形式，管理国家事务，管理经济和文化事业，管理社会事务。显然答案是全国人民代表大会和地方各级人民代表大会。

6. 答案 AB

现代国家的国家结构形式基本上可分为单一制和联邦制两种形式。单一制是指以普通行政单位（省、县、乡等）或自治单位的形式来划分其国家内部组成。联邦制也叫联盟国家，它是以州、邦或成员国的形式来划分其国家内部组成。所以答案是联邦制和单一制。

7. 答案 ACD

邦联是一种松散的联盟，它以有关国家签订的条约为基础，是一些主权国家为了达到军事贸易或其他共同目的而组成的一种国家联合。邦联不是主权国家，没有统一的宪法、最高权力机关和行政机关，也没有统一的军队、赋税、国籍等。邦联所设的机关仅具有协商的性质，所形成的决定以成员国的自觉接受和自愿服从为基础。选项B称邦联是主权国家显然是不正确的。

8. 答案 AD

A项中，特别行政区按照法律的规定，享有高度的自治权，具有行政管理权、立法权、独立的司法权和终审权，故A项说法正确。对于B项，民族区域自治地方的自治区的主体是人大和政府，不包括法院，故B项说法错误。C项中，享有自治权的区域只有自治区、自治州和自治县，不包括民族乡，故C项说法错误。D项中，基层群众自治组织包括村民委员会和居民委员会，故D项说法正确。本题正确答案为AD。

9. 答案 BC

对不适合民族自治地方实际情况的上级机关的决定、决议等，经上级国家机关批准，自治机关可以变通或停止执行，这是《民族区域自治法》中规定的民族自治地方的自治权之一。

10. 答案 AB

A选项正确：法院的上级和下级之间是监督关系，少数民族自治地方的法院也不例外，理应受到最高法院和上级法院的监督。并且要提醒大家注意的是，并非所有的民族自治地方的国家机关都是自治机关，自治机关只有人大和政府，并不包含法检。

B选项正确：民族自治地方的政府首长应当由实行区域自治的民族的公民担任，实行首长负责制。同时，在民族自治地方的领导职务中，有民族身份限制的还包括当地人大常委会的主任或副主任职务。

C选项错误：民族自治地方的自治条例和单行条例统一实行事前批准制，自治区一级的自治条例和单行条例由全国人大常委会批准，自治州和自治县的自治条例和单行条例由省级人大常委会批准。因此，全国人大无权审批民族自治区的自治条例和单行条例。

D选项错误：计划生育是我国宪法确定的基本国策和基本法律原则，全国统一适用，不在允许变通之列，因此“民族自治地方自主决定本地区人口政策，不实行计划生育”的说法是错误的。

11. 答案 ABC

我国《宪法》规定，中华人民共和国的行政区域划分如下：(1) 全国分为省、自治区、直辖市；(2) 省、自治区分为自治州、县、自治县、市；(3) 县、自治县分为乡、民族乡、镇。直辖市和较大的市分为区、县。自治州分为县、自治县、市。自治区、自治州、自治县都是民族自治地方。此外，国家在必要时得设立特别行政区。

12. 答案 BCD

据我国法律的规定，省、自治区、直辖市的建置和特别行政区的设立，应由全国人大批准。需要提醒大家的是，建置问题属于行政区划的整体变动，即设立、撤销和更名三种情形，并不包含具体区域界线的变动。省、自治区、直辖市的行政区域界线的变更由国务院审批即可。因此A选项错误。B选项正确：行政法规由国务院制定，并由国务院总理签署国务院令公布（法律由国家主席签署主席令公布，但国务院总理签署的发布令并非总理令，因为个人是不可能公布法律的，国家主席的主席令在性质上也并非个人令，而是机关令，因为国家主席本身就是一个国家机关的概念）。C选项正确：全国人大常委会和国务院之间是监督关系，因此可以撤销违反上位法的行政法规。D选项正确：根据我国《立法法》的规定，行政法规应当在公布之日起的30日内向全国人大常委会报备。本题答案为BCD。

13. 答案 BC

本题考查的是行政区划的设置权限。享有行政区划变更权的只有三个主体：全国人大、国务院、省级政府。需注意的是，全国人大常委会、省级以下政府不享有此等权力。这里需要注意，自治县的区划变更权由国务院行使，而一般的县的区划变更权由省级政府行使，强调民族区域自治地方的敏感性和特殊性。概而言之：(1) 由全国人大决定的事项仅限于省级建制（包括特别行政区）的设立、撤销和更名；(2) 有关乡镇（包含民族乡）的建制变动，由省级政府批准；(3) 其他事项均由国务院批准，只是国务院授权省级政府负责县级（不含自治县）的部分行政区域界线的变更。

14. 答案 AD

《香港特别行政区基本法》第13条规定，中央人民政府负责管理与香港特别行政区有关的外交事务。中华人民共和国外交部在香港设立机构处理外交事务。

中央人民政府授权香港特别行政区依照本法自行处理有关的对外事务。因此选项C是错误的，D是正确的。第17条规定，香港特别行政区享有立法权。香港特别行政区的立法机关制定的法律须报全国人民代表大会常务委员会备案。备案不影响该法律的生效，因此选项A是正确的。第19条规定，香港特别行政区享有独立的司法权和终审权。香港特别行政区法院除继续保持香港原有法律制度和原则对法院审判权所作的限制外，对香港特别行政区所有的案件均有审判权。这样选项B是错误的。

15. 答案 ABCD

第十三届全国人大第三次会议通过《全国人民代表大会关于建立健全香港特别行政区维护国家安全的法律制度和执行机制的决定》，明确维护国家主权统一和领土完整是香港特别行政区的宪制责任。中央人民政府维护国家安全的有关机关可以根据需要在香港特别行政区设立机构，依法履行维护国家安全相关职责，并在香港建立有关维护国家安全的本地机构。2020年6月30日，第十三届全国人大常委会第二十次会议通过了《中华人民共和国香港特别行政区维护国家安全法》，并决定将其列入《香港特别行政区基本法》附件三。故ABCD选项均正确。本题答案为ABCD。

16. 答案 AB

《全国人民代表大会组织法》（简称《全国人大组织法》）第48条规定，全国人民代表大会代表、全国人民代表大会常务委员会的组成人员，在全国人民代表大会和全国人民代表大会常务委员会各种会议上的发言和表决，不受法律追究。故A项说法正确。《宪法》第93条规定，中华人民共和国中央军事委员会领导全国武装力量。中央军事委员会由下列人员组成：主席，副主席若干人，委员若干人。中央军事委员会实行主席负责制。中央军事委员会每届任期同全国人民代表大会每届任期相同。故B项说法正确。《宪法》第109条规定，县级以上的地方各级人民政府设立审计机关。地方各级审计机关依照法律规定独立行使审计监督权，对本级人民政府和上一级审计机关负责。故C项说法错误。《地方各级人民代表大会和地方各级人民政府组织法》（简称《地方组织法》）第85条第3款规定：市辖区、不设区的市的人民政府，经上一级人民政府批准，可以设立若干街道办事处，作为它的派出机关。故D项说法错误。本题答案为A、B。

17. 答案 ABC

社会主义国家的政权组织形式，虽然在具体形式上有所不同，但它们都有一些基本的共同点，都可称为人民代表制。其特点是：(1) 国家的一切权力属于人民。人民是国家的主人。人民通过直接或间接选举方式选举代表（或议员）组成各级国家权力机关，行使管理国家和社会的一切权力。(2) 实行民主集中制原则。国家行政机关、监察机关、检察机关、审判机关都由国家权力机关产生，向它负责，并接受它的监督，保证国家权力的集中统一行使。(3) 工人阶级的政党是国家的执政党。党对国家政权实行政治上、思想上和组织上的全面领导。D选项是不正确的，我国的人民代表大会制度就不实行两院制。

18. 答案 ABCD

本题考查的是香港的司法体制。需要特别注意的是：(1) 香港的法院设置：香港特别行政区设立终审法院、高等法院、区域法院、裁判署法庭和其他专门法庭。高等法院设上诉法庭和原讼法庭。(2) 作为英美法系地区，香港不设置检察院。

19. 答案 ABCD

马克思主义认为，无产阶级专政的国家政体必须是人民代表制的共和国形式。由于各国的历史条件不同，共和政体的具体形式也是不相同的。各国的无产阶级根据马克思、恩格斯提出的共和国形式的理论，结合本国的具体历史条件建立了不同于资产阶级共和国的政权组织形式。法国无产阶级在1871年创立了巴黎公社的政权组织形式，1918年俄罗斯联邦共和国创立了苏维埃政权组织形式。第二次世界大战后，出现了许多人民民主国家，政权组织形式又有了新的发展，例如，中国的人民代表大会制度和朝鲜的人民会议制度等。

20. 答案 ABCD

2004年宪法修正案规定，将《宪法》第四章章名“国旗、国徽、首都”修改为“国旗、国歌、国徽、首都”。

21. 答案 AB

A项正确，《国徽法》第4条规定：下列机构应当悬挂国徽：（一）各级人民代表大会常务委员会；（二）各级人民政府……

B项正确，《国徽法》第5条规定：下列场所应当悬挂国徽：……（四）宪法宣誓场所……《国旗法》

第7条第3款规定：举行宪法宣誓仪式时，应当在宣誓场所悬挂国旗。《国歌法》第4条规定：在下列场合，应当奏唱国歌：……（三）宪法宣誓仪式……

C项错误，《国旗法》第5条规定：下列场所或者机构所在地，应当每日升挂国旗：……（四）出境入境的机场、港口、火车站和其他边境口岸，边防海防哨所。

D项错误，国家标志主要包括国旗、国歌、国徽、首都。

22. 答案 ABCD

我国《国徽法》第4条规定，下列机构应当悬挂国徽：（1）各级人民代表大会常务委员会；（2）各级人民政府；（3）中央军事委员会；（4）各级监察委员会；（5）各级人民法院和专门人民法院（6）各级人民检察院和专门人民检察院；（7）外交部；（8）国家驻外使馆、领馆和其他外交代表机构；（9）中央人民政府驻香港特别行政区有关机构、中央人民政府驻澳门特别行政区有关机构。国徽应当悬挂在机关正门上方正中处。《国徽法》第5条规定，下列场所应当悬挂国徽：（1）北京天安门城楼、人民大会堂；（2）县级以上各级人民代表大会及其常务委员会会议厅，乡、民族乡、镇的人民代表大会会场；（3）各级人民法院和专门人民法院的审判庭；（4）宪法宣誓场所；（5）出境入境口岸的适当场所。

23. 答案 ABCD

我国《国旗法》规定，下列场所或者机构所在地，应当每日升挂国旗：（1）北京天安门广场、新华门；（2）中国共产党中央委员会，全国人民代表大会常务委员会，国务院，中央军事委员会，中国共产党中央纪律检查委员会、国家监察委员会，最高人民法院，最高人民检察院，中国人民政治协商会议全国委员会；（3）外交部；（4）出境入境的机场、港口、火车站和其他边境口岸，边防海防哨所。

（三）不定项选择题

1. 答案 D

本题目考查民族自治地方自治权。自治地方的人民代表大会有权制定自治条例、单行条例，所以A错。制定自治条例和单行条例的主体是自治地方的人大而不是人大常委会，故B错。《刑法》第90条规定，“民族自治地方不能全部适用本法规定的，可以由自治区或者省的人民代表大会根据当地民族的政治、经济、文化的特点和本法规定的基本原则，制定变通或者补充的规定，报请全国人民代表大会常务委员会批准施行”，所以C错。自治州的人大及其常委会可以行使设区的市制定地方性法规的职权，因而D选项正确。

2. 答案 ABCD

本题考查的是我国降半旗的制度。《国旗法》规定，下列人士逝世，下半旗志哀：（1）中华人民共和国主席、全国人民代表大会常务委员会委员长、国务院总理、中央军事委员会主席；（2）中国人民政治协商会议全国委员会主席；（3）对中华人民共和国作出杰出贡献的人；（4）对世界和平或者人类进步事业作出杰出贡献的人。举行国家公祭仪式或者发生严重自然灾害、突发公共卫生事件以及其他不幸事件造成特别重大伤亡的，可以在全国范围内下半旗志哀，也可以在部分地区或者特定场所下半旗志哀。

3. 答案 B

法国是典型的兼有议会制特点的总统制国家，它的主要特征是，形式上有两名行政首脑。总统既是国家元首，又主宰行政大权，同时政府还设有总理。政府对议会负责。议会可以谴责政府，当议会对政府提出不信任案或否决政府的施政纲领时，总理必须向共和国总统提出政府全体辞职。就这一点来说，它具有内阁制的特点。总统由选民直接选举产生。总统除享有召集议会特别会议、公布法律、发布命令、赦免和外交等一般元首的权力外，还享有一些特权，即任命总理和政府部长，主持内阁会议，可以不以总理的副署直接颁布紧急命令，发布总统咨文，否决议会的议案，解散议会以及统率军队等权力。美国是典型的总统制国家，英国是典型的议会君主立宪制国家，瑞士是典型的委员会制国家。

4. 答案 ABCD

我国《宪法》规定，人民依照法律规定，通过各种途径和形式，管理国家事务，管理经济和文化事业，管理社会事务。这表明人民参与管理国家事务的途径是多种多样的，通过职工代表大会和文教、卫生组织实现管理经济和文化事业，通过居民委员会和村民委员会管理基层社会事务。其中，各级人民代表大会是人民管理国家事务的最基本的方式和途径。

5. 答案 ABC

联邦制也叫联盟国家，它是以州、邦或成员国的形式来划分其国家内部组成。俄罗斯、德国、瑞士都是实行联邦制的国家，瑞典实行的是单一制，因此 D 是不正确的。

6. 答案 ABCD

《香港特别行政区基本法》规定，香港特别行政区是中华人民共和国的一个享有高度自治权的地方行政区域，直辖于中央人民政府。所以 A 正确。香港特别行政区与一般行政区都是我国地方制度的有机组成部分，这样 B 也正确。香港是我国的第一个特别行政区也是正确的。《香港特别行政区基本法》规定，全国人民代表大会授权香港特别行政区依照本法的规定实行高度自治，享有行政管理权、立法权、独立的司法权和终审权，所以 D 也是正确的。

7. 答案 AB

本题考查的是民族自治地方的自治机关问题。《民族区域自治法》规定：民族自治地方的自治机关是自治区、自治州、自治县的人民代表大会和人民政府，这也就意味着只有人大和政府能够作为自治机关。强调自治机关的意义在于：宪法规定了自治机关领导的民族问题，正职行政首长（自治区主席、自治州州长、自治县县长）必须由实行区域自治的民族的公民担任，而在人大常委会应当由实行区域自治的民族的公民担任主任或者副主任——这意味着在人大常委会中不必须是正职由实行区域自治的民族的公民担任。

8. 答案 ABCD

特别行政区基本法是全国人大制定的法律，属于基本法律，故 A 正确。特别行政区行政长官在当地通过选举或协商产生，由中央人民政府任命，故 B 正确。中央人民政府负责管理与特别行政区有关的外交事务，故 C 正确。特别行政区的立法机关制定的法律须报全国人大常委会备案，备案不影响该法律的生效，故 D 正确。

9. 答案 ABCD

2004 年宪法修正案规定，《宪法》第四章章名“国旗、国徽、首都”修改为“国旗、国歌、国徽、首都”，《宪法》第 136 条增加一款，作为第 2 款：“中华人民共和国国歌是《义勇军进行曲》。”现行《宪法》第 141 条规定：中华人民共和国国旗是五星红旗。中华人民共和国国歌是《义勇军进行曲》。第 142 条规定：中华人民共和国国徽，中间是五星照耀下的天安门，周围是谷穗和齿轮。第 143 条规定：中华人民共和国首都是北京。所以答案是 A、B、C、D。

10. 答案 ABCD

根据我国《国徽法》第 13 条的规定，国徽及其图案不得用于：(1) 商标、授予专利权的外观设计、商业广告；(2) 日常用品、日常生活的陈设布置；(3) 私人庆吊活动；(4) 国务院办公厅规定不得使用国徽及其图案的其他场合。

简答题

1. 共和政体是指国家最高权力在实际上和形式上都不属于一人所有，而由选举产生并有一定任期的国家机关掌握的政权组织形式。马克思主义认为，无产阶级专政的国家政体必须是人民代表制的共和国形式。社会主义国家的政权组织形式，虽然也采取了共和政体，但由于各国阶级力量对比关系、经济文化发展程度和民族构成等因素的不同，社会主义国家的政权组织形式和资本主义国家的共和政体有本质的不同。这主要表现在以下几个方面。

第一，赖以建立的经济基础不同。社会主义的共和政体建立在生产资料公有制基础之上，并为它服务；而资本主义共和政体建立在生产资料私有制基础之上，并为资本主义经济制度服务。

第二，所体现的阶级内容，即阶级本质不同。社会主义的政权组织形式与无产阶级专政的国家本质相适应。它以工人阶级为领导、以工农联盟为基础，吸收广大人民群众参加国家管理，对人民实行民主，对敌人实行专政；而资本主义国家的政权组织形式与资产阶级国家的阶级本质相一致。它是垄断资产阶级掌握政权，对资产阶级实行民主，对广大人民实行专政。

第三，政权的组织原则不同。社会主义国家政权组织形式是按照民主集中制原则组织和活动的，实行的是人民代表制。人民代表机关代表人民集中行使国家权力，它在国家机关体系中居于首要地位，组织、领导和监督其他国家机关而不受其他机关牵制；资产阶级国家的政权组织形式是议会制，它是根据“权力分立”的原则组织起来的，议会与行政机关、司法机关的关系是一种“制衡”关系，即议会、政府与法院三者之间互相牵制、互相制衡。

第四，人民民主的范围和形式不同。社会主义的民主是新型的民主，即绝大多数人享有的民主，民主的范围十分广泛。人民平等地享有管理国家，管理政治、经济、文化和教育等各项事务的权利，享有选举和监督国家机关及其工作人员的权利，此外，还享有宪法和法律规定的各项基本权利和自由。这些都是实现人民当家作主的民主权利的具体表现。人民实现其民主权利是通过人民代表制的民主形式，这是真正的民主，而不是形式上的民主；而资产阶级国家只对资产阶级实行民主，是少数人享有政治、经济、文化、教育的管理权利。它通过资产阶级议会制的形式实现资产阶级民主制。

2. 人民代表大会制度是中华人民共和国的根本政治制度，是人民民主专政的政权组织形式。它是指我国的一切权力属于人民；人民在普选的基础上选派代表，按照民主集中制的原则，组成全国人民代表大会和地方各级人民代表大会并集中统一行使国家权力；其他国家机关由人民代表大会产生，受人民代表大会监督，对人民代表大会负责；人民代表大会常务委员会向本级人民代表大会负责，人民代表大会向人民负责，并最终实现人民当家作主的一项根本政治制度。我国的人民代表大会制度的基本内容如下。

第一，从人民与人民代表大会的关系看，人民代表大会制度体现国家的一切权力属于人民的原则。权力属于人民是指国家权力属于人民全体。由于国家权力统一不可分割，所以不能把每一个公民单独地看作是部分权力的所有者，而且每个人都来行使权利是不可能的事情，人民只能作为整体成为国家权力的所有者。在我国，人民通过民主选举，选出自己的代表，组成全国和地方各级人民代表大会，作为行使国家权力的机关。

第二，从人民代表大会的组织与活动原则看，我国的人民代表大会制度实行民主集中制，即全国和地方各级人民代表大会由人民选举产生，并对人民负责，受人民监督；国家行政机关、监察机关、审判机关、检察机关都由人民代表大会产生，并对它负责，受它监督。

第三，从人民代表大会的组织机构上看，除乡（包括民族乡）、镇人民代表大会外，其他各级人民代表大会都设常务委员会。常务委员会是人民代表大会的有机组成部分，在人民代表大会闭会期间，除少数事项外，行使国家权力。

第四，从人民代表与选民的关系看，在我国的人民代表大会制度下，人民代表应对其选区的选民或选举他的选举单位负责，选民或选举单位有权监督、撤换和罢免其选出的代表。

第五，从人民代表大会与政党的关系看，我国的人民代表大会制度在中国共产党领导下的多党合作制下运作，人民代表以个人的身份而不是以党派的身份行使其权利。

3. 现代国家的国家结构形式基本上可分为单一制和联邦制两种形式。单一制是指以普通行政单位（省、县、乡等）或自治单位的形式来划分其国家内部组成。联邦制也叫联盟国家，它是以州、邦或成员国的形式来划分其国家内部组成。单一制与联邦制的区别是比较明显的。

第一，从国家的法律体系看，联邦制国家除有统一的联邦宪法外，各成员国有自己独立的宪法和完整的法律体系；而单一制国家只有一部统一的宪法。

第二，从国家的政权体系看，联邦制国家除联邦有统一的政权机关体系外，各成员国同时还建立自己独立的政权机关体系，即除设有联邦立法机关、政府和司法机关外，各成员国还设有自己的立法机关、政府和司法机关；而在单一制国家，全国政权体系是统一的，中央设立最高权力机关、行政机关和司法机关。

第三，从国家主权的享有角度看，在联邦制国家，联邦与成员国共享主权权力，联邦成员国的主权地位受法律保护；而单一制国家由不具有独立主权的地方行政区域组成，地方行政区域不是独立的政治实体，不与中央政府分享主权，中央政府代表国家统一行使主权。

第四，从对外关系角度看，有些联邦制国家允许成员国享有一定的外交权；而在单一制国家由中央统一行使外交权。

第五，从公民国籍的角度看，联邦制国家的公民既有联邦的国籍，又有其成员国的国籍；而单一制国家的公民只有一个统一的国籍。

第六，从中央与地方的关系角度看，在联邦制国家，联邦中央政府和地方政府都不得逾越联邦宪法中关于它们各自应享有的权力和地位的条款，从而干涉另一方的权力范围，各成员国政府可以在联邦宪法规定的权力范围内，自主决定和管理本成员国事务；在单一制国家，不论中央与地方的分权达到何种程度，地方权力都由中央以法律的形式予以规定或改变，各个行政单位和自治单位都接受中央的统一领导，没有脱离中央的独立权力。

4. 我国的国家结构形式是单一制。单一制的特征是，国家设有统一的立法机关和统一的中央政府，全国只有一部宪法，按行政区域划分行政单位和自治单位，各行政单位和自治单位都受中央的统一领导，没有脱离中央而独立的权力，在对外关系上，国家是单一的主体。我国实行单一制，是由中国历史发展的特殊性和中国民族关系存在的现状及具体特点决定的。单一制国家结构形式有中央集权模式、地方自治模式、中央与地方均权制模式、民主集中模式，每一种模式与其他模式之间也可能存在相互交叉情况。中国实行的单一制属于民主集中模式，同时在一定程度上包含地方自治的因素。它的特点如下。

第一，原则性。我国实行的单一制国家结构形式，强调国家主权的统一与中央政府的权威。国家的重大问题由中央决定，国防、外交等关系到国家重大利益的职权由中央直接行使。在中央与地方的关系上，实行国家领导的原则，即使在实行高度自治的特别行政区，中央人民政府也负责管理与特别行政区有关的外交事务与防务，特别行政区直辖于中央人民政府。保持中央对国家事务的领导与权威是实行单一制的必要前提。

第二，多样性。在统一的单一制体制下，其内容与表现形式又是多样化的。在行政区域划分方面，确立了多样化的行政区域，如全国分为省、自治区、直辖市；省、自治区分为自治州、县、自治县、市；县、自治县分为乡、民族乡、镇；直辖市和较大的市分为区、县；自治州分为县、自治县、市。每一种行政区域设立相应的政权体系，各类国家事务可以按照民主集中制的原则分级管理，充分调动地方政权的积极性。

第三，灵活性。我国实行的单一制国家结构形式在表现统一性和权威性的同时，体现了高度的灵活性。首先，在少数民族居住的地方，以少数民族聚居区为基础建立的自治区、自治州、自治县自治机关，赋予其广泛的自治权，这种民族区域自治制度既保证了国家统一，又维护了民族团结。其次，为了适应经济建设的需要，在特定的区域范围内设立经济特区，有利于吸收、利用外资，加快经济发展。此外，在香港、澳门实行特别行政区制度。特别行政区直辖于中央人民政府，享有高度自治权，且不实行社会主义制度和政策，特别行政区的设立开创了全国性政府与区域性政府之间的新型模式，有利于以和平方式实现祖国的统一大业。

5. 特别行政区是指在统一的中华人民共和国范围内，根据宪法和法律的规定，实行不同于一般行政区的政治、经济和法律制度，享有高度自治权的地方行政区域，直辖于中央人民政府。特别行政区与一般行政区相比有许多共同的地方，主要表现在三个方面：第一，都是中华人民共和国不可分离的一部分，是我国地方制度的有机组成部分。各个特别行政区都是中华人民共和国领土不可分割的组成部分，不能脱离统一的国家管辖。因此，特别行政区与一般行政区一样，都是我国地方制度的有机组成部分。第二，特别行政区是中华人民共和国的一级地方行政区域，直辖于中央人民政府。特别行政区是中华人民共和国的一个享有高度自治权的地方行政区域，该区域建立的地方政权机关，自然是我国的一级地方政权，受中央人民政府的统一管辖。第三，特别行政区选举人民代表参加全国人民代表大会。

特别行政区与一般行政区的区别也是很明显的，这主要表现在以下四个方面：第一，地方政权体系不同。省、自治区、直辖市下还设有市、区、县、乡、镇等行政单位，而香港、澳门不再下设任何政权单位，特别行政区本身即直接联系群众的政权组织。第二，行使权力的大小不同。省、直辖市可以依法制定地方性法规，行使一定的自主权，民族自治地方依法享有自治权，但它们都不能同特别行政区的高度自治权相比。第三，中央对它们的干预程度不同。除与特别行政区有关的外交事务和国防事务由中央政府负责以外，其他事务均由特别行政区政府负责管理，中央政府所属各部门不得干预特别行政区自行管理的事务；而一般的行政区域必须遵守、执行和服从中央及其有关部门制定的规章、政策、命令和指示等。第四，实施的法律不同。各省、自治区、直辖市必须执行全国统一的法律和国务院制定的行政法规；除极少数由基本法附件明确列举的全国性法律必须在特别行政区实施以外，特别行政区不实施全国统一的法律和行政法规。它有自己独特的法律体系。

6. 国旗和国徽是国家的象征，代表国家主权。我国的国旗是五星红旗，国旗旗面的红色象征革命，旗上的五颗五角星及其相互关系象征中国共产党领导下的革命人民大团结，四颗小星各有一角尖正对大星的中心点，表示全国人民的心都向着中国共产党。我国国徽中间是五星照耀下的天安门，周围是谷穗和齿轮。国徽图案中的齿轮和谷穗象征工人阶级领导下的工农联盟，天安门表示中国人民自“五四运动”以来进行新民主主义革命斗争的胜利，同时标志着人民民主专政的中华人民共和国的诞生，形象地体现了我国各族人民的革命传统和民族精神。五星是用来代表中国共产党领导下的中国人民的大团结。

7. 中华人民共和国国徽是中华人民共和国的象征和标志。

根据《国徽法》的规定，下列机构应当悬挂国徽：(1) 各级人民代表大会常务委员会；(2) 各级人民政府；(3) 中央军事委员会；(4) 各级监察委员会；(5) 各级人民法院和专门人民法院；(6) 各级人民检察院和专门人民检察院；(7) 外交部；(8) 国家驻外使馆、领馆和其他外交代表机构；(9) 中央人民政府驻香港特别行政区有关机构、中央人民政府驻澳门特别行政区有关机构。国徽应当悬挂在机关正门上方正中处。

下列场所应当悬挂国徽：(1) 北京天安门城楼、人民大会堂；(2) 县级以上各级人民代表大会及其常务委员会会议厅，乡、民族乡、镇的人民代表大会会场；(3) 各级人民法院和专门人民法院的审判庭；(4) 宪法宣誓场所；(5) 出境入境口岸的适当场所。

下列机构的印章应当刻有国徽图案：(1) 全国人民代表大会常务委员会，国务院，中央军事委员会，国家监察委员会，最高人民法院，最高人民检察院；(2) 全国人民代表大会各专门委员会和全国人民代表大会常务委员会办公厅、工作委员会，国务院各部、各委员会、各直属机构、国务院办公厅以及国务院规定应当使用刻有国徽图案印章的办事机构，中央军事委员会办公厅以及中央军事委员会规定应当使用刻有国徽图案印章的其他机构；(3) 县级以上地方各级人民代表大会常务委员会、人民政府、监察委员会、人民法院、人民检察院，专门人民法院，专门人民检察院；(4) 国家驻外使馆、领馆和其他外交代表机构。

下列文书、出版物等应当印有国徽图案：(1) 全国人民代表大会常务委员会、中华人民共和国主席和国务院颁发的荣誉证书、任命书、外交文书；(2) 中华人民共和国主席、副主席，全国人民代表大会常务委员会委员长、副委员长，国务院总理、副总理、国务委员，中央军事委员会主席、副主席，国家监察委员会主任，最高人民法院院长和最高人民检察院检察长以职务名义对外使用的信封、信笺、请柬等；(3) 全国人民代表大会常务委员会公报、国务院公报、最高人民法院公报和最高人民检察院公报的封面；(4) 国家出版的法律、法规正式版本的封面。

国徽及其图案不得用于：(1) 商标、授予专利权的外观设计、商业广告；(2) 日常用品、日常生活的陈设布置；(3) 私人庆吊活动；(4) 国务院办公厅规定不得使用国徽及其图案的其他场合。

最后，不得悬挂破损、污损或者不合规格的国徽。

8. 中华人民共和国国旗是中华人民共和国的象征和标志。

根据我国《国旗法》的规定，国旗的升挂应遵循下列规则。

第一，每日升挂国旗。第 5 条规定，下列场所或者机构所在地，应当每日升挂国旗：(1) 北京天安门广场、新华门；(2) 中国共产党中央委员会，全国人民代表大会常务委员会，国务院，中央军事委员会，中国共产党中央纪律检查委员会、国家监察委员会，最高人民法院，最高人民检察院，中国人民政治协商会议全国委员会；(3) 外交部；(4) 出境入境的机场、港口、火车站和其他边境口岸，边防海防哨所。

第二，工作日升挂国旗。第 6 条规定，下列机构所在地应当在工作日升挂国旗：(1) 中国共产党中央各部门和地方各级委员会；(2) 国务院各部门；(3) 地方各级人民代表大会常务委员会；(4) 地方各级人民政府；(5) 中国共产党地方各级纪律检查委员会、地方各级监察委员会；(6) 地方各级人民法院和专门人民法院；(7) 地方各级人民检察院和专门人民检察院；(8) 中国人民政治协商会议地方各级委员会；(9) 各民主党派、各人民团体；(10) 中央人民政府驻香港特别行政区有关机构、中央人民政府驻澳门特别行政区有关机构。学校除寒假、暑假和休息日外，应当每日升挂国旗。有条件的幼儿园参照学校的规定升挂国旗。图书馆、博物馆、文化馆、美术馆、科技馆、纪念馆、展览馆、体育馆、青少年宫等公共文化体育设施应当在开放日升挂、悬挂国旗。

第三，节庆日或活动日升挂国旗。第 7 条规定，国庆节、国际劳动节、元旦、春节和国家宪法日等重要节日、纪念日，各级国家机关、各人民团体以及大型广场、公园等公共活动场所应当升挂国旗；企业事业组织，村民委员会、居民委员会，居民院（楼、小区）有条件的应当升挂国旗。民族自治地方在民族自治地方成立纪念日和主要传统民族节日应当升挂国旗。举行宪法宣誓仪式时，应当在宣誓场所悬挂国旗。

第四，下半旗志哀。第 15 条规定，下列人士逝世，下半旗志哀：（1）中华人民共和国主席、全国人民代表大会常务委员会委员长、国务院总理、中央军事委员会主席；（2）中国人民政治协商会议全国委员会主席；（3）对中华人民共和国作出杰出贡献的人；（4）对世界和平或者人类进步事业作出杰出贡献的人。举行国家公祭仪式或者发生严重自然灾害、突发公共卫生事件以及其他不幸事件造成特别重大伤亡的，可以在全国范围内下半旗志哀，也可以在部分地区或者特定场所下半旗志哀。

第五，升挂国旗的规则。依照国旗法规定升挂国旗的，应当早晨升起，傍晚降下。应当升挂国旗的，遇有恶劣天气，可以不升挂。升挂国旗时，可以举行升旗仪式。举行升旗仪式时，应当奏唱国歌。在国旗升起的过程，在场人员应当面向国旗肃立，行注目礼或者按照规定要求敬礼，不得有损害国旗尊严的行为。北京天安门广场每日举行升旗仪式。学校除假期外，每周举行一次升旗仪式。升挂国旗，应当将国旗置于显著的位置。列队举持国旗和其他旗帜行进时，国旗应当在其他旗帜之前。国旗与其他旗帜同时升挂时，应当将国旗置于中心、较高或者突出的位置。在外事活动中同时升挂两个以上国家的国旗时，应当按照外交部的规定或者国际惯例升挂。在直立的旗杆上升降国旗，应当徐徐升降。升起时，必须将国旗升至杆顶；降下时，不得使国旗落地。下半旗时，应当先将国旗升至杆顶，然后降至旗顶与杆顶之间的距离为旗杆全长的 1/3 处；降下时，应当先将国旗升至杆顶，然后再降下。不得升挂或者使用破损、污损、褪色或者不合规格的国旗。

第六，国务院办公厅统筹协调全国范围内国旗管理有关工作。地方各级人民政府统筹协调本行政区域内国旗管理有关工作。各级人民政府市场监督管理部门对国旗的制作和销售实施监督管理。县级人民政府确定的部门对本行政区域内国旗的升挂、使用和收回实施监督管理。外交部、国务院交通主管部门、中央军事委员会有关部门对各自管辖范围内国旗的升挂、使用和收回实施监督管理。

论述题与深度思考题

1. 政权组织形式，是一个国家的根本政治制度，也就是掌握政权的统治阶级用以实现其行使国家权力的特定形式，即统治者为了反对敌人、保护自己而组织起来的政权机关。它主要是指最高国家权力机关的组织形式，包括政权的构成、组织程序和最高权力的分配情况，以及公民参加管理国家和社会事务的程序和方式。按照其性质，政权组织形式分为资本主义国家的政权组织形式和社会主义国家的政权组织形式。资本主义国家的政权组织形式主要是指君主立宪制和共和制。

（1）君主立宪制。君主立宪制又称有限君主制，是以君主或国王为国家元首，国家最高权力实际上或者名义上由君主一人掌握的政权组织形式。实行君主立宪制的国家，作为国家元首的君主是终身的、世袭的，拥有一定的国家权力，但这些权力的行使依照宪法的规定受到一定程度的限制。君主立宪制又分为二元君主立宪制和议会君主立宪制。

在二元君主立宪政体下，君主的权力虽然受到宪法的限制，但权力仍然很大。议会只是作为君主的咨询、协商机构而起次要作用。在二元君主立宪制的国家中，君主掌握着国家的主要权力；内阁首相由君主直接任命，内阁的组成不是取决于议会中政党所占的议席，内阁不对议会负责，而是对君主负责；君主的权力不受议会约束，君主还有权解散议会，否决议会决议，不经议会而颁布非常命令。这种政体的国家目前已经很少。

议会君主立宪制的特征主要是：国家权力实际上控制在政府手中，政府是由议会中占多数席位的政党或政党联盟所组成的；政府在形式上对议会负责，而实际上控制着议会；君主是国家的元首或象征，其权力受到宪法和议会的限制和制约，君主一般是“临朝不理政”或“统而不治”。议会君主立宪制的典型国家是英国。英国议会的主要特征是：内阁必须取得议会多数的支持；内阁对议会负连带责任；议会对内阁不信任时，内阁应总辞职，或请国家元首下令解散议会，重新选举，以决定内阁的去留；国家元首一般不掌握实权，而是处于“虚位”。

（2）共和制。共和制分为议会制、总统制和委员会制三种。共和制是为较多的西方国家所采取的政体。国家最高权力在实际上和形式上都不属于一人所有，而由选举产生，并有一定任期的国家机关掌握的政权组织形式。从司法、议会和政府三者之间的关系看，资产阶级共和政体又分为议会制和总统制。

1）议会制也称责任内阁制，简称内阁制。它被认为是资本主义国家的主要政权组织形式，议会在国家政治生活中占有主导地位；政府即内阁，它由议会选举产生并对议会负责；总统由选举产生，一般不掌握实权，只为名义上的国家元首。

2）总统制是资产阶级共和政体中以总统为国家元首兼政府首脑的政权组织形式，最早实行于美国，美国总统制的主要特征是：总统由选民产生，对选民负责，他既是国家元首，又是政府首脑，实际掌有军事、内政、外交大权；行政权由总统掌握，各部长经议会同意由总统任免，重大决策由总统作出；总统不对议会负责，也无权解散议会；而议会除了依法对总统提出弹劾予以定罪，无权罢免总统；但议会行使立法权，法院行使违宪审查权，是对总统职权的制约。

法兰西第五共和国实行一种不同于美国的总统制，即戴高乐式的总统制，它是一种兼有议会制特点的总统制。法国总统的权力比一般总统制国家总统的权力还要大。西方有人称之为“家长制总统”。它的主要特征是：首先，形式上有两名行政首脑。总统既是国家元首，又主宰行政大权，同时政府还设有总理。其次，政府对议会负责。议会可以谴责政府，当议会对政府提出不信任案或否决政府的施政纲领时，总理必须向共和国总统提出政府总辞职。就这一点来说，它具有内阁制的特点。最后，总统由选民直接选举产生。总统除享有召集议会特别会议、公布法律、发布命令、赦免和外交等一般元首的权力外，还享有一些特权，即任命总理和政府部长，主持内阁会议，可以不以总理的副署直接颁布紧急命令，发布总统咨文，否决议会的议案，解散议会以及统率军队等权力。

3）委员会制。在共和政体中，除议会制和总统制外，有的国家，如瑞士还采用了委员会制的政权组织形式。瑞士国家最高行政机关实行委员会制。联邦委员会是瑞士最高行政机关，它是议会的执行机关，必须服从和执行联邦议会的决定，它无权解散议会。议会行使立法权，但议会否决委员会的某项政策或提案时，委员会不必因此而辞职，这是不同于总统制和内阁制的主要特点。联邦委员会设7个部，7个委员兼任各部部长。委员会由联邦议会参、众两院联席会议选出7名委员组成，任期4年，可以连选连任。当选委员不一定是议员，如果是议员必须放弃议员资格。委员连选连任而没有限期，几乎形成终身任职。委员会选举正副主席各1人。主席兼任联邦总统，任期1年，不得连任。期满后由副主席升任主席，再另选出新的副主席。主席对外仅限于履行各种礼节，例如接待外国元首和使节，对内除开会时担任主席外，与其他委员一样，是普通委员兼任部长，个人不能任命官吏、否决议案和解散议会。一切重大问题都要由7名委员合议，并以委员会名义行使职权和执行决议。所以这种制度被称为委员会制，又叫合议制。瑞士能实行这种比较民主稳定的政治制度，是由它的国情决定的。

2. 人民代表大会制度是中华人民共和国的根本政治制度，是人民民主专政的政权组织形式。它是指我国的一切权力属于人民；人民在普选的基础上选派代表，按照民主集中制的原则，组成全国人民代表大会和地方各级人民代表大会并集中统一行使国家权力；其他国家机关由人民代表大会产生，受人民代表大会监督，对人民代表大会负责；人大常委会向本级人民代表大会负责，人民代表大会向人民负责，并最终实现人民当家作主的一项根本政治制度。它直接反映着我国的阶级矛盾，体现着我国政治生活的全貌，是国家的其他制度赖以建立的基础，是人民实现国家权力的组织形式。

第一，人民代表大会制度体现了我国一切权力属于人民的本质要求。

国家的一切权力属于人民是人民代表大会制度的实质内容和权力基础。权力属于人民是指国家权力属于人民全体。由于国家权力统一不可分割，所以不能把每一个公民单独地看作是部分权力的所有者，而且每个人都来行使权力是不可能的事情，人民只能作为整体成为国家权力的所有者。在我国，由于人与人之间的文化程度、生活水平、思想素质和各自所从事的职业以及具体的利益与要求等存在差异，所以，人民只有在民主普选的基础上选派代表，组成全国人民代表大会和地方各级人民代表大会，才能够统一意志，行使权力。人民将权力授予一定的机关或者公职人员去具体行使，同时对其进行监督，就必须实行民主与集中相结合的政治制度；通过人民代表大会的监督，防止权力的滥用。在我国，这样的政治制度就是人民代表大会制度。有了具体制度的保证，一切权力属于人民的宪法原则才能真正实现。

我国宪法规定，人民行使国家权力的机关是全国人民代表大会和地方各级人民代表大会。此项规定表明：(1) 由于人民代表大会由代表组成，并且社会各阶级、各阶层和各方面的人士在全国人民代表大会中都有自己的代表，全国人民代表大会和地方各级人民代表大会通过人民代表依照法律规定的程序和方式，集体行使国家权力，也是一切权力属于人民的重要表现形式和具体体现。(2) 作为国家权力机关的人民代表大会，代表着人民的意志和利益，人民代表大会的全体成员整体地代表着人民的意志和利益。但是，每一个代表只是选举产生他的那一部分群众的意志的代表，并接受这部分群众的监督。在采取地域选举的情况下，每一个人民代表基本上是本选区或者本地域的群众意志和利益的代表者。在采取职业选举或按阶层选举的情况下，每一个人民代表是本行业或者本阶层的群众意志和利益的代表者，每个代表只要代表了本单位、本地区、本行业选民的意志和利益，就为全国人民代表大会和地方各级人民代表大会代表全体人民的利益和意志创造了前提条件。从人民代表同选民或者选举单位的关系来说，代表不应是全体人民的代表，也不能要求一个代表去联系全体人民。但是，每一个代表在投票表决时，应把整体利益置于首位，在此基础上充分代表和反映本选区或选举单位的利益和意志。(3) 人大常委会向本级人民代表大会负责，人民代表大会向人民负责。常务委员会是本级人民代表大会的一部分，由人民代表中的一部分常务代表所组成。人大常委会向本级人民代表大会负责就是间接向人民负责。在行使国家权力的过程中，人民代表大会要向人民负责并报告工作，通过媒体公开以后接受人民的监督，人民有权罢免自己选出的不称职的代表；人民可以向人民代表大会提出批评、建议等，促进其工作，使其能够更好地行使国家权力。

第二，其他国家机关及其制度由人民代表大会产生，受它监督，向它负责。

全国人民代表大会和地方各级人民代表大会代表人民行使国家权力。这种国家权力在本质上是统一不可分的，但其具体内容还是可以分解的。根据我国宪法的规定，我国的国家权力可以分解为两个部分：一部分是由人民代表大会直接行使的，它体现为宪法和法律规定的各级人民代表大会的职权；另一部分则是经宪法授权给其他国家机关行使的职权，由人民代表大会负责组织和监督。人民代表大会是全权性的国家机关。但是，根据宪法和法律的规定，人民代表大会自己直接行使的职权只是在国家政治生活中具有决定性意义的权力，是足以表现国家的一切权力属于人民这个最根本的实质的，而大量的权力它并不亲自去行使。全国人民代表大会行使国家立法权、对重大国家事务的决定权，以及任免权和监督权，这是统一的人民意志的直接表现。人民的意志被全国人民代表大会集中、升华为法律和决议之后，还需要组织行政机关去执行，需要组织监察机关、审判机关、检察机关去适用法律。行使监督权保证法律的贯彻，使其他国家机关严格依法办事。因此，人民代表大会直接行使的职权虽然并不是无所不包的，却是决定性的。至于它通过宪法授权给其他国家机关去行使的职权，由于行政机关、监察机关、审判机关、检察机关等都由人民代表大会产生，向人民代表大会负责，受人民代表大会监督，人民代表大会通过行使立法、监督、决定、任免等职权，保证这些国家机关的活动符合全体人民的利益，因此，人民代表大会是人民行使国家权力的机关。

第三，人民代表大会制度反映了我国政治生活的全貌。

一方面，人民代表大会制度体现了人民民主专政的国家本质，是我国人民当家作主、行使管理国家事务权力的基本形式。通过依照民主集中制的原则办事，从而使国家权力最终掌握在人民手中，达到维护人民群众根本利益的目的，这也是我国经得起各种风险和克服各种困难的可靠保证。人民民主专政的基本内容是：我国的社会主义现代化建设必须依靠工人、农民和知识分子；我国必须建立以工人阶级为领导的，以工农联盟为基础的，包括全体社会主义劳动者、社会主义事业的建设者、拥护社会主义的爱国者和拥护祖国统一和致力于中华民族伟大复兴的爱国者的广泛的爱国统一战线；我国还必须实行民族平等和民族团结的政策。人民代表大会制度就是能够体现各阶级、阶层和各民族人民在国家生活中的地位，便于实现最广泛的民主，吸收广大人民群众参加国家管理和社会主义建设事业，充分发挥最大多数人智慧和创造力的一种制度。另外，人民代表大会通过行使职权，在维持社会治安、维护国际和平、促进祖国的和平统一和致力于中华民族伟大复兴等方面发挥着不可代替的作用，这也是实现人民民主专政的一个重要方面。

另一方面，人民代表大会成立以后，它就可以制定各种制度和法律，而其他制度和法律必须经过人民代表大会批准，或由它所授权的机关批准才能生效。我国有许多制度，诸如行政制度、司法制度、选举制度、公务员制度、社团制度等，只能表示我国政治生活的一个方面，而只有人民代表大会制度，才能反映政治生活的全面，反映我国政治力量的源泉来自广大人民群众这一事实。因此，人民代表大会制度在我国政治制度中处于首要的地位，是我国的根本政治制度。相对而言，其他政治制度都是非根本性的，不能与它并列，更不能取而代之。所以，应该把我国的民主政治建设的重点放在人民代表大会制度的建设上，并不断地完善它、发展它，使其在我国的政治生活中发挥更大的作用。

3. 人民代表大会制度是中华人民共和国的根本政治制度，是人民民主专政的政权组织形式。它是指我国的一切权力属于人民；人民在普选的基础上选派代表，按照民主集中制的原则，组成全国人民代表大会和地方各级人民代表大会并集中统一行使国家权力；其他国家机关由人民代表大会产生，受人民代表大会监督，对人民代表大会负责；人大常委会向本级人民代表大会负责，人民代表大会向人民负责，并最终实现人民当家作主的一项根本政治制度。

为了保障人民通过各级人民代表大会这一基本途径实现人民当家作主的权利，必须不断加强和完善人民代表大会制度。

（1）保障人民代表大会充分行使职权。

1）提高对人民代表大会的认识，保证人民代表大会能代表人民依法行使职权。提高人民群众的民主意识，是一项长期性和根本性的措施。人民代表大会制度若没有人民群众的支持，就谈不到民主性和人民性。提高公民对人民代表大会的认识是保证人民代表大会依法行使职权的前提。首先，各级党委要充分重视人民代表大会工作，真正把人民代表大会当作国家权力机关，这是提高公民对人民代表大会的认识的重要条件。其次，要大力开展对人民代表大会地位、性质和作用的宣传，扩大人民代表大会在各个方面的影响，使广大人民群众了解人民代表大会在国家中的作用。最后，人民代表大会机关也要积极行使宪法和法律赋予的职权，才能提高人们对人民代表大会的认识；同时由人民代表大会选举产生的各机关领导人也应主动向本级人民代表大会及其常委会报告工作，沟通情况，并接受经常性的监督。

2）人民代表大会依法行使职权，是真正实现人民当家作主的具体体现。我国是人民民主专政的社会主义国家，国家权力理应由人民直接行使。但是在现代的社会条件下，任何民主国家都不可能由全体人民直接行使国家权力，只能实行间接民主制，只能由代议机关代表人民按照法定程序和方式行使国家权力。在我国，通过普选建立了代表人民行使国家权力的代表机关，即全国和地方各级人民代表大会。而人民代表大会的职权是人民代表大会行使国家权力的具体体现，是人民代表大会制度建设的重要内容。a. 立法权是人民代表大会的一项重要职权，各级人民代表大会在行使立法权的过程中，要把改革和发展的重大决策与立法结合起来，制定出能够反映和适应市场经济特点和需要的法律、法规，为实现依法治国创造前提条件。在我国，以宪法为核心的社会主义法律体系已经形成。但是，有些重要的法律还没有出台，越权立法现象时有发生，各种法律规范还衔接不够，甚至互相矛盾冲突。为此，必须坚持以宪法为依据，坚持法制统一的原则，加强和完善立法监督机制，及时纠正违反法制统一原则的行为和规范性文件，在立法的过程中，充分体现公平、公正、公开和效率的原则，坚持立法工作的民主化和科学化的原则。b. 监督权是与立法权同等重要的权力，其实质在于对权力滥用的制约和保证法制的统一实施。当前在人民代表大会职权的行使过程中，监督权的行使比较薄弱，主要是缺乏完善的监督机构和监督程序。同时，宪法和法律明文规定的监督形式没有得到有效的运用。为此，必须加强制度建设，把宪法规定的人民代表大会监督职权具体化，把宪法规定的人民代表大会监督的方式和手段程序化，建立协助人民代表大会行使监督权的专门工作机构，保证人民代表大会监督职权落到实处。c. 人民代表大会代表人民的意志和利益对本行政区域内各方面的重大事项作出决定或决议的权力，是人民代表大会代表人民行使国家权力的重要方面。改革开放以来，各级人民代表大会在行使重大事项决定权方面有很大成效。这对于保持社会稳定，促进现代化建设事业的发展起了重大作用。但是，从总体上来看，人民代表大会决定权的行使还很不充分，最突出的问题是国家机关之间的权限不清，因此，我们必须在实践中不断探索，通过制定法律和建立制度，使人民代表大会的决定权能够得到充分行使。d. 国家权力机关代表人民的共同意志和利益，依照法律规定的形式和程序，选举和决定国家机关领导人员的权力，就是人民选择和监督人民公仆的制度。由人民代表机关任用和罢免国家机关工作人员，是人民行使管理国家事务的重要权力之一，是人民真正成为国家主人的显著标志，各级人民代表大会及其常委会依法任免“一府一委两院”，即行政机关、监察机关、审判机关、检察机关的领导人员，以及人民代表大会常委会的组成人员，在中央还包括军事机关的组成人员；行使任免的形式具有多样性，包括选举、任免、推选、决定任免、决定人选、通过人选、决定代理人选、批准任免、补充任免、接受辞职、撤销职务等。目前，各级人民代表大会任免权还应当加强。

(2) 加强和完善人民代表大会的组织机构。

人民代表大会组织机构是人民代表大会发挥作用、实现人民当家作主的实体保证。因此，为了充分发挥人民代表大会的作用，真正实现人民当家作主，必须不断加强和完善人民代表大会的组织机构。

1) 加强和完善各级人民代表大会常委会。人民代表大会常委会的组织机构是人民代表大会常委会发挥作用的保证，为了充分发挥人民代表大会常委会的作用，保证人民当家作主的权利，必须不断加强和完善人民代表大会常委会的组织机构。其一，实行人民代表大会常委会组成人员的专职化。目前各级人民代表大会常委会除常委会主任、副主任为专职外，其余委员大多数为兼职。兼职委员都有自己的本职工作，无法保证有足够的精力行使委员的职权，影响了人民代表大会工作的民主性，兼职也影响了这些委员的责任心和主动性。委员专职化有利于常委会委员将全部的精力投入人民代表大会的工作，有更多的时间联系选民和群众，促进人民代表大会作用的充分发挥。其二，重视各级人民代表大会常委会主要领导人员的配备问题。各级人民代表大会常委会主要领导人员配备问题直接关系到人民代表大会工作的好坏，关系到人民代表大会是否能够发挥国家权力机关的作用问题。在领导人员的配备问题上，人民代表大会常委会主任至少应是同级党委常委或者副书记，最好是同级党委的第二把手，即应比同级政府行政首长在同级党委中的地位高。人民代表大会常委会中的副主任也应在同级党委中有一定的位置。这样更符合我国的国家体制，有利于发挥各级人民代表大会在国家生活中的作用。其三，健全人民代表大会常委会的工作机构。工作机构工作的质量与人民代表大会常委会工作有密切关系。办事机构的工作对议案的审议、提供咨询和有关资料的处理等方面发挥着重要作用。因此，各级人民代表大会应根据工作的实际需要，设置工作机构，配备认真的工作人员，以适应人民代表大会常委会日趋繁重的工作需要。

2) 完善和加强各级人民代表大会的专门委员会。专门委员会是人民代表大会根据需要设立的常设性工作机构，由人民代表大会产生并对其负责，在人民代表大会闭会期间，受人民代表大会常委会领导。为加强提高专门委员会工作的效率和质量，应从以下几个方面改进：其一，应进一步提高专门委员会组成人员的素质。为了适应人民代表大会建设的需要，现有的专门委员会要吸收既懂专业知识，又有实际经验和较高政策水平的人进入专门委员会，提高其整体工作水平；增加年轻委员的比例，形成合理的年龄结构；还应增加专职委员的比重，以便集中精力做好专门委员会的工作，更好地适应形势发展的需要。其二，重视现有的专门委员会办事机构人员的配置，例如现有专门委员会办事机构要充实既懂法律，又精通某一专业的工作人员，以协助特定的专门委员会做好工作。其三，根据国家发展的需要，应当增设必要的专门委员会。

3) 完善人民代表大会代表的选举制度，改善人民代表大会组成人员的结构，提高各级人民代表大会代表的素质。首先，进一步完善人民代表大会代表的选举制度。人民选举代表是人民行使国家权力的基本方式，要加强宣传教育，提高选民和代表对选举工作的认识。同时要严格坚持选举的基本原则，主要包括：坚持法定的候选人提名制度；扩大职业代表制的范围；引进竞争机制，增加选举工作的透明度等。这样，才会使人民选出的人民代表大会更好地发挥国家权力机关的作用。其次，人民代表大会代表是各级国家权力机关的组成人员，是各级人民代表大会进行活动、开展工作的主体，是代表人民行使国家权力的使者。提高人民代表大会代表的素质是加强和完善人民代表大会制度与实现人民当家作主的重要方面。有计划、有步骤地对各级人民代表大会代表进行培训，使代表逐步形成较强的代表意识和参政意识，明确自己作为人民代表大会代表的权利和义务。最后，人民代表大会代表应当积极参加会内会外的活动，在管理国家事务的实践中提高参政议政的能力。

（3）坚持和改善党对人民代表大会的领导。

在法律上，人民代表大会是国家权力机关，党必须在宪法和法律范围内活动；全国人民代表大会及其常委会有权监督宪法和法律的实施，对国家机关违反宪法和法律的行为必须予以追究。但是，在国家政治体制中，人民代表大会是在党的领导下，人民代表大会必须接受党的领导。因此，为了建设好人民代表大会，必须既坚持和加强党对人民代表大会的领导，又要改善党对人民代表大会工作的领导。

1）坚持党对人民代表大会的领导。首先，中国共产党的领导是中国特色社会主义最本质的特征。党对国家生活的领导，最本质的内容就是领导和支持人民当家作主。其次，党对人民代表大会的领导最重要的是政治领导，即政治原则、政治方向、重大决策方面，以及向国家权力机关推荐重要干部。其方式是：通过法定程序使党的主张变成国家意志，并通过党组织的活动和党员的模范作用带动广大人民群众，实现党的路线、方针、政策。因此，党对国家的领导主要应当通过各级人民代表大会的活动实现，人民代表大会不能离开党的领导。

2）改善党对人民代表大会的领导。党要坚持对人民代表大会的领导，也要不断改善对人民代表大会的领导。党组织要尊重和支持人民代表大会及其常委会依法行使职权，也就是尊重和支持人民当家作主，同时这也是实现党的领导的重要表现形式。坚持和完善人民代表大会制度，保证人民代表大会及其常委会依法履行职能，保证立法和决策更好地体现人民的意志。优化人大常委会组成人员的结构。按照党总揽全局的原则，支持人大依法履行国家权力机关的职能，经过法定程序，使党的主张成为国家意志，使党组织推荐的人选成为国家政权机关的领导人员，并对他们进行监督。

4. 民族区域自治制度是指在统一的祖国大家庭内，在国家统一领导下，按照宪法规定，以少数民族聚居区为基础，建立相应的自治地方，设立自治机关，行使自治权，实行民族区域自治的民族实现当家作主，管理本民族内部地方性事务。各民族自治地方都是中华人民共和国不可分离的组成部分。

（1）民族区域自治的主要内容。民族区域自治制度是我们国家长期坚持的解决我国民族问题的一项重要政策，也是解决我国民族问题的恰当政治途径和形式。我国宪法在总纲和国家机构一章中规定了民族区域自治的主要内容。

第一，“各民族自治地方都是中华人民共和国不可分离的部分”。民族自治地方的自治机关都是中央统一领导下的一级地方国家机关，都受上级国家机关的领导。

第二，民族自治地方的自治机关是人民代表大会和人民政府。它有权根据本地方实际情况贯彻执行国家的法律和政策。自治地方的人民代表大会，有权依照当地民族的政治、经济和文化的特点，制定自治条例（需要报上级权力机关批准备案）。

第三，自治机关有权依照法律规定行使自治权。自治机关的人民代表大会及其常委会中应有实行区域自治的民族的公民担任主任或副主任，行政机关应有实行区域自治的民族的公民担任各级行政机关的首长，即自治区主席、自治州州长、自治县县长。

第四，各民族一律平等。平等团结互助和谐的社会主义民族关系已经确立，并将继续加强。发扬各民族的团结友爱、互相帮助、互相学习、互相合作的精神。禁止任何民族歧视、压迫，反对大民族主义，也要反对地方民族主义。国家尽一切努力，促进全国各民族的共同繁荣。在自治机关中，各有关民族都有其相应的代表名额。

第五，各民族都有使用自己语言文字的自由，都有保持或改革自己的风俗习惯的自由。

第六，自治机关有权管理本地方的财政、经济，安排和管理各项建设事业以及发展本地方的文化建设，国家要给予大力支持和帮助。

第七，自治机关有权依照国家的军事制度和当地的实际需要，经国务院批准，组织本地方维护社会治安的公安部队。

（2）民族区域自治制度的优越性。我国实行民族区域自治制度，既符合马列主义关于民族问题的基本原理，也符合我国民族历史发展的客观规律和民族关系的具体特点。民族区域自治制度实行以来，由于适应了我国的民族特点和民族关系状况，因而显示出了巨大的优越性。

第一，民族区域自治制度保证了祖国的统一和各民族的团结。它有利于促进各民族间的团结合作，巩固人民民主专政，保证社会主义现代化建设事业的顺利进行。随着新中国的建立，我国各族人民获得了解放，实现了政治上、法律上的平等。这就有利于各民族之间的互相交流和优势互补，加强各民族之间经济、文化的联系，促进各民族经济、文化的共同发展，为消除历史上遗留下来的各民族之间的矛盾、隔阂和不信任心理创造了条件，保障了国家的统一，促进了各民族的平等、团结、合作关系。

第二，民族区域自治制度保障了少数民族的平等权利和当家作主、管理本民族内部事务的权利。它有助于调动少数民族人民管理国家各项事务，特别是本民族地方性事务的积极性，充分体现少数民族人民在自治地方当家作主的权利，从而保障了少数民族人民的政治地位和平等权利。民族自治机关除了享有一般地方国家机关权力外，还享有广泛的自治权。这就为民族地区立足于民族、地区特点，在政治、经济、文化等方面更快、更好地发展，开拓了广阔的空间；并且有利于国家从立法、行政、组织等方面保障少数民族民主权利和自治权利的切实实现。

第三，民族区域自治制度促进了少数民族的进步和发展。它便于发挥少数民族人民建设社会主义现代化强国的创造性、智慧和才能，促进本民族地区的经济、文化的繁荣和发展，为消灭民族差别打下物质基础。由于历史的原因，我国各民族之间还存在事实上的不平等。民族区域自治在国家的统一领导下，以先进地区的发展经验和技术来支援、帮助后进的民族地区。与此同时，国家还赋予民族地区广泛的自治权，在财政、税收等方面给予民族地区大量的优惠政策，使民族地区可以结合自身的资源、地理优势，充分利用外在的有利条件，以赶上、超过先进地区。从这个意义上讲，民族区域自治制度是一种有利于少数民族进步和发展的先进的政治制度，特别是随着社会主义市场经济体制的建立和发展，它必将极大地调动民族地区人民的积极性、创造性和主动性，最终实现各民族的共同繁荣。

第四，民族区域自治制度有助于巩固国家统一，确保国家的独立和领土完整，实现中央统一领导，反对分裂祖国的活动，使民族自治地方自治机关的全部活动都符合宪法的原则精神。

民族区域自治是党和国家运用马克思列宁主义关于国家结构的基本理论解决我国民族问题的一项根本性政策。实践证明，民族区域自治完全适合我国国情，是解决我国民族问题的有效制度。在我国，民族区域自治是以少数民族聚居区为基础的民族自治和区域自治的有机结合；由实行区域自治的少数民族建立自治机关，依法行使自治权。民族自治地方区域内，通常包含着汉族居民和其他成分的少数民族居民。民族区域自治制度有利于发挥各族人民的积极性，实现各民族的共同繁荣，完成社会主义现代化建设的任务，有利于确保祖国统一、民族团结和民族平等，也有利于巩固和发展各族人民的革命成果，保障社会主义现代化建设，达到各民族共同繁荣的目的。

5. 特别行政区是指在统一的中华人民共和国范围内，按照“一国两制”的构想，根据宪法和法律的规定，实行不同于一般行政区的政治、经济和法律制度，享有高度自治权的地方行政区域，属于中华人民共和国不可分割的组成部分，特别行政区政权直辖于中央人民政府。我国《宪法》第 31 条规定：“国家在必要时得设立特别行政区。在特别行政区内实行的制度按照具体情况由全国人民代表大会以法律规定。”香港特别行政区是我国的第一个特别行政区，香港特别行政区的法律地位主要是通过《香港特别行政区基本法》表现出来的。

（1）香港基本法明确规定了维护国家主权、统一和领土完整的原则。

1）特别行政区是中华人民共和国不可分离的部分，是一个直辖于中央人民政府的地方行政区域；由全国人民代表大会授权特别行政区实行高度自治。

2）中央人民政府负责管理特别行政区的外交事务和防务及其他；特别行政区法院对国防、外交等国家行为无管辖权。

3）特别行政区行政长官和行政机关的主要官员，由当地永久性居民中在外国无居留权的中国公民担任，并且由中央人民政府任命。

4）特别行政区立法机关制定的法律均不得同基本

法相抵触，而基本法的制定权、修改权属于全国人民代表大会，解释权属于全国人大常委会。为了维护祖国统一和领土完整，基本法明确规定，特别行政区要自行立法，禁止任何叛国、分裂国家、煽动叛乱、颠覆中央人民政府及窃取国家机密的行为，禁止外国政治性组织或团体在特别行政区进行政治活动。禁止特别行政区的政治性组织或团体与外国的政治性组织或团体建立联系。基本法还明确规定，全国人大常委会决定宣布战争状态或特别行政区进入紧急状态，中央人民政府可发布命令将有关全国性法律在特别行政区实施。所有这些规定，都体现了国家主权原则，也说明了特别行政区不是独立或半独立的政治实体。

（2）中央人民政府对香港特别行政区行使的职权。

按照《香港特别行政区基本法》的规定，中央人民政府对香港特别行政区行使下列职权。

1）中央人民政府对香港特别行政区拥有全面管治权。

2）中央人民政府负责管理与特别行政区有关的外交事务。

3）中央人民政府负责管理特别行政区的防务。

4）中央人民政府任命特别行政区行政长官和行政机关的主要官员。

5）香港特别行政区的立法机关制定的法律须报全国人民代表大会常务委员会备案。备案不影响该法律的生效。

6）全国人大常委会有权决定特别行政区进入紧急状态；全国人民代表大会常务委员会决定宣布战争状态或因香港特别行政区内发生香港特别行政区政府不能控制的危及国家统一或安全的动乱而决定香港特别行政区进入紧急状态，中央人民政府可发布命令将有关全国性法律在香港特别行政区实施。

7）全国人大常委会享有对香港特别行政区基本法的解释权。

8）全国人大对香港特别行政区基本法享有修改权。基本法的修改提案权属于全国人大常委会、国务院和香港特别行政区。香港特别行政区的修改议案，须经香港特别行政区的全国人民代表大会代表2/3多数、香港特别行政区立法会全体议员2/3多数和香港特别行政区行政长官同意后，交由香港特别行政区出席全国人民代表大会的代表团向全国人民代表大会提出。

（3）由全国人民代表大会授权香港特别行政区依法实行高度自治。

中央和特别行政区的关系，既要体现国家对特别行政区的主权，也要体现特别行政区的高度自治。按照香港基本法的规定，由全国人民代表大会授予香港享有的自治权的范围，是十分广泛的。其内容如下。

1）特别行政区享有行政管理权、立法权、独立的司法权和终审权。特别行政区行政机关和立法机关由当地永久性居民依照基本法有关规定组成，保留除同基本法相抵触或特别行政区立法机关作出修改者以外的原有法律；香港特别行政区法院除继续保持香港原有法律制度和原则对法院审判权所作的限制外，对香港特别行政区所有的案件均有审判权。

2）实行独立的税收制度，保持自由港、独立关税地区以及国际金融中心地位。

3）可自行制定有关经济、贸易、科学、教育、文化等方面的政策，自行发行货币。

4）自行处理有关的对外事务，可以“中国香港”的名义单独地同各国、各地区及有关国际组织保持和发展经济、文化关系，还可以“中国香港”的名义参加不以国家为单位参加的国际组织和国际会议。

5）负责维持社会治安。

6）中央人民政府所属各部门，各省、自治区、直辖市均不得干预香港特别行政区根据基本法自行管理的事务。中央各部门，各省、自治区、直辖市如需在香港特别行政区设立机构，须征得香港特别行政区政府同意并经中央人民政府批准。中央各部门，各省、自治区、直辖市在香港特别行政区设立的一切机构及其人员均须遵守香港特别行政区的法律。中国其他地区的人进入香港特别行政区须办理批准手续，其中进入香港特别行政区定居的人数由中央人民政府主管部门征求香港特别行政区政府的意见后确定。香港特别行政区可在北京设立办事机构。

7）特别行政区可享有全国人民代表大会及其常委会和中央人民政府授予的其他权力。

从以上基本法规定来看，国家授予特别行政区享有的自治权力要比我国一般地方政权、民族自治地方自治政权享有的权力广泛得多，这就说明了香港特别行政区享有高度自治权，具有特殊的法律地位。

第五章　公民的基本权利和义务

知识逻辑图

- 公民的基本权利
  - 平等权
  - 政治权利
    - 选举权和被选举权
    - 罢免权
    - 表达的自由
      - 言论自由
      - 出版自由
      - 结社自由
      - 集会、游行、示威自由
    - 监督权
  - 精神、文化活动的自由
    - 宗教信仰自由
    - 文化活动的自由
    - 通信自由和秘密
  - 人身自由和人格尊严
    - 人身自由
    - 住宅不受侵犯的权利
    - 人格尊严
  - 社会经济权利
    - 财产权
    - 劳动权
    - 休息权
    - 生存权
    - 受教育权
  - 获得权利救济的权利
    - 申诉、控告的权利
    - 国家赔偿及补偿请求权
- 公民的基本义务
  - 维护国家统一和民族团结的义务
  - 遵守宪法和法律的义务
    - 保守国家秘密的义务
    - 遵守宪法和法律的义务
    - 爱护公共财产的义务
    - 遵守劳动纪律的义务
    - 遵守公共秩序的义务
    - 尊重社会公德的义务
  - 维护祖国安全、荣誉和利益的义务
  - 保卫祖国和依法服兵役的义务
  - 依法纳税的义务
  - 其他义务
    - 受教育的义务
    - 劳动义务

名词解释和概念比较

1. 生命权（考研）
2. 表达自由（考研）
3. 住宅安全权（考研）
4. 财产权（考研）
5. 出版自由（考研）
6. 罢免权（考研）
7. 言论自由（考研）
8. 结社自由（考研）
9. 申诉权（考研）
10. 检举权和控告权（考研）
11. 人格尊严权（考研）
12. 公民的基本权利与基本义务（考研）
13. 公民权与人权（考研）

选择题

（一）单项选择题

1. 关于《宪法》对人身自由的规定，下列哪一选项是不正确的？（　　）（法考改编）

A. 禁止用任何方法对公民进行侮辱、诽谤和诬告陷害

B. 生命权是《宪法》明确规定的公民基本权利，属于广义的人身自由权

C. 禁止非法搜查公民身体

D. 禁止非法搜查或非法侵入公民住宅

2. 根据我国宪法规定，下列关于私有财产权的表述哪一项是不正确的？（　　）

A. 公民合法的私有财产不受侵犯

B. 国家依照法律规定保护公民的私有财产权和继承权

C. 任何人不得剥夺公民的私有财产

D. 国家为了公共利益的需要，可以依照法律规定对公民的私有财产实行征收或者征用并给予补偿

3. 下列哪一项不属于宪法规定的公民的基本权利？（　　）

A. 环境权　　B. 平等权

C. 出版自由　　D. 受教育权

4. 对一个国家和民族来说，哪一项权利是首要权利？（　　）

A. 发展权　　B. 独立权

C. 自由权　　D. 生存权

5. “公民”这一称谓普遍适用于社会全体成员，是从下列选项中的哪一时期开始的？（　　）

A. 古希腊时期

B. 古罗马时期

C. 欧洲中世纪

D. 资产阶级革命和资产阶级国家建立时

6. 下列选项中哪一项可以作为权利和义务的根本区别？（　　）

A. 权利可以放弃，义务必须履行

B. 权利是与生俱来的，义务则是由法律规定的

C. 权利对于一切人都是平等的，义务则因人而异

D. 权利应当享有，义务可以放弃

7. 关于通信自由和通信秘密的属性，下列表述中正确的是（　　）。

A. 政治权利和自由　　B. 人身权利和自由

C. 文化教育权利　　D. 民主权利

8. 根据《全国人民代表大会和地方各级人民代表大会选举法》第 2 条，“不设区的市、市辖区、县、自治县、乡、民族乡、镇的人民代表大会的代表，由选民直接选举”。根据我国宪法，下列关于公民人身自由的表述，正确的是（　　）。（考研）

A. 企业为管理需要可以翻包检查员工携带的物品

B. 公安机关为收集犯罪证据可以依法对犯罪嫌疑人进行搜查

C. 法院对严重违反法庭秩序的人员可以执行逮捕

D. 行政法规可以设定限制人身自由的强制措施

9. 王某为某普通高校应届毕业生，23 岁，尚未就业。根据《宪法》和法律的规定，关于王某的权利义务，下列哪一选项是正确的？（　　）（法考改编）

A. 无须承担纳税义务

B. 不得被征集服现役

C. 有选举权和被选举权

D. 有休息的权利

10. 国家机关和国家工作人员侵犯公民权利时，受到损失的人有依照法律规定（　　）。

A. 提出批评的权利

B. 提出申诉的权利

C. 取得赔偿的权利

D. 提起刑事诉讼的权利

11. 下列选项中哪一组织是我国社会团体的登记管理机关？（　　）

A. 民政部和县级以上的地方各级民政部门

B. 统战部和县级以上的地方各级统战部门

C. 公安部和县级以上的公安机关

D. 司法部和县级以上的司法行政部门

12. 根据《集会游行示威法》的规定，主管机关接到集会、游行、示威的申请书后，应当在申请举行日期的下列选项中的哪一法定时间之前，将许可或不许可的决定书面通知其负责人？（　　）

A. 3 日　　B. 2 日

C. 4 日　　D. 5 日

13. 我国宪法规定，中华人民共和国保护华侨的（　　）。

A. 正当的权利和利益　　B. 合法权利

C. 合法权益　　D. 权利和自由

14. 中华人民共和国公民在法律面前一律平等。关于平等权，下列哪一表述是错误的？（　　）（法考改编）

A. 我国宪法中存在一个关于平等权规定的完整规范系统

B. 犯罪嫌疑人的合法权利应该一律平等地受到法律保护

C. 在选举权领域，性别和年龄属于宪法所列举的禁止差别理由

D. 妇女享有同男子平等的权利，但对其特殊情况可予以特殊保护

视频讲题

15. 根据《集会游行示威法》的规定，集会、游行、示威的主管机关是集会、游行、示威举行地的下列选项中的哪一机关？（　　）

A. 市、县公安局、城市公安分局

B. 市、县司法局

C. 市、县人民政府

D. 市、县党委

16. 公民甲拒绝服兵役，当地政府对其进行处罚。根据我国宪法和法律，下列关于公民服兵役的表述，正确的是（　　）。（考研）

A. 服兵役是公民的基本权利和义务

B. 依法被剥夺政治权利的公民不得服兵役

C. 凡年满 16 周岁的公民，都有服兵役的义务

D. 公民如拒绝履行服兵役的义务，就无权享有政治权利

17. 下列选项中哪一种情况不是我国宪法列举的公民获得物质帮助权的条件？（　　）

A. 农民年老时

B. 公民患疾病时

C. 公民在遭受自然灾害时

D. 公民在丧失劳动能力时

18. 下列各项权利和自由中，我国现行宪法予以规定的是（　　）。

A. 劳动权　　B. 罢工权

C. 迁徙自由　　D. 传教自由

19. 某市执法部门发布通告：“为了进一步提升本市市容和环境卫生整体水平，根据相关规定，全市范围内禁止设置各类横幅标语。”根据该通告，关于禁设横幅标语，下列哪一说法是正确的？（　　）（法考改编）

A. 涉及公民的出版自由

B. 不构成对公民基本权利的限制

C. 在目的上具有正当性

D. 涉及宪法上的合理差别问题

20. 下列选项中，哪一项不属于宪法所规定的公民的文化权利？（　　）（法考改编）

A. 科学研究自由　　B. 出版自由

C. 文艺创作自由　　D. 欣赏自由

21. 根据我国现行宪法规定，依法被剥夺政治权利的人（　　）。

A. 丧失选举权和被选举权

B. 享有选举权、丧失被选举权

C. 选举权和被选举权仍可有条件地保留

D. 是否丧失选举权和被选举权，可由居住地的权力机关决定

22. 我国现行宪法规定，禁止破坏婚姻自由，禁止虐待（　　）。

A. 老人、儿童　　B. 儿童

C. 妇女　　D. 老人、妇女、儿童

23. 我国现行宪法规定，父母有抚养教育未成年子

女的义务，（　　）。

A. 子女有赡养扶助父母的义务

B. 成年子女有赡养扶助年老父母的义务

C. 子女有赡养扶助丧失劳动能力的父母的义务

D. 成年子女有赡养扶助父母的义务

24. 根据我国宪法的规定，下列有关公民基本权利的宪法保护的表述，哪一个是正确的？（　　）（法考改编）

A. 一切公民都有选举权和被选举权

B. 宪法规定了对华侨、归侨权益的保护，但没有规定对侨眷权益的保护

C. 宪法对建立劳动者休息和休养的设施未加以规定

D. 公民合法财产的所有权和私有财产的继承权规定在宪法“总纲”部分

25. 根据我国法律，下列哪种人不具有中国国籍？（　　）（考研）

A. 张某出生在我国香港特别行政区，父亲为意大利人，母亲为中国人

B. 李某出生在美国，其父母是在美国攻读博士学位的中国留学生

C. 钱某出生在中国，父母是无国籍人，定居中国

D. 赵某出生在我国香港特别行政区，其父母是具有特区永久性居民身份的英国公民

26. 根据我国宪法和法律，下列关于公民财产权的表述，正确的是（　　）。（考研）

A. 公民行使财产权，不得损害公共利益

B. 2004年宪法修正案规定，公民的私有财产神圣不可侵犯

C. 公民财产权规定在宪法第二章“公民的基本权利和义务”中

D. 国家为经济发展的需要，可依法对私有财产进行征收并赔偿

（二）多项选择题

1. 我国公民的社会经济权利包括（　　）。（考研）

A. 劳动权

B. 劳动者的休息权

C. 退休人员的生活受到国家和社会的保障

D. 丧失劳动能力人的物质帮助权

2. 我国《宪法》第38条明确规定，“中华人民共和国公民的人格尊严不受侵犯”。关于该条文所表现的宪法规范，下列哪些选项是正确的？（　　）

A. 在性质上属于组织性规范

B. 通过《民法典》中有关姓名权的规定得到了间接实施

C. 法院在涉及公民名誉权的案件中可以直接据此作出判决

D. 与法律中的有关规定相结合构成一个有关人格尊严的规范体系

视频讲题

3. 根据我国宪法规定，关于公民住宅不受侵犯，下列哪些选项是正确的？（　　）

A. 该规定要求国家保障每个公民获得住宅的权利

B.《治安管理处罚法》第40条规定，非法侵入他人住宅的，视情节给予不同时日的行政拘留和罚款。该条规定体现了宪法保障住宅不受侵犯的精神

C.《刑事诉讼法》第71条规定，被取保候审的犯罪嫌疑人、被告人未经执行机关批准不得离开所居住的市、县。该条规定是对《宪法》规定的公民住宅不受侵犯的合理限制

D. 住宅自由不是绝对的，公安机关、检察机关为了收集犯罪证据、查获犯罪嫌疑人，严格依法对公民住宅进行搜查并不违宪

4. 张某对当地镇政府干部王某的工作提出激烈批评，引起群众热议，被公安机关以诽谤他人为由行政拘留5日。张某的精神因此受到严重打击，事后相继申请行政复议和提起行政诉讼，法院依法撤销了公安机关的“行政处罚决定书”。随后，张某申请国家赔偿。根据《宪法》和法律的规定，关于本案的分析，下列哪些选项是正确的？（　　）（法考改编）

A. 王某因工作受到批评，人格尊严受到侵犯

B. 张某的人身自由受到侵犯

C. 张某的监督权受到侵犯

D. 张某有权获得精神损害抚慰金

5. 根据宪法规定，下列哪些权利是公民享有的监督权？（　　）

A. 罢免权

B. 集会、游行、示威自由

C. 批评和建议的权利

D. 申诉、控告或者检举的权利

6. 我国宪法规定的人身自由权利包括（　　）。（考研）

A. 人身自由不受侵犯

B. 人格尊严不受侵犯

C. 住宅不受侵犯

D. 通信自由和通信秘密受法律保护

7. 我国宪法规定，公民在行使自由和权利时应符合以下哪些要求？（　　）

A. 不得侵害国家利益

B. 不得侵害社会利益

C. 不得侵害集体利益

D. 不得侵害其他公民合法的自由和权利

8. 我国《宪法》第 13 条规定：公民的合法的私有财产不受侵犯。国家依照法律规定保护公民的私有财产权和继承权。关于这一规定，下列哪些说法是正确的？（　　）（法考改编）

A. 国家不得侵犯公民的合法的私有财产权

B. 国家应当保护公民的合法的私有财产权不受他人侵犯

C. 对公民私有财产权和继承权的保护和限制属于法律保留的事项

D. 国家保护公民的合法的私有财产权，是我国基本经济制度的重要内容之一

9. 所谓出生国籍，是指因出生而取得国籍，对此各国通常采用下列哪些原则？（　　）

A. 要么采取血统主义原则

B. 要么采取出生地主义原则

C. 要么采取出生地主义与血统主义相结合的原则

D. 要么采取双重国籍原则

10. 在我国，“公民”和“人民”是两个不同的概念。它们的区别主要有（　　）。

A. 性质不同。公民是与外国人相对应的法律概念；人民是与敌人相对应的概念

B. 范围不同。公民的范围比人民的范围更加广泛，公民除包括人民外，还包括敌人

C. 后果不同。所有的人民都享有宪法和法律规定的权利并履行相应的义务；但并非所有的公民都能享有宪法和法律规定的权利并履行相应的义务

D. 公民所表达的一般是个体概念，而人民所表达的往往是群体概念

11. 关于公民基本权利，下列哪些选项是正确的？（　　）

A. 人权是基本权利的来源，基本权利是人权宪法化的具体表现

B. 基本权利的主体主要是公民，在我国法人也可以作为基本权利的主体

C. 我国公民在行使自由和权利的时候，不得损害国家的、社会的、集体的利益和其他公民的合法的自由和利益

D. 权利和义务的平等性是我国公民基本权利和义务的重要特点

12. 在长期的人权实践中，中国政府和人民形成了自己独立的人权观。主要包括下列选项中的哪几项内容？（　　）

A. 人权是有阶级性的

B. 各国人权实践总要受历史、经济、社会、文化等因素的制约

C. 对于一个国家和民族而言，生存权是首要人权。国家的独立权和发展权则是生存权的保障

D. 人权在本质上属于一国内部管辖的问题，受国内法调整

13. 根据宪法和法律，下列选项中表述错误的有（　　）。

A. 公民有休息权

B. 国家保护华侨的合法权益

C. 国家保护归侨的正当权益

D. 公民有获得物质帮助的权利

14. 下列关于我国宪法规定的公民在法律面前一律平等原则的理解，错误的是哪些？（　　）

A. 居住在中国境内的公民在法律面前平等

B. 人民在法院面前平等

C. 18 周岁以上公民在法律面前平等

D. 凡具有中华人民共和国国籍的人在法律面前平等

15. 下列选项中，哪些内容属于我国公民的基本义务体系？（　　）

A. 保卫祖国、抵抗侵略

B. 维护国家统一和全国各民族的团结

C. 维护祖国的安全、荣誉和利益

D. 依照法律纳税

16. 我国《宪法》第二章规定了“公民的基本权

利”。《宪法》中的权利之所以被称为基本权利，下列选项的理由中，正确的有（　　）。（法考改编）

A. 对公民来说不可或缺

B. 是公民其他权利的基础

C. 由《宪法》规定

D. 涉及公民和国家之间的关系

17. 我国《宪法》规定公民的住宅不受侵犯。下列哪些选项属于侵犯公民住宅的行为？（　　）（法考改编）

A. 非法侵入公民住宅　　B. 非法搜查公民住宅

C. 非法买卖公民住宅　　D. 非法出租公民住宅

18. 以下选项中，不属于劳动权核心内容的是哪些？（　　）

A. 劳动就业权　　B. 取得报酬权

C. 休息权　　D. 物质帮助权

19. 在我国，所谓“特定人的权利”中的“特定人”，是指下列选项中的哪些人？（　　）

A. 妇女　　B. 烈士家属、军属

C. 老人、母亲和儿童　　D. 华侨、归侨和侨眷

20. 依据宪法，妇女在下列哪些方面享有和男子同样的权利？（　　）

A. 政治生活　　B. 文化生活

C. 经济生活　　D. 社会和家庭生活

21. 结社自由是公民的一项重要权利。下列各项论述中，哪些是结社自由的特征？（　　）

A. 结社具有持续性和稳定性

B. 结社分为营利性结社和非营利性结社

C. 有固定的组织机构和人员

D. 我国公民的结社自由不包括公民组织政党的自由

22. 根据《宪法》的规定，关于公民纳税义务，下列哪些选项是正确的？（　　）

A. 国家在确定公民纳税义务时，要保证税制科学合理和税收负担公平

B. 要坚持税收法定原则，税收基本制度实行法律保留

C. 纳税义务直接涉及公民个人财产权，宪法纳税义务具有防止国家权力侵犯其财产权的属性

D. 履行纳税义务是公民享有其他权利的前提条件

23. 我国《宪法》规定：“中华人民共和国公民有宗教信仰自由。”其含义包括下列选项中的哪些内容？（　　）

A. 公民有信教的自由

B. 公民有不信教的自由

C. 公民有信仰这种宗教或那种宗教的自由

D. 任何国家机关、社会团体和个人都不得强制公民信仰宗教或者不信仰宗教

24. 在宗教问题上，依据我国《宪法》第36条第4款的规定，我国的（　　）不受外国势力的支配。

A. 宗教组织　　B. 宗教团体

C. 宗教事务　　D. 宗教仪式

25. 我国宪法规定的公民的言论自由具有特定的范围和表现形式，一般而言包括（　　）。

A. 由于未成年人的思想尚未成熟，因而言论自由和选举权一样，只有年满18周岁的公民才可以享有

B. 通过言论自由表达的有关政治、经济、文化、社会等方面的看法和见解受法律保护，不受非法干涉

C. 言论自由的表现形式多样，包括口头形式、书面形式等

D. 在法定范围内，公民不应因某种言论而承担不利后果

26. 根据我国宪法和法律，人大代表出现下列情况，其代表资格应终止的有（　　）。（考研）

A. 赵某辞职被接受

B. 钱某加入外国国籍但定居北京

C. 孙某因刑事案件被羁押正在接受调查

D. 李某未经批准两次不出席市级人大会议

27. 根据我国宪法，公民人身自由包括（　　）。（考研）

A. 住宅不受侵犯

B. 人身自由不受侵犯

C. 人格尊严不受侵犯

D. 通信自由和通信秘密受法律保护

28. 某县第一中学为防止校园欺凌事件的发生，作出专门规定。下列规定中，符合宪法和法律的有（　　）。（考研）

A. 学校禁止学生宣扬校园暴力

B. 学校禁止学生携带管制刀具进入校园

C. 学校可定期检查学生手机储存的信息

D. 学校可将实施欺凌的学生的姓名、照片公布于本地报刊

（三）不定项选择题

1. 依据我国宪法，下列选项中，哪些内容既是公民的权利，也是公民的义务？（　　）（考研）

A. 选举 B. 受教育
C. 劳动 D. 服兵役

2. 根据现行宪法，下列关于平等保护原则的表述，正确的是（ ）。（考研）

A. 国家机关拒绝录用“乙肝”表面抗原携带者，不构成歧视

B. 政府优先采购残疾人福利企业的产品，违反了平等保护原则

C. 为保护妇女的就业权，在任何工种或岗位上都不得设置性别限制

D. 国家对少数民族给予某些适当的照顾不违反平等保护原则

3. 在我国，公民行使选举权的条件包括（ ）。（考研）

A. 具有中国国籍 B. 年满 18 周岁
C. 未被剥夺政治权利 D. 无精神障碍

4. 某县政府以较低补偿标准进行征地拆迁。张某因不同意该补偿标准，拒不拆迁自己的房屋。为此，县政府责令张某的儿子所在中学不为其办理新学期注册手续，并通知财政局解除张某的女婿李某（财政局工勤人员）与该局的劳动合同。张某最终被迫签署了拆迁协议。关于当事人被侵犯的权利，下列选项正确的是（ ）。（法考改编）

A. 张某的住宅不受侵犯权
B. 张某的财产权
C. 李某的劳动权
D. 张某儿子的受教育权

5. 下列关于我国公民取得赔偿权的表述正确的有（ ）。

A. 国家机关违法行使职权侵犯公民合法权利的，受害人有取得国家赔偿的权利

B. 国家赔偿包括行政赔偿和刑事赔偿两种形式

C. 公民的合法私有财产被国家征收后有取得赔偿的权利

D. 申请国家赔偿需要根据《国家赔偿法》确立的程序进行

6. 中华人民共和国公民的人格尊严不受侵犯，禁止用任何方法对公民进行（ ）。

A. 侮辱 B. 诽谤和诬告陷害
C. 批评 D. 控告

7. 我国现行《宪法》规定：“中华人民共和国公民在法律面前一律平等。”其含义包括下列选项中哪些内容？（ ）

A. 任何公民都一律平等地享有宪法和法律规定的权利

B. 任何人的合法权益都一律平等地受到保护，对违法行为一律平等地予以追究

C. 不允许任何人有超越法律的特权

D. 一切公民在适用法律上和守法上都一律平等

8. 根据现行《宪法》第 39 条，中华人民共和国公民住宅不受侵犯，禁止非法（ ）。

A. 侵占公民的住宅 B. 搜查公民的住宅
C. 侵入公民的住宅 D. 查封公民的住宅

9. 我国宪法规定，中华人民共和国下列选项中的哪一主体有休息的权利？（ ）

A. 劳动者 B. 公民
C. 职工 D. 工人

10. 下列关于我国宪法上平等权的理解，不正确的是（ ）。（考研）

A. 平等权是公民的一项基本权利
B. 男女平等、民族平等都是平等权的具体体现
C. 平等权不仅反对显性歧视，而且反对隐性歧视
D. 平等权意味着平等保护，不得设置任何差别对待

11. 我国现行宪法规定，退休人员的生活受到下列选项中的哪些主体的保障？（ ）

A. 国家劳动机关 B. 社会
C. 国家 D. 所在单位

12. 我国现行宪法规定，因国家安全或者追查刑事犯罪的需要可以依法对公民的通信进行检查。但是，并不是所有国家机关都可以行使该项权力，下列哪些机关不可以行使这项权力？（ ）

A. 公安机关 B. 检察机关
C. 审判机关 D. 监察机关

13. 下列关于我国宪法上男女平等的表述，不正确的是（ ）。（考研）

A. 实行男女同工同酬
B. 国家培养和选拔妇女干部
C. 国家保护妇女的权利和利益是对妇女的优待
D. 妇女在政治、经济、文化、社会和家庭生活等方面享有同男子平等的权利

14. 我国《宪法》明确规定：“国家为了公共利益

的需要，可以依照法律规定对公民的私有财产实行征收或者征用并给予补偿。”关于公民财产权限制的界限，下列选项正确的是（　　）。（法考改编）

A. 对公民私有财产的征收或征用构成对公民财产权的外部限制

B. 对公民私有财产的征收或征用必须具有明确的法律依据

C. 只要满足合目的性原则即可对公民的财产权进行限制

D. 对公民财产权的限制应具有宪法上的正当性

视频讲题

15. 关于《宪法》对人身自由的规定，下列选项正确的是（　　）。（法考改编）

A. 禁止用任何方法对公民进行侮辱、诽谤和诬告陷害

B. 在诉讼过程中，为了搜集证据，法院可以对公民的电话进行监听

C. 禁止非法搜查公民身体

D. 禁止非法搜查或非法侵入公民住宅

16. 根据我国《宪法》第 41 条的规定，公民对于任何国家机关和国家机关工作人员的违法失职行为，有向有关国家机关提出（　　）的权利，但是不得捏造或者歪曲事实进行诬告陷害。（法考改编）

A. 申诉　　B. 起诉

C. 控告　　D. 检举

17. 我国宪法规定，公民有遵守公共秩序的义务。公共秩序是指（　　）。

A. 社会秩序

B. 生产秩序、工作秩序、教学秩序和人民群众的生活秩序

C. 公共场所的道德规范

D. 由统治阶级按照自己的意志规定或确认的社会生活规则

18. 根据我国宪法和法律的规定，下列哪些说法不正确？（　　）（法考改编）

A. 为了收集“第三者插足”的证据，公民可以委托私人调查机构以各种形式对“第三者”进行跟踪

B. 为了收集犯罪证据，公民可以委托法官对犯罪嫌疑人的通信进行监听

C. 商场保安人员有权根据商场的规定，对“盗窃嫌疑人”当场进行搜身检查

D. 商场保安人员有权对拒绝搜身检查的顾客采取限制人身自由的措施

19. 根据现行宪法和法律的规定，下列表述中正确的是（　　）。（考研）

A. 形式意义上的宪法很难真正保障公民基本权利

B. “freedom from state”是指国家授权的自由权利

C. 耶利内克的“主观性公权”是指个人可以向国家主张的权利

D. 所谓比例原则，就是评估限制基本权利的手段和限制目的的关联合理性的一套标准

视频讲题

简答题

1. 简述平等权的内涵。（考研）

2. 试述受教育权的主要内容。（考研）

3. 试述宗教信仰自由的含义、立法内容及保障理由。（考研）

4. 试述我国宪法对公民财产权的保障。（考研）

5. 马克思主义人权的概念与资产阶级人权概念有什么不同？（考研）

6. 简述我国公民人身自由的主要内容。（考研）

7. 简述公民言论自由的宪法边界。（考研）

8. 简述我国公民正确行使权利和自由的原则。（考研）

9. 简述我国公民的基本权利及其特点。（考研）

10. 谈谈我国 2004 年宪法修正案规定“国家尊重和保障人权”的重大深远意义。（考研）

11. 简述我国特定主体权利的保护。（考研）

12. 简述我国宪法上的公民的监督权。（考研）

13. 简述公民私有财产权与公民依法纳税义务之间的关系。(考研)

案例分析题

1. 甲、乙二人为夫妻。丈夫甲在结婚时曾提出条件，自己的妻子必须与自己信仰同一宗教。当时乙符合该条件，于是甲、乙二人结婚。结婚一段时间以后，妻子乙改变了自己所信仰的宗教。于是，甲诉至法院要求解除婚姻关系。理由是乙由于改变了自己的宗教信仰，因而不再符合甲在婚前对自己的配偶提出的要求，故婚姻关系应予解除。请从基本权利的角度对此案进行分析。

2. 2012 年 11 月，某市国家税务局到各高等院校发布招聘通知，招聘应届大学本科毕业生到该局工作，所需专业为计算机、法学、会计，其中该局法制处需要法学毕业生两名，招聘要求是：(1) 只要男生，不要女生；(2) 在校期间成绩优秀，英语通过六级。A 大学法律系 2008 级本科生刘某看到招聘通知后，认为自己符合除招聘通知中第一条以外的所有要求，而且她非常渴望到税务机关工作，于是前去报考，但是税务局人事处工作人员告诉她法制处不要女生，刘某认为税务局的行为违反了我国宪法和法律规定的男女平等原则，要求税务局纠正自己的错误行为。请从基本权利的角度对此案进行分析。

3. 作家李某写了一部长篇历史小说，书中描写了一位电影演员极富传奇经历的一生。但是，不久该作家就被一位自称是电影演员赵某的继承人告上了法庭，起诉的理由是书中对主人公的描写，其实是对赵某一生的影射，与赵某一生的经历极为相似，且其中有些部分的描写歪曲了事实，并认为这些歪曲与编造的事实对赵某的人格造成了侮辱，使其人格和名誉受到了损害，要求对该作家所写之书的出版发行加以禁止，并赔偿对赵某家人的精神损害。请从基本权利的角度对此案进行分析。

4. 2002 年 8 月 18 日 23 时左右，延安市百花路派出所接到电话举报，称其辖区内有人正在播放黄色录像。接到举报后，民警来到张某诊所门外。但是，大门紧锁，民警无法核实是否有人播放黄色录像。为进一步调查，民警从诊所侧面的窗户缝里看到卧室内的确正在播放淫秽录像。于是，民警以看病为借口进入该诊所并来到放录像的房间，后在民警和张某之间发生了一些冲突。于是民警采取强制措施，以妨碍警方执行公务为由将张某带回派出所。作为播放淫秽录像的证据，警方将从现场搜到的 3 张淫秽光碟连同电视机、影碟机一起带回派出所。2002 年 8 月 19 日，派出所在张某家人交付 1 000 元担保金之后于 8 月 19 日晚将其放回家，并以“传播淫秽物品”为由给张某出具了“现场扣押物品清单”。2002 年 8 月 20 日，陕西当地媒体《华商报》以《家中看黄碟，民警上门查》为题，开始对此事予以报道，随后引起社会各界的广泛关注，并由此引发了有关“公权是否有权干涉私权空间”的大讨论。请从基本权利的角度对此案进行分析。

论述题与深度思考题

1. 论我国公民基本权利的宪法救济。(考研)
2. 论国家权力与公民权利的关系。(考研)
3. 论宪法与人权的关系。(考研)
4. 试论国际人权公约对我国公民基本权利的意义。(考研)
5. 论述基本权利的保障方式。(考研)

参考答案

名词解释和概念比较

1. 生命权是最基本的人权，是指生命受宪法和法律保护，不受非法侵害与任意剥夺，是人人享有的固有的权利。生命权主体只能是自然人，对象是人的生命。生命权包括：一是防御权。生命权的本质是对一切侵害生命的行为（国家和私人的）进行防御。二是享受生命的权利。人人平等地享有生命，其主体地位得到宪法的保护。三是生命保护请求权。当生命权受到侵害时，受害者有权向国家提出保护的请求，以得到必要的救济。

2. 表达自由是指人们通过一定的方式将自己内心的精神作用公之于外部的精神活动的自由。其中所谓“一定的方式”，主要体现在一定的表现行为之中，并具有复杂的多样性，其典型的方式主要有言论、出版、集会、结社、游行和示威。

3. 住宅安全权是指公民居住、生活、休息的场所不受非法侵入或者非法搜查的权利。保障公民的住宅不受侵犯，与保护公民的私生活和家庭亦有着密切的关联性，住宅安全权是人身自由的一种延伸，也是公民针对国家或公共权力的一种防御性质的权利。

4. 财产权是指财产上的私权，即一切具有财产价值的权利；不仅包括物权，也包括债权、知识产权、继承权等私法上的权利，同时还包括具有财产权性质的公物使用权（如国有土地或集体所有土地的使用权、水利权）等公法上的权利。

5. 出版自由是公民有以出版物形式表达其思想和见解的自由。出版自由是言论自由的一种形式。它与言论自由的区别仅在于它是以出版物的形式来表达思想和见解。出版自由作为公民的一项基本权利，既是交流思想和见解的手段，也是进行思想教育和促进科学文化事业发展的一种手段。

6. 所谓罢免权，主要是指罢免已通过选举产生的特定的代表的权利。它是选举人或选举母体对代表实行监督的最严厉的手段之一，是选举权的一种延伸或展开形态。罢免权与其说是一项宪法上的权利，倒不如说是一种具有从属并服务于人民代表制的性质的权限。

7. 言论自由是公民对于政治和社会生活中的各种问题，有通过语言方式表达其思想和见解的自由。言论自由在公民的各项自由权利中居于首要地位。因为言论既是公民表达思想和见解的基本形式，也是交流思想、传播信息的基本工具，还是联结人民群众、形成人民意志的重要手段，所以，从某种意义上讲，一个国家言论自由的程度从一个侧面反映了这个国家的民主化程度。从法理和立法实践看，任何自由都必须在法律的范围内行使。我国公民的言论自由也同样应该在法律的范围内行使。第一，不得利用言论自由煽动群众反对政府、危害国家和社会安定；第二，不得利用言论自由对他人的人格尊严进行侮辱诽谤。在我国社会条件下，法律上的这种规定，是保障言论自由的一种必要手段。

8. 结社自由是指公民为一定宗旨，依照法定程序组织或者参加具有持续性的社会团体的自由。公民的结社因目的不同，可以分为两种：（1）以营利为目的的结社，如商业结社中的公司、集团、中心等。此种结社通常由民法、商法、公司法等来调整。（2）非以营利为目的的结社。其中又分为政治性结社，如组织政党、政治团体等；非政治性结社，如组织宗教、慈善、文化艺术等团体。在我国，凡符合宪法和法律的规定，并履行一定法律程序而组成的社会团体，都受到国家的保护。现在我国除中国共产党外，还有8个民主党派以及工会、共青团、妇女联合会等各种社会团体。不仅如此，为了繁荣科学和文化艺术，我国还有各种学会等团体。我国法律既保护人民享有结社自由，又禁止和取缔不法分子假借这种自由搞非法组织和破坏活动。

9. 所谓申诉权，是指公民的合法权益，因行政机关或司法机关作出的错误的、违法的决定或者判决，或者因国家工作人员的违法失职行为而受到侵害时，受害公民有向有关机关申诉理由，要求重新处理的权利。依据我国法律的规定，我国公民申诉权的行使，主要有以下两种情况：（1）对已经发生法律效力的判决或者裁定，当事人、被告人及其家属或者其他公民，可以向人民法院或者人民检察院提出申诉，要求改正或者撤销原判决或者裁定；（2）公民对于行政机关所作出的行政处罚的决定不服时，可向其上级机关或者有关国家机关提出申诉，要求改正或者撤销原决定。

10. 所谓检举权，就是指公民对于违法失职的国家机关和国家工作人员，有向有关机关揭发事实，请求依法处理的权利。所谓控告权，是指公民对于任何国家机关和国家工作人员的违法失职行为，有向有关机关进行揭发和指控的权利。检举权和控告权一样，都是同违法失职行为作斗争的手段，但两者又存在区别。（1）控告人是受国家机关或国家机关工作人员的违法失职行为不法侵害的人，而检举人一般与事件无直接关系。（2）控告是为了保护自己的权益而要求依法处理，而检举一般是出于正义感和维护公共利益的目的，对违法失职行为进行揭发。我国公民的控告权和检举权可以通过以下途径行使：（1）对违法犯罪行为向司法机关提出；（2）对违反政纪的行为向主管单位、国家监察机关或者上级单位提出；（3）对国家机关中党的组织或党员的违法犯罪行为，向同级或上级党的纪律检查委员会提出。

11. 人格尊严是一个较为难以界定的概念。法律上典型的人格概念，在一般意义上与权利能力是同义语。为此，社团也可以具有人格。在此意义上，传统法学上又形成了人格权的概念，指的是法律所认定的人格主体地位，但这种人格权仍具有权利能力的含义。而与此同时，传统法学中，人格权更多的是用以指称与权利者不可分离的那些利益，即身体、自由和名誉。人格权不仅反映了私人之间的相互关系，在与国家或公共权力之间的关系上，它也具有必须予以保护的宪法价值，为此形成了宪法上的人格权概念，并具有狭义和广义之分。狭义的人格权是指与个人的人格价值具有基本关联性的、不可侵犯的权利，主要包括名誉权、姓名权、肖像权以及隐私权，而广义的人格权同时还包括构成人格本质的个人的生命、身体、精神以及与个人的生活相关联的利益等其他内容。一般认为，我国现行《宪法》第38条中的人格尊严相当于狭义的人格权。

12. 公民的基本权利是指由宪法规定的公民享有的必不可少的某些权益，是公民实施某一行为的可能性。宪法作为国家根本法，不可能也没有必要对公民的各种权利一一加以规定，因此，宪法所确认的只能是一些基本权利，即那些表明权利人在国家生活基本领域中所处法律地位的权利。尽管本质上，公民的基本权利和一般权利是一致的，但它们二者之间也有区别。基本权利具有自身的法律特性：第一，基本权利决定着公民在国家中的法律地位。第二，基本权利是公民在社会生活中必需的权利。第三，基本权利具有母体性，它能派生出公民的一般权利。第四，基本权利具有稳定性和排他性，它与人的公民资格密不可分，与人的法律平等地位密不可分，因而是所谓的不证自明的权利。

公民的基本义务是指由宪法规定的公民必须遵守和应尽的根本责任。公民的基本义务是公民对于国家的具有首要意义的义务。它构成普通法律所规定的义务的基础。公民的基本义务与基本权利一起共同反映并决定着公民在国家中的政治与法律地位，构成普通法律规定的公民权利和义务的基础和原则。

13. 公民权即公民基本权利，是以宪法形式确认的最基本的人权。人权要比公民权广泛得多，且是公民权的来源，而公民权一般只是宪法、法律保护的最重要的人权。可以说，公民权是法律保护的人权的最低标准。资产阶级把公民基本权利称作人权和“公民权”，并把它作为资产阶级宪法的核心内容。美国《独立宣言》第一次把人权提到纲领性文件和根本法的地位，被马克思称为“第一部人权宣言”。法国《人权宣言》是第一个以人权为名的宪法文件。社会主义国家宪法沿用了公民权概念，联合国通过的《公民权利和政治权利国际公约》也使用了公民权概念。公民权与人权两个概念含义相近、内容交叉，多数场合下可以互相替代。它们的共同之处主要表现在以下几个方面。

(1) 起源相同。两者均肇始于近代资产阶级革命。为推翻封建特权和神权统治，资产阶级提出了主权在民、天赋人权的口号。它们不仅是资产阶级革命的理论武器，而且是构建资本主义宪法的指导原则。随着《独立宣言》和《人权宣言》的发表，各国制定的宪法中大都规定了公民权。有的国家人权和公民权并用，如法国。有的国家仅用人权，如美国。

(2) 社会基础和制约条件相同。人权和公民权的水平均取决于特定的经济、社会、文化条件。两者都建立于商品经济发展的基础上，都以自由、平等、正义为价值追求，受制于社会的经济结构以及由经济结构所制约的社会的文化发展，并随经济、社会、文化发展而不断地扩展。

(3) 内容基本相同。人权与公民权的内容大体一致，基本相同。一般都包括：享有生存、自由、财产、安全的权利，平等权，选举权和被选举权，言论、出版、结社、集会、游行、示威等政治自由，宗教信仰自由，通信自由，经济社会文化方面的权利等。但是，人权的范围比公民权的要广泛得多，且是公民权的来源，而公民权一般只是将最主要的、最需要保护的部分人权首先用宪法法律形式予以保护。可以说，公民权是法律保护的人权的最低道德标准。

(4) 价值取向和理论基础相同。人权和公民权都体现了自由、平等、正义的价值取向，是人类的共同愿望。自由是指在政治上主体在社会关系中受到保障或得到认可地按照自己的意志进行活动的权利。平等是指人们在政治经济文化等方面处于同等的社会地位和享有相同的权利。人权和公民权的理论基础都是人道主义。

公民权与人权又存在不同，人权是人们应当平等地享有的权利；公民权是公民依法享有的人身、政治、经济、文化等方面的权利。其中，由宪法规定的称为公民基本权利。显而易见，人权与公民权是两个不同的概念，其差异表现在以下几个方面。

(1) 主体不完全相同。狭义的公民权仅限于有本国国籍的公民，而人权的人指的是自然人，除本国公民外，还包括在本国领域内的外国人和无国籍人。此外，公民权的主体是公民，而人权的主体既包括单个人，也包括集体、群体，如民族、国家、妇女、儿童等。

（2）适用范围不同。在一个特定国家里，只有本国公民才享有公民权，在该国的外国人和无国籍的人没有公民权。如各国宪法中规定，选举权、被选举权、直接或派代表参与国家管理权、政治地位平等权、平等担任公职权、自由回国权等均属于本国公民专有权利，非本国公民不能享有。而人权适用于一国领域内的所有人，包括外国人和无国籍的人。

（3）属性不同。公民权仅有法律属性，而人权除法律属性外，还有道德属性和政治属性。从每个人应当享有的权利的角度看，人权属于道德范畴，即应有权利。美国为首的西方国家将人权作为国际政治斗争的工具，干涉社会主义国家和其他发展中国家的内政，给人权涂上了浓重的政治色彩，因而人权具有了政治属性。

（4）表达方式的差异。对于公民权，一般各国都在宪法中明确规定，而对于人权，有的国家在宪法中有规定，有的国家并未在宪法中规定。当然，宪法中未规定人权的国家不等于没有人权。国际法也是人权法的重要渊源，凡是加入人权公约的国家都必须尊重和保障相关人权。

（5）实现和监督机制的差异。公民权的实现依靠国内法来保障，有司法机关的监督、社会监督、群众监督和舆论监督。人权的实现除国内法和国内机关的保障以外，还有国际法和国际人权组织的监督。如《公民权利和政治权利国际公约》的保障机制，就包括报告制度、国家间指控制度和个人申诉制度。

（6）救济途径的差异。公民权被侵犯时，在国内通过向有关机关控告、检举、申诉、申请复议、诉讼、要求赔偿等途径解决。人权被侵犯时，在国内法律救济手段用尽之后，被侵权人仍不满意的，还可以向国际人权委员会申诉。

选择题

（一）单项选择题

1. 答案 B

人身自由包括狭义和广义两方面。狭义的人身自由主要指公民的身体不受非法侵犯，广义的人身自由则还包括与狭义的人身自由相关联的生命权、人格尊严、住宅不受侵犯、通信自由和通信秘密等权利和自由。A 项中，《宪法》第 38 条规定：中华人民共和国公民的人格尊严不受侵犯。禁止用任何方法对公民进行侮辱、诽谤和诬告陷害。故 A 项说法正确。B 项中，生命权在我国《宪法》中并没有明确规定，只是包含在人身自由中。故 B 项说法错误。C 项中，《宪法》第 37 条第 3 款规定，禁止非法拘禁和以其他方法非法剥夺或者限制公民的人身自由，禁止非法搜查公民的身体。故 C 项说法正确。D 项中，《宪法》第 39 条规定：中华人民共和国公民的住宅不受侵犯。禁止非法搜查或者非法侵入公民的住宅。故 D 项说法正确。本题为选非题，答案为 B。

2. 答案 C

本题考查宪法修正案的规定。根据 2004 年的《宪法修正案》第 22 条，我国宪法上对私有财产权的表述为：“公民的合法的私有财产不受侵犯。”“国家依照法律规定保护公民的私有财产权和继承权。”“国家为了公共利益的需要，可以依照法律规定对公民的私有财产实行征收或者征用并给予补偿。”可见，我国宪法对私有财产权的保障采取相对保障的模式，私有财产权并非神圣不可侵犯，出于公共利益的目的，国家可以对私有财产权进行必要的限制，甚至征收或者征用。因此，笼统地说“任何人不得剥夺公民的私有财产”，显然是武断的。故选 C 项。

3. 答案 A

本题考查宪法的规定。根据我国《宪法》第二章的规定，我国公民享有的基本权利分为六大类，具体包括：第一，平等权。第二，政治权利和自由：选举权和被选举权；政治自由，包括言论自由，出版自由，结社自由，集会、游行、示威自由。第三，监督权和获得赔偿权，包括批评、建议权，控告、检举权，申诉权，获得赔偿权。第四，宗教信仰自由。第五，人身权利：人身自由；人格尊严；住宅自由；通信自由和通信秘密。第六，社会经济、文化教育方面的权利：财产权；劳动权；保护华侨、归侨、侨眷的正当权益；受教育权；科学研究、文学艺术创作和其他文化活动的自由；特殊人群的权利。由此可见，B、C、D 项都属于我国宪法上所保护的公民的基本权利，而 A 项尚未受到我国宪法的保护。

4. 答案 D

1991 年 11 月，中国政府公布了新中国成立以来第一份“人权白皮书”，即《中国的人权状况》，其中第一次正式提出了生存权的概念，并指出生存权是中国人民长期争取的首要人权。所谓生存权即公民享有的维持其身体所必需的健康和生活保障权。我国宪法下的生存权的具体性，是通过把生存权作为特定权利（退休人员和丧失劳动能力的公民的权利）来加以规定和保障而得以实现的。

5. 答案 D

“公民”一词，在不同历史类型的国家有着不同的含义。在古希腊、古罗马国家，公民只是专指由奴隶主、自由职业者和外来居民构成的少数市民。广大奴隶作为奴隶主的财产，并不享有市民的任何权利。在封建的君主制国家，隶属或臣服于君主的不同等级身份的人们，被称为臣民，没有公民的称谓。公民这个称谓普遍地适用于社会全体成员，是从资产阶级革命和资产阶级国家建立时开始的。资产阶级思想家为了反对封建专制制度，提出“自由、平等、博爱”的口号和“主权在民”的原则。随着资产阶级革命的胜利，公民这一称谓才为资产阶级国家的宪法所确认，并得到普遍使用。

6. 答案 A

公民的基本权利是指由宪法规定的公民享有的必不可少的某些权益，是公民实施某一行为的可能性。当然公民可以放弃。基本义务是指由宪法规定的公民必须遵守和应尽的根本责任，是必须履行的。

7. 答案 B

本题考查的是人身自由的范围。在我国宪法中规定了以下几类基本权利：（1）平等权或者是“平等原则”；（2）政治权利，包括选举与被选举权、广义上的言论自由；（3）宗教信仰自由；（4）人身权利，包括人身自由、人格尊严、住宅权、通信自由和通信秘密；（5）社会经济文化权利，包括财产权、劳动权、休息权、社会保障权、文化教育权；（6）监督权，包括批评建议权、检举控告权、申诉权、取得国家赔偿的权利。

8. 答案 B

依照《宪法》第 37 条的规定，中华人民共和国公民的人身自由不受侵犯。任何公民，非经人民检察院批准或者决定或者人民法院决定，并由公安机关执行，不受逮捕。企业的行为侵犯员工的人格尊严，人格尊严也是我国宪法规定的基本权利，对基本权利的限制需要具有合宪性，企业无权翻包检查。故 A 项说法错误。

公安机关可以依法对犯罪嫌疑人及可能隐藏罪犯或犯罪证据的人的身体、物品、住处和其他有关地方进行搜查。进行搜查，必须向被搜查人出示搜查证。在执行逮捕、拘留的时候，遇有紧急情况，不需要搜查证也可以进行搜查。故 B 项说法正确。

根据《民事诉讼法》第 113、114 条，对扰乱法庭秩序的诉讼参与人，人民法院可以根据情节轻重予以罚款、拘留；构成犯罪的，依法追究刑事责任。但是法院无权对严重违反法庭秩序的人员执行逮捕。故 C 项说法错误。

我国《立法法》规定，限制人身自由的强制措施属于法律保留事项，只有法律可以规定限制人身自由的内容。故 D 项说法错误。

9. 答案 C

A 选项错误：依法纳税是我国宪法规定的公民基本义务，王某虽然未就业，只是免征其个人所得税，但其他类别的税收（典型如消费税）并不免除。

B 选项错误：凡年满 18 周岁的公民，均有依法服兵役的义务。王某今年 23 岁，显然满足条件，只是由于其之前在高校就读，可以缓征，在其毕业后只要满足服现役条件，仍然可以被征集。

C 选项正确：根据选举权普遍原则，公民只要年满 18 周岁，未被剥夺政治权利，均依法享有选举权和被选举权。

D 选项错误：宪法当中的休息权是一项非常特殊的身份性权利，仅针对劳动者，王某未就业，显然不属于劳动者，自然不享有休息权（但不能理解为不能休息）。

10. 答案 C

《宪法》第 41 条规定：由于国家机关和国家工作人员侵犯公民权利而受到损失的人，有依照法律规定取得赔偿的权利。

11. 答案 A

《社会团体登记管理条例》第 6 条规定：国务院民政部门和县级以上地方各级人民政府民政部门是本级人民政府的社会团体登记管理机关。

12. 答案 B

《集会游行示威法》第 9 条规定：主管机关接到集会、游行、示威申请书后，应当在申请举行日期的 2

日前，将许可或者不许可的决定书通知其负责人。不许可的，应当说明理由。逾期不通知的，视为许可。确因突然发生的事件临时要求举行集会、游行、示威的，必须立即报告主管机关；主管机关接到报告后，应当立即审查决定许可或者不许可。

13. 答案 A

《宪法》第 50 条规定：中华人民共和国保护华侨的正当的权利和利益，保护归侨和侨眷的合法的权利和利益。

14. 答案 C

《宪法》第 33 条规定：凡具有中华人民共和国国籍的人都是中华人民共和国公民。中华人民共和国公民在法律面前一律平等。任何公民享有宪法和法律规定的权利，同时必须履行宪法和法律规定的义务。《宪法》第 4 条规定：中华人民共和国各民族一律平等。国家保障各少数民族的合法的权利和利益，维护和发展各民族的平等、团结、互助关系。禁止对任何民族的歧视和压迫，禁止破坏民族团结和制造民族分裂的行为。因此，我国《宪法》对于平等权是有明确规定的，并且有一个完整的规范体系。故 A 项正确。《宪法》第 34 条规定：中华人民共和国年满 18 周岁的公民，不分民族、种族、性别、职业、家庭出身、宗教信仰、教育程度、财产状况、居住期限，都有选举权和被选举权；但是依照法律被剥夺政治权利的人除外。享有选举权和被选举权要满 18 周岁才行，年龄是差别的理由。故 C 项错误。

平等权是我国《宪法》规定的基本权利体系的重要组成部分，是权利主体参与社会生活的前提和基本条件。其基本特点是：（1）从公民与国家的关系看，公民有权利要求国家给予平等的保护。不因公民的性别、年龄、职业、出身等原因给予差别对待。国家有义务无差别地保护每一个公民的平等地位。（2）平等权意味着公民平等地行使权利，平等地履行义务。权利与义务一致性的原则源于平等权的价值观，平等权的观念与理论原则要求权利与义务并重。平等权是公民基本权利的高度概括，它构成了基本权利形成与运行的指导性原则。故 B 项说法正确。平等不等于均等，而是可以进行合理的差别对待，因此，妇女享有同男子平等的权利，但对其特殊情况可予以特殊保护，比如“经期”“孕期”和“哺乳期”的特殊保护。故 D 项说法正确。

本题选非题，答案为 C。

15. 答案 A

《集会游行示威法》第 6 条规定：集会、游行、示威的主管机关，是集会、游行、示威举行地的市、县公安局、城市公安分局；游行、示威路线经过两个以上区、县的，主管机关为所经过区、县的公安机关的共同上一级公安机关。

16. 答案 B

服兵役是我国宪法规定的公民的基本义务之一，是宪法规定的公民必须遵守的基本义务和应尽的基本责任，不是基本权利，所以 A 错。年满 18 周岁的公民都有服兵役的义务，不是 16 周岁，所以 C 错。政治权利的享有不以服兵役为前提，未被剥夺政治权利的中华人民共和国公民都拥有政治权利，所以 B 对、D 错。

17. 答案 C

本题考查的是公民获得物质帮助的权利。我国《宪法》第 14 条规定：国家建立健全同经济发展水平相适应的社会保障制度。第 45 条规定：中华人民共和国公民在年老、疾病或者丧失劳动能力的情况下，有从国家和社会获得物质帮助的权利。国家发展为公民享受这些权利所需要的社会保险、社会救济和医疗卫生事业。因此，需要从两个角度理解物质帮助权：（1）宪法确定的物质帮助权是与经济发展水平相适应的，目前仅限于公民年老、疾病及丧失劳动能力三种情形；（2）随着经济发展，保障水平应该有实质提高。

18. 答案 A

本题考查的是宪法中基本权利条款的变迁。我国《宪法》第二章是“公民的基本权利和义务”，在该章中规定了公民的基本宪法权利和义务。需要注意的是，1982 年《宪法》较之于以前的宪法有了较大调整：有些权利在 1954 年《宪法》、1975 年《宪法》、1978 年《宪法》中曾有相关规定，但是 1982 年《宪法》修订时并没有保留；有些权利则是之前没有的，1982 年《宪法》将其明定为宪法权利。以下两个权利需要特别注意：（1）迁徙自由：《中国人民政治协商会议共同纲领》第 5 条规定，中华人民共和国人民有……居住、迁徙……的自由。1954 年《宪法》第 90 条规定，中华人民共和国公民有居住和迁徙的自由。但在 1958 年我国《户口登记条例》颁布实施后，中国实行了农村户口和城市户口“二元结构”的户籍管理制度，人为地限制了城乡间的自由迁徙。后来的 1975 年和 1978 年

《宪法》也都没有规定迁徙权。现行宪法在确认和保护公民的基本权利方面吸收了1954年《宪法》的许多内容，但仍未能确认公民的迁徙自由权。所以，迁徙自由并没有在1982年《宪法》中得到明确规定，但是许多学者认为：法无明文禁止即自由，即使宪法没有规定，也不妨碍该权利的行使。(2) 罢工权：我国1975年和1978年《宪法》规定公民享有罢工权，但1982年《宪法》取消了该规定。目前我国的规定是，《工会法》规定：企业发生停工、怠工事件，工会应当会同企业行政方面或者有关方面，协商解决职工提出的可以解决的合理的要求，尽快恢复正常生产秩序。所以，1982年《宪法》并没有延续1975年、1978年《宪法》的规定，明确将罢工权列为基本权利。此外，我国公民享有“宗教信仰自由”，其中也包括了宗教行为方面的自由（如礼拜、传教等），但是传教并非一项独立的权利。

19. 答案C

根据《宪法》第35条的规定，中华人民共和国公民有言论、出版、集会、结社、游行、示威的自由。所谓出版自由，是指公民享有通过以印刷或其他复制手段制成的出版物公开表达和传播意见、思想、感情、信息、知识等的自由。各类横幅标语应当认定为公民言论自由的表现，而不是出版自由。故A项说法错误。政府为公共管理的需要属于对公民基本权利的限制，故B选项错误。执法部门为了提升市容市貌和环境卫生水平的需要，一律禁止设置各类横幅标语，其目的具有正当性，故C选项正确。合理差别涉及不同利益主体之间的问题，例如对老年人、妇女、儿童、残疾人的倾斜性保护，即为合理差别对待，本题不涉及不同主体之间区别对待问题，故D选项错误。本题答案为C。

20. 答案B

《宪法》第47条规定：中华人民共和国公民有进行科学研究、文学艺术创作和其他文化活动的自由。国家对于从事教育、科学、技术、文学、艺术和其他文化事业的公民的有益于人民的创造性工作，给以鼓励和帮助。

21. 答案A

《宪法》第34条规定：中华人民共和国年满18周岁的公民，不分民族、种族、性别、职业、家庭出身、宗教信仰、教育程度、财产状况、居住期限，都有选举权和被选举权；但是依照法律被剥夺政治权利的人除外。

22. 答案D

《宪法》第49条第4款规定：禁止破坏婚姻自由，禁止虐待老人、妇女和儿童。

23. 答案D

《宪法》第49条第3款规定：父母有抚养教育未成年子女的义务，成年子女有赡养扶助父母的义务。

24. 答案D

根据《宪法》第34条的规定，并非所有公民都有选举权和被选举权，被剥夺政治权利的人没有，故A项错误。《宪法》第50条规定，中华人民共和国保护华侨的正当的权利和利益，保护归侨和侨眷的合法的权利和利益。故我国宪法对华侨、归侨、侨眷的权益都进行保护，故B项错误。《宪法》第43条规定，中华人民共和国劳动者有休息的权利。国家发展劳动者休息和休养的设施，规定职工的工作时间和休假制度。故C项错误。《宪法》第13条规定，公民的合法的私有财产不受侵犯。国家依照法律规定保护公民的私有财产权和继承权。国家为了公共利益的需要，可以依照法律规定对公民的私有财产实行征收或者征用并给予补偿。而《宪法》第13条位于宪法的“总纲”部分，故D项正确。

25. 答案B

本题考查的是中国国籍原始取得的条件。根据《国籍法》的规定，父母双方或一方为中国公民，本人出生在外国，具有中国国籍；但父母双方或一方为中国公民并定居在外国，本人出生时即具有外国国籍的，不具有中国国籍。父母无国籍或国籍不明，定居在中国，本人出生在中国，具有中国国籍。据此，A和D选项中，我国香港特别行政区采出生地主义，在中国香港出生便自动获得中国国籍；B选项中美国也采取出生地主义，本人出生时即具有外国国籍的，不具有中国国籍；C选项中父母均是无国籍人，定居在中国，本人出生在中国，具有中国国籍。

26. 答案A

宪法规定“公民的合法的私有财产不受侵犯”，而不是“神圣不可侵犯”，B项错误。财产权规定在第一章“总纲”中，C项错误。国家为了公共利益的需要，可以依照法律规定对公民的私有财产实行征收或者征用并给予补偿，不是“赔偿”，D项错误。本题选A。

（二）多项选择题

1. 答案 ABCD

社会经济权利是指公民依照宪法的规定享有的经济物质利益的权利，是公民实现其他权利的物质上的保障。社会经济权利是在宪法调整经济生活的过程中产生的，是宪法调整的重要形式，它是宪法遵循的社会正义原则的体现。根据我国现行宪法的规定，本题全选。

2. 答案 BD

宪法规范是指调整国家最基本、最重要的社会关系的各种规范的总和。宪法规范是宪法最基本的要素和最基本的构成单位。宪法规范具有以下主要特点：(1) 根本性；(2) 最高权威性；(3) 原则性；(4) 纲领性；(5) 相对稳定性。根据性质与调整形式，宪法规范一般分为以下几种：(1) 确认性规范。确认性规范是对已经存在的事实的认定，其主要意义在于根据一定原则和程序，确立具体宪法制度和权力关系，以肯定性规范的存在为其主要特征。我国《宪法》第 1 条第 1 款规定："中华人民共和国是工人阶级领导的、以工农联盟为基础的人民民主专政的社会主义国家。"该法第 2 条第 1 款规定："中华人民共和国的一切权力属于人民。"(2) 禁止性规范（组织性规范）。禁止性规范是指对特定主体或行为的一种限制，也被称为强行性规范。这类规范对于宪法的实现起着十分重要的作用，集中表现宪法的法的属性。如我国《宪法》第 65 条第 4 款规定："全国人民代表大会常务委员会的组成人员不得担任国家行政机关、监察机关、审判机关和检察机关的职务。"《宪法》第 12 条第 2 款规定："国家保护社会主义的公共财产。禁止任何组织或者个人用任何手段侵占或者破坏国家的和集体的财产。"(3) 权利性规范与义务性规范。权利性规范与义务性规范主要是在调整公民基本权利与义务的过程中形成的，同时为公民行使权利与履行义务提供依据。(4) 程序性规范。程序性规范具体规定宪法制度运行过程的程序，主要涉及国家机关活动程序方面的内容。程序性规范主要有两种表现形式：一是直接的程序性规范，即宪法典对有关行为的程序作了具体规定，如全国人大召开临时会议的程序、全国人大延长任期的规定、宪法修改程序的规定、全国人大代表质询权的规定等。二是间接的程序性规范，即宪法典本身对程序性规范不作具体规定，而通过法律保留形式规定具体程序。比如，关于法律的具体制定程序、国家机关领导人的具体选举程序等，宪法只作原则性的规定，具体程序由部门法规定。无论是直接的还是间接的程序性规范，都具有法律效力，违反其程序性要求的行为是无效的。本题中的规定属于权利性与义务性规范，故 A 项说法错误。

《宪法》规定的人格尊严包括姓名权、荣誉权、名誉权和隐私权。而 B 项中说的姓名权是人格尊严的一部分，因此，B 项说法正确。

根据司法解释的规定，我国《宪法》不能在法院审判案件中被直接引用。故 C 项说法错误。

我国《宪法》对人格尊严的保护具有一定的抽象性，宪法规范与法律中的有关规范相结合构成一个有关人格尊严的规范体系。故 D 项说法正确。

综上，本题答案为 BD。

3. 答案 BD

本题考查的是住宅权的含义。A 项错误：住宅权是一项典型的"自由权"，意味着公民的住宅不受侵犯，但国家不负责保障每个公民都有住宅。C 项中没有体现对住宅的保护，故 C 项不选。

4. 答案 BCD

公民有权对国家机关工作人员的任何行为进行批评建议，因此张某对王某进行激烈批评合法合规，并不侵犯王某的人格尊严，故 A 选项错误，C 选项正确。B 选项正确：张某因合法行为被公安机关拘留 5 日，其人身自由受到侵犯。D 选项正确：张某精神受到严重打击，因此在申请国家赔偿时，张某有权提出精神损害赔偿要求。

5. 答案 CD

本题考查的是宪法中的监督权。监督权是公民监督国家机关及其工作人员活动的权利，包括以下四种权利：(1) 批评、建议权。批评权是指公民对国家机关和国家工作人员在工作中的错误和缺点，有提出批评意见的权利。建议权是指公民对国家机关、国家机关工作人员的工作提出建设性意见的权利。(2) 控告、检举权。控告权是指公民有对违法失职的国家机关及其工作人员的侵权行为提出指控，请求有关机关对违法失职者给予制裁的权利。检举权是指公民对于违法失职的国家机关和国家工作人员，有向有关机关揭发事实，请求依法处理的权利。两者的区别就在于：控告人往往是受害者，而检举人一般与事件无直接联系；

控告是为了保护自己的权益而要求依法处理，而检举一般是出于正义感和维护公共利益的目的。(3) 申诉权。公民的合法权益，因行政机关或司法机关作出的错误的、违法的决定或判决，或者因国家工作人员的违法失职行为而受到侵害时，受害公民有向有关机关申诉理由，要求重新处理的权利。申诉权有诉讼上的申诉权与非诉讼上的申诉权。(4) 取得国家赔偿权。由于国家机关和国家机关工作人员侵犯公民权利而受到损失的人，有依照法律规定取得赔偿的权利。《国家赔偿法》对此作了更为详细的规定。

6. 答案 ABCD

人身自由是指公民的人身不受非法侵犯的自由。广义的人身自由除身体自由不受侵犯外，还包括与人身有密切联系的人格尊严和公民住宅不受侵犯，以及公民的通信自由和通信秘密受法律保护。所以全选。

7. 答案 ABCD

《宪法》第 51 条规定：中华人民共和国公民在行使自由和权利的时候，不得损害国家的、社会的、集体的利益和其他公民的合法的自由和权利。

8. 答案 ABCD

根据我国《宪法》的规定，国家保护公民合法的私有财产权，其含义包括国家不得随意侵犯公民的合法的私有财产权，如果因为公共利益进行征收或者征用，需要进行补偿。故 A 项正确。同时，国家还要履行责任，保护公民的合法的私有财产权不受他人侵犯。如果有侵权行为发生，要给予司法救济等。故 B 项说法正确。

根据《立法法》第 11 条的规定，下列事项只能制定法律：(1) 国家主权的事项；(2) 各级人民代表大会、人民政府、监察委员会、人民法院和人民检察院的产生、组织和职权；(3) 民族区域自治制度、特别行政区制度、基层群众自治制度；(4) 犯罪和刑罚；(5) 对公民政治权利的剥夺、限制人身自由的强制措施和处罚；(6) 税种的设立、税率的确定和税收征收管理等税收基本制度；(7) 对非国有财产的征收、征用；(8) 民事基本制度；(9) 基本经济制度以及财政、海关、金融和外贸的基本制度；(10) 诉讼制度和仲裁基本制度；(11) 必须由全国人民代表大会及其常务委员会制定法律的其他事项。

C 项中，国家依照法律规定保护公民的私有财产权和继承权。同时，财产权属于上述第 9 项，对公民私有财产权和继承权的保护和限制属于法律保留的事项，故 C 选项正确。D 项中，我国的基本经济制度主要包括公有制和私有制的保护及其相互关系。故 D 项说法正确。

本题答案为 ABCD。

9. 答案 ABC

采用因出生而取得国籍的国家，其立法原则也不一致，有的采用血统主义原则，即确定一个人的国籍以他出生时父母的国籍为准，不问他的出生地为何国；有的采用出生地主义原则，即一个人的国籍以他出生地所属的国家为准，不问他的父母属于何种国籍；也有的采用血统主义和出生地主义相结合的原则，其中有的是以血统主义为主、以出生地主义为辅。现今世界各国大多采取血统主义和出生地主义相结合的原则来解决国籍的取得。

10. 答案 ABCD

本题主要考查人民与公民概念的区别。

11. 答案 ACD

本题考查的是公民的基本权利。选项 A 正确：公民基本权利，指一国宪法确认的公民享有的主要的、必不可少的权利。人权，是指人生而就具有且普遍享有的权利。它经过资产阶级启蒙思想家的“天赋人权”的思想而得到广泛传播，并在早期的资本主义宪法中得到了体现，在人权进入宪法和法律的保障范围后，人权就由一种应然权利转变为一种法定权利，可以说，人权是基本权利的来源，基本权利是人权宪法化的具体表现。选项 B 错误：基本权利的主体主要是公民。有些国家的宪法规定，法人和外国人也可以成为基本权利的主体。但在我国，基本权利的主体只能是公民，不能是法人。例如，选举权和被选举权、宗教信仰自由等基本权利，法人就无法享有。选项 C 正确：《宪法》第 51 条规定，中华人民共和国公民在行使自由和权利的时候，不得损害国家的、社会的、集体的利益和其他公民的合法的自由和权利。选项 D 正确：我国宪法对公民基本权利义务的规定，体现出广泛性、平等性、现实性以及权利和义务的一致性四大特点。公民权利和义务的平等性主要表现在两个方面：(1) 公民在享有权利和履行义务方面一律平等。(2) 司法机关在适用法律上一律平等。

12. 答案 ABCD

本题主要考查我国政府的人权观。

13. 答案 ABC

本题考查的是对于基本权利主体和内容的掌握。宪法规定“中华人民共和国劳动者有休息的权利”，所以休息权的主体是特定的，仅限于“劳动者”，而非全体公民，所以A选项错误。宪法规定，中华人民共和国保护华侨的正当的权利和利益，保护归侨和侨眷的合法的权利和利益，所以B、C选项也是错误的。宪法规定，中华人民共和国公民在年老、疾病或者丧失劳动能力的情况下，有从国家和社会获得物质帮助的权利，所以D选项的表述是正确的。

14. 答案 ABC

《宪法》第34条规定：中华人民共和国年满18周岁的公民，不分民族、种族、性别、职业、家庭出身、宗教信仰、教育程度、财产状况、居住期限，都有选举权和被选举权；但是依照法律被剥夺政治权利的人除外。

15. 答案 ABCD

《宪法》第52条规定：中华人民共和国公民有维护国家统一和全国各民族团结的义务。第54条规定：中华人民共和国公民有维护祖国的安全、荣誉和利益的义务，不得有危害祖国的安全、荣誉和利益的行为。第55条规定：保卫祖国、抵抗侵略是中华人民共和国每一个公民的神圣职责。依照法律服兵役和参加民兵组织是中华人民共和国公民的光荣义务。第56条规定：中华人民共和国公民有依照法律纳税的义务。

16. 答案 ABCD

基本权利是指通过《宪法》进行规定和保护的公民权利。对该权利用“基本”加以限定，主要是为了指明该权利的重要性和根本性：首先，基本权利往往以基础人权为内容，是公民社会生活中最为重要和不可或缺的权利，也是公民能够享受其他权利的基础；其次，公民基本权利指明了公民在国家生活中的基础地位，根据经典的宪法理论，人民制宪的根本目的在于保障自身的安全和利益，对公民权益的保障是国家公权力的合法性基础，这也从根本上界定了国家和公民的基本关系。据此，本题答案为ABCD。

17. 答案 AB

《宪法》规定，中华人民共和国公民的住宅不受侵犯。禁止非法搜查或者非法侵入公民的住宅。住宅不受侵犯主要是针对国家权力而言的，因此，侵犯公民住宅的行为包括非法侵入、非法搜查公民住宅，而不包括非法买卖和非法出租公民住宅。

18. 答案 BCD

劳动权主要包括劳动就业权和取得报酬权，劳动就业权是劳动权的核心内容，是公民行使劳动权的前提。

19. 答案 ABCD

我国现行《宪法》除规定公民作为基本权利的一般主体外，还规定了特定身份的人的基本权利。例如，第48条规定了妇女的平等权，第45条规定了烈士家属和军属的基本权利，第46条规定了青年、少年、儿童的基本权利，第49条规定了老人、妇女和儿童的基本权利，第50条规定了华侨、归侨和侨眷的基本权利。

20. 答案 ABCD

本题考查的是宪法对于特定主体的权利保护。我国宪法规定：中华人民共和国妇女在政治的、经济的、文化的、社会的和家庭生活等各方面享有同男子平等的权利。国家保护妇女的权利和利益，实行男女同工同酬，培养和选拔妇女干部。

21. 答案 ABCD

本题考查的是我国的结社自由。与集会自由不同，结社具有持续性和稳定性。结社自由是公民为一定宗旨，依照法定程序组织或者参加具有持续性的社会团体的自由。公民的结社因目的不同，可以分为两种：以营利为目的的结社，此种结社通常由民法、商法、公司法等来调整；非以营利为目的的结社，其中又分为政治性结社以及非政治性结社。在我国，我国公民的结社自由不包括公民组织政党的自由。

22. 答案 ABCD

本题考查的是对纳税义务的理解。纳税义务不仅与公民相关，也客观上要求国家建立相关制度保证税负公平、税制科学、税率合理；同时在现代国家中，为了保证税种设置的合法性，需要经过代议机关的批准才能征税，此所谓“税收法定”原则。宪法规定纳税义务一方面是强调公民需要对国家承担的责任，另一方面也限制了国家攫取税收的途径和方式。税收是公民与国家的契约，履行纳税义务是公民享有其他权利的前提条件。

23. 答案 ABCD

《宪法》第36条规定：中华人民共和国公民有宗教信仰自由。任何国家机关、社会团体和个人不得强制公民信仰宗教或者不信仰宗教，不得歧视信仰宗教的公民和不信仰宗教的公民。

24. 答案 BC

本题考查的是我国宪法中确立的宗教政策。《宪法》第 36 条规定：中华人民共和国公民有宗教信仰自由。国家保护正常的宗教活动。任何人不得利用宗教进行破坏社会秩序、损害公民身体健康、妨碍国家教育制度的活动。宗教团体和宗教事务不受外国势力的支配。另外，宗教团体必须坚持自主、自办、自传的“三自原则”，不允许国际上的宗教势力干涉、控制、支配我国的宗教团体和宗教事务。这主要是为了避免国外利用宗教势力干涉我国内政。

25. 答案 BCD

本题考查的是宪法中言论自由的内涵。我国宪法规定，中华人民共和国公民有言论、出版、集会、结社、游行、示威的自由。所以言论自由的主体是全体公民，并没有年龄的要求。言论自由是指公民对于政治和社会生活中的各种问题，有通过语言方式表达其思想和见解的自由。言论自由在公民的各项自由权利中居于首要地位。我国公民的言论自由同样应该在法律的范围内行使，言论自由的限制为：不得利用言论自由煽动群众反对政府，危害国家和社会安定；不得利用言论自由对他人的人格尊严进行侮辱诽谤。

26. 答案 ABD

《全国人民代表大会和地方各级人民代表大会代表法》规定，代表有下列情形之一的，其代表资格终止：(1) 地方各级人民代表大会代表迁出或者调离本行政区域的；(2) 辞职被接受的；(3) 未经批准两次不出席本级人民代表大会会议的；(4) 被罢免的；(5) 丧失中华人民共和国国籍的；(6) 依照法律被剥夺政治权利的；(7) 丧失行为能力的。因此本题选 A、B、D。C 项会导致暂时停止执行代表职务，但不会导致代表资格终止。

27. 答案 ABCD

公民的人身自由是公民一切权利和自由的基础。人身自由包括：公民的人身自由不受侵犯，公民的人格尊严不受侵犯，公民的住宅不受侵犯，以及公民通信自由与通信秘密受法律保护。因此本题选 A、B、C、D。

28. 答案 AB

校园暴力行为显然不是宪法、法律规定的基本权利，学校作为义务教育的一方有权禁止宣扬校园暴力。宣扬校园暴力不属于行使言论自由权，言论自由的行使有边界。管制刀具本身受管制，禁止学生携带管制刀具进校园可以维护校园安全，学校有权作出该规定。故 A、B 正确。

《宪法》第 40 条规定：中华人民共和国公民的通信自由和通信秘密受法律的保护。除因国家安全或者追查刑事犯罪的需要，由公安机关或者检察机关依照法律规定的程序对通信进行检查外，任何组织或者个人不得以任何理由侵犯公民的通信自由和通信秘密。显然校方不是公安或检察机关，因而 C 错误。

《宪法》第 38 条规定，中华人民共和国公民的人格尊严不受侵犯。禁止用任何方法对公民进行侮辱、诽谤和诬告陷害。D 项不符合宪法关于人格尊严的保护。

（三）不定项选择题

1. 答案 BC

《宪法》第 46 条规定：中华人民共和国公民有受教育的权利和义务；第 42 条规定：中华人民共和国公民有劳动的权利和义务。第 55 条规定：保卫祖国、抵抗侵略是中华人民共和国每一个公民的神圣职责。依照法律服兵役和参加民兵组织是中华人民共和国公民的光荣义务。第 34 条规定：中华人民共和国年满 18 周岁的公民，不分民族、种族、性别、职业、家庭出身、宗教信仰、教育程度、财产状况、居住期限，都有选举权和被选举权；但是依照法律被剥夺政治权利的人除外。所以，A 仅是权利，D 仅是义务。

2. 答案 D

平等既包括形式上的平等，又包括实质上的平等。形式上的平等旨在反对不合理的差别，而实质上的平等必然承认合理的差别。合理的差别是指根据实质上的平等原则，在合理程度上所采取的具有合理依据的差别。国家对少数民族给予某些适当照顾是依据民族差异所采取的合理差别，不违反平等保护原则，因而 D 正确。

3. 答案 ABC

我国公民享有选举权的条件如下：(1) 具有中国国籍；(2) 年满 18 周岁；(3) 依法享有政治权利。D 选项错误。

4. 答案 BCD

本题只有 A 选项是错误的，因为本案当中虽然涉及了张某住宅的拆迁问题，但宪法中的公民住宅权只排除非法侵入和非法搜查这两类行为，所以张某最终被迫签署了拆迁协议只构成对张某财产权的侵犯，不涉及住宅权的问题。BCD选项全部正确。

5. 答案 ABD

本题考查的是公民获得国家赔偿的权利。由于国家机关和国家工作人员侵犯公民权利而受到损失的人，有依照法律规定取得赔偿的权利，依据《国家赔偿法》，国家赔偿包括行政赔偿和刑事赔偿两种形式，申请国家赔偿需要根据该法确立的程序和范围进行。需要注意的是，国家针对公民财产征收和征用给予的是补偿——“国家为了公共利益的需要，可以依照法律规定对公民的私有财产实行征收或者征用并给予补偿”。

6. 答案 AB

现行《宪法》第 38 条规定：中华人民共和国公民的人格尊严不受侵犯。禁止用任何方法对公民进行侮辱、诽谤和诬告陷害。

7. 答案 ABCD

在现代法治国家中，平等权首先表现为法律面前人人平等。从平等权概念来看，法律面前平等意味着公民行使权利和履行义务的平等，不允许因其性别、身份、职业等因素不同而享有法外的特权。并且其不是指法律上即立法上的平等。本题全选，题干是平等权的内容。

8. 答案 BC

本题考查的是住宅权的规定。公民住宅不受非法侵犯是指任何机关、团体、组织或者个人，非经法律许可，不得随意侵入、搜查或者查封公民的住宅。现行《宪法》第 39 条规定：中华人民共和国公民的住宅不受侵犯。禁止非法搜查或者非法侵入公民的住宅。

9. 答案 ACD

《宪法》第 43 条规定：中华人民共和国劳动者有休息的权利。注意劳动权享有者的资格。职工、工人都属于劳动者行列。

10. 答案 D

平等与差别对待是有条件共存的。从人的共性与特殊性角度看，一方面，人与人之间在人格和主体资格上的普遍平等是绝对的，这是形式平等的表现；另一方面，由于人与人之间确实存在着自然和社会的各种差异，因而对具有各种差别的人们给予权利、义务方面的差别对待也是合理的，这有助于实质平等的实现。故 D 错误，当选。

11. 答案 BC

《宪法》第 44 条规定：国家依照法律规定实行企业事业组织的职工和国家机关工作人员的退休制度。退休人员的生活受到国家和社会的保障。

12. 答案 CD

本题考查的是我国的通信自由的规定。宪法规定，中华人民共和国公民的通信自由和通信秘密受法律的保护。除因国家安全或者追查刑事犯罪的需要，由公安机关（包括国家安全机关）或者检察机关依照法律规定的程序对通信进行检查外，任何组织或者个人不得以任何理由侵犯公民的通信自由和通信秘密。

13. 答案 C

依照我国《宪法》第 48 条的规定，妇女在政治的、经济的、文化的、社会的和家庭的生活等各方面享有同男子平等的权利。国家保护妇女的权利和利益，实行男女同工同酬，培养和选拔妇女干部。因此 ABD 正确。对妇女权利的保护是男女平等的体现，并不是对妇女的优待，因而 C 错误。

14. 答案 ABD

A 选项正确：对公民合法私有财产的征收和征用，并不是公民对自身财产进行利用的限制，而是一种外部限制。B 选项正确：对公民财产的征收和征用属于法律保留事项，必须要有明确的法律依据。C 选项错误：合目的性原则是对公民财产权进行限制的条件之一，征收、征用公民财产，除了要有正当的目的，还必须严格依法进行，遵守法律规定的条件和程序。D 选项正确：对任何公民基本权的限制均需要具备宪法上的正当性。

15. 答案 ACD

宪法当中规定的广义的人身自由权包括人格尊严权、非经法定程序不受逮捕的权利（狭义的人身自由权）、住宅权、通信自由和通信秘密受保护权等内容。公民的通信自由和通信秘密受到宪法保护，除因国家安全和追查刑事犯罪的需要，由公安机关或者检察机关依照法定程序对通信进行检查外，其他任何组织和个人都不得以任何理由侵犯公民的通信自由和通信秘密。据此，B 选项错误，其余选项均正确。本题答案为 ACD。

16. 答案 ACD

《宪法》第 41 条规定：中华人民共和国公民对于

任何国家机关和国家工作人员，有提出批评和建议的权利；对于任何国家机关和国家工作人员的违法失职行为，有向有关国家机关提出申诉、控告或者检举的权利，但是不得捏造或者歪曲事实进行诬告陷害。

17. 答案 AB

公共秩序是为了有效地进行生产、工作、学习和有秩序地生活而建立起来的行为规则。它包括社会秩序、工作秩序、生产秩序、教学秩序和生活秩序。维护正常的公共秩序是公民的义务。

18. 答案 ABCD

A 项错误：根据《宪法》第 38 条，这将侵犯公民的隐私权。B 项错误：根据《宪法》第 40 条，除因国家安全或者追查刑事犯罪的需要，由公安机关或者检察机关依照法律规定的程序对通信进行检查外，任何组织或者个人不得以任何理由侵犯公民的通信自由和通信秘密。C 项错误：根据《宪法》第 37 条第 3 款，禁止非法搜查公民的身体。D 项错误：根据《宪法》第 37 条第 3 款，禁止非法拘禁和以其他方法非法剥夺或者限制公民的人身自由。

19. 答案 ACD

形式意义上的宪法指的是在文字上存在但在实际操作中很难实施或不被尊重的宪法。如果一个国家的宪法仅仅是纸上谈兵，没有得到实际执行和尊重，那么这样的宪法很难真正保障公民的基本权利。“freedom from state”指的是免受国家干预的自由而不是国家授权的自由。这种自由强调的是保护公民不受国家的不当干涉。耶利内克确实提出了“主观性公权”的观点，这是指公民可以对国家主张的权利。在这种观点中，公权不再只是国家的特权，也是公民可以行使和主张的权利。比例原则确实是用来评估限制基本权利的手段是否与限制的目的成比例，即是不是必要的、合适的，并且与达到的目的相称。这是一个判断权利限制是否合理和合法的重要准则。综上所述，ACD 正确。

简答题

1. 公民平等权的含义包括三方面：公民在立法上的平等；公民在法律适用上的平等；公民在守法上的平等。从其含义和内容上看，公民在法律面前一律平等是指：(1) 我国公民不分民族、种族、性别、职业、家庭出身、宗教信仰、教育程度、财产状况、居住期限，都一律平等地享有宪法和法律规定的权利，也一律平等地履行宪法和法律规定的义务。(2) 任何人的合法权益都一律平等地受到保护，对违法行为一律依法予以追究，绝不允许任何违法犯罪分子逍遥法外。(3) 在法律面前，不允许任何公民享有法律以外的特权，任何人不得强制任何公民承担法律以外的义务，不得使公民受到法律以外的处罚。宪法上公民的平等权，既包括公民在适用法律上一律平等，又包括公民在守法上一律平等。就广义而言，我国公民的平等权还包括民族平等和男女平等。它们和公民在法律面前一律平等既有联系，又有区别。民族平等和男女平等的含义更为广泛，不仅包括在法律面前一律平等，即不因民族和性别的不同而获得法律以外的特权或者作为限制权益的借口使公民受到歧视，而且包括经济、政治、社会、家庭等方面的平等。但是，各民族和男女公民在法律面前一律平等非常重要，只有平等地适用法律，其他方面的平等才可以得到基本的保障。平等权与其他公民基本权利相比较，最大的特点是，它并不是一项独立的权利，而是包含在其他公民基本权利之中的权利。

2. 受教育权是公民在教育领域接受文化、科学等训练的权利。我国宪法对受教育权作了原则性规定。此外，义务教育法、职业教育法等法律也对受教育权给予了保障。其主要包括：(1) 公民按照能力受教育的权利，国家可以采取必要的考试制度，使有一定能力的公民享受相应的教育。(2) 享受教育机会的平等。每个公民在宪法和法律所规定的范围内，享有平等的受教育权，不因能力之外的原因而受到不平等待遇。(3) 受教育权通过不同阶段和形式得到实现。

3. 宗教信仰自由是欧洲 15 世纪、16 世纪反对宗教压迫斗争的胜利成果，是言论、出版等自由之先驱。

(1) 宗教信仰自由的含义。宗教信仰自由是公民的基本权利之一。所谓宗教信仰自由，就是每个公民既有信仰宗教的自由，也有不信仰宗教的自由；有信仰这种宗教的自由，也有信仰那种宗教的自由；在同一宗教里面，有信仰这个教派的自由，也有信仰那个教派的自由；有过去信教而现在不信教的自由，也有过去不信教而现在信教的自由。

(2) 我国现行宪法对公民的宗教信仰自由及其保障作了规定。《刑法》《民法典》《全国人民代表大会和地方各级人民代表大会选举法》《兵役法》《义务教育法》等法律、法规，都对保护宗教信仰自由和信教公民的平等权利作了明确、具体的规定。政府还设有宗教工作部门，负责宗教信仰自由政策的贯彻执行，使公民真正地享有宗教信仰自由的权利。《宪法》第36条规定：中华人民共和国公民有宗教信仰自由。任何国家机关、社会团体和个人不得强制公民信仰宗教或者不信仰宗教，不得歧视信仰宗教的公民和不信仰宗教的公民。国家保护正常的宗教活动。任何人不得利用宗教进行破坏社会秩序、损害公民身体健康、妨碍国家教育制度的活动。宗教团体和宗教事务不受外国势力的支配。

（3）保障宗教信仰自由的理由如下：

第一，宗教是人类社会一定历史阶段的必然现象，有它产生、发展和消亡的过程。宗教信仰自由、宗教感情及同这种信仰和感情相适应的宗教仪式和宗教组织，都是社会的、历史的产物。在阶级对抗社会中，宗教得以存在和发展的社会根源在于人们对剥削制度巨大压力的恐惧，在于人们的贫困和愚昧，在于统治阶级对宗教的利用。在社会主义条件下，剥削制度已经被消灭，宗教存在的社会根源已经基本被消除。但是，意识的发展总是落后于社会存在，旧社会留下的旧思想、旧习惯不能在短时期内彻底消除，社会生产的极大发展和文化、科学、技术的高度发达，还没有完全实现，宗教存在的认识根源还没有消除。因此，宗教的存在还有其客观基础。

第二，宗教具有民族性、群众性。我国是一个多种宗教并存的国家，而且有些宗教活动已经成为民族风俗习惯的组成部分，宗教问题在民族地区则常常和民族问题交织在一起。因此，宗教问题要慎重对待。

第三，宗教信仰属于思想领域问题。因此，我们不能用行政命令去消灭宗教，不能强制人们信教，不能强制人们放弃唯心主义，也不能强制人们相信马克思主义。

第四，宗教具有国际性。从全世界来看，信仰宗教的民族和族群众多。我们必须注意这一事实。通过宗教，可以促进友好往来，加强国际团结。

第五，在现阶段，信教与不信教的公民的政治、经济利益是一致的。信教群众与不信教群众的差异是思想、信仰上的差异，在社会主义制度下，宗教已经没有阶级压迫的色彩，信教与不信教的公民在政治、经济上的共同点是都热爱祖国，拥护中国共产党的领导。他们的根本利益都是建设社会主义现代化的强国。因此，维护信仰自由，有助于团结一切可以团结的力量，同心同德，共同完成国家的根本任务。

基于以上理由，我国宪法肯定并保障了公民的宗教信仰自由权利。

4. 公民的私有财产权是指公民个人对通过劳动和其他合法方式取得的财产，享有占有、使用、收益、处分的权利。2004年3月14日我国第十届全国人民代表大会第二次会议通过宪法修正案，规定“公民的合法的私有财产不受侵犯”，这是我国首次在宪法中明确提出保护私有财产。其中，增加了财产权的保障条款和补偿条款，完善了对财产权的宪法保护。《宪法修正案》第22条规定：“宪法第十三条‘国家保护公民的合法的收入、储蓄、房屋和其他合法财产的所有权。’‘国家依照法律规定保护公民的私有财产的继承权。’修改为：‘公民的合法的私有财产不受侵犯。’‘国家依照法律规定保护公民的私有财产权和继承权。’‘国家为了公共利益的需要，可以依照法律规定对公民的私有财产实行征收或者征用并给予补偿。’”分析宪法修正案的该条规定，可见：

首先，把财产权利平等保护和普遍保护观念体现在宪法条文中，消除实质上的不平等，把国家财产权和私人财产权处于同等保护的地位。对所有权主体不同的财产不加区别地予以同等保护，不分公或私，区别保护的依据只能是财产的类型。

其次，将公民私有财产权作为公民的基本权利来保护，把公民私有财产权放到第二章“公民的基本权利和义务”中加以规定，已明确其性质。

再次，增加征用补偿条款，明确补偿的标准，规定“未经公平补偿，国家不得征收公民的私有财产”。补偿应当至少能弥补征收征用给公民带来的实际损失和可能的期待利益损失。

最后，对公共利益作出准确界定。

根据宪法和有关法律，我国公民私有财产权的范围包括以下内容。

（1）合法收入。这是指公民在法律允许的范围内，用自己的劳动或其他方法所取得的货币或实物收入。主要包括：工资、实物、奖金、稿酬、退休金等；劳动保险、家庭副业；公民自有的树木、果树、文物、图书资料；城乡集体劳动者个人用于生产的生产资料；

个体劳动者所使用的生产工具和其他生产资料；合法取得的其他收入，如合法租金、银行储蓄存款的利息、赠与、继承的财产等。

（2）储蓄。这是指公民存入银行或信用社的货币。银行、信用社对公民储蓄，实行存款自愿、取款自由、存款有息和为储户保密的原则，非经司法机关批准，任何个人和单位不得查询、冻结或提取公民个人存款。

（3）房屋。凡属于公民个人所有的房屋，任何单位和个人都不得非法侵占、查封、破坏。如因国家建设需要，必须占有或拆除公民的房屋时，应按照有关规定，对房屋所有人的住房给予妥善安排和合理补偿。

（4）其他生活资料。凡依法不禁止的公民个人所有的有关衣、食、住、行、用的生活用品，都可以作为公民私人财产权的客体，受宪法和法律的保护。随着经济发展，公民法人的私有财产权的范围日益扩大，出现新的权利类型，如投资权利等。

对我国宪法确认的公民私有财产权，国家要制定具体的法律、法规，建立以宪法为核心的财产权保护制度，使公民私有财产权落到实处。目前，在法律实践中，对国家财产、集体财产和公民财产给予平等的保护显得尤为重要。坚持社会主义公共财产不可侵犯的同时，也应当认识到私有财产也是不可侵犯的；当宪法明文规定保护公民合法财产权时，对国家财产的保护也应该以合法为限；国家许可外国的个人和中国企业、组织创办合资、合作企业时，也应当承认中国公民享有同等的权利，因为市场经济要求主体平等，如果片面强调某一主体的优越性必然妨碍公平竞争，影响市场发育，最终动摇公民财产权的根基。

5.（1）人权是指作为一个自然人所享有的权利。从国内法的角度说，人权实际上就是公民享有的各种权利。人权是资产阶级在反对封建专制和宗教特权的斗争中提出的进步口号。资产阶级人权理论产生于17、18世纪，是社会历史发展的必然产物。为了从封建桎梏当中解放出来，资产阶级思想家发起了文艺复兴运动和启蒙运动。在这两次思想解放运动中，先进的资产阶级政治思想家提出了一系列的进步口号，他们以人性对抗神性，以人道对抗神道，以人权对抗神权，他们强调平等、自由，反对特权、专制。

人权的内容规范化、法律化的主要标志是1776年美国的《独立宣言》和1789年法国的《人权宣言》。世界上第一个把人权提到纲领性文件和根本法地位的是美国的《独立宣言》。其中宣布："人人生而平等，他们都从他们的造物主那里被赋予了某些不可转让的权利，其中包括生命权、自由权和追求幸福的权利。"马克思称它为第一个人权宣言。法国的《人权宣言》则规定得更为具体。第一次世界大战后，人权开始进入国际领域。第二次世界大战后，人权问题受到国际社会的普遍关注。

（2）资产阶级通常在两种意义上认识和理解人权：一是自然法意义上的人权，即人权是人享有或应该享有的自由、平等的权利，并且认为这种权利是天赋的、"与生俱来"的，是不可剥夺、不可转让的。二是实在法意义上的人权，是指宪法中规定的公民的基本权利和自由，它是上述自然权利的派生物和具体化。

马克思主义从来都承认人权并主张人权保障。马克思主义的人权观，是在对无产阶级革命实践经验总结的基础上，在对资产阶级人权理论进行革命性改造的基础上创立的。马克思、恩格斯在创立马克思主义人权理论过程中，不仅充分肯定了资产阶级人权理论在人类思想解决中和反封建、反专制、反特权的斗争中所起的历史进步作用，深刻地揭示了资本主义人权理论产生的历史原因，同时还透彻地剖析了资产阶级人权理论的欺骗性和虚伪性，并且在对资产阶级人权理论的批判中进一步丰富和完善了马克思主义人权理论。

（3）马克思主义人权观的基本内容表明它同资产阶级人权观的区别与对立。

第一，人权本源的物质性。马克思主义人权观认为人权不是天赋的，不是与生俱来的，而是一定物质条件的产物，是历史的、社会的和商品经济的产物。

第二，人权本质的阶级性。人权作为人的权利，不是"抽象"的、"超阶级的"，而是具体的、具有阶级性的。

掌握国家政权的统治阶级充分享受着该国的人权并决定着该国人权的性质。在资产阶级占统治地位的国家，这个国家的人权只能是资产阶级的人权；在无产阶级占统治地位的国家，这个国家的人权便是无产阶级的人权。资产阶级人权观以抽象的"人"代替阶级的人，以权利的"抽象性"代替权利的具体性，这就充分暴露了它的虚伪性和反科学性。

第三，人权范围的广泛性。以马克思主义人权观为指导的社会主义人权的主体和范围都是极为广泛的。

享有人权的主体不再是少数人，也不是某些阶级和阶层的一部分人，而是全体中国人民。人权的内容也极为广泛，不仅包括生存权、人身权和政治权利，还包括经济、文化、社会等方面的权利。国家不仅保障个人人权，还保障集体人权。而资产阶级人权观将人权的内容限制在个人权利即利己主义的范围内。

第四，人权实现的真实性。马克思主义人权观强调人权的具体实现，要求建立实现人权的保障体系，从而使人权由应有权利成为实然权利。

第五，权利义务的一致性。马克思主义人权观坚持权利与义务的统一，认为一个人有责任不仅为自己本人，而且为每一个履行义务的人要求人权与公民权。没有无义务的权利，也没有无权利的义务。人权不仅仅是单纯的权利，也是一种义务，是权利和义务的统一。

第六，人权不是绝对的、无限制的，在其发展过程中，必然要受到社会条件的各种限制。人权是相对的，人权的内容、范围及其实现要受到一个国家政权的性质、经济基础和科学文化水平的制约和限制。正是因为人权的实现程度同社会的发展进步密切相连，所以我们说没有绝对的人权和不受条件限制的人权，人权本身有着一个不断发展进步的历史过程。

马克思主义人权观几乎在每个基本观点上都十分明显地反映了它与资产阶级人权观在立场和方法上的根本不同。作为科学体系的马克思主义人权理论以历史唯物主义为理论基础；强调人权与经济、文化条件的内在联系；坚持人权的阶级属性，既保护个人人权，又保护集体人权，深刻揭示了人权的基本内涵，突破了资产阶级人权观那种以利己主义为出发点、以个人为基石的旧模式。

6. 广义而言，人身自由是指公民个人在符合国家法律要求的范围内，有一切举止行动的自由。根据我国宪法规定，人身自由主要指公民的人身自由不受侵犯，公民的住宅不受侵犯，公民的通信自由和通信秘密受法律保护三个方面：(1) 人身自由不受侵犯属狭义的人身自由，是指公民的人身和行动有不受任何非法搜查、拘禁、逮捕、剥夺、限制的权利。(2) 住宅不受侵犯是公民居住、生活的场所不受非法侵入和搜查。(3) 通信自由是指公民通过书信、电话、电信及其他通信手段，根据自己的意愿自由进行通信而不受他人干涉的自由。

7. 言论和出版的自由，是表现自由的最基本的、最典型的类型，其中，言论属于以口头表达为形式的表现行为，而出版属于以文字表达为形式的表现行为，二者均以语言形态出现，故而有时被概称为“言论自由”。然而，从表现自由的本义来看，广义的言论自由还包括借助绘画、摄影、影视、音乐、录音、戏剧、收音机、电视机、电脑等形形色色的手段所实现的表现行为的自由。

公民在行使自由和权利的时候，不得损害国家的、社会的、集体的利益和其他公民的合法的自由和权利（《宪法》第 51 条)。这种宪法义务就是对公民行使言论自由权利时所附加的一般性义务限制与约束，具体而言，包括以下几点：

(1) 不得破坏社会主义制度。

我国《宪法》第 1 条第 2 款规定：“社会主义制度是中华人民共和国的根本制度。中国共产党领导是中国特色社会主义最本质的特征。禁止任何组织或者个人破坏社会主义制度。”我国《刑法》第 105 条规定了公民不得造谣、诽谤或者其他方式煽动颠覆国家政权、推翻社会主义制度，否则将以颠覆国家政权罪追究其刑事责任。

(2) 不得损害国家的、社会的、集体的利益和其他公民的合法的自由和权利。

这是宪法对公民行使所有基本权利时所附加的总的、一般性限制义务，因此，公民在行使言论自由时，就必须遵守之，否则将承担相应的法律责任。譬如《民法典》第 111 条规定公民不得泄露他人的个人信息，这就要求公民不得侵害到他人的信息权益与个人隐私权。

(3) 不得歧视宗教信仰的公民。

《宪法》第 36 条第 2 款规定“不得歧视信仰宗教的公民和不信仰宗教的公民”，宪法赋予了公民必须承担不得歧视信仰宗教的公民和不信仰宗教的公民的义务。宗教信仰属于人们的思想自由范畴，信仰与不信仰都是公民的基本权利，每个人按照自己的意愿有信仰宗教的自由，也有不信仰宗教的自由，无论信仰与否，任何公民在政治、经济、社会、文化教育等各方面都被予以平等对待，其他组织或个人无权干涉。

(4) 禁止侮辱、诽谤和诬告陷害。

《宪法》第 38 条规定：“中华人民共和国公民的人格尊严不受侵犯。禁止用任何方法对公民进行侮辱、诽谤和诬告陷害。”法律针对侮辱、诽谤的言论作出了明确的规定，违者应当承担相应的法律责任。

（5）不得破坏国家统一和民族团结。

《宪法》第 4 条规定，“禁止破坏民族团结和制造民族分裂的行为”。《宪法》第 52 条规定：“中华人民共和国公民有维护国家统一和全国各民族团结的义务。”国家统一的根本标志就是领土完整，中华民族历经数千年的不断融合，塑造了崇尚国家统一、维护国家统一的价值观念。国家统一是中华民族崇高的信念与信仰。民族团结是各民族之间的团结和各民族内部的团结，它是党处理民族关系问题的准则。民族团结是各民族共同繁荣的前提，是祖国统一的基础，因此，必须维护民族团结，公民言论必须遵守宪法规定的义务。《刑法》第 102 条、第 103 条、第 249 条还分别规定了公民不得有危害中华人民共和国的主权、领土完整的言论，不得有煽动分裂国家、破坏国家统一的言论，不得有煽动民族仇恨、民族歧视的言论，否则将以背叛国家罪、分裂国家罪或煽动民族仇恨、民族歧视罪追究其刑事责任。

（6）不得泄露国家秘密。

《宪法》第 53 条规定了公民必须保守国家秘密的义务。《保守国家秘密法》应当是全国人大常委会以法律的形式对宪法中的“国家秘密”概念所作的宪法解释，毕竟全国人大常委会是宪法赋予的、有权解释宪法的机关。不得泄露国家秘密的义务在于维护国家安全和利益，一旦泄露了国家秘密，就直接危害我国的国家安全。

（7）不得煽动扰乱公共秩序。

《宪法》第 53 条规定了公民必须遵守公共秩序的义务。公共秩序包括公民必须遵守的生产、工作、教学、交通、公共场所以及社会和生活秩序，它是由法律、纪律和道德、习惯等确立的社会公共生活规则，不仅关乎共同体成员的生活质量，也关乎社会的文明程度。因此，煽动扰乱公共秩序的言论属于违宪行为。

（8）不得违反社会公德。

《宪法》第 53 条规定了公民必须尊重社会公德的义务。我国《宪法》第 24 条把“爱祖国、爱人民、爱劳动、爱科学、爱社会主义”作为公德的内容加以提倡；党的十八大提出了“爱国、敬业、诚信、友善”作为公民的基本道德规范，它是对社会公德内容的具体化，它覆盖社会道德生活的各个领域，成为新时代公民必须恪守的社会公德准则。违背社会公德而发表言论者要承担相应的民事或刑事法律责任，《刑法》第 287 条之一规定发布有关制作淫秽物品的言论者，将被追究刑事责任。

（9）不得危害国家安全、荣誉和利益。

《宪法》第 54 条规定：“中华人民共和国公民有维护祖国的安全、荣誉和利益的义务，不得有危害祖国的安全、荣誉和利益的行为。”维护祖国的安全、荣誉和利益是公民的宪法义务。祖国的安全，既包括国家政权不被颠覆和破坏、社会秩序不被破坏，也包括国家的主权、领土不受侵犯。

8. 我国《宪法》第 51 条规定：“中华人民共和国公民在行使自由和权利的时候，不得损害国家的、社会的、集体的利益和其他公民的合法的自由和权利。”这条规定是我国公民正确行使权利和自由的指导原则。这项原则包括以下含义。

（1）自由和权利是社会的，个人自由应以社会自由为前提和基础。人的一切活动都必须在一定的社会组织中，在人与人的交往中进行，人的自由自觉的活动也不例外。个人自由只有在集体和社会中才有可能实现，才有意义。我们重视个人自由，但是反对那种以个人为本位的自由观念。

（2）自由和权利是相对的、有限制的。对自由的合理限制是在正确认识客观规律的基础上对人们的行为所作的正确指导和规定。服从它才会有自由，否则必然行动受阻。合理的限制，是在认识客观规律的基础上自我作出的限制，实际上是行为的合理尺度的准则，它指导人们去争取更大的自由。

（3）自由，特别是政治自由，只有和法律联系在一起才能存在。在民主制国家里，自由之所以存在，是因为有法律。有了法律，才有秩序，才能避免一切混乱的无政府状态，才能防止对人的自由即人的权利的无理干涉和侵犯，才能保持个人的真正独立。在一个有法律的社会里，自由仅仅是：一个人能够做他应做的事情，而不被强迫做他不应该做的事情。另外，公民在行使权利和自由时，还需要注意以下界限。

第一，不得妨碍他人的权利和自由。国家对于公民个人的权利和自由，只能于保护全体公民权利和自由的必要范围以内，以法律设定限制。

第二，不违反国家承认的公民享有权利和自由的目的。公民不得滥用其自由和权利。比如，享有人身自由的人，不得因行使其人身自由而甘愿以自己的身体为买卖的标的物。

9. 基本权利是指首要的、根本的、具有决定性意义的公民权利。与公民的一般权利相比较，基本权利具有以下特点：（1）基本权利是由宪法所确认的，其内容和范围都来自宪法的规定；（2）基本权利是公民最主要的，也是必不可少的权利，同时还是其他普通法律规定公民权利、义务的依据和基础；（3）基本权利主要反映了国家机关和公民的关系，而公民的其他权利调整公民同某些具体的社会组织及公民相互之间的关系。

10. 2004年的《宪法修正案》第24条规定，《宪法》第33条增加一款，作为第3款，“国家尊重和保障人权”。这是我国历史上第一次将人权明确地载入宪法。人权载入宪法是一个原则性的规定。尊重人权，表明国家的政治态度和基本立场；保障人权，反映政府的庄严承诺和政府职能观念的转变。这次修宪将国家尊重和保障人权载入宪法，更进一步地以宪法权威确认了社会主义国家对人权的高度重视，这不仅是宪法学界、人权理论界的一个重大事件，而且对我国人权实践、政治生活都具有重大深远意义。

（1）“国家尊重和保障人权”载入宪法，促进了我国宪法自身的发展和完善。法国《人权宣言》宣称，凡权利无保障和分权未确立的社会，就没有宪法。我国历部宪法虽都有关于公民基本权利保障的条款，却从来没有明确提出“国家尊重和保障人权”。人权保障作为宪法最基本的理念，在我国宪法中却没有明文规定，这是很大的缺憾。2004年修宪使人权入宪，弥补了这一缺憾，促进了我国宪法自身的发展和完善。

（2）“国家尊重和保障人权”载入宪法是“三个代表”重要思想的重要体现。“三个代表”重要思想的根本出发点和落脚点，就是代表最广大人民的根本利益。就人权而言，广大人民的最根本利益的实现以公民权利的行使和保障为前提和基础。这次宪法的修改，体现了“以人为本”的理念，充分重视人的发展。尊重和保障人权符合“三个代表”重要思想，有助于推动改革开放事业的发展和社会主义事业的进步。

（3）“国家尊重和保障人权”载入宪法为人权法治化提供了宪法基础。宪法是国家制定基本法律、普通法律、其他法律规范的基本法依据，人权原则载入宪法对其他法律法规更充分地规定保障人权具有重要意义；从人权原则入宪的司法意义来讲，以宪法原则的高度来规定人权，对司法者可以起到一个深化人权理念的作用，促使他们将保障人权与正确实施法律恰当地结合起来，使我国的人权保障机制在法治化的轨道上前进。

（4）“国家尊重和保障人权”载入宪法是对改革开放以来我国社会主义人权事业发展的总结，是我国人权保障法治化的里程碑。人权入宪，不仅反映了人权观念的变化，而且是人权实践发展的证明。新中国成立以来，人权事业不断发展，人民群众生活水平不断提高，各种对特殊人群的保护（如残疾人的权利保障、妇女儿童权益保障、未成年人保护、老年人权利保障等）得以全面展开。因此，将人权载入宪法是水到渠成的，是对近些年来我国人权事业的发展进步的一个总结。

（5）“国家尊重和保障人权”作为一项宪法原则，将对我国的立法起到重要的指导作用。尊重和保障人权，意味着社会关系的调整要更加注重权力和权利的平衡、权力与责任的平衡、权利和义务的平衡。通过立法，合理配置个人与社会、个人与个人的权利义务关系，实现社会的和谐有序发展。具体到我国的立法实践，就是要坚持以人为本、立法为民的原则，忠实于人民的利益，对人民负责。在立法程序上，首先要认真听取人民群众的意见和建议，满足人民群众合理、合法的要求，广集民意，博纳民智，力争做到立法决策的民主化、科学化。法律的内容要体现为民、便民、利民、富民的准则。

（6）“国家尊重和保障人权”作为宪法原则，将指导国家机关及其工作人员的工作。我国宪法规定，国家的一切权力属于人民；人民依照法律规定，通过各种途径和形式，管理国家事务，管理经济和文化事业，管理社会事务。人民的宪法权力要通过每一个具体的人的宪法权利来实现。“尊重与保障人权”要求国家机关及其工作人员摆正自己的位置，履行公仆职责，任何政治决策和管理措施，都要考虑人民的利益。人权意识也有利于发扬民主，抑制官僚主义。管理者不得滥用手中的权力，更不得颠倒主仆关系。

（7）“国家尊重和保障人权”作为宪法原则，将指导司法机关对人权的保护。以宪法原则的高度来规定人权，可以使司法者深化人权理念，正确认识保障人权是与惩罚犯罪并重的刑法双重功能之一，促使他们将保障人权与正确适用法律恰当地结合起来，使我国的人权保障在法治化的轨道上前进。

（8）“国家尊重和保障人权”作为宪法原则将指导人与自然、环境、资源和社会的协调发展。人们对自然的过度索取，造成全球生态环境恶化，人权甚至人类本身都受到威胁。自然被破坏，尊重和保护人权就没有物质条件。只有尊重自然规律，使人与自然协调发展，才能使人享有人权。改革实践证明，片面强调经济增长，忽视社会全面发展和人文关怀，必然导致经济与社会发展失衡，经济发展应该以人为本。尊重和保障人权，还要求我们统筹城乡经济社会发展，创造条件，逐步改变城乡二元结构。我国社会农村人口众多，农民的权利保障仍然是我们需要认真解决的一个问题。全面的小康社会首先就是要改善农村和农民的生存发展状况，特别是贫困地区农民的生活发展状况，走共同富裕和繁荣之路。“国家尊重和保障人权”被庄严地载入宪法，体现了我国宪法的基本精神，必将进一步推进我国政治民主进程和人权事业的发展。

11. 我国除对一切公民所应普遍享有的权利和自由作了全面的规定外，还对特定情况下的公民，即特定主体设置了专条，给予特别保护。宪法中的这些特定主体具体是指妇女、退休人员、军烈属、母亲、儿童、老人、青少年、华侨、残疾人等。

（1）保障妇女的权利。现行《宪法》第 48 条规定：中华人民共和国妇女在政治的、经济的、文化的、社会的和家庭的生活等各方面享有同男子平等的权利。男女平等是衡量一国民主程度的重要尺度，为了实现男女平等，我国颁布了一系列体现男女平等的法律，如妇女权益保障法、选举法、民法典等，从法律上保障男女平等的实现。但是，由于男尊女卑的封建思想残余，政治经济文化发展不平衡等原因，歧视和虐待妇女现象还相当严重，因而，十分有必要依据宪法关于“国家保护妇女的权利和利益，实行男女同工同酬，培养和选拔妇女干部”的规定，在立法上、司法上、宣传教育工作上和实际工作中，切实保护妇女权利。

（2）保障退休人员和残疾军人、军烈属的权利。现行《宪法》第 44 条规定：国家依照法律规定实行企业事业组织的职工和国家机关工作人员的退休制度。退休人员的生活受到国家和社会的保障。退休制度是保持职工、干部的换代、接班，保证生产和工作连续不间断的重要制度，是劳动者休息权的延伸，是在公民因年老、疾病等原因不适应继续参加工作的情况下，给予物质帮助权的补充。国家已经制定了一系列法规，对企事业单位的职工和国家机关工作人员的退休年龄、离退休后的工资待遇等作出了具体规定，有效保障了退休人员的权利，且我国的离退休制度在制度化、法律化方面还在不断完善。

《宪法》第 45 条第 2 款规定：国家和社会保障残废军人的生活，抚恤烈士家属，优待军人家属。残疾军人、军烈属为国家的革命和建设事业作出了特殊牺牲和贡献，理应给予特殊保护，且这样做有利于巩固国防，提升爱国主义精神。根据宪法，我国兵役法对残疾军人、军烈属的优待和安置问题，作了专门规定，保障了他们宪法赋予的权利。

（3）保护婚姻、家庭、母亲、儿童和老人。现行《宪法》第 49 条规定：婚姻、家庭、母亲和儿童受国家的保护。禁止破坏婚姻自由，禁止虐待老人、妇女和儿童。这既是国家立法的依据，也是公民应当遵守的法律规范和道德准则。宪法之所以禁止破坏婚姻自由，禁止虐待老人、妇女和儿童，是因为这关系到社会主义婚姻家庭制度的巩固和发展，关系到老人、妇女的切身利益以及儿童的健康成长，与我们国家的繁荣昌盛密切相关。破坏婚姻、家庭，虐待母亲、儿童和老人的，不仅应受到舆论谴责，严重的还要被绳之以法。

（4）关怀青少年和儿童的成长。现行《宪法》第 46 条第 2 款规定：国家培养青年、少年、儿童在品德、智力、体质等方面全面发展。青少年和儿童关系到国家的未来，所以对其受教育权和健康成长要给予特殊保护。宪法规定：国家创办托儿所、幼儿园和各类学校；建立儿童剧院和文体娱乐场所；出版多种多样的青少年和儿童读物，使他们从小就在德、智、体、美诸方面得到全面发展。

（5）保护华侨和侨眷的正当权利。现行《宪法》第 50 条规定：中华人民共和国保护华侨的正当的权利和利益，保护归侨和侨眷的合法的权利和利益。由于华侨身居国外，所以其要遵守所在国的法律，与其国民和睦相处，促进两国经济文化交流；同时国家应依法维护华侨正当权益，反对强迫华侨改变国籍和遭受歧视、迫害。归侨和侨眷也应给予特殊保护。《归侨侨眷权益保护法》对此作了明确规定，使宪法该条规定落到了实处。

(6) 保护年老、疾病或者丧失劳动能力的以及残疾公民的权利。现行《宪法》第 45 条规定：中华人民共和国公民在年老、疾病或者丧失劳动能力的情况下，有从国家和社会获得物质帮助的权利。国家发展为公民享受这些权利所需要的社会保险、社会救济和医疗卫生事业。同时，国家和社会帮助安排盲、聋、哑和其他有残疾的公民的劳动、生活和教育。

12. (1) 批评、建议权。批评权是公民对于国家机关及其工作人员的缺点和错误，有权提出要求其克服改正的意见；建议权则是指公民对国家机关的工作，有权提出自己的主张和建议。

(2) 检举、控告权。检举权是公民对国家机关工作人员违法失职行为向有关机关进行检举的权利。控告权主要是指公民对违法失职的国家机关及其工作人员的侵权行为提出指控，请求有关机关对违法失职者给予制裁的权利。

(3) 申诉权和国家赔偿请求权。申诉权是指公民对国家机关作出的决定不服，可向有关国家机关提出请求，要求重新处理的权利。申诉分为诉讼上的申诉和非诉讼的申诉两类。

国家赔偿请求权是指国家机关和国家机关工作人员违法行使职权侵犯公民的合法权益造成损害时，受害人有取得国家赔偿的权利。我国公民取得赔偿分为两种情况：行政赔偿和刑事赔偿。

13. 财产权是指财产上的私权，即一切具有财产价值的权利。它不仅包括物权，也包括债权、知识产权、继承权等私法上的权利，同时还包括具有财产权性质的公物使用权等公法上的权利。宪法还规定了对财产的限制：国家为了公共利益的需要，可以依照法律规定对公民的私有财产实行征收或者征用并给予补偿。《宪法》第 56 条规定：中华人民共和国公民有依照法律纳税的义务。纳税的基本特征是无偿性、固定性、强制性、平衡性。

公民私有财产权与纳税义务之间存在矛盾、冲突。公民私有财产权是宪法规定的基本权利，基本权利具有主观权利的性质，这要求国家对财产权进行保护。宪法中的基本义务就具有积极权限规范功能，即宪法规定公民义务就等于赋予了国家相关权限。一方面，国家要保护公民私有财产权；另一方面，国家有权对财产进行征收。这就产生了矛盾。我国宪法规定公民的依法纳税义务等于赋予了国家征税权，但宪法赋予国家征税权并不意味着这一权力高高在上，甚至可以随意以任何名义和强度征税。公民的纳税义务与私有财产权之间的关系并非自始至终表现为冲突和矛盾，二者还可能表现出一体性。国家不仅需要自我约束，不侵犯公民的基本权利，给社会自治留下足够空间，还必须积极保障公民的基本权利不受他人侵害，在此当然也包括对公民私有财产权的保护。而积极保障措施本身就需要一定程度的财政支持，因为国家至少需要创设一种用来协调和规范个人行使自由的制度，并通过公安、司法、国防等机关来贯彻和实施这一制度。较之于国家从事经济活动、私有财产国有化等手段，通过征税获得国家财政必要的收入是一种更为尊重公民私有财产权的方式。

案例分析题

1. 对本案例的分析如下：

第一，对宗教信仰自由的理解及其平等保护。

显然，在宪法上本案所涉及的问题首先就是宗教信仰自由问题。宗教信仰自由体现在两个方面：首先，它是指选择信仰或不信仰某一种宗教的自由，在这一含义上的宗教信仰自由体现了人类精神活动的绝对自主和不可侵犯性。1803 年美国新罕布什尔州法院的首席法官杰里迈亚·史密斯在马奇诉威尔金斯案的判决中对信仰自由的根据作了十分精彩的阐述，他说："社会或世俗官员强迫人们信仰和不信仰什么是十分荒谬的，按照万能的造物主的旨意，人的理智不受有局限性的同类者的控制。思想自由是天赋的，每一个有思维能力者本来固有的权利，是绝对不能剥夺的特权。"在这一意义上，每个人都有不受他人干预而自由选择自己的信仰的自由。其次，任何一种宗教信仰都会有一些基本教义和最简单的仪式。这些教义和仪式与人们在社会生活中的各种物质和精神条件结合起来，就会对信徒的日常生活形成某种规范。这时，宗教信仰就会由人们的内心确信而外化为外在的行动。以自己的行为表达自己对这种规范的遵从，既是信徒内心对自己所信仰的宗教虔诚的一种表现，也是他在信徒团体中获得身份认同的一种途径。因此，对宗教信仰的宽容对于信徒来说既包含了对其精神活动自由的认可，也包括对其根据教义和教规来安排自己的生活方式的自由的认同。

在这一案件中，如果丈夫本人足够虔诚的话，那么，妻子宗教信仰的改变显然并不足以动摇丈夫内心原有的信仰。因此，在本案中丈夫如果以自己的宗教信仰受到侵害为由而提起离婚诉讼，唯一的理由只可能是：作为自己身边最亲密的人，妻子宗教信仰的改变，使两人的生活方式受到了影响，丈夫将难以再遵循教义和教规来安排自己的日常生活方式。

当一个人的信仰以行动的方式表达出来的时候，就出现了一个问题：法律对这种行为可以容忍的界限是什么？法律只能管理人的外在行为，它不能干预人的内在精神。但是，如果人的内在精神外显为一种行为以后触犯了法律，这时是法律应当行动的时候了。从这个意义上说，宗教信徒以自己的行为表达自己的宗教信仰的权利是有限的。这种界限就在于他的行为不能够违背法律，不能背弃社会最基本的伦理道德的底线，不能对他人同样行使自己的自由和权利的行为构成妨碍。在本案中，在妻子改信其他宗教以后，只要她对丈夫的信仰有足够的宽容和尊重，就能够做到两种不同宗教的信徒在一个家庭里相安无事。同时，丈夫也没有证据证明其妻子在履行自己的宗教仪式的时候，使用了法律所不允许的方式，或者对丈夫的信仰自由构成了直接的干预。因此，丈夫提出离婚的理由是不能够成立的。

显然，在本案中，丈夫因为妻子改变了宗教信仰而提出离婚诉讼，表明他不愿意和一个没有共同宗教信仰的人生活在一起，表明他认为他的妻子只能和他信奉同样的宗教。在这里就出现了这样的问题：丈夫是否有权对妻子的信仰自由加以干预？在结婚以前，出于婚后两人感情和谐的考虑，毫无疑问，丈夫可以选择与自己信仰相同宗教的妻子。但是在结婚以后，如果妻子决定改变自己的宗教信仰，从宗教信仰自由保护的角度来说，丈夫是不能直接加以干预的。本案中丈夫的离婚诉讼无疑是对妻子改信其他宗教的一种惩罚，尽管其借口是自己的信仰自由受到妻子的伤害，但是丈夫显然没有考虑到，法律对信仰自由的保护是平等的，不仅他有不受妻子干预的信仰自由，妻子也有不受他的干预的信仰自由。显然，在离婚诉讼中，丈夫的理由不成立，而且由于这一离婚请求直接干涉了妻子的信仰自由，因而是不应当予以支持的。

第二，基本权利对第三人的效力以及契约自由在公法中的限制。

在本案中，值得注意的另一个问题是丈夫是否有权以缔结婚姻作为条件，要求妻子先改信与自己的信仰相同的宗教。或者说，在双方缔结婚姻这一民事行为中，丈夫以要求妻子放弃自己原有的宗教信仰作为成立婚姻的条件，是否侵犯了妻子所享有的宪法所保护的基本权利。

在传统的宪法理论中，基本权利是作为公民个人对抗国家权力的侵犯的一种消极的防卫权而存在的。而相对于强大的国家权力与弱小的公民个人之间的这种悬殊的力量对比来说，在私法关系中，当事人双方基本上是一种比较平等的、力量对比相当的关系，因此传统宪法理论认为在私法关系中并不存在基本权利发生效力的基础。然而，随着大企业和经济组织的出现，在私法关系中双方当事人完全平等自愿地成立交换关系的理论与实际情况越来越发生了背离。由此就出现了主张宪法中规定的基本权利对私法关系具有效力的第三者效力理论。在这里，出现了这样的问题：随着国家权力对私法关系的介入，在保护了相对弱者的基本权利时，限制了另一方成立契约的自由，从而对其权利造成某种损害。这样，就出现了所谓的当事人之间基本权利的摩擦。对此，主张基本权利具有第三人效力理论的德国学者米勒提出，为了解决在私法关系中当事人双方的基本权利的摩擦和冲突，就应该对具体个案中互相冲突的基本权利进行权衡，界定其范围。因此，宪法规定的基本权利在私法关系中并非具有绝对的效力，国家权力介入私法关系乃是针对个案的具体情况进行法益衡量的结果。

在本案中，法院认定在双方缔结婚姻这一民事行为中，丈夫以要求妻子放弃自己原有的宗教信仰作为成立婚姻的条件，是否侵犯了妻子所享有的宪法所保护的基本权利这一问题时，就是一个进行利益衡量的过程。显然在这一案件中，丈夫自由选择配偶的婚姻自由权利与妻子保持原有的宗教信仰的信仰自由权利发生了冲突。泛泛地来看，我们很难对这两种权利孰轻孰重作出简单的判断。这时的判断只能结合当时的具体情况作出。在本案，如果丈夫认为选择一个与自己有相同的宗教信仰的妻子是他择偶过程中头等重要的问题，在这种情况下，他应该首先关注每一个有可能与自己产生婚恋关系的异性的宗教信仰。因此，如果这个男子在与一位异性交往以后并未首先关心对方的宗教信仰，而是在双方已经建立了感情基础或者出现了其他情况以后，使从一般人们的角度来看，他们已经到了应该结婚的情况下，男方才以宗教信仰不同为由，要求女方改信与自己相同的宗教，否则两人不能结婚，这时就应当认定男方的做法侵犯了女方的信仰自由。原因在于从他的所作所为来看，他并未把自己妻子和自己信仰同一宗教看得十分重要，否则在一开始他完全可以在了解了对方的宗教信仰之后再与对方交往，而他没有这样做。如果情况正好相反，男方在双方认识之初，了解到对方与自己信仰不同宗教之后，中止了交往，则女方主张自己的宗教信仰受到侵犯是不能被支持的。在这种情况下，男方的婚姻自由与女方的宗教信仰自由具有同等重要的价值，国家权力的介入在保护一方的同时，会使另一方受到伤害。在这种情况下，私法关系的成立与否，应当完全取决于双方合意的结果。

在此利用基本权利第三人效力的理论对该案件进行的分析，主要是对在结婚以前丈夫是否可以要求妻子与自己信仰同一宗教的问题作了讨论。这与本案的情况并不完全一致。但是，我们可以对这一讨论加以延伸，假设丈夫在确认妻子的宗教信仰以后才与妻子交往并最终结婚，那么在结婚以后如果妻子改变宗教信仰，丈夫是否可以要求离婚?

在前文中，从宗教信仰自由平等保护的角度，我们已经否认了丈夫可以请求离婚。但是，在论证的过程中，我们假设国家权力必须介入，肯定了妻子的宗教信仰自由对于丈夫具有直接的效力。而从米勒所提出的基本权利对第三人效力理论来看，这里涉及的仍然是丈夫的婚姻自由（离婚自由）与妻子的宗教信仰自由之间的冲突。在考虑国家权力介入对一方提供保护之前，必须对这两种权利在不同的个案中进行衡量。

如果妻子为了达到结婚的目的，在婚前先满足了丈夫的要求，在结婚以后，又要求改变自己的宗教信仰。此时，对于妻子来说，显然信仰自由对于她来说并非那么重要，因为她为了达到缔结婚姻的目的可以牺牲自己原来的宗教信仰，那么在丈夫提出离婚时她以自己的宗教信仰自由受到侵犯为由反对离婚，显然是不能成立的。此时，如果国家权力介入保护她的信仰自由，对妻子而言，法院保护的是一种她本人也并不认为很重要的权利；而对丈夫来说，造成的伤害则是难以弥补的，对他来说极为重要的婚姻自由（选择一个和自己信仰同一宗教的妻子）受到了国家的干预，同时他还不得不与一个曾经欺骗过自己的妻子生活在一起。

当然，妻子是否在结婚前存在欺骗行为，需要由丈夫提供给法院足够的证据。如果欺骗行为本身并不存在，那么即使双方在婚前已经有约定，妻子在结婚后仍然可以改变自己的宗教信仰。此时我们很难判断在离婚自由和宗教信仰自由之间应当保护哪一方，但是从每个人都具有独立的价值这一点来看，妻子对丈夫并不存在依附关系，丈夫试图控制妻子的思想的行为，从保护人的尊严的角度来说是不能接受的。而妻子改变宗教信仰的行为，对丈夫造成的损害与丈夫的行为对妻子造成的损害相比，并非那么难以令人接受。

2. 下面对税务局的行为从法理的角度进行分析。

（1）税务局的行为违反了宪法关于平等权的规定。

我国《宪法》第33条规定：中华人民共和国公民在法律面前一律平等。任何公民享有宪法和法律规定的权利，同时必须履行宪法和法律规定的义务。法律面前人人平等是我国宪法规定的基本原则，这是社会主义的一项重要原则，也是我国公民的一项基本权利，称为平等权。平等是一项法律原则，应当是一种资格上的平等，即法律赋予每个公民平等竞争的资格。从历史上来看，在我国魏晋南北朝时期，国家规定政府的高级职务只能由士族的子弟担任，普通人家出身的子弟只能担任一些低级职务。这是一种典型的资格上的不平等，如果你出身低微，即使你功劳再大，你也不可能担任高级职务，担任高级职务只是士族阶层的特权。到了唐代，国家实行科举考试，不论出身高低，任何人都可以参加。通过科举考试的选拔，即使出身卑微的人也能够担任高级职务。这是一种任人唯贤、任人唯能的选拔方式，在这种方式下，每个人都有了平等竞争的资格。在我国历史上，男尊女卑长期盛行，妇女在社会、经济和婚姻家庭方面都无法享有和男子平等的地位。我国《宪法》第48条规定：中华人民共和国妇女在政治的、经济的、文化的、社会的和家庭的生活等方面享有同男子平等的权利。国家保护妇女的权利和利益，实行男女同工同酬，培养和选拔妇女干部。平等经历了一个从理念、原则到具体制度的发展过程，从最初的政治领域发展到后来的社会经济领域，范围不断扩大。宪法在确立男女平等的基本原则的同时，又分别在政治、经济、社会、文化以及婚姻家庭方面规定了妇女和男子享有平等的权利，这就使平等不是仅仅停留在理念和原则上，而是在各个领域都有了具体的规定，各个部门法如民法典、劳动法等均在各自的范围内作了明确的规定，从而使妇女的平等权在法律层面上有了明确而具体的规定。公民在法律面前一律平等只是在宪法和法律规定范围内的平等，是一种资格上的平等，还不是事实上的平等。在我国，男女之间、民族之间目前还存在着历史上遗留的事实上的不平等现象。要消除这种现象，光靠法律手段是不行的，当然法律手段是促进和保障国家实现事实上的平等的不可少的重要手段。但是，要消除男女之间、民族之间事实上的不平等，其根本途径是发展社会生产力。应当说，我国在法律制度方面对妇女的平等权的规定是比较全面的，在执行法律方面却令人失望。税务局作为国家机关，本应模范地遵守宪法和法律，严格依法办事，但是它在招聘公务员时公然违反男女平等原则，剥夺了女性平等竞争的资格，这与我国宪法和法律的规定是背道而驰的。

（2）税务局的行为侵犯了刘某的劳动权。

如上所述，平等权从最初的争取人身权利的平等方面逐步发展到社会经济方面，劳动是人们生活的第一基本条件，是一切物质财富和精神财富的源泉。劳动权作为社会经济方面的一项重要权利，在宪法和法律中有明确的规定。我国《宪法》第 42 条规定：中华人民共和国公民有劳动的权利和义务。《妇女权益保障法》第 22 条规定，国家保障妇女享有与男子平等的劳动权利和社会保障权利；第 23 条规定：各单位在录用职工时，除不适合妇女的工种或者岗位外，不得以性别为由拒绝录用妇女或者提高对妇女的录用标准。税务局在招聘通知中公布了所需毕业生的条件，其法制处需要两名法学专业本科毕业生，办理法律事务是男女都能够从事的工作，并非只能由男子胜任，妇女完全有能力胜任这项工作，因此税务局的这项要求违反了法律的规定，构成了对刘某劳动权的侵犯。也许有人提出，税务局有权根据自己的工作需要来确定招聘哪些人员，刘某可以选择到其他的单位去工作，刘某的权利并没有受到侵犯。税务局作为国家机关，在招聘公务员时对所有符合其招聘标准的毕业生都应当一视同仁，不能区别对待，而现在税务局违反了宪法和法律的规定，在相同的机会面前对男女毕业生实行差别对待，剥夺了女生平等竞争的资格，这是对女生的歧视和不公平对待，当然是法律所不能允许的。如果税务局拒绝纠正自己的错误行为，坚持对男女毕业生区别对待，刘某可以到人民法院提起行政诉讼，来维护自己的合法权益。我国宪法规定，一切国家机关和武装力量、各政党和社会团体、各企事业组织都必须遵守宪法和法律。一切违反宪法和法律的行为，都必须予以追究。应依据宪法来处理案件，让宪法进入社会生活，体现出宪法的效力，让宪法的生命和价值发挥应有的作用。人民法院经过审查，应当依据宪法作出判决，责令税务局纠正自己的错误行为，准许刘某参与平等竞争。

3. 本案是一个较为典型的民法上的侵权案件，但我们可以把它拿来用宪法原理加以分析。本案中涉及的一个是宪法规定的公民的艺术创作自由，另一个则是公民的人格权，本案反映了两种权利的冲突与对抗。人格权，公民的人格受到尊重，是公民最起码的权利。“人格”在法律上是指人作为权利和义务主体的资格，也就是做人的资格。从道德上讲，人格尊严是指人的自尊心和自爱心，任何一个正直、品质端正的人，都有他的自尊心与自爱心，不允许别人侮辱和诽谤。我们再来看宪法规定的艺术创作自由。文学艺术是精神文明的一部分，社会的发展离不开精神文明，同样离不开艺术家的创作。艺术家在创作时，往往会将过去发生的事情与他的生活经验结合，再以此为灵感从事创作，只有这样才能开创出比较宽广的创作空间。任何艺术创作的内容都会或多或少地与现实生活具有类似性，但我们不能当然地得出故事中的角色就是现实中的某些人的结论。本案中作家李某就享有宪法所规定的这种艺术创作自由的权利。

传统的法学理论认为，权利与权利之间是可以划清界限的，严格依法界定并保护一个人的合法权利时，实际上也就是界定和保护了他人的权利。但是，本案告诉我们权利是交叉重叠的，在两个权利之间无法找到一个互不侵犯的界限，即使作出了这样的界定，也只能在字面上保持权利的互不侵犯，它没有而且不可能改变这种权利的相互性（有学者称为权利的冲突），就像本案中宪法规定的人格权与艺术创作自由之间的冲突一样。因此对法律活动来说，也许重要的不是承认权利，而是在于如何恰当地配置权利，并因此给予恰当的救济。当宪法所保护的人格权与艺术自由相冲突时，我们应当如何配置这两种权利呢？我们不能简单地认为某项权利高于或优于另一项权利，而必须考虑法益衡量的问题。

我们认为艺术家如果以小说来描写一个人物的生平（如本案中李某创作的小说），是可以杜撰事件作为补充的描绘，并可对人物的隐私部分作某种程度的描写。当然这有一个度的把握和标准的衡量问题。也就是说，艺术自由的权利有其内在的界限，受到宪法规定的其他权利的限制，如人格权等。艺术自由不是无限的，本案中李某如果以自由添加的素材对电影演员赵某的生活形象造成负面影响，即在发生这种艺术自由与人格权保障的冲突时，那么艺术自由的界限就被超越。有的学者还主张，艺术自由是着眼于个人与团体之间的关系，所以应受他人的权利与团体利益的限制。

人格的尊严应当说是宪法价值体系中的最高价值，其他权利和自由都可以归到人类的尊严当中。宪法规定艺术创作自由，目的在于使艺术家保持其独立自主性，免除任何公权力对其创作过程、创作模式进行“无礼”的监督与限定，使艺术家们能够自由创作，令其以一种自主的方式来处理事务。这种自由与其他基本权利一样，是宪法的一种价值取向和秩序选择的结果。

李某享有宪法规定的艺术创作自由的权利，但同样这种自由的享有不是随心所欲的，如果经过证据的收集、事实的认定，证明李某创作的小说确系对电影演员赵某生平的影射，并以带有贬低意味的情节编写该书，利用编造的事实或利用揭露他人思想中消极成分来扭曲他人的人格，诋毁他人的名誉，对其人格形象造成重大贬损，这就是不正当的。

因此，我们说人人都有自由发展其个性的权利，但是自由不是绝对的，因为绝对的自由其实就是一种不自由，自由的享有是以不得侵犯他人的权利或触犯宪法秩序为前提的。

4. 本案中的卧室在宪法学上具有典型的象征意义。围绕卧室所展开的案件事实的一个要点，可陈述为：4名警察为查处淫秽物品而强行地进入了张某夫妇的卧室。卧室本来不是宪法上的概念，但住宅是。宪法上存在住宅不受侵犯的权利，如我国现行《宪法》第39条中就规定：中华人民共和国公民的住宅不受侵犯。从规范宪法学上而言，宪法上的住宅不是建筑设计家或房产商所理解的那种单纯的物理空间，而是具有法意义的特定场所。西方近代以来的法治确立了私自治的原理，传统的立宪主义精神正与之相吻合，都强调公权力不能肆意介入私自治的领域。这种领域当然不尽是物理空间，即使涉及物理空间，也在权利形成中而被赋予深远的规范意义。所谓“住宅不受侵犯的权利”中的住宅，正是如此。从表面上说，住宅不受侵犯的权利，是指公民的居所、生活或休息的场所不受非法侵入或搜查的权利，但这种权利本身所保障的客体乃是从私自治原理下的私领域中延伸出来的。为此，该权利的保障，实际上与私生活的保障、人格自律空间的保障、隐私权的保障乃至家庭的保护息息相关。这种意义的关联脉络明显地体现在《国际人权宣言》之中，其第12条就是将保障住宅不受侵犯的权利，与保护一般私生活、家庭以及许多人格利益置于并列的关系中加以规定的。这便决定了宪法上的“住宅”这一概念内涵的复杂性。

首先，它不是那种通常意义上的私人家屋，而是各种一般私生活在物理空间上所展开的场所，其成立也无须具备标准的建筑结构或持续性的占有等时空上的要件。为此，从法解释学意义上说，它可以包括寄宿宿舍、下榻宾馆等其他与私人家屋具有同质性的场所。反观本案，据说警察所强行进入的场所，本是当事人张某所经营的诊所，同时兼具其夫妇二人新婚住所的功能，而派出所所长H辩称作为诊所它应可被认为是公共场所。在这一点上，H的辩解是无力的，因为即使他们所进入的场所是以诊所的功能为主的，而且即使作为诊所具有随时开放的性能，但在他们进入的那一刻，张某夫妇是将其作为私生活的空间加以使用的，更何况警方长驱直入其中不具有诊所功能的后屋地带，即这对新婚夫妇的卧室。

其次，由于住宅的内涵中存在上述那些复杂的意义关联脉络，所以对住宅的侵犯或搜查，也就不仅指的是直接侵入住宅的物理空间内部的行为，在法解释学意义上，还可包括在住宅外部直接或间接地通过一定的器具窥视或窃听住宅内部的一般私生活情景等行为。在本案中，据报道警方事后辩称他们在进入住宅前，为核实情况，曾从窗户缝里看到房内的电视机中正在播放着淫秽录像。警方这一说法的本意可能在于缓解他们侵犯行为的严重性，然而，如果上述的户外窥视行为属实，那么对其侵犯住宅的行为其实恰恰可认定为自窥视的那一刻开始。

如果说住宅是这种性质的“私领域不可侵犯性的

本质构成部分”，那么如前所述，卧室则更可谓是其最为核心的本质构成部分。本案中的卧室，正是在这一意义上具有了重要的象征意义。4名警察强行侵入这个卧室的行为，实际上意味着他们所行使的公权力强行地侵入了立宪主义所极力保护的那一最为核心的本质构成部分。

当然，在宪法上，卧室也不是公权力的绝对禁区。像其他许多宪法权利一样，住宅不受侵犯的权利也具有内在界限，公权力可以在满足特定要件的情况下强行进入公民的住宅，包括强行进入卧室。众所周知，这些要件主要有两个方面：第一是实体性的要件，即必须为了履行某些特定的公务，主要限定于收集犯罪或违法的证据、查获犯罪或违法的物品、阻止犯罪或违法的活动或拘禁犯罪嫌疑人或违法人员等；第二则是程序性的要件，即必须严格依照正当的法律程序。

论述题与深度思考题

1. 有权利必须要有救济，没有救济的权利并不是权利。那么，在公民的宪法权利受到侵犯时，也应当为其提供相应的宪法救济。

（1）建立公民基本权利宪法救济制度的必要性。

首先，宪法是法的一种，是一个国家的法的体系的组成部分。因此，宪法具有法的所有属性和特征。法以规范的形态调整社会关系，具有一般效力，这种效力是直接的，它依靠国家的强制力保障实施。宪法也是规范，具有法规范的基本要素，具有一般效力，除具有最高的效力外，还具有直接的效力，也依靠国家的强制力保障其实施。这是建立宪法救济制度的基本前提。

其次，宪法的核心是保障人权，宪法确认了一系列公民的基本权利，其主要依赖于法律的实施而得以保障。但是，在以下两种情况下，就需要通过宪法救济制度，保障公民的宪法权利：一是当规范性文件与宪法抵触时；二是当没有制定规范性文件将宪法权利具体化而公权力直接依据宪法作出具体行为时。

可见，在不能或者无法通过启动法律救济以保障公民宪法权利的情况下，直接启动宪法救济以保障公民的宪法权利就显得尤为必要。

（2）我国现行的宪法救济制度。

在我国，国家的一切权力属于人民，而人民行使国家权力的机关是全国人民代表大会和地方各级人民代表大会。在我国，全国人民代表大会制定、修改、解释宪法并监督宪法的实施，而且制定法律、修改法律和解释法律。特别是，根据宪法的规定，宪法的解释权由全国人民代表大会和全国人民代表大会常委会行使，而不能由其他国家机关行使。而提供宪法救济的国家机关必须同时具有宪法解释权，由于我国普通法院并不具有对宪法的解释权，受政治体制所决定，又不可能在人民代表大会体制外设立宪法法院，因而，英美法系和大陆法系的宪法救济制度在我国必然受到质疑和排斥。

《立法法》就我国的宪法救济制度作了比较具体化的规定。

首先，对全国人大常委会审查规范性文件是否合宪的启动程序作了规定。其一，国务院、中央军事委员会、最高人民法院、最高人民检察院和各省、自治区、直辖市的人大常委会如果认为行政法规、地方性法规、自治条例和单行条例同宪法或者法律相抵触的，可以向全国人大常委会书面提出进行审查的要求，由全国人大常委会工作机构分送有关的专门委员会进行审查、提出意见；其二，除上述国家机关外的其他国家机关和社会团体、企业事业组织以及公民如果认为行政法规、地方性法规、自治条例和单行条例同宪法或者法律相抵触的，可以向全国人大常委会书面提出进行审查的建议，由全国人大常委会工作机构进行研究，必要时，送有关的专门委员会进行审查、提出意见。两者的区别在于是否必然能够启动全国人大常委会的审查程序。

其次，《立法法》规定，全国人大专门委员会在审议中认为行政法规、地方性法规、自治条例和单行条例同宪法或者法律相抵触的，可以向制定机关提出书面审查意见；也可以由全国人大宪法和法律委员会与有关的专门委员会召开联合审查会议，要求制定机关到会说明情况，再向制定机关提出说明审查意见。制定机关应当在2个月内研究提出是否修改的意见，并向全国人大宪法和法律委员会以及有关的专门委员会反馈。根据这一规定，全国人大专门委员会，特别是宪法和法律委员会经过审议后提出的审查意见，是具有法律效力的结论，在一般情况下，制定机关应当按照审议意见进行修改。

再次，制定机关在接到书面审查意见后2个月内，必须向宪法和法律委员会或有关的专门委员会提出是否修改的意见。

最后，全国人大宪法和法律委员会或有关的专门委员会审查认为行政法规、地方性法规、自治条例和单行条例同宪法或者法律相抵触而制定机关不予修改的，可以向委员长会议提出书面审查意见和予以撤销的议案，由委员长会议决定是否提请常委会会议审议。

（3）现行宪法救济制度存在的主要问题及其完善。

现行宪法关于宪法监督制度的需要进一步加强，特别是需要推进合宪性审查机制。

第一，宪法和立法法都是从合宪性审查的角度进行规定，而不是从为公民提供宪法救济的角度规定的。

从形式上看，合宪性审查是为了维护宪法的最高地位和权威，而实质上是为了保障由宪法所确认的公民基本权利和自由。因此，如果启动特定国家机关对法律文件的合宪性进行审查的主体没有公民，该国的合宪性审查制度的效果必然是一般的。立法法除规定了一系列国家机关可以就行政法规、地方性法规、自治条例和单行条例的合宪性进行审查外，还规定公民也可以就行政法规、地方性法规、自治条例和单行条例的合宪性向全国人大常委会提出审查建议，但不一定能引起合宪性审查程序。而且，公民在普通的法律诉讼中能否向普通法院提出适用于具体案件的法律文件是否合宪的异议，以及公民在穷尽了法律救济后在何种条件下可以向全国人大常委会提出审查建议，立法法也没有作出明确的规定。特别是在宪法的规定没有被法律文件具体化的情况下，公民的宪法权利如何得到保障，就更没有规定。

第二，缺乏专门的宪法救济机构。根据宪法的规定，全国人大和全国人大常委会是我国的宪法监督机关，全国人大所设立的专门委员会是协助它们进行宪法监督的机构；而根据立法法的规定，全国人大常委会是实际上的宪法监督机关，全国人大专门委员会协助全国人大常委会进行监督。无论是全国人大还是全国人大常委会，它们作为我国的最高国家权力机关，承担着极其繁重的任务。就全国人大而言，其作为非常设机关，要完成的会议任务既重大又众多。根据现行宪法的安排，我国最高国家权力机关的主要职能由全国人大常委会完成，其主要职权由全国人大常委会行使。全国人大常委会虽然是常设机关，但会期仍然是有限的。2018 年宪法修改时，将全国人大法律委员会更名为“宪法和法律委员会”，赋予其推进合宪性审查的职责，于 2021 年修正的《全国人大组织法》第 39 条第 1 款规定：“宪法和法律委员会承担推动宪法实施、开展宪法解释、推进合宪性审查、加强宪法监督、配合宪法宣传等工作职责”。

第三，缺乏专门的宪法救济程序。关于“宪法救济”或“宪法监督”，我国现行宪法没有专章规定，更没有对宪法监督的程序作具体化的规定。没有必要的程序，宪法救济就无法启动，即使启动，也无法进行审查，即使进行审查，也无法作出审查的结论。

2. 国家权力与公民权利的关系始终是贯穿宪法实践与宪法理论的一条基线，是宪法领域内最基本的矛盾问题。纵观宪法的历史，实际上是权力与权利互为斗争、制约、制衡的历史，因此对于权力与权利关系的合法解决，是关系宪法兴衰的核心。是国家权力决定公民权利，还是公民权利决定国家权力，是义务本位法与权利本位法的分水岭。按照义务本位法，是国家权力决定公民权利，公民权利要绝对服从国家权力，公民以服从国家权力为义务，因而权力是权利的来源。而社会契约理论以新的视角即人的眼光审视政府权力与公民权利的关系定位，并在天赋人权理论基础上重新建构国家权力与公民权利的关系框架。根据契约理论，人们的自然权利在国家和政权产生后实现转化，即让渡出的一部分自然权利转化成了国家政府权力，而未让渡出的自己保留着的另一部分自然权利转化成了政治社会中的公民权利；同时赋予了国家政府确保公民权利的行使与实现的职能。这样，社会契约理论就必然得出“国家权力源于人们的权利并服从、服务于公民权利”的结论。根据这一必然结论，在国家权力与公民权利的根本关系上，国家权力是手段，公民权利才是目的；国家权力的存在必须以服从公民权利为前提，权利是权力的来源。这就从根本上矫正了被封建专制统治所扭曲与颠倒的权力与权利关系，理顺了国家与公民、权力与权利之间的辩证统一关系。

既然国家权力与公民权利均源于自然权利，那么国家权力与公民权利之间即有一个反比例关系问题，即在分母（自然权利）不变的前提下，分子一方的膨胀与扩大必然意味着另一方的萎缩与减少，反之亦然。因此，国家权力与公民权利的关系应保持适度、适当。

然而，同国家权力相比，公民权利总处于弱者的地位，基于公共权力的恶性就必须给予羁束和限制。按照契约理论，如果统治阶级以国家权力侵害人民的权利，就会导致社会契约的解除，人们就有权推翻政府。这就是以权利制约权力的观念与机理。权力监督途径有不少，如以权力限制权力、以道德制约权力等，但只有权利制约权力才不失为根本，即权利保障书——宪法对权利清单予以明示，以此为国家权力的行使划出一个圈子，凡宪法宣言明示的公民权利，国家权力不得干涉、禁止或侵犯，否则即为违法；同时宪法赋予国家政府以责任，确保公民权利的享有与行使，否则即为失职，故权利制约权力还意味着以责任制约权力。由于社会契约从根本上解决了现代社会中权利与权力的关系这一根本问题，所以说该理论构成了法治政治的权力基础。

从理论上讲，在社会主义民主制度下，国家权力与公民权利的分离应当只是形式上的，这是由社会主义制度的本质决定的。但是，理论上“应当如此”并不等于实践中“一定如此”，因而仍然要注意处理好国家权力与公民权利两者的关系，使其不致由形式上的分离和对立转变成实质上的分离和对立。这是社会主义民主建设中的一个具有根本性、全局性的问题。解决这个问题的根本途径是依法治国，即严格依照法律治理国家，而依法治国的关键是依法治权、治官，即依法规范国家机关的权力，确保国家机关及其公职人员严格依法行使权力，维护公民的合法权益。只有这样，社会主义民主才有可靠的保障。党中央根据发展社会主义民主的要求，在提出全面依法治国的同时，明确提出“一切政府机关都必须依法行政，切实保障公民权利，实行执法责任制和评议考核制”，“推进司法改革，从制度上保证司法机关依法独立公正地行使审判权和检察权，建立冤案、错案责任追究制度”，“完善监督法制，建立健全依法行使权力的制约机制”等具体要求，其核心就是要依法规范国家权力。贯彻全面依法治国宪法原则，推进我国社会主义民主的发展，必须抓住国家权力规范化、法治化这个关键环节。抓住了这个关键，就能使国家权力既有合法的权威，又不致侵害公民的合法权利，从而使社会主义民主政治得以正常运行和发展。

正确认识和处理国家权力与公民权利的关系，是民主政治建设的一个基本问题，是现代法治的核心作用所在。近现代宪法的产生及其所起的作用清楚地说明了这种核心作用，其他各种公私法规定也都是围绕权利和权力所设定的原则和规范。人民组成国家，制定法制，其唯一目的是增进和保障自身的福祉，是创造条件（主要通过发展生产力）和采取措施（主要通过制定和实施法律）来实现人权，实现作为人权的一种实然形态的公民权。法律必须保障个人的合法权利不受侵犯，对个人、集体和国家相互之间的利益冲突进行合理（合乎正义）的分配和调节；同时，对政府的权力和行为作出规定，不使政府拥有无限的权力和滥用权力。公民权利与国家权力的关系是：公民权利产生国家权力，而不是国家权力产生公民权利；权力是手段，它以保障公民权利及其集合形态——集体和国家的权利为目的；人民是主人，国家工作人员是公仆。公民权与国家权力不能混淆，其主要区别是：权力同管理和服从相关联，权利同利益和负担相关联；职权与职责相对，权利与义务相对；权力的行使既不能超越也不能失职，权利的行使与否则可以选择。

3.（1）人权作为宪法的基本原则。

人权是指作为一个人所应该享有的权利，是一个人为满足其生存和发展需要而应当享有的权利。尽管人不是抽象的，而是具体的，但当人权与某一个体的人相结合时，不能不打上这个人所处客观社会历史条件的烙印，从而使人权在阶级社会中，具有鲜明的阶级性，但就人权最原创的意义而言，它在本质上属于应有权利、道德权利。

在历史上，人权作为一种主张，早在古代奴隶制社会即已出现。在古希腊和罗马时期斯多葛学派世界一体论的思想中，即有根据自然界的规律性推导出人类的普遍理性，并由人人具有理性而确认人的平等权利的观点。但是，近现代意义的人权理论则是资本主义商品经济发展的产物。在14、15世纪，欧洲城市新兴资产阶级为了维护和发展它的经济利益和政治利益，为正在形成中的资本主义经济鸣锣开道，掀起了文艺复兴运动。体现文艺复兴的人文主义，提倡人性以反对神性，提倡人权以反对神权，提倡个性自由以反对宗教桎梏。正是在这种条件下，产生了资产阶级反对封建王权的斗争和较为系统的资产阶级人权理论，其代表人物如霍布斯、洛克、卢梭等。

霍布斯通过提出“自然状态说”，论证了人的“自然权利”。他认为，在国家产生以前，人们处在“自然状态”中，每个人都有自我保存的同等的自然权利。洛克则进一步发展霍布斯的思想。他认为：“自然状态”是一种“完备无缺的自由状态”，每个人都有自由行动及处理财产和人身的自由，“每个人都平等享有各种权利”，“人们既然都是平等和独立的，任何人就不得侵害他人的生命、健康、自由或财产”；但人们在自然状态下享有的自然权利并不是绝对的，为了公正地裁判、解决人与人之间的纠纷，人们必须放弃一部分自然权利，把它交给政府。当然，支持和保护人们的自然权利，是政府的最基本的职能。如果统治者违反约定，那么人们就有充分的、合法的理由起来把它推翻。卢梭在重申霍布斯、洛克等人思想的基础上指出，私有制的产生是人类不平等的根源和基础，而更高级的社会契约的平等只有通过资产阶级共和国才能实现。因为它能够体现人民的“公意”，使人民拥有主权，从而确保人们的自由、平等、生命、财产等方面的权利。霍布斯、洛克和卢梭等人的学说后来成为资产阶级宪法的理论依据。

马克思主义人权理论同整个马克思主义理论体系一样，也有一个不断发展、成熟的过程。在革命民主主义阶段，马克思的人权思想受到法国启蒙思想、黑格尔哲学和青年黑格尔派的影响，带有自然人权观的明显印迹；在从革命民主主义向历史唯物主义和辩证唯物主义转变的阶段，马克思开始抛弃自然人权观，自觉树立起新的人权思想。可以说，马克思主义的人权理论是在批判和借鉴资产阶级人权思想基础上发展起来的。恩格斯在1880年的《社会主义从空想到科学的发展》一文中指出，最先把人权作为理论概括的启蒙思想家在历史上曾经起过“非常革命”的作用。马克思也曾高度赞扬说，在“人权理论”指导下所取得的资产阶级革命的胜利，“宣告了欧洲新社会的政治制度……不仅反映了它们本身发生的地区即英法两国的要求，而且在更大得多的程度上反映了当时整个世界的要求”。与此同时，马克思主义人权理论也无情揭露和深刻批判了资产阶级人权理论的局限性和阶级本质，指出“平等地剥削劳动力，是资本的首要的人权”。在资本主义社会，“人权本身就是特权”，因而认为，资产阶级人权理论所反映的只不过是资本主义商品经济和雇佣劳动制度的要求，它所阐述的各种权利，只有资产阶级本身才能充分享受，广大无产阶级和劳动人民只能处于依附的、受制于资本的地位，根本不可能享有与资产阶级平等的权利。在此基础上，马克思主义经典作家提出了一系列根本不同于资产阶级人权观的基本观点，诸如人权的社会的、阶级的观点，具体的、历史的观点和发展的观点，并且强调了人权与经济、文化条件和历史传统的内在联系，等等。随着无产阶级革命的胜利和社会主义国家政权的不断巩固和发展，马克思主义人权的理论和实践也不断得到丰富和发展。

（2）人权原则在各国宪法中的体现。

资产阶级启蒙思想家提出的人权口号和天赋人权学说，不仅反映了发展资本主义商品经济的要求，并因此成为资产阶级革命的有力思想武器，而且在资产阶级政治宣言和资产阶级国家政权建立后的宪法中得到了明确体现。

最早将资产阶级人权理论予以规范化的是被马克思誉为世界历史上第一个人权宣言的美国《独立宣言》。《独立宣言》明确宣布：“我们认为这些真理是不言而喻的：人人生而平等，他们都从他们的‘造物主’那边被赋予了某些不可转让的权利，其中包括生命权、自由权和追求幸福的权利。为了保障这些权利，所以在人们中间成立政府。”法国1789年的《人权宣言》也公开宣称：“在权利方面，人们生来是并且始终是自由平等的”；“任何政治结合的目的都在于保存人的自然的和不可动摇的权利。这些权利就是自由、财产、安全和反抗压迫”。它还特别强调指出，“凡权利无保障……的地方，就没有宪法”；并对人权的具体内容作了补充，即“自由传达思想和意见是人类最宝贵的权利之一”，“财产是神圣不可侵犯的权利”，等等。1791年美国宪法的10条修正案（又称权利法案）和1791年的法国宪法是最早确认基本人权原则的资产阶级宪法。继美、法两国之后，虽然各国宪法规范的表现形式不完全相同，但各资本主义国家的宪法，无不确认了基本人权原则。

社会主义国家政权建立后，同样在宪法中确认了基本人权原则。既然社会主义国家本质上是人民当家作主的政权，人民在国家生活中处于主导的支配地位，而公民的权利和自由是人民当家作主最直接的表现，那么就必然要求通过各种途径和形式，确保公民能够享受各种权利和自由。由于“宪法就是一张写着人民权利的纸”，立宪的目的就是保障人权，因而社会主义国家的宪法理所当然地成为公民权利的保障书。从世界各国宪法的规定看，各国宪法对基本人权原则的体现主要有以下三种形式。

第一，既明确规定基本人权原则，又以公民基本权利的形式规定基本人权的具体内容。这是多数国家宪法采用的形式。如日本宪法不仅明确规定，“我们确认，世界各国国民同等享有在和平中生存并免除恐怖与贫乏的权利”，而且在第三章“国民的权利与义务”中规定了人权的基本内容；孟加拉国宪法不仅确认，“国家的基本目标是通过民主进程……保证全体公民都享有法治、基本人权和自由”，而且在第三章“基本权利”中规定了人权的基本内容；白俄罗斯宪法同样既规定“努力确立白俄罗斯共和国每个公民的权利和自由”，又在第二部分“个人、社会、国家”中规定了基本人权的具体内容；等等。

第二，并不明文规定基本人权原则，只是规定公民的基本权利。如我国现行宪法虽然没有直接以规范的形式规定基本人权原则，但宪法不仅专章规定了公民在政治、经济、文化和社会生活等各方面的权利和自由，而且从法律上、制度上和物质上规定了公民实现这些权利和自由的保障。特别是 2004 年宪法修正案明确将“国家尊重和保障人权”载入宪法，不仅承认了“人权”这一概念，而且承认了人权的普遍理念。美国宪法及其修正补充的权利法案，就只有公民权利的具体规定，而没有用文字宣布基本人权原则；比利时宪法也只是在第二章“比利时国籍及国民的权利”中规定了国民的具体权利；丹麦、荷兰等许多国家的宪法也都是如此。

第三，原则上确认基本人权，但对公民基本权利的内容规定较少。如法国 1958 年宪法虽然宣布“热爱 1789 年的《人和公民的权利宣言》所规定的，并由 1946 年宪法序言所确认和补充的人权和国家主权的原则”，但在宪法的具体条文中只对公民的选举权作了规定。当然，在世界各国的宪法中，采用这种形式的很少。

尽管由于“权利绝不能超出社会的经济结构以及由经济结构制约的社会的文化发展”，因而在不同国家或者一国不同历史时期，宪法对基本人权具体内容的确认存在不同，但在总体上看，各国宪法不仅在内容和范围方面呈不断扩展的趋势，而且大致都包括政治生活、社会生活和个人生活三大方面的权利和自由。同时必须明确的是，由于资本主义宪法所体现的基本人权原则以资产阶级所有权为核心，因而虽然其宪法规范往往以公民普遍享有人权的形式表现出来，但它的特点在于以人权的普遍性掩盖人权的阶级性；社会主义宪法则在具体规范中，公开限制少数敌对分子的部分人权，其特点在于以人权的阶级性谋求人权的普遍性。

4. 1997 年 10 月 27 日和 1998 年 10 月 5 日，我国政府先后签署《经济、社会和文化权利国际公约》和《公民权利和政治权利国际公约》。对两国际人权公约的加入和批准生效，意味着我国政府对公约中人权条款的认可，并使之产生国内法的效力，作为我国政府保障人权的法律依据。

和我国现行宪法中的人权规定即公民基本权利相比较，国际人权两公约规定的人权较为广泛。《经济、社会和文化权利国际公约》规定的人权主要有：自决权；工作权；享受公正和良好的工作条件权；组织和参加工会权；罢工权；社会保障和社会保险权；家庭、母亲、儿童和少年受广泛保护和协助权；获得相当的生活水准权；达到最高的体质和心理健康的标准权；人人有受教育权；参加文化生活权；享受科学进步及其应用所产生的利益权；等等。《公民权利和政治权利国际公约》规定的人权主要有：生命权；免受酷刑或残忍的、不人道的、侮辱性的待遇或刑罚权；不被奴役权；不被强迫或强制劳役权；人身自由和安全权；尊重被剥夺人身自由的人的人格尊严；反对债务监狱（不得仅仅由于无力履行约定义务而被监禁）；迁徙自由和选择住所的自由的权利；外侨合法权益；在法庭和裁判所前的平等权；无罪推定原则；最低限度的司法保障权；免受重法溯及既往；法律上的人格权；隐私权或私生活秘密权；思想、良心和宗教自由；持有主张不受干涉权；自由发表意见权；和平集会权；结社自由权；直接或通过代表参与公共事务权；选举权和被选举权；参加本国公务权；法律面前的平等权；少数人的文化、宗教和语言权利；等等。

我国《宪法》中规定的公民基本权利主要有：平等权，选举权和被选举权，言论、出版、集会、结社、游行、示威的自由，宗教信仰自由，人身自由，人格尊严，住宅安全权；通信自由和通信秘密，批评、建议、申诉、控告、检举和取得赔偿权，劳动权；劳动者的休息权，退休人员的生活保障权，获得物质帮助权，受教育权，进行科学研究、文艺创作和其他文化活动的自由，男女权利平等，妇女、老人、儿童受国家的保护，婚姻自由，个人财产权，华侨、归侨和侨眷的权利和利益。另外，《宪法》第三章还规定了成为刑事被告的公民有权获得辩护和各民族公民都有用本民族语言文字进行诉讼的权利。

比较两国际人权公约与我国现行《宪法》的公民基本权利的规定，不难发现两者之间存在一些不协调之处。总的来说，我国现行《宪法》的公民基本权利规定对一些权利的保护没有两个公约周到。我国现行《宪法》中的人权规定是 1982 年《宪法》确定的，是在改革开放之初修订的，它反映的是当时社会情境下的政治需求和国民需要。而两公约更多的是反映国际社会一些共同的理念和要求。

加入两个人权公约，既为国际人权公约与我国现行宪法人权规定的协调提出了新的课题，也为我国现行宪法人权规定从体系到规范的重新建构和进一步完善提出了迫切要求，并提供了有利时机。协调国际人权公约与我国现行宪法人权规定之间的差异与冲突，有利于重新建构、规范和完善我国现行宪法的人权规定。

首先，协调国际人权公约与我国现行宪法人权规定之间的差异与冲突，有利于完善我国公民的权利保护。

一般而言，当一国缔结的国际法中的权利内容与本国的根本法的权利内容发生冲突时，存在一个效力优先问题。我国《宪法》虽然没有规定条约与宪法关系的内容，但我国某些普通法（《民事诉讼法》《行政诉讼法》）已经确立了有条件的国际法条约优先于国内普通法的规则。国际条约效力比我国宪法效力要低，而比普通法律的效力要高。国际条约如同宪法一样，不能直接予以司法适用。要解决我国现行宪法人权规定与国际人权公约的不协调问题，一是由宪法对条约予以肯定，以利于理顺立法体系和优化条约在国内的实施；二是根据我国人权发展的现实需要和客观基础，适时地将人权公约规定的人权内容上升为公民的宪法基本权利，不断规范和完善宪法的基本权利体系。

其次，切实履行人权公约，规范和完善我国现行宪法人权，必然要求强化宪法基本权利的直接效力和适用性。

人权的实现过程，就是通过法律将人的应有权利确定为法定权利，并在社会实践过程中，通过各种社会因素的作用而使人实际享有的过程。在新形势下，强化宪法基本权利的直接效力和适用性，已经成为切实履行两个人权公约，规范和完善我国现行宪法人权规定的必然选择。

最后，切实履行人权公约，规范和完善我国现行宪法人权规定，需要对国家机关的立法和行政行为的合宪性实行审查，防止国家公共权力对公民基本权利的侵害。

宪法保障人权的宗旨主要体现在通过限制政府权力以保障公民权利。《宪法》第 5 条明确规定：国家维护社会主义法制的统一和尊严。一切法律、行政法规和地方性法规都不得同宪法相抵触。一切国家机关和武装力量、各政党和各社会团体、各企业事业组织都必须遵守宪法和法律。一切违反宪法和法律的行为，必须予以追究。任何组织或者个人都不得有超越宪法和法律的特权。在“穷尽普通法救济”的前提下，通过全国人大常委会的合宪性审查，防止国家公共权力对公民基本权利的损害，切实履行人权公约，规范和完善我国现行宪法的人权规定。

5. 基本权利保障的意义不言而喻：无论宪法所规定的基本权利如何详尽和完美，一旦不予保障，都可能失去实效的意义。对基本权利的保障主要有两种方式。

第一种方式为绝对保障方式。依据这种方式，对宪法所规定的某些基本权利，其他法律规范不能加以任意限制或规定例外的情形。如美国宪法第 1 条修正案明确规定：“联邦议会不得制定建立国教或禁止宗教自由的法律以及对言论和出版的自由，或对人民和平集会和向政府请愿诉求冤情救济的权利进行限制的法律。”在实际操作中，采取绝对保障方式，一般都实行具有实效性的合宪性审查制度。这种制度排除了其他法规范对基本权利所可能加诸的、逾越了该基本权利自身的内在制约之限度的并为宪法所不能接受的那些制约。绝对保障方式由于是直接依据宪法规定并通过宪法自身的制度而实现的，所以又被称为“依据宪法的保障”方式。

第二种方式则为相对保障方式，即允许其他法规范对宪法所规定的基本权利加以直接有效的限制或客观上存在这种可能性的方式。采取这种方式，一般也是宪法自身的一种选择。所以有些宪法本身就规定或默示对某些基本权利可以予以限制。如规定某种基本权利“其内容由法律规定”、“在法律的限制之内”或“在法律的范围内”予以保障、“其例外依法律规定”，以及“非依法律不得限制”等，都表明宪法自身选择了相对保障方式。由此可见，相对保障方式又表现为两种具体的方面：其一是基本权利的具体内容和保障方式均由普通法律加以规定，其二是对基本权利的限制必须通过普通法律。这两个方面既可互相分离，又可互相结合。不过无论如何，由于相对保障方式乃通过普通法律而非宪法自身来实现对基本权利的保障，所以这一方式又可被称为“依据法律的保障”方式。

除上述的绝对保障方式和相对保障方式之外，还存在折中型的保障方式。这种方式即一方面存在具有实效性的合宪性审查制度，另一方面宪法本身又将对某些基本权利的保障委之于普通法律。当代德国所采用的基本权利的保障方式即被认为属于这种方式。

我国现行宪法虽然基本上没有明文规定对某种基本权利的具体内容和保障方式由普通法律加以规定，也没有明文规定或实际上默示性地规定普通法律可以限制某种基本权利，但在具体的法律制度层面上以及实践中所形成的基本权利的保障方式倾向于相对保障方式。

第六章　选举制度

知识逻辑图

- 选举制度
  - 概述
    - 发展：1953 年颁布《中华人民共和国全国人民代表大会和地方各级人民代表大会选举法》，1979 年修改，1982 年修改，1986 年修改，1995 年修改，2004 年修改，2010 年修改，2015 年修改，2020 年修改后现行有效
    - 概念：关于选举国家代表机关代表与国家公职人员的原则、程序与具体方法的各项制度的总称
    - 功能
      - 全面反映人民民主专政的国家性质
      - 建立与完善人民代表大会制度的基础和出发点
      - 公民参与政治生活的基本形式
      - 合理调整国家权力与公民权利的基本形式
  - 原则
    - 普遍性原则：中国公民，年满 18 周岁，未被剥夺政治权利
    - 平等性原则：一人一票，一票一权
    - 无记名投票原则：全国和地方各级人民代表大会的选举一律采取无记名投票方式
    - 直接选举与间接选举并用原则：县级以下人民代表大会代表的选举采用直接选举；县级以上（不含县级）人民代表大会代表的选举采用间接选举
  - 程序
    - 选区划分：居住状况、生产单位、事业单位、工作单位，1 位～3 位代表/选区
    - 选民登记：选民成为选举权主体的形式要件，一次性登记；选民名单的公布及救济（须先向选举委员会申诉，不服方可向法院起诉）
    - 提名
      - 候选人提名主体的广泛性
      - 候选人名额限制（差额比例）
      - 正式名单经讨论（直接选举）或预选（间接选举）确定公布
      - 候选人介绍制度
    - 选举
      - 确定选举有效的判断条件
      - 候选人当选的确定条件
      - 宣布选举结果
    - 监督与罢免
      - 代表辞职程序及罢免的程序（提出、通过的主体要求）
      - 补选的情况及补选机关

名词解释和概念比较

1. 选举制度
2. 选区划分
3. 选举机构
4. 差额选举
5. 无记名投票
6. 选民
7. 选民登记
8. 选举程序
9. 预选
10. 选民名单案件
11. 多数代表制

12. 补选

选择题

（一）单项选择题

1. 在公民享有的宪法基本权利体系中，最基础的权利是（　　）。（考研）

A. 经济社会权利　　B. 人身自由

C. 选举权和被选举权　　D. 言论自由

视频讲题

2. 关于我国人大代表候选人的产生程序，下列表述正确的是（　　）。（考研）

A. 代表候选人只能由各政党和人民团体提名

B. 初步候选人人数超过规定的最高差额比例的，必须进行预选

C. 直接选举中，正式代表候选人名单应当在选举日的 7 日以前公布

D. 县级以上地方人大选举上一级人大代表，候选人应从本级人大代表中产生

3. 根据《全国人民代表大会和地方各级人民代表大会选举法》（简称《选举法》）和相关法律的规定，关于选举的主持机构，下列哪一选项是正确的？（　　）（法考改编）

A. 乡镇选举委员会的组成人员由不设区的市、市辖区、县、自治县的人大常委会任命

B. 县级人大常委会主持本级人大代表的选举

C. 省人大在选举全国人大代表时，由省人大常委会主持

D. 选举委员会的组成人员为代表候选人的，应当向选民说明情况

4.《选举法》规定，在直接选举中，正式代表候选人名单应当在选举之前公布。下列选项哪个是正确的公布日期？（　　）

A. 7 日之前　　B. 15 日之前

C. 20 日之前　　D. 10 日之前

5. 关于县人大代表的选举，下列说法正确的是（　　）。（法考改编）

A. 县人大代表的选举由县人大主席团主持

B. 10 个选民联名有权提出县人大代表候选人

C. 县人大代表选举时，候选人的人数比应选代表人数至少应多出 1/5，至多多出 1/2

D. 县人大代表的选举与罢免，均要求全体选民过半同意

6. 如果过半数选票指至少过一票的话，某选区有选民 2 000 人，依《选举法》的规定，候选人最少获得多少赞成选票当选才有效？（　　）

A. 1 001　　B. 501

C. 502　　D. 252

7. 根据《宪法》和《选举法》的规定，下列哪一选项是正确的？（　　）（法考改编）

A. 选民登记按选区进行，每次选举前选民资格都要进行重新登记

B. 选民名单应在选举日的 15 日以前公布

C. 对于公布的选民名单有不同意见的，可以向选举委员会申诉或者直接向法院起诉

D. 法院对于选民名单意见的起诉应在选举日以前作出判决

8. 现行《选举法》规定，由选民直接选举的代表候选人名额，应多于应选代表名额（　　）。

A. 1/5 至 1/2　　B. 1/4 至 1/2

C. 1/3 至 1 倍　　D. 2/1 至 1 倍

9. 现行《选举法》规定，选民可以委托其他选民代为投票，每一选民接受委托最多不得（　　）。

A. 超过 5 人　　B. 超过 4 人

C. 超过 3 人　　D. 超过 2 人

10. 根据宪法和法律的规定，下列选项中哪个表述是正确的？（　　）

A. 县级人大有权选举全国人大代表

B. 省级人大常委会决定副省长的人选

C. 国家主席根据全国人大的决定任免审计长

D. 全国人大常委会有权改变省级人大的不适当的决定

11. 对公布的选民名单有不同意见的，可以向（　　）。

A. 选举办公室提出申诉

B. 人民法院起诉

C. 选举委员会提出申诉

D. 选举领导小组申诉

12. 根据《选举法》的规定，关于选举机构，下列哪一选项是不正确的？（　　）（法考改编）

A. 特别行政区全国人大代表的选举由全国人大常委会主持

B. 省、自治区、直辖市、设区的市、自治州的人大常委会领导本行政区域内县级以下人大代表的选举工作

C. 乡、民族乡、镇的选举委员会受不设区的市、市辖区、县、自治县人大常委会的领导

D. 选举委员会对依法提出的有关选民名单的申诉意见，应在 3 日内作出处理决定

13. 2010 年修改《选举法》是全国人大常委会对 1979 年选举法的第几次修改？（　　）

A. 第二次　　B. 第三次

C. 第四次　　D. 第五次

14. 根据《选举法》的规定，我国于 1979 年把直接选举的范围扩大到（　　）。

A. 省级　　B. 地区级

C. 县级　　D. 乡、镇级

15. 选举制度的本质是由国家的（　　）决定的。

A. 经济制度　　B. 政治制度

C. 阶级本质　　D. 立法机关

16. 我国第一部社会主义类型的选举法是（　　）年颁布的。

A. 1949　　B. 1953

C. 1954　　D. 1979

17. 根据《选举法》，下列关于代表候选人的表述，正确的是（　　）。（考研）

A. 代表候选人均由选区提名产生

B. 正式代表候选人的名单在选举日当天公布

C. 代表候选人的人数可以等于应选代表的名额

D. 代表候选人为选举委员会组成人员的，应辞去选举委员会的职务

18. 下列哪位国家机关领导人只能由全国人民代表大会选举或决定产生？（　　）

A. 国务院副总理

B. 最高人民检察院副检察长

C. 最高人民法院副院长

D. 中央军事委员会副主席

19. 下列选项中哪一个不属于我国《选举法》规定的主持人民代表大会代表的选举的组织机构？（　　）

A. 全国人大常委会

B. 省、自治区、直辖市、设区的市的人大常委会

C. 自治州人大常委会

D. 县人大常委会

20. 根据《选举法》，选区的大小按照每一选区（　　）名代表划分。

A. 1 至 3　　B. 2 至 3

C. 1 至 2　　D. 1 至 4

21. 我国现行《选举法》规定，选区的划分原则是（　　）。

A. 可以按居住状况划分

B. 可以按生产单位、事业单位、工作单位划分

C. 可以按地区人口划分

D. 可以按居住状况划分，也可以按生产单位、事业单位、工作单位划分

22. 某选区有选民 600 人，在人大代表的选举中，共有 310 位选民参加投票，有效票共有 295 张，候选人张某如果当选，则其获得的赞成票最低是多少票？（　　）

A. 148

B. 156

C. 301

D. 选举无效，张某无论得到多少赞成票都不能当选

23. 对县、乡人民代表大会代表的罢免应由下列选项中的哪些主体提出？（　　）

A. 对县人民代表大会代表的罢免，须由原选区选民 30 人以上联名

B. 对乡人民代表大会代表的罢免，须由原选区选民 30 人以上联名

C. 对乡人民代表大会代表的罢免，须由原选区选民 50 人以上联名

D. 对县、乡人民代表大会代表的罢免，均须由原选区选民 50 人以上联名

24. 关于全国人大代表，正确的是（　　）。（考研）

A. 全国人大代表在各种会议上的发言，不受追究

B. 全国人大代表在全国人大开会期间可提出对国务院的质询案

C. 罢免全国人大代表须经全国人大常委会组成人员的过半数通过

D. 全国人大代表被行政拘留，应向全国人大主席团或全国人大常委会备案

25. 下列人员中，既可由全国人大也可由全国人大常委会产生的是（　　）。（考研）

A. 中华人民共和国副主席

B. 国务院副总理

C. 中央军事委员会副主席

D. 最高人民法院副院长

（二）多项选择题

1. 下列哪些属于我国选举制度的基本原则？（　　）

A. 选举权的普遍性　　B. 选举权的平等性

C. 选举经费由国库开支　D. 选举投票的秘密性

2. 根据我国《选举法》的规定，选区可以按（　　）划分。（考研）

A. 居住状况　　B. 生产单位

C. 事业单位　　D. 工作单位

3. 根据我国《宪法》和《选举法》的规定，享有选举权的基本条件是（　　）。（考研）

A. 中华人民共和国公民

B. 未被剥夺政治权利

C. 在我国居住满 3 年

D. 年满 18 周岁

4. 根据《宪法》和法律的规定，关于选举程序，下列哪些选项是正确的？（　　）（法考改编）

A. 乡级人大接受代表辞职，须经本级人民代表大会过半数的代表通过

B. 经原选区选民 30 人以上联名，可以向县级的人民代表大会常务委员会书面提出罢免乡级人大代表的要求

C. 罢免县级人民代表大会代表，须经原选区 2/3 以上的选民通过

D. 补选出缺的代表时，代表候选人的名额必须多于应选代表的名额

5. 根据《选举法》的规定，关于选举制度，下列哪些选项是正确的？（　　）（法考改编）

A. 全国人大和地方人大的选举经费，列入财政预算，由中央财政统一开支

B. 全国人大常委会主持香港特别行政区全国人大代表选举会议第一次会议，选举主席团，之后由主席团主持选举

C. 县级以上地方各级人民代表大会举行会议的时候，1/3 以上代表联名，可以提出对由该级人民代表大会选出的上一级人大代表的罢免案

D. 选民或者代表 10 人以上联名，可以推荐代表候选人

6. 甲市乙县人民代表大会在选举本县的市人大代表时，乙县多名人大代表接受甲市人大代表候选人的贿赂。对此，下列哪些说法是正确的？（　　）（法考改编）

A. 乙县选民有权罢免受贿的该县人大代表

B. 乙县受贿的人大代表应向其所在选区的选民提出辞职

C. 甲市人大代表候选人行贿行为属于破坏选举的行为，应承担法律责任

D. 在选举过程中，如乙县人大主席团发现有贿选行为应及时依法调查处理

7. 关于公民的选举权，下列选项中表述正确的有（　　）。

A. 依照法律的规定，被剥夺政治权利的人没有选举权

B. 精神病患者因为无政治行为能力而自始无选举权

C. 正在劳动教养的人因为无人身自由而不享有选举权

D. 华侨可以参加其原籍地县级人大代表的选举

8. 下列选项中哪些属于中国公民不具有选举权的情况？（　　）

A. 未满 18 周岁的人

B. 被剥夺政治权利的人

C. 被依法行政拘留的人

D. 精神病患者

9. 某省人大选举实施办法中规定："本行政区域各选区每一代表所代表的人口数应当大体相等。各选区每一代表所代表的人口数与本行政区域内每一代表所代表的平均人口数之间相差的幅度一般不超过百分之三十。"关于这一规定，下列哪些说法是正确的？（　　）（法考改编）

A. 是选举权的平等原则在选区划分中的具体体现

B. "大体相等"允许每一代表所代表的人口数之间存在差别

C. "百分之三十"的规定是对前述"大体相等"的进一步限定

D. 不保证各地区、各民族、各方面都有适当数量的代表

10. 关于全国人大代表的选举单位，下列选项中表述正确的有（　　）。

A. 省、自治区、直辖市是全国人大的选举单位

B. 民主党派是我国的选举单位

C. 特别行政区不是我国的选举单位

D. 军队是全国人大的选举单位

11. 我国人民代表大会代表在任期内因故出缺，由（　　）。

A. 原选区补选

B. 原选举单位补选

C. 该级人大常委会补选

D. 出缺代表所在单位补选

E. 该级人大代表资格审查委员会补选

12. 实行直接选举的地方，代表候选人由（　　）。

A. 选民 19 人以上联名推荐

B. 各政党推荐

C. 各人民团体推荐

D. 各政党、各人民团体联名推荐

E. 各行政单位推荐

13. 我国选举制度的基本原则主要包括（　　）。

A. 直接选举与间接选举并用的原则

B. 秘密投票的原则

C. 选举权的普遍性原则

D. 选举权的平等性原则

14. 推荐代表候选人的政党、人民团体和选民代表，可以在（　　）上介绍所推荐的代表候选人的情况。

A. 选民小组会议　　B. 选民大会

C. 代表小组会议　　D. 全体选民大会

15.（　　）设立选举委员会，主持本级人民代表大会代表的选举。

A. 不设区的市　　B. 市辖区

C. 自治县　　D. 民族乡

（三）不定项选择题

1. 某选区共有选民 13 679 人，高先生是数位候选人之一。请问根据现行宪法和选举法律，在下列何种情况下，高先生可以当选？（　　）（法考改编）

A. 参加投票的人数为 6 834 人，高获得选票 6 831 张

B. 参加投票的人数为 6 841 人，高获得选票 3 421 张

C. 参加投票的人数为 13 643 人，高获得选票 6 749 张

D. 参加投票的人数为 13 685 人，高获得选票 13 073 张

2. 依据《选举法》的规定，下列哪些主体可以单独或联合推荐代表候选人？（　　）

A. 各政党　　B. 各企事业单位

C. 各人民团体　　D. 各国家机关

3. 根据《宪法》和法律的规定，下列选项中哪些公民不享有选举权？（　　）

A. 甲因犯罪被判 10 年有期徒刑，并附加剥夺政治权利 5 年，2019 年其服刑期满释放，2023 年甲所在县进行人民代表大会代表换届选举

B. 乙现年 17 周岁，因对他人造成伤害，被判两年有期徒刑，缓刑一年，现缓刑考验期尚未届满

C. 丙因涉嫌犯罪，被公安机关逮捕，现正在人民法院接受审理，法院没有决定暂停其选举权

D. 丁年满 19 周岁，因受重大精神刺激，患上精神分裂症，正在医院接受治疗

4. 我国《选举法》规定，选举结果的确定程序包括以下哪些内容？（　　）

A. 确定选举是否有效

B. 代表候选人当选的确定

C. 宣布选举结果

D. 补选

5. 人民代表的选举程序主要包括（　　）。

A. 设立选举的组织

B. 划分选区和进行选民登记

C. 代表候选人的提出

D. 投票选举

6. 在我国，实行间接选举的地方，应由谁主持上级人民代表大会代表的选举？（　　）

A. 各该级人民代表大会主席团

B. 各该级人民代表大会

C. 各该级人民代表大会常委会

D. 上一级人民代表大会常委会

7. 根据我国《宪法》和《选举法》的规定，下列哪些选项是正确的？（　　）（法考改编）

A. 全国人民代表大会常务委员会主持全国人民代表大会代表的选举工作

B. 县级以上地方各级人民代表大会常务委员会主持本级人民代表大会代表的选举工作

C. 乡、民族乡、镇设立选举委员会，主持本级人民代表大会代表的选举工作

D. 乡、民族乡、镇设立的选举委员会受不设区的

市、市辖区、县、自治县的人民代表大会常务委员会的领导

8. 选举人对于代表候选人可以（　　）。

A. 投赞成票　　B. 投反对票

C. 弃权　　D. 另选其他任何公民

9. 下列说法中错误的有（　　）。

A. 所有精神病患者不列入选民名单

B. 选民名单应在选举日的 15 日前公布

C. 选举委员会对选民名单有不同意见的申诉，应在 5 日内作出处理决定

D. 我国《选举法》规定每一选民在一次选举中只有一个投票权

简答题

1. 简述我国公民选举权的平等性原则。（考研）

2. 简述我国选举制度的基本原则。（考研）

3. 简述我国选举制度的基本功能。

4. 简述直接选举和间接选举的代表当选的确定。

5. 简述直接选举扩大到县级的重大意义。

6. 简述选举委员会的职权。

7. 试述我国《选举法》对代表的监督和罢免的相关规定。

8. 试述我国选区划分所应遵循的原则。

案例分析题

1. 某地进行乡人民代表大会代表选举，一选区应选举代表 3 名。在各政党、各人民团体和本选区选民提名基础上，乡选举委员会分别征询有关方面意见，最后确定正式候选人 3 人。经过投票选举，在获得参加投票选民过半数选票的候选人中，只有 1 人系原确定的正式候选人，另 2 人系选民自发投票选出的独立候选人。乡选举委员会认为，独立候选人非正式确定的候选人，因而不予确认其当选结果，决定进行第二轮投票另行选举。试问在整个选举过程中，乡选举委员会的行为违反了我国《宪法》和《选举法》的哪些规定？为什么？（考研）

2. A 县 B 镇 C 村于 2023 年 11 月 25 日召开第六届村民委员会选举大会。C 村村委会设主任 1 人、副主任 1 人、委员 3 人。第一次选举结束后，只选出副主任 1 人。村选举委员会决定于 11 月 28 日另行选举。

C 村全村共有选民 942 人，第二次选举当天实到 755 人。因 C 村共有四个小组，为节约时间，选民按组被划分在同一会场的四个不同区域，分别推选出监票员、计票员和唱票员，分别设立秘密写票处和代写处，投票后分别点票、唱票，最后汇总计票。按照该省的村民委员会选举条例第 30 条的规定，每一选民接受委托投票不得超过 3 人。

投票过程中，在一组投票点投票过程即将结束时，有该组村民举报说，有位本组村民分两次，共代投了 4 张票。此时其余 3 组投票已经结束，并准备开始计票工作。经当场查证，是由于工作人员不认识部分村民，有一位村民前后两次代人投票，共代投票 4 张。反映的问题属实。

问：（1）此次选举的效力应当如何认定？

（2）对于村民的举报，应由谁作出怎样的处理？依据是什么？

（3）该案对我国基层直选工作有何启示和指导？

3. 韩国公民 A 某，准备在韩国参加 1996 年 4 月 11 日实施的第 15 届国会议员选举，但他认为他所在的选区和其他选区之间的人口比例相差比较大，如出现 1∶4.64、1∶3.6、1∶4.46 等不同比例。因此，请求人 A 某主张由于选区之间人口比例不平等，使他们行使的选举权价值出现了不平等，要求对“选区议员的地区选区区划表”的违宪与否进行审查。

韩国宪法法院于 1995 年 12 月 17 日作出判决，决定《公职选举及选举不正防止法》第 25 条第 2 款规定的“国会议员地区选区区划表”违反宪法。宪法法院首先从宪法原理角度分析了平等选举权的含义及其价值体系，从理念上说，平等选举权就是投票权主体地位、投票过程及其投票结果价值上的平等。划分选区时首先要考虑的原则是人口比例，即以人口作为划分选区的基本考虑因素，它涉及国家意志的正当性基础。但是，在实际生活中，宪法制度价值体系是相对的，在有合理因素的情况下，宪法本身的原则也有必要作扩大或限制解释，即以解释的功能阐明宪法的意义。

问：（1）如何理解平等选举原则？其在选区划分中应当如何发挥作用？

（2）如何理解“划分选区时首先要考虑的原则是人口比例”，而在现实生活中“宪法制度价值体系又是相对的”？

4. 2020年10月，《选举法》作出修改，将县级人大代表名额基数增加20名，将乡镇人大代表名额基数增加5名。《选举法（修正草案）的说明》指出，自1997年以来，我国五级人大代表总数，特别是乡镇人大代表数量，呈逐届减少的趋势，至2017年年底，已减少了54.19万名。乡镇人大代表数量之所以减少，主要是因为撤乡并镇和乡镇改设街道。全国乡镇数量减少，街道数量增加。增加的街道多数由镇改设而来。每撤并一个乡镇，就减少40名代表名额基数，从而造成乡镇人大代表数量大幅减少。

（1）《选举法》修改时为什么要适当增加县乡两级人大代表名额基数？

（2）《选举法》适当增加县乡两级人大代表数量，对于完善人民代表大会制度有何意义？

论述题与深度思考题

1. 试论我国公民选举权的物质保障和法律保障。（考研）

2. 论选举制度是代议制度的基础。（考研）

3. 试论我国选举制度中选举权的“实质平等”与“形式平等”。

4. 试论被羁押中的已决犯和未决犯的选举权利问题。

5. 试论选举制度与政党制度的关系。

参考答案

名词解释和概念比较

1. 选举制度是指关于选举国家代表机关代表与国家公职人员的原则、程序与具体方法的各项制度的总称。它包括选举的基本原则、选举权利的确定，组织选举的程序和方法，以及选民和代表之间的关系。它反映了国家权力与公民权利之间的平衡关系，体现了社会主义民主政治发展的客观要求。我国的选举制度体现了人民性、民主性和科学性的特点。

2. 选区是以一定数量的人口为基础划分的区域，是选民选举产生人民代表的基本单位。根据《选举法》的规定，不设区的市、市辖区、县、自治县、乡、民族乡、镇的人民代表大会的代表名额分配到选区，按选区进行选举。选区可以按居住状况划分，也可以按生产单位、事业单位、工作单位划分。选区的大小，按照每一选区选一名至三名代表划分。这种选区划分方法实际上是将中选区与小选区相结合的一种制度。为了确保投票权价值的平等，《选举法》还规定：本行政区域内各选区每一代表所代表的人口数应当大体相等。如果选区之间的人口数的差距过大，有可能导致选民之间投票效力的不平等，不利于实现选举权的平等原则。

3. 根据《选举法》第9条的规定可知，中国的选举机构体系包括：全国人大常委会主持全国人大代表的选举；省、自治区、直辖市、设区的市、自治州的人大常委会主持本级人大代表的选举，并指导本行政区域内县级以下人大代表的选举工作，不设区的市、市辖区、县、自治县设选举委员会，在本级人大常委会领导下主持本级人大代表的选举；乡、民族乡、镇设选举委员会，受不设区的市、市辖区、县、自治县的人大常委会的领导。选举机构具体负责选举事务的管理工作，以保障选举程序的民主性和科学性。选举机构也必须以公正、民主和合法性原则为自己的活动准则。

4. 差额选举指候选人名额多于应选代表名额的选举。为了体现选举的民主性与公开性，我国从1979年《选举法》开始变等额选举为差额选举。现行《选举法》规定：全国和地方各级人民代表大会代表实行差额选举，代表候选人的人数应多于应选代表的名额。由选民直接选举人民代表大会代表的，代表候选人的人数应多于应选代表名额1/3至1倍；由县级以上的地方各级人民代表大会选举上一级人民代表大会代表的，代表候选人的人数应多于应选代表名额1/5至1/2。

5. 无记名投票是选举制度的一项基本原则，也称秘密投票原则。根据这一原则，选民在选举时只需在正式候选人姓名下注明同意或不同意，也可另选其他选民或者弃权，填写选票后亲手投入票箱，而无须在选票上标示任何个人信息。选民如果是文盲或者因残疾不能写选票的，可以委托其他信任的人代写。无记名投票方法有利于选民在不受任何干扰的情况下，按照自己的自由意志选举候选人。

6. 选民指依照宪法和法律的规定，享有选举权，并经过选民登记，领取选民证的公民。选民成为选举权主体应具备下列要件：（1）实质要件。首先是年满18周岁的中国公民，这是积极要件；其次是未被依法剥夺政治权利，这是消极要件。（2）形式要件。必须经过选民登记，这是国家依法对每个选民行使选举权的一种法律上的确认。

7. 对每一个享有选举权的公民，选民登记是从法律上确认其选举资格的一项必经法定程序。凡年满18周岁的未被剥夺政治权利的公民都应列入选民名单，根据《选举法》的规定，行使选举权的主体是选民，选民是指依照宪法和法律的规定，享有选举权，并经过选民登记，领取选民证的公民。我国的选民登记采用一次性登记的方法。经登记确认的选民资格长期有效。每次选民登记前，主要是针对上次登记以来的变更情况进行重新确认。选民名单是具有法律效力的文件。

8. 选举程序具体包括：

（1）选区划分。选区可以按居住状况划分，也可以按生产单位、事业单位、工作单位划分。

（2）选民登记。这是公民取得选民资格的基本程序，选民名单应在选举日的20日以前公布。

（3）代表候选人的提出。各政党、各人民团体，可以联合或单独推荐代表候选人。选民或者代表10人以上联名，也可推荐代表候选人。

（4）投票和确认选举结果。在直接选举时，选区全体选民过半数参加投票的选举有效，每次选举所投的票数应等于或少于投票人数，超过则此次选举无效。代表候选人获得参加投票的选民过半数票即可当选。

9. 如果所提候选人的人数超过法定最高差额比例，便需要进行预选，根据预选时得票多少的顺序，按照本级人民代表大会的选举办法，以及《选举法》确定的具体差额比例（《选举法》第31条规定，由选民直接选举人民代表大会代表的，代表候选人的人数应多于应选代表名额1/3至1倍；由县级以上的地方各级人民代表大会选举上一级人民代表大会代表的，代表候选人的人数应多于应选代表名额1/5至1/2）。该项制度充分体现了对选民意志的尊重；是实行差额选举的有效补充，有利于发挥选民的积极性；同时也进一步规范了间接选举中候选人产生的程序。

10. 设立这一程序的目的是维护公民的选举权。根据有关法律的规定（《选举法》第29条）：对于公布的选民名单有不同意见的，可以在选民名单公布之日起5日内向选举委员会提出申诉。选举委员会对申诉意见，应在3日内作出处理决定。申诉人如果对处理决定不服，可以在选举日的5日以前向人民法院起诉，人民法院应在选举日以前作出判决，人民法院的判决为最后决定。依照特别程序审理选民名单案件，只是解决选举委员会所公布的名单有无错误的问题，如名单遗漏、姓名错写、将被剥夺选举权的人列入名单等。根据《民事诉讼法》第181、182条的规定，公民不服选举委员会对于选民名单申诉所作的决定，可以在选举日的5日以前向选区所在地基层人民法院起诉。人民法院受理案件后，必须在选举日前审理。审理时，起诉人、选举委员会的代表和有关公民（如不应列入选民名单的人）必须参加。人民法院的判决书，应当在选举日前送达选举委员会和起诉人，并通知有关公民。

11. 多数代表制即多数选举制，是指候选人依法定标准，得票较多者即可当选的制度。多数代表制的理论源于多数决定原理，即凡团体在决定其意思或推选其代表时，均以多数人的意见为决定的准则。它在计算当选票数时主要有以下三种方法：一是绝对多数代表制，即须获得投票总数1/2以上的选票，候选人才得当选；二是比较多数代表制，即以候选人得票较多者当选，不必限于过半数；三是法定得票代表制，即以候选人必须获得一定票数以上为前提，再由其中的得票较多者，依次取得当选人资格。

12. 代表在任期届满前因故出缺，由原选区或者选举单位进行补选。地方各级人民代表大会代表在任期内调离或者迁出本行政区域的，其代表资格自行终止，缺额另行补选。县级以上地方各级人民代表大会闭会期间，可以由本级人民代表大会常委会补选上一级人民代表大会的代表。补选出缺的代表可以采取等额选举。

选择题

（一）单项选择题

1. 答案B

本题考查选举权与被选举权在基本权利体系中的定位。作为政治权利和自由的一项重要内容的选举权和被选举权，在我国宪法所确立的基本权利体系中占有重要位置，但其并非基础性的。关于基本权利体系的位阶，学术界的理论探讨并不十分一致，但普遍认为人身权利与自由是享有其他权利的基础。

2. 答案 C

根据我国《选举法》第 30 条的规定，全国和地方各级人民代表大会的代表候选人，按选区或者选举单位提名产生。各政党、各人民团体，可以联合或者单独推荐代表候选人。选民或者代表，10 人以上联名，也可以推荐代表候选人，故 A 错误。《选举法》第 32 条规定：如果所提代表候选人的人数超过本法第 31 条规定的最高差额比例，由选举委员会交各该选区的选民小组讨论、协商，根据较多数选民的意见，确定正式代表候选人名单；对正式代表候选人不能形成较为一致意见的，进行预选，根据预选时得票多少的顺序，确定正式代表候选人名单。正式代表候选人名单及代表候选人的基本情况应当在选举日的 7 日以前公布，所以 B 错误，C 正确。根据《选举法》第 33 条的规定，县级以上的地方各级人大在选举上一级人大代表时，代表候选人不限于各该级人民代表大会的代表。故 D 选项表述错误。

3. 答案 A

我国关于人大代表的选举共有直接选举和间接选举两种基本方式，其中县级和乡级人大代表由选民直接选举，地级市以上级别的人大代表实行间接选举（县级人大选市级人大代表，市级人大选省级人大代表，省级人大选全国人大代表）。两种选举的主持机构不一：直接选举设置选举委员会，但统归县人大常委会领导；间接选举由应选代表的同级人大常委会宏观主持，具体选举工作由实施选举的下一级人大主席团负责。据此，A 选项正确，BC 选项错误。D 选项也是错误的，选举委员会作为直接选举的主持机构，其组成人员不得同时是代表候选人（选举委员会的组成人员为代表候选人的，应当辞去选举委员会的职务），否则就有既当运动员又当裁判员之嫌。

4. 答案 A

本题考查直接选举。根据《选举法》第 32 条第 1 款的规定，由选民直接选举人民代表大会代表的，代表候选人由各选区选民和各政党、各人民团体提名推荐。选举委员会汇总后，将代表候选人名单及代表候选人的基本情况在选举日的 15 日以前公布，并交各该选区的选民小组讨论、协商，确定正式代表候选人名单。如果所提候选人的人数超过本法第 31 条规定的最高差额比例，由选举委员会交各该选区的选民小组讨论、协商，根据较多数选民的意见，确定正式代表候选人名单；对正式代表候选人不能形成较为一致意见的，进行预选，根据预选时得票多少的顺序，确定正式代表候选人名单。正式代表候选人名单及代表候选人的基本情况应当在选举日的 7 日以前公布。由此，A 才是正确答案。

5. 答案 B

《选举法》第 9 条第 1 款规定，市级及以上的人大代表选举由同级人大常委会主持；第 2 款规定，乡级和县级人大代表由选民直接选举，主持组织为选举委员会。故 A 选项错误。

《选举法》第 30 条第 2 款规定，10 个以上选民或代表联名有权提名候选人，政党和人民团体可以单独或者联合提名候选人。故 B 选项正确。

《选举法》第 31 条规定，人大代表实行差额选举。直接选举候选人比应选人多出 1/3 到 1 倍；间接选举候选人比应选人多出 1/5 到 1/2。县人大代表由选民直接选举，应当多出 1/3 到 1 倍。故 C 选项错误。《选举法》第 45 条规定，直接选举的选举要求“双过半”，即全体选民过半投票使选举程序本身有效，获得过半选票方可当选。直接选举的罢免则要求“全过半”，即全体选民过半同意。故 D 选项错误。

故本题答案为 B。

6. 答案 C

本题考查的是选举的程序问题。根据《选举法》第 45 条的规定，直接选举中，选区全体选民的过半数参加投票，选举有效。所以，只要有 1 001 人参加选举，选举就是有效的。而候选人当选不需要获得全体选民的过半数通过，而是获得参加投票的选民的过半数的选票即可当选，即 1 001÷2＋1＝501.5。由于人数不能是 0.5 人，必须是整数，因而正确答案是 C。

7. 答案 D

本题考查的是选举程序。选项 A 错误：《选举法》第 27 条规定，选民登记按选区进行，经登记确认的选民资格长期有效。选项 B 错误：《选举法》第 28 条规定，选民名单应在选举日的 20 日以前公布，实行凭选民证参加投票选举的，并应当发给选民证。选项 C 错误，选项 D 正确：《选举法》第 29 条规定，对于公布的选民名单有不同意见的，可以在选民名单公布之日起 5 日内向选举委员会提出申诉。选举委员会对申诉意见，应在 3 日内作出处理决定。申诉人如果对处理决定不服，可以在选举日的5日以前向人民法院起诉，人民法院应在选举日以前作出判决。人民法院的判决为最后决定。

8. 答案C

本题考查代表候选人的提出。根据《选举法》第31条的规定，全国和地方各级人民代表大会代表候选人的人数，应多于应选代表的名额。由选民直接选举的代表候选人名额，应多于应选代表名额1/3至1倍；由县级以上的地方各级人民代表大会选举上一级人民代表大会代表候选人的人数，应多于应选代表名额1/5至1/2。由此，正确答案为“1/3至1倍”，C项正确。

9. 答案C

本题考查选举程序。根据《选举法》第42条的规定，选民如果在选举期间外出，经选举委员会同意，可以书面委托其他选民代为投票。每一选民接受的委托不得超过3人。由此，正确答案为C。

10. 答案C

本题考查的是人大的选举程序和职权。根据《选举法》第3条的规定，全国人民代表大会的代表，省、自治区、直辖市、设区的市、自治州的人民代表大会的代表，由下一级人民代表大会选举。不设区的市、市辖区、县、自治县、乡、民族乡、镇的人民代表大会的代表，由选民直接选举。因此A错误。《地方各级人民代表大会和地方各级人民政府组织法》第11条规定，县级以上的地方各级人民代表大会选举省长、副省长，自治区主席、副主席，市长、副市长，州长、副州长，县长、副县长，区长、副区长。该法第50条规定，县级以上的地方各级人民代表大会常务委员会在本级人民代表大会闭会期间，决定副省长、自治区副主席、副市长、副州长、副县长、副区长的个别任免。因此B项不准确。《宪法》第62条规定，全国人民代表大会根据中华人民共和国主席的提名，决定国务院总理的人选；根据国务院总理的提名，决定国务院副总理、国务委员、各部部长、各委员会主任、审计长、秘书长的人选。《宪法》第80条规定，中华人民共和国主席根据全国人民代表大会的决定和全国人民代表大会常务委员会的决定，公布法律，任免国务院总理、副总理、国务委员、各部部长、各委员会主任、审计长、秘书长，授予国家的勋章和荣誉称号，发布特赦令，宣布进入紧急状态，宣布战争状态，发布动员令。因此C项正确。《宪法》第67条规定，全国人民代表大会常务委员会有权撤销省、自治区、直辖市国家权力机关制定的同宪法、法律和行政法规相抵触的地方性法规和决议，因此全国人大常委会无权改变省级人大的不适当的决定，D错误。

11. 答案C

本题考查选民登记问题。《选举法》第29条规定：对于公布的选民名单有不同意见的，可以在选民名单公布之日起5日内向选举委员会提出申诉。选举委员会对申诉意见，应在3日内作出处理决定。申诉人如果对处理决定不服，可以在选举日的5日以前向人民法院起诉，人民法院应在选举日以前作出判决。人民法院的判决为最后决定。申诉是诉讼的前置条件，因此只能选择C。

12. 答案B

本题考查的是选举机构的问题。选项A说法正确：《香港特别行政区选举第十一届全国人民代表大会代表的办法》第2条规定，香港特别行政区选举第十一届全国人民代表大会代表由全国人民代表大会常务委员会主持。《澳门特别行政区选举第十一届全国人民代表大会代表的办法》第2条有同样的规定。因此，特别行政区全国人大代表的选举由全国人大常委会主持。选项B说法错误：《选举法》第9条第3款规定，省、自治区、直辖市、设区的市、自治州的人民代表大会常务委员会指导本行政区域内县级以下人民代表大会代表的选举工作。据此可知，应当是“指导”而非“领导”。选项C说法正确：《选举法》第9条第2款规定，不设区的市、市辖区、县、自治县、乡、民族乡、镇设立选举委员会，主持本级人民代表大会代表的选举。不设区的市、市辖区、县、自治县的选举委员会受本级人民代表大会常务委员会的领导。乡、民族乡、镇的选举委员会受不设区的市、市辖区、县、自治县的人民代表大会常务委员会的领导。选项D说法正确：《选举法》第29条规定，对于公布的选民名单有不同意见的，可以在选民名单公布之日起5日内向选举委员会提出申诉。选举委员会对申诉意见，应在3日内作出处理决定。申诉人如果对处理决定不服，可以在选举日的5日以前向人民法院起诉，人民法院应在选举日以前作出判决。人民法院的判决为最后决定。

13. 答案D

本题考查的是选举法的修改和发展历史。现行《选举法》是1979年制定的，其后经过了七次修改：

1982年、1986年、1995年、2004年、2010年、2015年和2020年。1979年《选举法》最重要的意义在于：(1) 直接选举范围扩大到县一级；(2) 规定差额选举，全国和地方各级人大代表的选举都实行差额选举。1982年《选举法》第一次修改，修改了介绍代表候选人的方式等内容；1986年《选举法》第二次修改，主要集中于地方人大代表的选举程序方面；1995年《选举法》第三次修改，确定了地方各级人大代表的名额，统一代表与人口数的比例（4∶1）等；2004年《选举法》第四次修改，恢复了直接选举中的预选程序，修改稿对罢免程序作了完善；2010年《选举法》第五次修改，最重要的内容是实现了城乡人口之间的平等选举权。

14. 答案C

本题考查直接选举的范围。根据《选举法》第3条第2款的规定，不设区的市、市辖区、县、自治县、乡、民族乡、镇的人民代表大会的代表，由选民直接选举。正确答案为C。

15. 答案C

选举制度作为政治制度的组成部分之一，其性质是与该国的阶级本质相一致的。一国的阶级本质决定了其政治制度的性质。而立法机关只能通过相关立法来确立各项制度，把统治阶级的意志上升为国家意志，其自身起不到决定性的作用。因此答案为C。

16. 答案B

1953年3月，中央人民政府委员会颁发新中国成立后第一部选举法——《全国人民代表大会及地方各级人民代表大会选举法》。其基本特点是：(1) 相对扩大了选民的范围；(2) 直接选举和间接选举并用；(3) 投票采取无记名投票和举手表决并用的方法。因此答案为B。

17. 答案D

根据《选举法》第30条的规定，全国和地方各级人民代表大会的代表候选人，按选区或者选举单位提名产生，故A错误。根据《选举法》第32条的规定，正式代表候选人名单及代表候选人的基本情况应当在选举日的7日以前公布，故B错。《选举法》第31条规定了全国和地方各级人民代表大会代表实行差额选举，代表候选人的人数应多于应选代表的名额，故C错。综上，D正确。

18. 答案A

本题考查的是中央国家机关领导人的任选程序。《宪法》第62条规定，全国人民代表大会根据国务院总理的提名，决定国务院副总理、国务委员、各部部长、各委员会主任、审计长、秘书长的人选。同时，第67条规定，全国人民代表大会常务委员会在全国人民代表大会闭会期间，根据国务院总理的提名，决定部长、委员会主任、审计长、秘书长的人选；在全国人民代表大会闭会期间，根据中央军事委员会主席的提名，决定中央军事委员会其他组成人员的人选；根据最高人民法院院长的提请，任免最高人民法院副院长、审判员、审判委员会委员和军事法院院长；根据最高人民检察院检察长的提请，任免最高人民检察院副检察长、检察员、检察委员会委员和军事检察院检察长，并且批准省、自治区、直辖市的人民检察院检察长的任免。因此除A项外，其他几项均可由全国人大常委会决定或者任免。

19. 答案D

本题考查的是选举程序中的组织机构问题。《选举法》第9条规定：全国人民代表大会常务委员会主持全国人民代表大会代表的选举；省、自治区、直辖市、设区的市、自治州的人民代表大会常务委员会主持本级人民代表大会代表的选举；不设区的市、市辖区、县、自治县、乡、民族乡、镇设立选举委员会，主持本级人民代表大会代表的选举；不设区的市、市辖区、县、自治县的选举委员会受本级人民代表大会常务委员会的领导；乡、民族乡、镇的选举委员会受不设区的市、市辖区、县、自治县的人民代表大会常务委员会的领导。因此，D选项县级人大常委会不属于选举组织机构。

20. 答案A

本题考查选区的划分。我国《选举法》第25条规定：不设区的市、市辖区、县、自治县、乡、民族乡、镇的人民代表大会的代表名额分配到选区，按选区进行选举。选区可以按居住状况划分，也可以按生产单位、事业单位、工作单位划分。选区的大小，按照每一选区选一名至三名代表划分。正确答案应为A。

21. 答案D

本题考查选区的划分原则。具体分析参见我国《选举法》第25条。正确答案为D。

22. 答案B

本题考查的是直接选举中当选条件的问题。《选举法》规定：在选民直接选举人民代表大会代表时，选区全体选民的过半数参加投票，选举有效。代表候选人获得参加投票的选民过半数的选票时，始得当选。所以本题中的选举是有效的，候选人应该获得参加投票的选民过半数的选票（310÷2+1=156）方能当选。

23. 答案 B

本题考查对人民代表大会代表的罢免。根据我国《选举法》第50条第1款的规定，对于县级的人民代表大会代表，原选区选民50人以上联名，对于乡级的人民代表大会代表，原选区选民30人以上联名，可以向县级的人民代表大会常务委员会书面提出罢免要求。由此，只有选项B正确。

24. 答案 B

A选项过于绝对，不是各种会议，而是全国人大代表会议。B选项正确，C选项错误。罢免全国人大代表，要由选举他的人大代表过半数或者人大常委会组成人员过半数通过，而不是由全国人大常委会过半数通过。D选项错误，以是否是现行犯为区分决定是批准还是报告，而不是备案，如果人大代表由于现行犯被拘留，要向全国人大主席团或者常委会报告。

25. 答案 C

由全国人大选举产生：全国人大常委会的组成人员、国家主席和副主席、主席、最高法院院长、最高检检察长，主席团提名，大会投票决定。由全人大决定：国务院总理、副总理、国务委员、各部部长、各委员会主任、审计长和秘书长，中央军事委员会的其他组成人员。全国人大常委会在人大闭会期间，有权根据国务院总理的提名，决定各部部长、各委员会主任、审计长、秘书长的人选；根据主席的提名，决定其他组成人员；根据最高法院院长提名，任免副院长、审判员、审判委员会委员、军事法院院长；根据最高检检察长的提名，任免副检察长、检察员、检查委员会委员和军事检察院检察长等。因此，C正确。

（二）多项选择题

1. 答案 ABD

本题考查的是选举的基本原则。选举的基本原则，需要掌握几个关键词：普遍、平等、直接、差额、秘密。普遍选举权意味着公民均具有选举权，仅需要满足三个条件：（1）具有中国国籍，是中国公民；（2）年满18周岁；（3）未被剥夺政治权利。平等选举权意味着两个方面：每人一票，每票等值。前者强调每个人的投票权，后者强调每票的价值是一致的。2010年《选举法》修订也意味着在城乡之间实现了形式上的平等权。直接选举需要掌握的是，我国在县、乡两级实行直接选举，市级及市级以上实行间接选举。直接选举由“选举委员会”组织，间接选举由“人大主席团”进行组织。差额选举原则需要注意的是，人大代表的选举必须实行差额选举，《选举法》第31条规定：全国和地方各级人民代表大会代表实行差额选举，代表候选人的人数应多于应选代表的名额。这里需要注意的是差额比例的确定：直接选举——代表候选人的人数应多于应选代表名额1/3至1倍；间接选举——代表候选人的人数应多于应选代表名额1/5至1/2。秘密选举原则需要注意的是，2010年《选举法》修订增加了“选举时应当设有秘密写票处”的规定。

2. 答案 ABCD

本题考查选区划分依据。根据我国《选举法》第25条第1款的规定，不设区的市、市辖区、县、自治县、乡、民族乡、镇的人民代表大会的代表名额分配到选区，按选区进行选举。选区可以按居住状况划分，也可以按生产单位、事业单位、工作单位划分，正确答案包括A、B、C、D四项。

3. 答案 ABD

本题考查我国选举权的主体资格。根据《宪法》和《选举法》的规定，中华人民共和国年满18周岁的公民，不分民族、种族、性别、职业、家庭出身、宗教信仰、教育程度、财产状况和居住期限，都有选举权和被选举权。依照法律被剥夺政治权利的人没有选举权和被选举权。正确答案包括A、B、D三项。

4. 答案 AB

A项中，《选举法》第55条第2款规定：县级的人民代表大会代表可以向本级人民代表大会常务委员会书面提出辞职，乡级的人民代表大会代表可以向本级人民代表大会书面提出辞职。县级的人民代表大会常务委员会接受辞职，须经常务委员会组成人员的过半数通过。乡级的人民代表大会接受辞职，须经人民代表大会过半数的代表通过。接受辞职的，应当予以公告。故A项说法正确。

B项中，《选举法》第50条规定，对于乡级的人民代表大会代表，原选区选民30人以上联名，可以向县级的人民代表大会常务委员会书面提出罢免要求。故B项说法正确。

《选举法》第 53 条规定，罢免县级和乡级的人民代表大会代表，须经原选区过半数的选民通过。故 C 项说法错误。

《选举法》第 57 条规定：代表在任期内，因故出缺，由原选区或者原选举单位补选。地方各级人民代表大会代表在任期内调离或者迁出本行政区域的，其代表资格自行终止，缺额另行补选。县级以上的地方各级人民代表大会闭会期间，可以由本级人民代表大会常务委员会补选上一级人民代表大会代表。补选出缺的代表时，代表候选人的名额可以多于应选代表的名额，也可以同应选代表的名额相等。补选的具体办法，由省、自治区、直辖市的人民代表大会常务委员会规定。对补选产生的代表，依照本法第 47 条的规定进行代表资格审查。既可以差额选举也可以等额选举，故 D 项说法错误。

本题答案为 AB。

5. 答案 BD

《选举法》第 8 条规定，全国人民代表大会和地方各级人民代表大会的选举经费，列入财政预算，由国库开支。国库分中央和地方国库。而中央财政主要是中央国库。故 A 项错误。香港特别行政区的全国人大代表选举由全国人大常委会主持。全国人大常委会主持香港特别行政区全国人大代表选举会议第一次会议，选举主席团，之后由主席团主持选举。故 B 项说法正确。《选举法》第 51 条规定：县级以上的地方各级人民代表大会举行会议的时候，主席团或者 1/10 以上代表联名，可以提出对由该级人民代表大会选出的上一级人民代表大会代表的罢免案。在人民代表大会闭会期间，县级以上的地方各级人民代表大会常务委员会主任会议或者常务委员会 1/5 以上组成人员联名，可以向常务委员会提出对由该级人民代表大会选出的上一级人民代表大会代表的罢免案。罢免案应当写明罢免理由。故 C 项说法错误。《选举法》第 30 条规定：全国和地方各级人民代表大会的代表候选人，按选区或者选举单位提名产生。各政党、各人民团体，可以联合或者单独推荐代表候选人。选民或者代表，10 人以上联名，也可以推荐代表候选人。故 D 项说法正确。

本题答案为 B、D。

6. 答案 ACD

《选举法》第 49 条规定：“全国和地方各级人民代表大会的代表，受选民和原选举单位的监督。选民或者选举单位都有权罢免自己选出的代表。”县人大代表由选民直接选举产生，选民有权罢免，故 A 选项正确。

《选举法》第 55 条第 2 款规定，“县级的人民代表大会代表可以向本级人民代表大会常务委员会书面提出辞职……”可见，受贿的乙县人大代表应向乙县人大常委会提出辞职，而不是向其所在选区选民提出，故 B 选项错误。

根据《选举法》第 58 条第 1 款第 1 项的规定，“以金钱或者其他财物贿赂选民或者代表，妨害选民和代表自由行使选举权和被选举权的”，属于破坏选举行为，应该承担相应的法律责任。据此可知，C 选项正确。

本题 D 选项相对比较复杂。《选举法》第 59 条规定：“主持选举的机构发现有破坏选举的行为或者收到对破坏选举行为的举报，应当及时依法调查处理……”关键是，关于本题所涉及的选举，“主持选举的机构”是哪个机构？《选举法》中有两个条文可以参考：一是该法第 9 条关于主持选举机构的规定，二是该法第 39 条关于主持间接选举的机构的规定。由于 D 选项明确设置了“在选举过程中”的前提条件，这里的“选举过程”当然是指题干中的选举乙县的市人大代表的过程，所以应该适用第 39 条，而非第 9 条（此条条文中明确规定是“主持本级人民代表大会代表的选举”）。所以，结合《选举法》第 39 条的规定，即“县级以上的地方各级人民代表大会在选举上一级人民代表大会代表时，由各该级人民代表大会主席团主持”，可知主持选举的乙县人大主席团发现破坏选举的行为，应当及时依法调查处理，故 D 选项正确。

本题答案为 ACD。

7. 答案 AD

本题考查选举权的剥夺问题。根据《选举法》的规定，中华人民共和国年满 18 周岁的公民，不分民族、种族、性别、职业、家庭出身、宗教信仰、教育程度、财产状况和居住期限，都有选举权和被选举权。依照法律被剥夺政治权利的人没有选举权和被选举权。因此，A 项正确。《选举法》规定，精神病患者不能行使选举权利的，经选举委员会确认，不列入选民名单。因此，精神病人依法享有选举权，只是由于其精神状况，暂停选举权的行使（不列入选举名单），所以 B 项错误。根据《全国人民代表大会常务委员会关于县级以下人民代表大会代表直接选举的若干规定》的规定，下列人员准予行使选举权利：(1) 被判处有期徒刑、拘役、管制而没有附加剥夺政治权利的；(2) 被羁押，正在受侦查、起诉、审判，人民检察院或者人民法院没有决定停止行使选举权利的；(3) 正在取保候审或者被监视居住的；(4) 正在被劳动教养的；(5) 正在受拘留处罚的华侨可以参加其原籍地县级人大代表的选举。因此C项错误，被劳动教养的人依然享有选举权。根据《选举法》的规定，旅居国外的中华人民共和国公民在县级以下人民代表大会代表选举期间在国内的，可以参加原籍地或者出国前居住地的选举。因此D项正确。

8. 答案 AB

本题考查公民的选举权。根据《宪法》第34条的规定，中华人民共和国年满18周岁的公民，不分民族、种族、性别、职业、家庭出身、宗教信仰、教育程度、财产状况、居住期限，都有选举权和被选举权；但是依照法律被剥夺政治权利的人除外。《选举法》第4条有相同规定。有两类人不具有选举权：一是未满18周岁的公民；二是被剥夺政治权利的公民。由此A、B项是符合题干要求的。《宪法》和《选举法》都没有明确将被公安机关实施行政拘留处罚的人排除在享有选举权主体之外。由此可以排除C选项。对于精神病人首先应该肯定其是选举权的主体，只是在其不具备行使政治权利的实际能力时，可暂时停止其选举权的行使，即经选举委员会确认，不将其列入选民名单。由此可以排除D选项。

9. 答案 ABC

根据《选举法》的相关规定，本行政区域各选区每一代表所代表的人口数应当大体相等，是选举权的平等原则在选区划分中的具体体现，而“百分之三十”是对规定中“大体相等”的进一步限定，符合《宪法》及相关法律的要求，故A、C正确。B选项表述正确：“大体相等”允许每一代表所代表的人口数之间存在差别，具体操作上可能会产生误差。D项中，保证各地区、各民族、各方面都有适当数量的代表是《宪法》《选举法》等相关法律的原则性规定，故D选项错误。本题答案为ABC。

10. 答案 AD

本题考查的是全国人大代表的选举程序。根据《选举法》的规定，全国人民代表大会的代表，由省、自治区、直辖市的人民代表大会和人民解放军选举产生。全国人民代表大会代表的名额不超过3 000人。名额的分配由全国人民代表大会常务委员会根据情况决定。香港特别行政区、澳门特别行政区应选全国人民代表大会代表的名额和代表产生办法，由全国人民代表大会另行规定。因此全国人大代表的选举单位包括：省、自治区、直辖市、特别行政区、人民解放军。

11. 答案 AB

本题考查人民代表大会代表的补选。我国《选举法》第57条规定：代表在任期内，因故出缺，由原选区或者原选举单位补选。地方各级人民代表大会代表在任期内调离或者迁出本行政区域的，其代表资格自行终止，缺额另行补选。县级以上的地方各级人民代表大会闭会期间，可以由本级人民代表大会常务委员会补选上一级人民代表大会代表。补选出缺的代表时，代表候选人的名额可以多于应选代表的名额，也可以同应选代表的名额相等。补选的具体办法，由省、自治区、直辖市的人民代表大会常务委员会规定。该条第1款规定，由“原选区”或“原选举单位”补选，因此正确答案为A、B。C选项：“该级人大常委会”依据该条第3款规定补选“上一级人民代表大会代表”的，因而不能选。

12. 答案 BCD

本题考查直选人大代表的提名方式。具体参见《选举法》第30条和第32条的规定。

13. 答案 ABCD

本题考查我国选举制度的基本原则。我国《选举法》第3条规定了直接选举与间接选举并用原则；第4条规定了选举权的普遍性原则；第5条规定了选举权的平等性原则；第40条规定了秘密投票原则。这是我国选举制度的四大原则。

14. 答案 AC

本题考查候选人的提出。我国《选举法》第30条第2款规定：“各政党、各人民团体，可以联合或者单独推荐代表候选人。选民或者代表，十人以上联名，也可以推荐代表候选人。推荐者应向选举委员会或者大会主席团介绍代表候选人的情况……”第34条规定：“选举委员会或者人民代表大会主席团应当向选民或者代表介绍代表候选人的情况。推荐代表候选人的政党、人民团体和选民、代表可以在选民小组或者代表小组会议上介绍所推荐的代表候选人的情况……”因此，正确答案应为“选民小组会议”或者“代表小组会议”，即 A、C 两项。

15. 答案 ABCD

本题考查选举程序。我国《选举法》第 9 条第 2 款规定：不设区的市、市辖区、县、自治县、乡、民族乡、镇设立选举委员会，主持本级人民代表大会代表的选举。不设区的市、市辖区、县、自治县的选举委员会受本级人民代表大会常务委员会的领导。乡、民族乡、镇的选举委员会受不设区的市、市辖区、县、自治县的人民代表大会常务委员会的领导。由此，在我国的直接选举中，选举委员会主持本级人大代表的选举，“不设区的市、市辖区、县、自治县、乡、民族乡、镇”的选举都由本级选举委员会主持。所以正确答案为 A、B、C、D。

（三）不定项选择题

1. 答案 B

本题考查直接选举中代表当选的条件。根据《选举法》第 44 条第 1 款的规定，每次选举所投的票数，多于投票人数的无效，等于或者少于投票人数的有效。由此，选项 D 排除。再根据《选举法》第 45 条第 1 款的规定，在选民直接选举人民代表大会代表时，选区全体选民的过半数参加投票，选举有效。代表候选人获得参加投票的选民过半数的选票时，始得当选。由此，排除 A、C 选项。而 B 选项正好符合了《选举法》第 44 条和第 45 条的规定，因而高某可以当选。

2. 答案 AC

本题考查的是代表候选人的产生方式。代表候选人的提出，包括两种不同性质的候选人的提出：(1) 各政党、各人民团体（不包括企事业单位、国家机关），可以联合或者单独推荐代表候选人。(2) 选民或者代表，10 人以上联名，也可以推荐代表候选人。在我国，人民团体是指中国人民政治协商会议（全国政协）的组成单位——工会、共青团、妇联、科协、侨联、台联、青联、工商联等 8 个单位，属中共中央党委序列。

3. 答案 AB

本题考查选举权的主体资格。《刑法》第 58 条第 1 款规定，“附加剥夺政治权利的刑期，从徒刑、拘役执行完毕之日或者从假释之日起计算；剥夺政治权利的效力当然施用于主刑执行期间”。A 选项中甲被剥夺政治权利的刑期是从 2019 年起算 15 年，在 2023 年时仍旧没有政治权利，因此不享有选举权。《关于县级以下人民代表大会代表直接选举的若干规定》第 5 条第 2 项规定：“下列人员准予行使选举权利：……（二）被羁押，正在受侦查、起诉、审判，人民检察院或者人民法院没有决定停止行使选举权利的……”但 B 选项中的乙尚不满 18 周岁，因而不享有选举权。根据同一规定第 5 条第 2 项的规定，“被羁押，正在受侦查、起诉、审判，人民检察院或者人民法院没有决定停止行使选举权利的”人员，准予行使选举权利。C 项中的丙享有选举权，因而不符合题干要求。D 项中丁年满 19 周岁，是享有选举权的主体，其患精神分裂症而住院治疗，只是暂时不能行使选举权而已，不影响其主体资格，因而也不符合题干要求。

4. 答案 ABC

本题考查选举程序。根据我国《选举法》第 44 条、第 45 条和第 46 条的规定，选举结果的确定包括确定选举的有效、候选人当选的确定、宣布结果三个步骤。补选不是必经程序，因而 D 选项排除。

5. 答案 ABCD

本题考查选举程序。根据我国《选举法》的规定，选举的程序流程为选举的组织，选区的划分和选民登记，代表候选人的提出，投票选举，对代表的罢免和补选。

6. 答案 A

本题考查选举程序。根据我国《选举法》第 39 条的规定，县级以上的地方各级人民代表大会在选举上一级人民代表大会代表时，由各该级人民代表大会主席团主持。因此，正确答案为 A。

7. 答案 ACD

《选举法》规定，全国人民代表大会常务委员会主持全国人民代表大会代表的选举。省、自治区、直辖市、设区的市、自治州的人民代表大会常务委员会主持本级人民代表大会代表的选举。不设区的市、市辖区、县、自治县、乡、民族乡、镇设立选举委员会，主持本级人民代表大会代表的选举。不设区的市、市辖区、县、自治县的选举委员会受本级人民代表大会常务委员会的领导。乡、民族乡、镇的选举委员会受不设区的市、市辖区、县、自治县的人民代表大会常务委员会的领导。

8. 答案 ABC

本题考查选举程序。我国《选举法》第 41 条规定：选举人对于代表候选人可以投赞成票，可以投反对票，可以另选其他任何选民，也可以弃权。另选的是“其他任何选民”而不是“公民”，因为不是任何公民都享有选举权和被选举权，所以排除选项 D，正确答案为 A、B、C。

9. 答案 ABC

本题考查选民名单问题及一票一权的原则。根据我国《选举法》第 5 条的规定，每一选民在一次选举中只有一个投票权。因此 D 选项的表述是正确的，不符合题干要求。根据《选举法》第 27 条第 2 款、第 28 条、第 29 条的规定，精神病患者不能行使选举权利的，经选举委员会确认，不列入选民名单。选民名单应在选举日的 20 日以前公布，实行凭选民证参加投票选举的，并应当发给选民证。对于公布的选民名单有不同意见的，可以在选民名单公布之日起 5 日内向选举委员会提出申诉。选举委员会对申诉意见，应在 3 日内作出处理决定。申诉人如果对处理决定不服，可以在选举日的 5 日以前向人民法院起诉，人民法院应在选举日以前作出判决。人民法院的判决为最后决定。精神病患者不列入选民名单须是“不能行使选举权”；选民名单在选举日的 20 日前公布，而非 15 日；选举委员会的处理决定应在 3 日内作出，而非 5 日。所以 A、B、C 三项表述均是错误的，符合题干要求，当选。

简答题

1. 选举权平等性原则是法律面前人人平等原则在选举制度中的具体体现，反映了社会主义民主的性质。回答本题应当阐明选举权平等的基本含义，并进一步展开说明选举权的平等性并不是绝对意义上的平等。

选举权的平等性是指每个选民在每次选举中只能在一个地方享有一个投票权，不承认也不允许任何选民因民族、种族、职业、财产状况、家庭出身、居住期限的不同而在选举中享有特权，更不允许歧视任何选民或者非法限制其对选举权的行使。这是“公民在法律面前一律平等”原则在选举制度中的具体体现。

我国宪法规定的选举权的平等性并不是指绝对意义上的平等，它着眼于实际民主，从政治、经济与文化发展的实际水平与可能性出发不断提高选举权的平等程度。在理解选举权平等性原则时，需要正确理解农村与城市的差距，以及对少数民族选举权的特殊照顾问题。这些具体规定是基于中国的实际情况和特殊的政策需要，虽然没有完全解决选举权价值不平等的问题，但毕竟向实质平等迈出了一步。

2. 选举制度的基本原则是贯穿在选举制度运作过程中的，反映了选举制度基本价值与功能的原理与基本精神。我国选举制度的基本原则是实现一切国家权力属于人民的宪法精神，保障人民参与国家管理的基本权利。具体体现如下。

（1）选举权的普遍性原则。我国选举权主体的范围是十分广泛的。我国《宪法》和《选举法》规定，除依照法律被剥夺政治权利的人外，凡年满 18 周岁的公民，不分民族、种族、性别、职业、家庭出身、宗教信仰、教育程度、财产状况、居住期限，都有选举权与被选举权。

（2）选举权平等性原则。这一原则体现了法律面前人人平等的原则，反映了社会主义民主的性质。选举权平等的基本含义是：每一选民在一次选举中只能有一个投票权，不能同时参加两个和两个以上的地方的选举；每一选民所投的票的价值与效力是一样的，不允许任何选民享有特权，禁止对选民投票行为的非法限制与歧视。我国宪法规定的选举权的平等性并不是指绝对意义上的平等，它着眼于实际民主，从政治、经济与文化发展的实际水平与可能性出发不断提高选举权的平等程度。

（3）直接选举与间接选举并用原则。它是根据国家的经济、政治与文化发展的实际情况而确定的，具有现实的客观基础。我国《选举法》规定，县级以下人民代表大会的代表由选民直接选举。县级政权是国家政权的基础，其政权的活动直接与基层人民群众的生活有关，把直接选举的范围扩大到县级，有利于发展基层人民民主，发挥人民群众的积极性，有利于加强对政权活动的监督。随着社会的发展与进步，直接选举的范围将会得到不断扩大。

（4）无记名投票原则。此原则是增强选举制度的民主性、尊重选民意志的重要保障。《选举法》规定：全国和地方各级人民代表大会的选举，一律采用无记名投票的方法。选民如果是文盲或者因残疾不能写选票的，可以委托他信任的人代写。

3. 选举制度是我国社会主义政治制度的基础与重要组成部分，其基本功能如下。

（1）全面地反映了人民民主专政的国家性质。选举权是人民当家作主的宪法原则的直接体现，是人民参与国家管理的基本权利。国家机关的权威性与合法性首先取决于选举制度的民主程度。

（2）选举制度是建立和完善人民代表大会制度的基础和出发点。人民代表大会制度作为国家政权的组织形式，其成立与运作的基础是选民的选举行为。选民地位的法律化、选民积极性的发挥、选民与人民代表的监督关系等因素是人民代表大会制度发展中不可忽视的内容。

（3）选举制度是法律监督的重要形式，是公民参与政治生活的基本形式。在现代国家普遍实行的代议政体下，公民参与国家管理与政治生活的基本形式是选举制度的具体运作，即由选民选举的人民代表组成国家机关，并通过公务员与国家机关的具体活动实现其意志。

（4）选举制度是合理地调整国家权力与公民权利的基本形式。选举制度功能的发挥，一方面为国家权力的合理组织与科学运作提供原则与具体程序，另一方面有助于以权利监督国家机关与人民代表的活动，保证权力活动的合宪性。

4. 在选民直接选举人民代表大会代表的地方，选区全体选民的过半数参加投票，选举有效。代表候选人获得参加投票的选民过半数的选票，始得当选。

在间接选举的地方，即在县级以上人民代表大会选举上一级人民代表大会代表时，代表候选人获得全体代表过半数的选票，始得当选。

值得注意的是，在确定直接选举产生人大代表是否当选之前，应先要确定选举是否有效。而在实行间接选举的县级以上地方各级人民代表大会不要求先确定选举是否有效，因为代表的当选是以获得全体代表过半数的选票为条件，过半数的代表参加间接选举已经成为当然的前提。在实行直接选举时，则要求获得参加选举的选民过半数的选票为代表当选的条件。

5. 根据1953年《选举法》的规定，只有乡、镇、市辖区和不设区的市的人民代表大会的代表由选民直接选举。1979年7月第五届全国人大第二次会议通过的《选举法》把直接选举的范围扩大到县级人民代表大会代表的选举。这个改革意义重大。

第一，直接选举较之间接选举更能发扬民主，扩大人民群众直接参与政治生活权利的范围，有利于增进人民当家作主的责任感，有利于调动人民参加国家管理的积极性和创造性。

第二，密切了县级政权组织与群众的关系。代表可以随时深入群众直接听取群众的反映，选民也能够直接向代表反映意见和要求。这样就使县政权机关的工作更加符合客观情况与群众利益。

第三，选民可以直接监督代表，并通过代表监督政府工作，有利于克服官僚主义和一切不良作风。

第四，县政权是我国政权的重要环节，它在国家政权的组织系统中起着承上启下的作用。它直接承担着组织与动员群众，特别是领导广大农民进行现代化建设的重大任务。

因此，实行县级人民代表大会代表的直接选举，对于我国的社会主义现代化建设将起到有力的推动作用。

6. 选举委员会的职权包括：一是主持本级人民代表大会代表的选举；二是进行选民登记，审查选民资格，公布选民名单，受理对于选民名单不同意见的申诉并作出决定；三是划分选区，分配各选区应选代表的名额；四是根据较多数选民的意见，确定并公布正式代表候选人的名单；五是规定选举日期；六是确定选举结果是否有效，公布当选代表名单。

7. 在社会主义国家，选民的民主选举权利包括选民有选举和被选举的权利、有监督和罢免代表的权利。我国《选举法》对代表监督和罢免的规定如下：全国和地方各级人民代表大会的代表，受选民和原选举单位的监督。选民或者选举单位都有权罢免自己选出的代表。

（1）对于县级的人民代表大会的代表，原选区选民50人以上联名，对于乡级的人民代表大会的代表，原选区选民30人以上联名，可以向县级的人民代表大会常务委员会书面提出罢免要求。罢免要求应当写明罢免理由。被提出罢免的代表有权在选民会议上提出申辩意见，也可以书面提出申辩意见。县级的人民代表大会常务委员会应当将罢免要求和被提出罢免的代表的书面申辩意见印发给原选区选民。表决罢免时要求由县级的人民代表大会常务委员会派有关负责人员主持。

（2）县级以上的地方各级人民代表大会举行会议的时候，主席团或者1/10以上代表联名，可以提出对由该级人民代表大会选出的上一级人民代表大会代表的罢免案。在人民代表大会闭会期间，县级以上的地方各级人民代表大会常务委员会主任会议或者常务委员会1/5以上组成人员联名，可以向常务委员会提出对由该级人民代表大会选出的上一级人民代表大会代表的罢免案。罢免案应当写明罢免理由。县级以上的地方各级人民代表大会举行会议的时候，被提出罢免的代表有权在主席团会议和大会全体会议上提出申辩意见，或者书面提出申辩意见，由主席团在会议时印发。罢免案经会议审议后，由主席团提请全体会议表决。县级以上的地方各级人民代表大会常务委员会举行会议的时候，被提出罢免的代表有权在主任会议和常务委员会全体会议上提出申辩意见，或者书面提出申辩意见。罢免案经会议审议后，由主任会议提请全体会议表决。

（3）罢免代表采用无记名投票的表决方式。罢免县级和乡级的人民代表大会代表，须经原选区过半数的选民的通过。罢免由县级以上的地方各级人民代表大会选出的代表，须经各该级人民代表大会过半数的代表通过；在代表大会闭会期间，须经常务委员会组成人员的过半数通过。罢免的决议，须报送上一级人民代表大会常务委员会备案。

（4）县级以上的各级人民代表大会常务委员会组成人员，全国人民代表大会和省、自治区、直辖市、设区的市、自治州的人民代表大会专门委员会成员的代表职务被罢免的，其常务委员会组成人员或者专门委员会成员的职务相应撤销，由主席团或者常务委员会予以公告。乡、民族乡、镇的人民代表大会主席、副主席的代表职务被罢免的，其主席、副主席的职务相应撤销，由主席团予以公告。

8. 选区是指以一定数量的人口为基础进行直接选举，产生人民代表的区域；同时是人民代表联系选民进行活动的基本单位。

我国《选举法》规定：选区可以按居住状况划分，也可以按生产单位、事业单位、工作单位划分。具体划分选区时，究竟是采取什么标准就要从实际情况出发，按照便于选民就近参加选举活动、便于选民了解和监督代表以及便于代表联系选民的原则来考虑确定。选区范围的大小，应以每一选区选1名至3名代表为宜。

案例分析题

1.（1）《选举法》第31条规定：全国和地方各级人民代表大会代表实行差额选举，代表候选人的人数应多于应选代表的名额。由选民直接选举人民代表大会代表的，代表候选人的人数应多于应选代表名额1/3至1倍。这一规定表明我国实行差额选举，即各级人民代表大会代表候选人的名额，应多于应选代表的名额，而该案中正式候选人与应选代表人数相等。

（2）《选举法》第32条规定：由选民直接选举的人民代表大会代表的，代表候选人由各选区选民和各政党、各人民团体提名推荐。选举委员会汇总后，将代表候选人名单及代表候选人的基本情况在选举日的15日以前公布，并交各该选区的选民小组讨论、协商，确定正式代表候选人名单。如果所提代表候选人的人数超过本法第31条规定的最高差额比例，由选举委员会交各该选区的选民小组讨论、协商，根据较多数选民的意见，确定正式代表候选人名单；对正式代表候选人不能形成较为一致意见的，进行预选，根据预选时得票多少的顺序，确定正式代表候选人名单。正式代表候选人名单及代表候选人的基本情况应当在选举日的7日以前公布。该乡选举委员会没有经过公布就确定了正式候选人。

（3）《选举法》第41条规定：选举人对于代表候选人可以投赞成票，可以投反对票，可以另选其他任何选民，也可以弃权。所以，只要选举过程是合法有效的，选民自发投票选出的独立候选人也就是合法有效的，选举委员会不得因此不予确认当选结果。

（4）《选举法》第45条规定：在选民直接选举人民代表大会代表时，选区全体选民的过半数参加投票，选举有效。代表候选人获得参加投票的选民过半数的选票时，始得当选。此题中，只说明当选的候选人获得了参加投票的选民的过半数选票，而参加选举的人数有没有达到选区全体选民的过半数即该选举是否有效，无法判定。

2.（1）对于该事件，显然此次选举的投票过程中有人违法破坏了选举，但并非导致该次选举全部无效，需要重新进行选举；而是应当认定在选举的投票过程中一组选民的违法行为不影响其他投票点的投票过程，其他投票点的投票程序合法、结果有效，一组需要进行重新选举。

（2）对于村民举报，应由C村选举委员会与B镇选举指导小组讨论作出处理决定，即二组、三组、四组的选举结果有效，继续进行计票工作。一组立即举行重选，并将一组选举结果和其他组汇总。

重新选举是指选举领导机构和行为人的行为致使选举未按法律、法规规定的程序和办法进行，妨害了村民行使选举权、被选举权，破坏村委会选举，造成选举无效，经村民举报，法定机关认定，必须重新组织选举的过程。根据违法主体和违法事由的不同，重新选举的程序也不同。

若村民选举委员会的产生不合法，即选委会的产生未按照《村民委员会组织法》和该省村民委员会选举条例的规定由村民会议和各村民小组推选产生，则这种情况下必须整个选举过程推倒重来。

若选举机构或个别行为人在某个环节违法，造成选举违法，则从某个环节开始纠正。如提名正式候选人不是按照法律规定由选民直接提名、预选确定，而是由某个组织或者个人指定；或个别行为人在选举过程中砸抢票箱、撕毁选票，造成选举无效。

该案属于上述的第二种情况，即有村民违反相关法律、法规规定，其行为导致选举结果的无效，应该进行重新选举。那么，是应该全部重新选举还是只有一组进行重新选举呢？我们通过分析该次选举的流程设计可以看出：一组的投票过程和其他组的投票过程是一个并行的过程，一组的投票过程出现违法并不影响其他组的投票和计票；如果是一组投票后，再由其他组在同一票箱中投票，则一组投票过程出现违法问题时其他组也要重新投票，但在本案中只需要一组重新投票即可。

（3）这个案例为我们今后更好地进行基层直接选举工作提供了不少的启示和指导。

一是整个选举活动进入投票阶段时，要做到巨细靡遗、慎之又慎，如将凭证领取选票、秘密划票、投票等步骤程序规定得更细密、更科学，将错误的可能性降到最低。

二是充分发动村民对选举工作进行监督，用群众的力量确保选举工作的顺利进行。

三是一旦出现问题，严格按照法规规定予以解决。在合法的基础上，提高效率，降低选举成本。

3.（1）平等选举原则是平等原则在选举中的具体适用，它首先否定复数投票制，实行一人一票的原则。同时这意味着投票结果价值上的平等，即一票的投票价值对选出代表的选举结果在贡献和价值上是平等的。当然，投票价值的平等对投票结果产生的贡献及其影响力难以达到数量上的绝对一致，在划分选区时除考虑一人一票的投票价值平等的人口均衡原则外，还要综合考虑一个国家的行政区划、地形、交通情况及其历史传统等政策和技术因素。

在划分选区时，最重要和最根本的标准是人口比例原则，而其他非人口的要素在性质上与国家意志的正当性并没有直接关系。因此，有关划分选区的国会裁量权存在着来自宪法的界限，当判断是否违反投票价值平等原则时，需要考虑这种不平等是不是在宪法所允许的合理裁量权范围之内。

（2）在划分选区时，最重要和最根本的标准是人口比例原则，选区划分中投票价值平等直接关系到国民主权原则的实现，构成国家意志的正当性基础。而由于客观现实的因素，完全的、严格的人口比例原则是无法实现的，不同选区之间存在不同程度的人口偏差是不可避免的。于是，问题便落在了在多大范围内，根据什么原则如何认定偏差的合理界限。宪法法院在比较外国选举法的规定和韩国的实际情况后，把人口偏差的合理界限定为 4∶1，如超过 4∶1 的比例就属于违宪。对此，也有法官提出其他的诸如 2∶1 的比例或者对平均人口数的标准和城市与农村选区人口数采取不同的标准。4∶1 的比例标准明显高于国际上普遍认同的 2∶1 的比例。在现实生活中承认某一法律条文合宪并不意味着合宪法律一定具有正当性基础，在现实条件发生变化时合宪法律也可能变为违宪法律。人口偏差的相对合理性也需要通过不断调整，才能进入实质性的合理范围。

4.（1）第一，人民代表大会制度是我国的政权组织形式，是我国的根本政治制度，人民代表大会制度是我国国家性质的反映，通过人民代表大会表达人民的呼声和愿望。第二，根据材料可知，因为撤乡并镇和乡镇改设街道，每撤并一个乡镇，就减少 40 名代表名额基数，从而造成乡镇人大代表数量大幅减少，人大代表数量的减少不利于人民民主权利的行使。第三，为了发挥基层人大的作用，更好地维护人民当家作主的地位，对县级人大代表与乡级人大代表名额的增加具有必要性。

（2）第一，增加人大代表名额基数有利于人民群众意愿的充分表达，基层人大代表了解群众的生产、生活困难和改善诉求，通过基层人大将人民群众的意愿加以表达，督促相关部门予以保障。第二，增加人大代表名额基数有利于发挥人民代表大会制度的优越性，基层人大代表数量的增加能更好地体现人民代表大会制度的民主性与广泛性，发挥人民代表大会制度的优越性。在我国，一切权力属于人民。在基层，选民通过直接选举的方式选出代表，充分体现了人民当家作主的地位。

论述题与深度思考题

1.（1）物质保障。

我国《选举法》第 8 条规定：全国人民代表大会和地方各级人民代表大会的选举经费，列入财政预算，由国库开支。该项规定使每一个选民和候选人能够不致因财产占有悬殊而在选举中受到任何限制或处于不利的地位。它从物质条件上保护每一个选民和候选人能够根据自己的意愿自由投票，保障每一个候选人机会均等，不受经济实力差别的限制，保证选举能够公正和真正体现民意。

（2）法律保障。

我国《选举法》和其他有关选举的法律文件规定了我国选举的原则、组织、程序和方法，使我国民主的选举制度法律化、条文化。它们既确认了选民的实体权利，又从程序上确保这一权利的实现，并且规定了侵犯公民选举权利的法律后果。我国民主选举的法律保障不仅表现为《宪法》的原则和《选举法》的明确规定，而且表现在《全国人民代表大会组织法》《地方各级人民代表大会和地方各级人民政府组织法》等法律文件的规定上。我国的《选举法》和其他法律的有关规定使整个选举制度成为一个互相联系的有机整体，使整个选举的进行和公民选举权利的实现能够有法可依，切实保障选举工作的顺利进行。此外，法律明确规定了对破坏选举的行为依法给予行政处罚或刑事处罚。

2.（1）选举制度的概念。

选举制度的概念有广义和狭义之分。广义上的选举制度是指包括选举代表机关代表和特定公职人员，选举主体范围比较广泛。狭义上的选举制度是指选民依据选举法的规定选举代表机关代表的制度。我国选举法调整的对象限于全国人大代表与地方人大代表的选举，因此采用狭义选举制度的概念。

选举的方式早在原始公社就已经开始使用。但它与近代意义的选举在性质、范围和作用等方面都有明显不同。近代意义的选举制度最早产生于资产阶级革命时期的英、法、美等国。资产阶级革命胜利以后，随着代议政体的出现，选举制度作为合理地分配国家权力与组织国家权力的有效且民主的形式得到世界各国的普遍重视。在现代社会，选举制度已成为组织与调整国家权力活动的基本形式。

（2）选举制度是代议制度的基础。

第一，我国《宪法》规定，国家的一切权力属于人民。

人民通过选举产生各级人大代表，组成全国人民代表大会和地方各级人民代表大会，作为人民行使国家权力的机关。国家行政机关、监察机关、审判机关和检察机关都由人民代表大会选举产生，对它负责，受它监督。全国人民代表大会和地方各级人民代表大会对人民负责，受人民监督。这一规定，说明由民主选举产生人大代表，组成各级人民代表大会，是人民代表大会制度构成的逻辑起点和基础。

第二，从选举制度的基本原则来看，体现了对人民当家作主权利的保障。

1）选举权的普遍性，表现在凡年满 18 周岁的中华人民共和国公民，除依法被剥夺政治权利的人外，不分民族、种族、性别、职业、家庭出身、宗教信仰、教育程度、财产状况和居住期限，都享有选举权和被选举权。同时，被剥夺政治权利的人只占我国人口的极少数。这说明我国选举制度民主化程度是很高的。

2）选举权的平等性。此即每个选民在一次选举中只有一个投票权。所有的选民都在同等的基础上参加选举。城乡选民具有平等的选举权；同时对少数民族代表名额给予特别照顾。这说明我国选举制度既从我国实际情况出发，又逐步向“更为平等和完全平等的选举”过渡的原则，体现了实质意义上的平等。

3）直接选举与间接选举并用。直接选举便于选民挑选自己所信任的代表，便于选民直接向代表反映意见和要求，便于增强广大选民参政意识和主人翁意识。我国已将直接选举扩大到了县级，以后随着政治、经济的发展，其范围还会进一步扩大。另外，由于我国还受经济、文化、交通等方面条件的制约，同时人民还缺乏大规模选举的经验，对较远地区的代表还不够熟悉，因而，还有必要保留间接选举。

4）无记名投票。选举人的意思表示是秘密进行的，他人无权干涉。这保障了选举人能真正按照自己的意愿来参加选举，从而推动了选举制度的民主化进程。

5）选民对代表实行监督和罢免。选民对代表的监督和罢免，足以保证人民当家作主，是有效地防止国家公职人员由社会公仆变为社会主人的主要方式之一。此外，这一制度还有利于增强代表的责任心，使代表和国家机关严格按照人民意志办事。

6）选举的物质保障和法律保障。选举经费由国库开支，国家提供选举所需的一切物质设施。同时，我国《选举法》还列专章规定了“对破坏选举的制裁”。

第三，从选举制度的基本精神看，它的宗旨足以保障人民行使权力。

选举制度的基本精神是：依据我国实际情况，着眼实际的民主，采取适当的形式，逐步发展和扩大人民民主。保证全体人民用选举的方法选派自己的代表去管理国家事务、实现人民当家作主，巩固和发展人民民主专政的国家政权，加快社会主义民主政治建设进程，推动社会主义现代化建设的发展。

第四，从选举制度的特性来看，选举制度的性质决定于国家性质。

在不同的国家性质下，选举制度反映了不同阶级的意志和利益，体现了不同的权力分配要求。我国是实行人民民主专政的社会主义国家，选举制度产生与存在的基本性质与目的是适应团体的要求，实现一切权力属于人民的宪法原则，为人民群众参与国家事务与社会事务提供有效的法律途径。我国选举制度体现了人民性、民主性与科学性。人民性是我国选举制度的本质特征，反映了人民民主专政的国家性质；民主性是我国选举制度运行过程中遵循的基本原则与基本精神，有利于人民群众参与国家管理；科学性是指选举原则的确立与程序的运用注意反映选举的客观性，真正体现选民的自由意志。

第五，选举制度是建立与完善人民代表大会制度的基础与出发点。

人民代表大会制度作为国家政权的组织形式，其成立与运作的基础是选民的选举行为，选民地位的法律化、选民积极性的发挥、选民与代表的相互联系等因素是人民代表大会制度中不可忽视的内容。从我国政治制度发展的基本特点看，选举制度的改革与完善是人民代表大会制度发展的基础性环节。选举制度体现了人民代表大会制度存在与发展的广泛的社会基础，人民代表大会广泛的代表性与社会基础是通过选举制度来具体实现的，它为政权的科学分配与运作提供了理论与程序基础。

总之，我国的选举制度是我国人民代表大会制度的重要组成部分，是我国代议制度的基础，这点可从上述内容得知。从外在形式来看，选举制度是人民代表大会制度成立与运作的基础；从内在实质来看，选举制度从原则、基本精神和特性方面与人民代表大会制度的内涵是一样的，都体现了国家的性质，都是为了保障人民当家作主，而且选举制度作为人民代表大会制度的组成部分，更加集中地体现了这一方面。

3.（1）选举权平等性的含义。

选举权的平等性原则应当包括两个方面的内容或者基本要求：一是在每一次选举中每一个选民只有一个投票权，即一人一票；二是每一代表都以大致相同的人口数为基础，或者说，在一次选举中每一个选民的一个投票权在价值上是基本相同的。不同时具备这两个方面内容的选举权就是不平等的选举权，只具备其一的选举权是不完全平等的选举权。

我国现行《选举法》从我国的具体国情出发，对公民的选举权既作了平等性的规定，又作了不平等性的规定。平等性的规定主要表现在三个方面：一是每一选民在一次选举中只有一个投票权，任何人没有投两票或者两票以上的特权；二是全国及地方各级人民代表大会的代表名额和代表的产生，都是以一定人口数为基础的；三是城乡选民具有平等的选举权。不平等性的规定主要表现在产生全国和地方各级人民代表大会代表时，对少数民族作了种种照顾性的规定。

关于我国《选举法》中有关公民选举权不平等的规定，通说认为，正是有了这种形式上的不平等，才保证了民族平等。也就是说，我国公民的选举权在形式上是不平等的，但在实质上是平等的；而这种形式上的不平等正是为了保证实质上的平等。

（2）形式上的平等与实质上的平等。

有人认为“我国公民选举权在形式上是不平等的，在实质上是平等的”的观点，实际上是值得商榷的。毋庸置疑，汉族与少数民族之间每一代表所代表的人口数比例不同是一种不平等的规定，但是否通过这种不平等的规定就能够达到民族之间实质上的平等呢？实际情况并不是这样。

第一，在今天，人民的范围空前广泛，包括全体社会主义劳动者、社会主义事业的建设者，拥护社会主义的爱国者、拥护祖国统一和致力于中华民族伟大复兴的爱国者。由于《选举法》规定汉族与少数民族之间每一代表所代表的人口数可以有很大的差异，势必造成这样一种情况：在人民内部，一部分人民人数虽少，但可以选出较多的代表，另一部分人民人数虽多，但只能选出较少的代表。显然，在人民内部也并不是平等的。《选举法》对少数民族参加选举作了种种照顾性的规定，既然是照顾，本身就无实质上的平等可言。

第二，如前所述，由于《选举法》规定汉族与少数民族之间每一代表所代表的人口数比例不同，在汉族与少数民族选民之间，就一票的价值而言，存在差异，这种差异显然是一种实质上的不平等。

第三，认为我国《选举法》是以形式上的不平等来达到实质上的平等，它包含两点：一是我国公民选举权已经实现了实质上的平等；二是为了保持这种实质上的平等，必须同时保持这种形式上的不平等。于是，这样的立论便不攻自破了。

在选举权平等原则下，要求的是每一代表所代表的人口数是大致相同，而不是完全相等。这是因为，在实际操作中，有权机关在划分选区时不可能做到使各选区人数绝对相同，而只能做到大致相同。许多国家允许各选区之间存在人数上的差异，但是控制在不致影响选举权平等性原则的幅度内。一般在选举法中规定，应当根据每隔若干年进行的人口普查的结果重新划分选区。而《选举法》规定汉族与少数民族之间每一代表所代表的人口数存在差异，恰恰正是“一定人口数”的具体化。这只能说明我国目前还不具备选举权平等性原则的第二个方面的内容。

(3) 我国现阶段的选举制度还属于一种不完全平等的选举制度。

这样认识我国现行的选举制度是实事求是的，并且也具备以下优势：第一，这与我国目前的客观实际相符合，群众也能够接受。我国是一个统一的多民族国家，为了使各级人民代表大会都有相当数量的少数民族代表，《选举法》对各民族代表在其所代表的人口数方面作了种种照顾性规定。第二，这样明确了我国选举制度今后改革的方向和目标。在一定时期内，在选举制度上存在实质上的不平等，是一种正常现象，并不是我们一个国家如此。第三，这在理论上也理解得清楚。认为我国《选举法》是以形式上的不平等来达到实质上的平等，却没有说明为什么能够以形式上的不平等来达到实质上的平等；形式上的平等能否达到实质上的平等；或者以形式上的平等来达到实质上的平等与以形式上的不平等来达到实质上的平等相比较，其间有什么不同，何者是我们追求的目标。若依然坚持传统的观点，对这一规定就不可能作出合理的理解，而从实际出发，实事求是地认识我国选举权既有平等的一面，又有不平等的一面，而这种不平等的规定是与我国目前的客观实际相适应的，但同时其又是将来改革的方向，就可以从理论上说清这一问题。

4. (1) 我国现行法律的规定。

对于被羁押中的已决犯和未决犯，其选举权利的享有和行使情况，在我国的现有法律体系中是在《关于县级以下人民代表大会代表直接选举的若干规定》(以下简称《直选规定》) 中具体规定的。《直选规定》第5条规定，下列人员准予行使选举权利：1) 被判处有期徒刑、拘役、管制而没有附加剥夺政治权利的；2) 被羁押，正在受侦查、起诉、审判，人民检察院或者人民法院没有决定停止行使选举权利的；3) 正在取保候审或者被监视居住的；4) 正在被劳动教养的；5) 正在受拘留处罚的。除第三项外，都是对羁押中的已决犯和未决犯在一定条件下可以享有和行使选举权的规定。

(2) 可能的困境探讨。

第一，选举程序中的问题和困难。虽被羁押中的已决犯和未决犯享有选举权，但在选举程序的各个阶段上都会出现难以解决的问题。1) 划分选区。实践中，一般按照犯人的户籍所在地或生产单位划分选区。犯人的羁押场所与户籍所在地或生产单位可能在一县境内，也可能不在一县境内。即使在一县境内，选区与羁押场所仍然可能相距遥远，同时，因犯人与外界隔绝，难以看到选民名单，犯人也就无从提出意见，即使看到选民名单后有意见，也无法向选举委员会申诉或向人民法院起诉，更谈不上了解代表候选人。2) 向选民介绍代表候选人。犯人因处于被羁押状态，平时不了解代表候选人，也不能同代表候选人直接见面，仅凭几页文字介绍或者连文字介绍也没有，那么投票时必然带有很大的盲目性。3) 组织投票。《直选规定》规定了三种方式：流动投票箱；委托其他选民；

回原选区投票。就上述第一种方式而言，由于犯人被羁押场所与选区相距甚远，专门为个别犯人设立流动票箱，实践中难以办到；就第二种委托投票制度而言，根据《选举法》的规定是为那些在选举期间临时外出，不能回原选区参加选举的选民设立的，并不适合长期在外地居住的选民；就最后一种而言，回原选区投票虽然可以解决部分问题，但也有很大的局限性。

第二，代表与选民关系中的问题和困难。代表与选民之间的关系主要有：1）代表与被代表的关系。代表由选民选举产生，应该密切联系群众，听取呼声、反映意愿，但由于犯人处于被羁押状态，代表与他们几乎没有联系，因而他们的一些合理的意见和建议不能通过代表这一途径反映上去。2）监督与被监督的关系。对代表实行监督，促使代表以高度的责任心为人民服务，是确保代表能够真正代表人民的一种有效制度，但由于犯人处于被羁押的状态，几乎任何一种监督方式都实现不了。

第三，选举权利的含义不明确。《直选规定》里规定的是准予行使“选举权利”。这个“选举权利”应当理解为包括选举权和被选举权。因为：其一，选举权和被选举权是两个很明确的概念，如果只准予行使选举权，可以直接作出明确规定；其二，固然因犯人处于被羁押状态，同时其道德品质、政治素质等不符合广大群众的意愿和要求，其被选举为人大代表的可能性很小，但我们不能因此而排除在特殊情况下出现选民选举被羁押中的犯人作为自己的代表的可能性。

第四，从剥夺政治权利的刑期起算看处于被羁押状态的人行使选举权利的可能性。我国刑法对剥夺政治权利的刑期执行首先分为单独判处和附加判处，对于附加判处的又分为主刑是管制（未完全丧失人身自由）和拘役、有期徒刑（被完全剥夺了人身自由）。从这种具体规定尤其是剥夺政治权利作为附加刑执行时对主刑类别的划分上可以分析出，被剥夺政治权利的刑期从何时开始计算，其立足点和出发点是看罪犯是否完全丧失了人身自由。对于未丧失和未完全丧失人身自由的，如单独判处和附加管制判处的情况，在宣判或主刑执行的同时执行剥夺政治权利的附加刑；对于完全丧失人身自由的拘役、有期徒刑附加剥夺政治权利的，主刑期间当然不享有政治权利的规定事实上是基于犯人丧失人身自由这一客观原因。基于此，若肯定被羁押中而没有被剥夺政治权利的犯罪分子享有选举权利，岂不是自相矛盾。

第五，从被羁押中的未决犯的实际情况看其行使选举权利的可能性。被羁押的未决犯主要有两类，即被拘留的未决犯和被逮捕的未决犯。而从有关刑法和刑事诉讼法的规定可以看出，逮捕和拘留都是在不限制犯罪嫌疑人的人身自由，就有可能发生某种社会危害或者不利于侦查、审判的情况下采取的。既然如此，这些犯罪嫌疑人不可能到羁押场所以外的地方参加选举，也不可能与其他有人身自由的选民一样，按照选举法规定的程序正常地参加选举，以行使自己的选举权。

（3）总结。

从理论上说，给予已决犯和未决犯以选举权利，使其感到党和政府的温暖，能够促使其尽快改造。但是，如前所述，这些人因其所处的实际情况，不能充分行使选举权利。更重要的是，规定被羁押的已决犯和未决犯享有选举权利，可能给我们的选举工作带来难以解决的困难，在某种特殊情况出现的时候，有可能使我们的选举工作陷入困境。（该问题在学术界存在一定争议。以上本题答案参见胡锦光：《中国宪法问题研究》，278～284页，北京，新华出版社，1998。）

5. 政党制度是有关政党地位和作用，特别是有关政党执掌、参与或影响国家政权的各种制度的总称。选举制度同政党制度有着密切的联系，它们都是近现代国家政治制度的重要组成部分。在同一国家中，二者不仅反映了相同的阶级本质，而且选举制度的类型、地位、作用都和本国的政党制度有关。在政党政治盛行的当今世界，选举制度与政党制度的互相渗透、互相作用愈加明显。

（1）在资本主义国家，选举制度与政党制度的关系主要表现如下：

资产阶级政党在形式上通过选举才能执政。历史表明，在封建制度不变的情况下，封建国家政权的更替往往通过战争或宫廷政变等暴力手段来实现。在资本主义国家，情况却非如此。资产阶级政党的执政和下野，一般通过选举制度的运行来实现。因此，在资本主义国家，选举工作都是在资产阶级政党的操纵把持下进行的，资产阶级政党在选举中起着主导作用。资产阶级政党为取得统治权，精心组织竞选机构、挑选候选人，全力开展各项竞选活动。可以说，资产阶级政党正是通过这些活动，来控制、操纵选举，以保证为议会和政府输送忠实于垄断资产阶级利益的代表。

与资产阶级政党制度相适应，资本主义选举制度一般分为多数选举制和比例代表制。在政治实践中，资本主义国家采取何种选举制度的运作形式，往往基于政党制度的具体情况来考虑。

(2) 我国选举制度与政党制度的关系主要表现如下：

我国选举制度是人民实现国家权力的保证，政党制度是中国共产党领导的多党合作和政治协商制度，两者之间的关系十分密切。我国选举制度的运行是在中国共产党领导下发挥其作用和功效的。在全国人大和地方各级人大代表中，共产党员在比例上的优势和各民主党派所占的一定名额以及其他非党派人士所占的名额，原则上反映了我国党派关系的实际。这种反映共产党领导地位和我国政党制度的特定的代表结构，都是通过我国选举制度的运作来实现的。

第七章　国家机构

知识逻辑图

- 全国人民代表大会及其常务委员会
  - 全国人民代表大会的性质和地位：最高国家权力机关
  - 全国人民代表大会的职权：修宪，监督宪法实施，制定和修改基本法律，选举、决定、罢免国家机构组成人员，决定国家重大事项、监督其他国家机关，其他应由其行使的职权
  - 全国人民代表大会常务委员会的性质和地位：全国人民代表大会的常设机构，最高国家权力机关的组成部分，在全国人民代表大会闭会期间行使最高国家权力
  - 全国人民代表大会常务委员会的职权：立法权，法律解释权，监督权，重大事项决定权，人事任免权，全国人民代表大会授予的其他职权
- 国家主席
  - 性质和地位：我国的国家元首
  - 职权：公布法律，发布命令；任免国务院组成人员和驻外全权代表；外事方面的职权；授予荣誉权
- 国务院
  - 性质和地位：中央人民政府，最高国家权力机关的执行机关，最高国家行政机关
  - 领导体制：总理负责制
  - 职权：制定行政法规；向全国人民代表大会或全国人民代表大会常务委员会提出议案；组织领导全国性行政工作；领导和管理各行业、各部门的行政工作；保护正当和合法权益；监督各部委和地方各级行政机关；全国人民代表大会及其常务委员会授予的其他职权
- 监察委员会
  - 性质：国家的监察机关，行使国家监察职能的专责机关
  - 职能：对所有行使公权力的公职人员进行监察；调查职务违法和职务犯罪；开展廉政建设和反腐败工作；维护宪法和法律的尊严
- 人民法院
  - 性质：国家的审判机关
  - 组织体系：最高人民法院、地方各级人民法院、专门人民法院、跨行政区划法院、互联网法院等
  - 基本职权
- 人民检察院
  - 性质：国家的法律监督机关
  - 组织体系：最高人民检察院、地方各级人民检察院、军事检察院等专门检察院、经全国人民代表大会常务委员会决定设立的跨行政区划检察院
  - 基本职权
- 民族自治地方的自治机关
  - 自治机关指自治区、自治州、自治县的人民代表大会和人民政府
  - 自治机关的民族构成
  - 职权：制定自治条例和单行条例，变通和停止执行上级国家机关的决议、决定、命令和指示等

特别行政区{香港特别行政区行政长官的产生及特别行政区行政长官与立法机关的关系
澳门特别行政区机关与香港特别行政区机关之不同}

名词解释和概念比较

1. 国家机构
2. 民主集中制
3. 自治条例与单行条例
4. 村民委员会与居民委员会
5. 立法权
6. 民族自治权
7. 香港特别行政区行政长官与澳门特别行政区行政长官（考研）
8. 香港特别行政区立法会主席（考研）
9. 乡人民代表大会主席（考研）
10. 最高人民检察院检察长（考研）
11. 国务委员（考研）
12. 民族乡
13. 行政公署
14. 质询
15. 总理负责制

选择题

（一）单项选择题

1. 根据《宪法》的规定，关于全国人大的专门委员会，下列哪一选项是正确的？（　　）（法考改编）

A. 各专门委员会在其职权范围内所作决议，具有全国人大及其常委会所作决定的效力

B. 各专门委员会的主任委员、副主任委员由全国人大及其常委会任命

C. 关于特定问题的调查委员会的任期与全国人大及其常委会的任期相同

D. 全国人大及其常委会领导专门委员会的工作

2. 根据《宪法》和法律的规定，关于特别行政区，下列哪一选项是正确的？（　　）（法考改编）

A. 澳门特别行政区财政收入全部由其自行支配，不上缴中央人民政府

B. 澳门特别行政区立法会举行会议的法定人数为不少于全体议员的2/3

C. 非中国籍的香港特别行政区永久性居民不得当选为香港特别行政区立法会议员

D. 香港特别行政区廉政公署独立工作，对香港特别行政区立法会负责

3. 新疆维吾尔自治区某自治州的自治条例和单行条例制定以后，应当（　　）。

A. 报全国人民代表大会备案

B. 报全国人民代表大会常务委员会备案

C. 报自治区人民代表大会备案

D. 报自治区人民代表大会常务委员会备案

4. 特别行政区立法机关制定的法律，应当（　　）。

A. 报全国人民代表大会批准

B. 报全国人民代表大会备案

C. 报全国人民代表大会常务委员会批准

D. 报全国人民代表大会常务委员会备案

5. 全国人大常委会认为特别行政区立法机关制定的法律与基本法相抵触，有权（　　）。

A. 予以撤销　　B. 予以改变

C. 予以发回　　D. 宣布无效

6. 根据《宪法》和法律的规定，关于民族自治地方自治权，下列哪一表述是正确的？（　　）（法考改编）

A. 自治权由民族自治地方的权力机关、行政机关、审判机关和检察机关行使

B. 自治州人民政府可以制定政府规章对国务院部门规章的规定进行变通

C. 自治条例可以依照当地民族的特点对宪法、法律和行政法规的规定进行变通

D. 自治县制定的单行条例须报省级人大常委会批准后生效，并报全国人大常委会备案

7. 中华人民共和国中央军事委员会领导全国武装力量。关于中央军事委员会，下列哪一表述是错误的？（　　）（法考改编）

A. 实行主席负责制

B. 每届任期与全国人大相同

C. 对全国人大及其常委会负责

D. 副主席由全国人大选举产生

8. 全国人民代表大会对宪法修改的表决（　　）。

A. 采取无记名按表决器的方式

B. 采取举手表决的方式

C. 可以采取无记名按表决器的方式，也可以采取举手表决的方式

D. 采取无记名投票方式

9. 下列关于全国人大常委会工作机构的表述，正确的是（　　）。（考研）

A. 全国人大常委会工作机构负责审查代表的选举是否符合法律规定

B. 工作机构的主任和副主任应从全国人大常委会组成人员中产生

C. 在备案审查中，工作机构可以和全国人大专门委员会召开联合审查会议

D. 全国人大常委会根据全国人大专门委员会需要分别设置对应的工作机构

10. 我国宪法修改必须由（　　）。

A. 全国人民代表大会出席代表的 1/2 以上的多数通过

B. 全国人民代表大会出席代表的 2/3 以上的多数通过

C. 全国人民代表大会全体代表的 2/3 以上的多数通过

D. 全国人民代表大会全体代表的 3/4 以上的多数通过

11. 根据《全国人民代表大会组织法》的规定，下列关于全国人大代表团的哪一说法是正确的？（　　）

A. 代表团团长、副团长由各代表团全体成员选举产生

B. 2 个代表团以上可以向全国人大提出属于全国人大职权范围内的议案

C. 3 个以上的代表团可以提出对于全国人大常委会的组成人员，国家主席、副主席，国务院和中央军事委员会的组成人员，国家监察委员会主任，最高人民法院院长和最高人民检察院检察长的罢免案

D. 1 个代表团和 30 名以上的代表可以联合提出对国务院及其各部、各委员会的质询案

12. 澳门特别行政区依照《澳门特别行政区基本法》的规定实行高度自治，享有行政管理权、立法权、独立的司法权和终审权。关于中央和澳门特别行政区的关系，下列哪一选项是正确的？（　　）（法考改编）

A. 全国性法律一般情况下是澳门特别行政区的法律渊源

B. 澳门特别行政区终审法院法官的任命和免职须报全国人大常委会备案

C. 澳门特别行政区立法机关制定的法律须报全国人大常委会批准后生效

D.《澳门特别行政区基本法》在澳门特别行政区的法律体系中处于最高地位，反映的是澳门特别行政区同胞的意志

视频讲题

13. 下列各项中，不属于特别行政区自治权范围的是（　　）。

A. 发行货币权

B. 独立的司法权和终审权

C. 国防权

D. 立法权

14. 派遣和召回驻外全权代表的权力属于下列哪个机关？（　　）

A. 国务院　　　　B. 全国人大常委会

C. 外交部　　　　D. 国家主席

15. 某乡政府为有效指导、支持和帮助村民委员会（简称村委会）的工作，根据相关法律法规，结合本乡实际作出了下列规定，其中哪一规定是合法的？（　　）（法考改编）

A. 村委会的年度工作报告由乡政府审议

B. 村民会议制定和修改的村民自治章程和村规民约，报乡政府备案

C. 对登记参加选举的村民名单有异议并提出申诉的，由乡政府作出处理并公布处理结果

D. 村委会组成人员违法犯罪不能继续任职的，由乡政府任命新的成员暂时代理至本届村委会任期届满

16. 2015 年 10 月，某自治州人大常委会出台了一部《关于加强本州湿地保护与利用的决定》。关于该法律文件的表述，下列哪一选项是正确的？（　　）（法考改编）

A. 由该自治州州长签署命令予以公布

B. 可依照当地民族的特点对行政法规的规定作出变通规定

C. 该自治州所属的省的省级人大常委会应对该决定的合法性进行审查

D. 与部门规章之间对同一事项的规定不一致不能确定如何适用时，由国务院裁决

17. 依据宪法和法律的规定，下列选项中表述错误的是（　　）。

A. 行政公署是省人民政府的派出机构

B. 区公所是县人民政府的派出机构

C. 村民委员会是乡人民政府的派出机构

D. 街道办事处是市辖区人民政府的派出机构

18. 某县人大闭会期间，赵某和钱某因工作变动，分别辞去县法院院长和检察院检察长职务。法院副院长孙某任代理院长，检察院副检察长李某任代理检察长。对此，根据《宪法》和法律，下列哪一说法是正确的？（　　）（法考改编）

A. 赵某的辞职请求向县人大常委会提出，由县人大常委会决定接受辞职

B. 钱某的辞职请求由上一级检察院检察长向该级人大常委会提出

C. 孙某出任代理院长由县人大常委会决定，报县人大批准

D. 李某出任代理检察长由县人大常委会决定，报上一级检察院和人大常委会批准

19. 最高人民法院印发的《人民法院民事裁判文书制作规范》规定："裁判文书不得引用宪法……作为裁判依据，但其体现的原则和精神可以在说理部分予以阐述。"关于该规定，下列哪一说法是正确的？（　　）（法考改编）

A. 裁判文书中不得出现宪法条文

B. 当事人不得援引宪法作为主张的依据

C. 宪法对裁判文书不具有约束力

D. 法院不得直接适用宪法对案件作出判决

20. 根据我国《宪法》的规定，下列有关审计机关的表述哪一项是错误的？（　　）

A. 县级以上的地方各级人民政府设立审计机关

B. 国务院审计机关对国务院各部门和地方各级政府的财政收支，对国家的财政金融机构和企业事业组织的财务收支进行审计监督

C. 国务院审计机关在国务院总理领导下，依照法律规定独立行使审计监督权，不受其他行政机关、社会团体和个人的干涉

D. 地方各级审计机关依照法律规定独立行使审计监督权，不对同级人民政府负责

21. 根据我国《宪法》的规定，有权改变或者撤销不适当的部门规章的是（　　）。

A. 国务院

B. 全国人民代表大会常务委员会

C. 最高人民法院

D. 全国人民代表大会宪法和法律委员会

22. 根据我国宪法和法律，下列关于全国人大会议主席团的表述，不正确的是（　　）。（考研）

A. 主席团主持全国人民代表大会会议

B. 主席团常务主席可以召开代表团团长会议

C. 主席团常务主席召集并主持主席团会议

D. 主席团的决定，由主席团全体成员 2/3 以上多数通过

23. 烟台市中级人民法院审判员由（　　）。

A. 烟台市人民代表大会任免

B. 烟台市人民代表大会常务委员会任免

C. 烟台市中级人民法院任免

D. 烟台市人民政府任免

24. 现行《宪法》于 1982 年通过后，下列哪个不属于全国人大新增设的专门委员会？（　　）

A. 监察和司法委员会

B. 环境与资源保护委员会

C. 农业与农村委员会

D. 法规审查与备案委员会

25. 根据我国民族区域自治制度，关于民族自治县，下列哪一选项是错误的？（　　）（法考改编）

A. 自治机关保障本地方各民族都有保持或改革自己风俗习惯的自由

B. 经国务院批准，可开辟对外贸易口岸

C. 县人大常委会中应有实行区域自治的民族的公民担任主任或者副主任

D. 县人大可自行变通或者停止执行上级国家机关的决议、决定、命令和指示

26. 关于人民检察院，下列表述中错误的是（　　）。（考研）

A. 人民检察院是国家的法律监督机关

B. 各级人民检察院检察长连续任职不得超过 2 届

C. 上级人民检察院领导下级人民检察院的工作

D. 人民检察院依照法律规定独立行使检察权

27.《宪法》第140条规定，人民法院、人民检察院和公安机关办理（　　）案件，应当分工负责，互相配合，互相制约，以保证准确有效地执行法律。

A. 违宪　　B. 民事

C. 刑事　　D. 行政

28. 根据《宪法》和《香港特别行政区基本法》的规定，下列哪一选项是正确的？（　　）（法考改编）

A. 行政长官就法院在审理案件中涉及的国防、外交等国家行为的事实问题发出的证明文件，对法院无约束力

B. 行政长官对立法会以不少于全体议员2/3多数再次通过的原法案，必须在1个月内签署公布

C. 香港特别行政区可与全国其他地区的司法机关通过协商依法进行司法方面的联系和相互提供协助

D. 行政长官仅从行政机关的主要官员和社会人士中委任行政会议的成员

29. 有关一般议案、质询案说法正确的是（　　）。（法考改编）

A. 一个代表团或者30名以上全国人大代表，可以向本级人大和本级人大常委会提出议案和质询案

B. 本级法院、检察院可以向本级人大和本级人大常委会提出议案

C. 县级以上人大的专门委员会可以向本级人大和本级人大常委会提出议案

D. 5名以上乡级人大代表可以向本级人大提出议案和质询案

30. 依据《宪法》的规定，下列选项中哪个是国家主席单独行使的职权？（　　）

A. 任免国务院总理　　B. 发布特赦令

C. 接受外国使节　　D. 公布法律

31. 依法独立行使司法权是人民法院、人民检察院的基本工作原则，下列关于依法独立行使司法权说法不正确的是（　　）。（考研）

A. 人民法院、人民检察院依照法律规定独立行使审判权、检察权，不受行政机关、社会团体和个人的干涉，也不受党和人大的监督

B. 人民法院工作人员在审理相关案件时，以本人或者他人名义持有与所审理案件相关的上市公司股票的，应主动申请回避

C. 完善惩戒妨碍司法机关依法行使职权、拒不执行生效裁判和决定、藐视法庭权威等违法犯罪行为的法律规定

D. 非因法定事由，非经法定程序，不得将法官、检察官调离、辞退或者对其作出免职、降级等处分

32. 国务院，即中央人民政府，是最高国家权力机关的执行机关、最高国家行政机关。根据我国根本法《宪法》以及相关法律的规定，关于国务院，下列哪一项是正确的？（　　）（法考改编）

A. 有权制定有关行政拘留的规范性文件

B. 国务院司法部与教育部联合制定的规章的效力与地方政府规章的效力相同

C. 领导和管理民政、司法行政、民族事务和监察监督等工作

D. 行政法规的效力高于省级人大制定的法规，因此部门规章的效力高于市级人大制定的法规

33. 最高人民检察院检察长在十三届全国人大二次会议上作报告指出，2018年全国各级检察机关加强对刑事立案、侦查、审判活动的监督，督促侦查机关撤案近2万件，同比上升32%，对不构成犯罪或证据不足的决定不批捕16万余人，不起诉3万余人。对此，下列哪一说法是错误的？（　　）（法考改编）

A. 检察监督能够减少逮捕率，有利于贯彻宪法精神，尊重和保障人权

B. 检察机关与侦查机关对于实现个案正义的目标并不相同

C. 检察监督制度减少了不必要的逮捕、起诉，从而节约了司法审判资源

D. 检察机关通过督促侦查机关撤案的方式行使监督的权力

视频讲题

34. 根据《宪法》和《民族区域自治法》的规定，下列选项不正确的是（　　）。（法考改编）

A. 民族区域自治以少数民族聚居区为基础，是民族自治和区域自治的结合

B. 民族自治地方的国家机关既是地方国家机关，又是自治机关

C. 上级国家机关应该在收到自治机关变通执行或者

停止有关决议、决定执行的报告之日起60日内给予答复

D. 自治机关自主地管理本地方的教育、科学、文化、卫生、体育事业，保护和整理本民族的文化遗产，发展和繁荣民族文化

35. 2018年3月的国务院机构改革，将国家工商行政管理总局、国家食品药品监督管理总局、国家发展和改革委员会和商务部的相关职责合并后，组建了国家市场监督管理总局，作为国务院直属机构。对该机构，下列哪个说法是正确的？（　　）（法考改编）

A. 国家市场监督管理总局的设立要经过全国人大常委会批准

B. 在设立国家市场监督管理总局时，应当确定人员编制

C. 国家市场监督管理总局无权制定部门规章

D. 国家市场监督管理总局承担跨国务院行政机构的重要业务工作的组织协调任务

视频讲题

36. 为促进中国上海自由贸易示范区的发展，有关部门决定在上海市暂时停止实施《中华人民共和国国际海运条例》的部分规定，该决定应由哪个机关作出？（　　）（法考改编）

A. 上海市人民代表大会

B. 国务院

C. 上海市人民政府

D. 全国人大常委会

视频讲题

37. 2021年2月，国务院议事协调机构国务院扶贫开发领导小组改组为国务院直属机构国家乡村振兴局。下列哪个选项是正确的？（　　）（法考改编）

A. 国家乡村振兴局的设立由国务院决定

B. 国家乡村振兴局无权设立规章

C. 国务院扶贫开发领导小组有独立的人员编制

D. 国务院扶贫开发领导小组主管特定业务，行使行政管理职能

38. 根据《宪法》的规定，在全国人大闭会期间，全国人大常委会依法无权更换下列哪个人选？（　　）

A. 国务委员　　B. 各部部长

C. 秘书长　　D. 各委员会主任

39. 2021年3月20日由国家市场监督管理总局局长和生态环境部部长共同签署的《机动车排放召回管理规定》公布了，该规定自2021年7月1日起施行，该规定为国家市场监督管理总局第40号令。关于该规定，下列哪一选项是正确的？（　　）（法考改编）

A. 该规定的解释主体为国家市场监督管理总局

B. 该规定须在国务院公报上刊载

C. 公民若认为该规章违反法律规定，可以向国务院书面提出审查的建议

D. 审议该规定草案时，须由起草单位作说明

40. 关于中央军委，依据《宪法》的规定，下列表述中不正确的是（　　）。

A. 中央军委领导全国的武装力量

B. 中央军委对最高国家权力机关负责

C. 中央军委主席每届任期5年

D. 中央军委不设秘书长职务

41. 下列选项中，哪个不是国务院常务会议的组成人员？（　　）

A. 副总理　　B. 国务委员

C. 秘书长　　D. 审计长

42. 全国人民代表大会任期届满的（　　）以前，全国人大常委会必须完成下届全国人民代表大会代表的选举。

A. 1个月　　B. 2个月

C. 3个月　　D. 6个月

43. 根据我国《宪法》和有关法律的规定，下列有关全国人民代表大会专门委员会的表述哪一项是正确的？（　　）

A. 全国人民代表大会专门委员会是最高国家权力机关的非常设机关

B. 全国人民代表大会专门委员会负责审议与其职权有关的法律草案

C. 全国人民代表大会专门委员会的组成人选，由主席团在代表中提名，大会通过

D. 全国人民代表大会专门委员会只能审议全国人民代表大会主席团交付的议案

44. 依据《宪法》的规定，国务院总理由（　　）。

A. 全国人民代表大会选举

B. 中华人民共和国主席决定

C. 中华人民共和国主席提名，全国人民代表大会决定

D. 中华人民共和国主席推举，全国人民代表大会选举

45. 2022 年 3 月 11 日，全国人大修订通过的《中华人民共和国地方各级人民代表大会和地方各级人民政府组织法》规定了“协同立法”制度。关于协同立法，下列说法错误的是哪一项？（　　）（法考改编）

A. 省、自治区、直辖市和设区的市、自治州人大及其常委会可以开展区域协同立法

B. 经省级人大常委会批准，县级人大及其常委会可以开展区域协同立法

C. 全国人大常委会应当要加强对地方协同立法的监督和指导

D. 协同立法有助于避免地方保护主义，形成全国统一大市场

视频讲题

46. 根据我国宪法，中国特色社会主义最本质的特征（　　）。（考研）

A. 社会主义公有制　　B. 中国共产党领导

C. 全面依法治国　　D. 人民代表大会

47. 根据我国宪法和法律，下列关于监察委员会的表述，不正确的是（　　）。（考研）

A. 国家监察委员会是最高监察机关

B. 上级监察委员会监督下级监察委员会的工作

C. 各级监察委员会是行使国家监察职能的专责机关

D. 监察委员会依法独立行使监察权，不受行政机关、社会团体和个人的干涉

48. 下列关于香港特别行政区立法会议员的表述，正确的是（　　）。（考研）

A. 立法会议员在就职时必须依法宣誓

B. 行政长官有权任命部分立法会议员

C. 立法会主席由立法会议员互选产生，由全国人大常委会任命

D. 立法会议员只能由香港特别行政区永久性居民中的中国公民担任

49. 关于香港特别行政区司法机关，下列表述正确的是（　　）。（考研）

A. 香港特别行政区法院由普通法院和行政法院组成

B. 香港特别行政区法院对国防等国家行为无管辖权

C. 香港特别行政区终审法院受最高人民法院监督

D. 香港特别行政区法院的法官必须是特别行政区永久性居民中的中国公民

50. 关于我国专门人民法院，下列说法正确的是（　　）。（考研）

A. 知识产权法院的设立由全国人大常委会决定

B. 中国人民解放军法院院长由中央军事委员会任命

C. 海事法院负责审理海事和海商领域的刑事和民事案件

D. 我国设立专门的行政法院以保障行政案件的独立公正审理

51. 合宪性审查是加强我国宪法实施和监督的重要制度。下列选项中，不属于合宪性审查对象的是（　　）。（考研）

A. 单行条例　　B. 地方性法规

C. 行政法规　　D. 村规民约

（二）多项选择题

1. 关于全国人大的职权，下列哪些说法是正确的？（　　）（法考改编）

A. 选举国家主席、副主席

B. 选举国务院总理、副总理

C. 选举最高人民法院院长、最高人民检察院检察长

D. 决定特别行政区的设立与建置

2. 下列对全面依法治国工作重要环节的说法中，哪些选项是正确的？（　　）（法考改编）

A. 健全法律法规规章起草征求人大代表意见制度，增加代表列席常委会会议人数

B. 政府建立所有决策终身责任追究制度及责任倒

查机制

C. 减少多头执法，减少市县两级政府执法队伍种类

D. 加强和规范司法解释和案例指导，统一法律适用标准

3. 根据特别行政区基本法，下列关于特别行政区的表述，正确的有（　　）。(考研)

A. 特别行政区基本法是全国人大制定的法律

B. 特别行政区行政长官在当地通过选举或协商产生，由中央人民政府任命

C. 与特别行政区有关的外交事务由中央人民政府负责管理

D. 特别行政区立法机关制定的法律须报全国人大常委会备案

4. 根据《全国人民代表大会常务委员会关于国家监察委员会制定监察法规的决定》，国家监察委员会制定了《中华人民共和国监察法实施条例》。关于该条例的说法正确的是（　　）。(法考改编)

A. 全国人民代表大会常务委员会公布

B. 可以对监察法变通

C. 效力相当于行政法规

D. 应报全国人民代表大会常务委员会备案

5. 关于四川省某自治州和上级国家机关的关系，下列表述正确的有（　　）。(考研)

A. 该自治州州长由四川省人民政府任命

B. 四川省人大有权为该自治州制定自治条例

C. 该自治州单行条例由四川省人大常委会批准后生效

D. 该自治州单行条例可以对四川省人大制定的地方性法规作出变通规定

6.《宪法》规定，中央军事委员会由以下人员组成（　　）。

A. 中央军委主席　　B. 中央军委副主席
C. 中央军委委员　　D. 中央军委秘书长

7. 根据《宪法》和《立法法》的规定，关于法律案的审议，下列哪些选项是正确的？（　　）(法考改编)

A. 列入全国人大会议议程的法律案，由法律委员会根据各代表团和有关专门委员会的审议意见，对法律案进行统一审议，向主席团提出审议结果报告和法律草案修改稿

B. 列入全国人大会议议程的法律案，在交付表决前，提案人要求撤回的，应说明理由，经主席团同意并向大会报告，对法律案的审议即行终止

C. 列入全国人大常委会会议议程的法律案，因调整事项较为单一，各方面意见比较一致的，也可经一次常委会会议审议即交付表决

D. 列入全国人大常委会会议议程的法律案，因暂不付表决经过两年没有再次列入常委会会议议程审议的，由委员长会议向常委会报告，该法律案终止审议

8. 我国的民族自治机关包括（　　）。

A. 人民代表大会　　B. 人民政府
C. 人民法院　　D. 人民检察院

9. 国家实行审计监督制度。为加强国家的审计监督，全国人大常委会于1994年通过了《审计法》，并于2006年进行了修正。关于审计监督制度，下列哪些理解是正确的？（　　）

A.《审计法》的制定与执行是在实施宪法的相关规定

B. 地方各级审计机关对本级人大常委会和上一级审计机关负责

C. 国务院各部门和地方各级政府的财政收支应当依法接受审计监督

D. 国有的金融机构和企业事业组织的财务收支应当依法接受审计监督

10. 依据澳门基本法的规定，担任行政长官须具备以下哪些条件？（　　）

A. 年满40周岁

B. 在澳门连续居住满20年

C. 永久性居民

D. 在外国无居留权

11. A省某自治州人大选举产生人大常委会主任甲、州长乙、监察委主任丙、中级法院院长丁、检察院检察长戊。关于上述人事安排下列选项正确的是哪些？（　　）(法考改编)

A. 甲必须由实行区域自治的民族的公民担任

B. 乙必须由实行区域自治的民族的公民担任

C. 丁必须由实行区域自治的民族的公民担任

D. 戊的任职还须由省检察院检察长报省人大常委会批准

12. 根据现行《宪法》的规定，全国人大常委会有权（　　）。

A. 修改宪法　　B. 解释宪法

C. 监督宪法实施　　D. 提出宪法修正案

13. 某设区的市的市政府依法制定了《关于加强历史文化保护的决定》。关于该决定，下列哪些选项是正确的？（　　）（法考改编）

A. 市人大常委会认为该决定不适当，可以提请上级人大常委会撤销

B. 法院在审理案件时发现该决定与上位法不一致，可以作出合法性解释

C. 与文化部有关文化保护的规定具有同等效力，在各自的权限范围内施行

D. 与文化部有关文化保护的规定之间对同一事项的规定不一致时，由国务院裁决

14. 甲市政府对某行政事业性收费项目的依据和标准迟迟未予公布，社会各界意见较大。关于这一问题的表述，下列哪些选项是正确的？（　　）（法考改编）

A. 市政府应当主动公开该收费项目的依据和标准

B. 市政府可向市人大常委会要求就该类事项作专项工作报告

C. 市人大常委会组成人员可依法向常委会书面提出针对市政府不公开信息的质询案

D. 市人大举行会议时，市人大代表可依法书面提出针对市政府不公开信息的质询案

15. 根据现行宪法，下列选项中，属于国务院职权的有（　　）。（考研）

A. 领导和管理国防建设事业

B. 领导和管理经济工作和城乡建设、生态文明建设

C. 决定同外国缔结的条约和重要协定的批准和废除

D. 改变或撤销地方各级国家行政机关的不适当的决定或命令

16. 根据《宪法》和法律的规定，关于国家机构，下列哪些选项是正确的？（　　）（法考改编）

A. 全国人民代表大会代表应当同原选举单位和人民保持密切联系，可以列席原选举单位的人民代表大会会议

B. 中央军事委员会实行主席负责制

C. 地方各级审计机关依法独立行使审计监督权，对上一级审计机关负责

D. 市辖区的政府经本级人大批准可设立若干街道办事处，作为派出机关

17. 依据《宪法》的规定，下列哪些人员连续任职不得超过两届？（　　）

A. 总理　　B. 副总理

C. 国务委员　　D. 秘书长

18. 我国《宪法》未明确列举出来的专门法院包括（　　）。

A. 军事法院　　B. 知识产权法院

C. 海事法院　　D. 森林法院

19. 我国的国家机构包括（　　）。

A. 人民代表大会

B. 中国人民政治协商会议

C. 人民法院

D. 人民检察院

20. 河南省人民代表大会举行会议时，代表 10 人以上联名可以书面提出质询案的对象包括（　　）。

A. 河南省人民政府　　B. 河南省教育厅

C. 河南省高级人民法院　D. 河南省人民检察院

21. A 市 B 县人民检察院检察长王某欲辞去检察长职务，则（　　）。

A. 向 B 县人民代表大会提出辞职，由大会决定是否接受辞职

B. B 县人民代表大会闭会期间，可以向 B 县人大常委会提出辞职，由常委会决定是否接受辞职；如接受辞职，须报 B 县人民代表大会备案

C. 王某的辞职须经 A 市人民检察院检察长提请 A 市人民代表大会常务委员会批准

D. 向 B 县人民政府提出辞职

22. 根据《宪法》和法律的规定，关于自治和自治权，下列哪些选项是正确的？（　　）（法考改编）

A. 特别行政区依照法律规定实行高度自治，享有行政管理权、立法权、独立的司法权和终审权

B. 民族区域自治地方的法院依法行使自治权

C. 民族乡依法享有一定的自治权

D. 村民委员会是基层群众性自治组织

23. 根据《宪法》和法律的规定，下列选项中表述错误的有（　　）。

A. 上级人民法院领导下级人民法院的工作

B. 上级人大常委会领导下级人大常委会的工作

C. 上级人民检察院领导下级人民检察院的工作

D. 上级人民政府领导下级人民政府的工作

24. 根据《地方各级人民代表大会和地方各级人民

政府组织法》的规定，下列选项中谁可以提出副省长的人选？（　　）

A. 省长

B. 本级人大主席团

C. 本级人大代表 30 人以上联名

D. 本级人大代表 10 人以上联名

25. 地方各级人民政府的派出机关是（　　）。

A. 行政公署

B. 居民委员会、村民委员会

C. 街道办事处

D. 区公所

26. 根据《香港特别行政区基本法》和《澳门特别行政区基本法》的规定，下列哪些选项是正确的？（　　）（法考改编）

A. 对世界各国或各地区的人入境、逗留和离境，特别行政区政府可以实行入境管制

B. 特别行政区行政长官依照法定程序任免各级法院法官、任免检察官

C. 香港特别行政区立法会议员因行为不检或违反誓言而经出席会议的议员 2/3 通过谴责，由立法会主席宣告其丧失立法会议员资格

D. 基本法的解释权属于全国人大常委会

27. 根据《立法法》的规定，下列哪些选项是不正确的？（　　）（法考改编）

A. 国务院和地方各级政府可以向全国人大常委会提出法律解释的要求

B. 经授权，行政法规可设定限制公民人身自由的强制措施

C. 专门委员会审议法律案的时候，应邀请提案人列席会议，听取其意见

D. 地方各级人大有权撤销本级政府制定的不适当的规章

28. 根据《宪法》和法律的规定，审计机关的监督对象包括（　　）。

A. 国务院各部门的财政支出

B. 地方各级政府的财政支出

C. 国家财政金融机构的财政收支

D. 企事业组织的财务收支

29. 根据《宪法》和法律的规定，关于民族区域自治制度，下列哪些选项是正确的？（　　）（法考改编）

A. 民族自治地方法院的审判工作，受最高人民法院和上级法院监督

B. 民族自治地方的政府首长由实行区域自治的民族的公民担任，实行首长负责制

C. 民族自治区的自治条例和单行条例报全国人大批准后生效

D. 民族自治地方自主决定本地区人口政策，不实行计划生育

30. 依据《宪法》和法律的规定，下列哪些事项只能制定为法律？（　　）

A. 犯罪与刑罚

B. 对公民政治权利的剥夺

C. 限制人身自由的强制措施和处罚

D. 司法制度

31. 依据《宪法》和法律的规定，由国家主席签署主席令公布的规范性文件包括（　　）。

A. 宪法修正案

B. 全国人民代表大会通过的法律

C. 全国人大常委会通过的法律

D. 国务院通过的行政法规

32. 关于我国司法制度，下列说法正确的是（　　）。（法考改编）

A. 两审终审、人民陪审员、审判公开都是我国的审判制度

B. 基层法院除审判案件外，还需要指导人民调解委员会的业务

C. 检察机关有权实行立案监督、侦查监督、审判监督，以实现对诉讼活动的法律监督

D. 检察官独立不同于法官独立，下级检察院要服从上级检察院的领导

33. 根据《立法法》，关于规范性文件的备案审查制度，下列哪些选项是正确的？（　　）（法考改编）

A. 全国人大有关的专门委员会可对报送备案的规范性文件进行主动审查

B. 自治县人大制定的自治条例与单行条例应按程序报全国人大常委会和国务院备案

C. 设区的市市政府制定的规章应报本级人大常委会、市所在的省级人大常委会和政府、国务院备案

D. 全国人大法律委员会经审查认为地方性法规同宪法相抵触而制定机关不予修改的，应向委员长会议提出予以撤销的议案或者建议

34. 某村村委会未经村民会议讨论，制定了土地承

包经营方案，侵害了村民的合法权益，引发了村民的强烈不满。根据《村民委员会组织法》的规定，下列哪些做法是正确的？（　　）（法考改编）

A. 村民会议有权撤销该方案

B. 由该村所在地的乡镇级政府责令改正

C. 受侵害的村民可以申请法院予以撤销

D. 村民代表可以就此联名提出罢免村委会成员的要求

（三）不定项选择题

1. 根据我国宪法和法律，下列关于最高人民法院的表述，正确的是（　　）。（考研）

A. 最高人民法院领导各级人民法院的审判工作

B. 互联网法院的上诉案件，由最高人民法院管辖

C. 最高人民法院可以设巡回法庭，审理最高人民法院依法确定的案件

D. 高级人民法院院长的任免，由最高人民法院院长提请全国人大常委会批准

2. 地方各级人民政府所属工作部门受（　　）领导。

A. 本级人民政府

B. 本级人民代表大会

C. 本级人民代表大会及其常务委员会

D. 上级人民政府主管部门

3. 关于全国人大及其常委会的授权立法，下列表述正确的是（　　）。（考研）

A. 有关犯罪和刑罚的事项可以被授权立法

B. 授权期限不得超过5年，且不得继续授权

C. 被授权机关在必要时，可以将被授予的权力转授给其他机关

D. 授权立法事项在条件成熟时，由全国人大及其常委会及时制定法律

4. 设立工作部门的地方人民政府包括（　　）。

A. 省、自治区、直辖市人民政府

B. 自治州、自治县人民政府

C. 市辖区人民政府

D. 乡人民政府

5. 根据现行《宪法》的规定，国家主席行使下列哪些职权，需要根据全国人大或全国人大常委会的决定？（　　）

A. 代表国家接受外国使节

B. 授予勋章和荣誉称号

C. 任免国务院副总理

D. 进行国事活动

6. 民族自治地方的人民代表大会有权按照当地民族的政治、经济和文化的特点制定（　　）。

A. 地方性法规　　B. 自治条例

C. 单行条例　　D. 行政法规

7. 地方各级人民法院对（　　）负责。

A. 上级人民法院

B. 本级人民代表大会

C. 本级人民代表大会常务委员会

D. 本级人民政府

8. 人民法院依照法律规定独立行使审判权，不受（　　）的干涉。

A. 权力机关　　B. 行政机关

C. 社会团体　　D. 个人

9. 根据《宪法》和法律的规定，关于国家机关组织和职权，下列选项正确的是（　　）。（法考改编）

A. 全国人民代表大会修改宪法、解释宪法、监督宪法的实施

B. 国务院依照法律规定决定省、自治区、直辖市的范围内部分地区进入紧急状态

C. 省、自治区、直辖市政府在必要的时候，经国务院批准，可以设立若干派出机构

D. 地方各级检察院对产生它的国家权力机关和上级检察院负责

10. 各级人民检察院由（　　）组成。

A. 检察长一人

B. 副检察长若干人

C. 检察委员会委员若干人

D. 检察员若干人

11. 担任各级人民法院法官需要具备的条件包括（　　）。

A. 年满18周岁

B. 年满23周岁

C. 初任法官应当通过国家统一法律职业资格考试取得法律职业资格

D. 是中华人民共和国公民

12. 下列关于我国居民委员会的表述，正确的是（　　）。（考研）

A. 居民委员会是一级政权机关

B. 居民委员会每届任期5年，其成员不可连选连任

C. 居民委员会须接受基层人民政府的领导

D. 居民委员会中从事管理的人员受监察机关的监察

13. 国家主席除提名国务院总理、代表国家进行国事活动、接受外国使节外，行使其他职权必须根据（　　）。

A. 国务院的决定

B. 全国人大的决定

C. 全国人大常委会的决定

D. 中共中央的决定

14. 我国《宪法》第 2 条明确规定："人民行使国家权力的机关是全国人民代表大会和地方各级人民代表大会。"关于全国人大和地方各级人大，下列选项正确的是（　　）。(法考改编)

A. 全国人大代表全国人民统一行使国家权力

B. 全国人大和地方各级人大是领导与被领导的关系

C. 全国人大在国家机构体系中居于最高地位，不受任何其他国家机关的监督

D. 地方各级人大设立常务委员会，由主任、副主任若干人和委员若干人组成

15. 我国现行《宪法》规定，全国人大常委会的组成人员中，应当有适当名额的（　　）。

A. 华侨代表　　　B. 妇女代表

C. 军队代表　　　D. 少数民族代表

16. 当选国家主席、副主席需要具备的条件是（　　）。

A. 年满 45 周岁

B. 有选举权和被选举权

C. 是全国人大代表

D. 具有中华人民共和国国籍

17. 在全国人大常委会举行会议期间，下列机构可以提出议案的是（　　）。

A. 全国人大各专门委员会

B. 国家主席

C. 国务院

D. 最高人民法院

18. 全国人大常委会的组成人员不得兼任的职务是（　　）。

A. 国务院副总理

B. 最高人民法院副院长

C. 最高人民检察院副检察长

D. 民主党派负责人

19. 全国人大代表在全国人大闭会期间非经（　　）许可，不受逮捕或者刑事审判。

A. 最高人民检察院

B. 最高人民法院

C. 全国人大会议主席团

D. 全国人大常委会

20. 全国人大认为全国人大常委会的决定不适当，有权（　　）。

A. 宣布无效　　　B. 撤销

C. 拒绝适用　　　D. 改变

21. 人民代表大会制度是我国的根本政治制度。关于人民代表大会制度，下列表述正确的是（　　）。(法考改编)

A. 国家的一切权力属于人民，这是人民代表大会制度的核心内容和根本准则

B. 各级人大都由民主选举产生，对人民负责，受人民监督

C. "一府一委两院"都由人大产生，对它负责，受它监督

D. 人民代表大会制度是实现社会主义民主的唯一形式

22. 根据现行《宪法》和法律的规定，下列关于地方各级人民代表大会会议的哪些说法是不正确的？（　　）

A. 地方各级人民代表大会会议每年只能举行一次

B. 民族乡、镇的人民代表大会举行会议时，选举主席团

C. 地方各级人民代表大会每次会议举行预备会议，预备会议由本级人民代表大会常委会主持

D. 县级以上地方人大常委会可以提议召开地方人大的临时会议

23. 根据《地方组织法》的规定，关于地方各级人民政府工作部门的设立，下列选项正确的是（　　）。(法考改编)

A. 县人民政府设立审计机关

B. 县人民政府工作部门的设立、增加、减少或者合并由县人大批准，并报上一级人民政府备案

C. 县人民政府在必要时，经上级人民政府批准，可以设立若干区公所作为派出机关

D. 县人民政府的工作部门受县人民政府统一领导，并且依照法律或者行政法规的规定受上级人民政府主管部门的业务指导或者领导

24. 国家市场监督管理总局是国务院直属机构，关于该机构，下列说法是正确的是(　　)。(法考改编)

A. 国家市场监督管理总局无权设定规章

B. 国家市场监督管理总局应单独确定编制

C. 国家市场监督管理总局的设立由国务院决定

D. 国家市场监督管理总局主管特定事务

25. 下列有关省人民政府的职权和责任体制的论述，表述错误的有（　　）。

A. 省人民政府有权变通执行国家的政策

B. 省人民政府可以根据法律、政府法规和本省的地方性法规，制定地方性规章，报本级人大常委会和全国人大常委会批准后生效

C. 省人民政府对本级人大及其常委会负责，并向全国人大及其常委会报告工作

D. 省人民政府受国务院统一领导，服从国务院，对国务院负责并报告工作

26. 根据《宪法》和法律的规定，下列哪些主体制定的规范性文件应报国务院备案？(　　)(考研)

A. 自治区人大制定的地方性法规

B. 中央军委制定的军事法规

C. 国务院各部门制定的部门规章

D. 自治州人大制定的自治条例

27. 根据《宪法》和法律的规定，下列选项中，由国家主席签署主席令公布的规范性文件包括（　　）。(考研)

A. 宪法修正案

B. 全国人大制定的基本法律

C. 全国人大常委会制定的普通法律

D. 特别行政区立法会制定的法律

28. 下列关于我国审计机关的说法中，正确的有(　　)。(地方公务员考试)

A. 县级以上的地方各级人民政府设立审计机关

B. 审计机关实行省级以下垂直管理

C. 地方各级审计机关依照法律规定独立行使审计监督权

D. 审计机关对本级人民政府和上一级审计机关负责

29. 下列哪些选项属于国务院组成部门？(　　)(法考改编)

A. 国家民族事务委员会

B. 中国证券监督管理委员会

C. 国有资产监督管理委员会

D. 审计署

简答题

1. 简述国家机构的基本特点。

2. 简述全国人民代表大会的性质和地位。

3. 民族自治机关的职权有哪些？

4. 简述全国人大常委会重大事项决定权的主要表现。

5. 全国人民代表大会对国家机构组成人员的选举、决定和罢免权包括哪些内容？

6. 简述中华人民共和国主席的职权及基本特点。(考研)

7. 简述全国人大代表执行代表职务的保障措施。(考研)

8. 简述我国人民法院的审判工作原则和制度。

9. 怎样理解国务院的性质和地位？

10. 中央军事委员会的性质、地位和领导体制是什么？

11. 简述香港特别行政区行政长官的地位和职权。

12. 新中国成立以来，我国检察机关领导体制有哪些变动？

13.《宪法》和法律对民族自治地方的自治机关的民族构成有何规定？

14.《村民委员会组织法》从哪些方面完善了选举制度？

15. 简述全国人大专门委员会的性质和地位。(考研)

16. 什么是责任制原则？我国《宪法》对此是如何规定的？意义如何？(考研)

17. 1982 年《宪法》主要从哪几个方面对国家机构进行了重大改革？

18. 简述人民检察院的工作原则。

19. 简述人民检察院的人员任免。

20. 居民委员会的任务是什么？

21. 简述居民委员会与不设区的市、市辖区或者它的派出机关的关系。

22. 村民委员会的任务是什么？

23. 简述香港特别行政区立法会的职权。

24. 人民法院、人民检察院、公安机关在办理刑事

案件中分工负责、互相配合、互相制约的原则具体表现在哪些方面？

25. 简述民族自治地方自主管理财政的权力。

26. 简述罢免村民委员会成员的程序。

27. 地方各级人民代表大会代表享有的权利有哪些？

28. 简述向地方各级人民代表大会提出议案的主体和处理程序。

29. 简述地方各级人民代表大会的性质和地位。

30. 简述全国人大常委会进行合宪性审查的程序。（考研）

31. 哪些国家机关有权制定地方性法规？其制定程序如何？（考研）

案例分析题

1. 郭某被乡人民代表大会选举为乡长，在任职 8 个月后，突然接到县委组织部的调令，令其接通知后立即赴县商务局就任局长。当地老百姓对此评价说："千万张选票不如一纸调令。"请你运用有关宪法和组织法方面的知识，对此进行分析。

2. 某市人民政府为筹措公路建设资金，加快市区街道改造步伐，发布了《关于营运性出租车收费问题的规定》。该规定要求，一切营运性出租车必须向交通部门缴纳道路建设费、增容费 200 元，逾期不交者将追究法律责任。作为该市出租车司机的赵某认为，该规定属于乱摊派的范围，因而请求人民法院依据《宪法》和法律撤销这一规定。人民法院则认为，该规定属于市政府的行政规定，法院不能受理此案，并告知赵某向省政府和省人大反映情况。赵某则认为法院不履行职责，不公正，因而一定要法院受理此案。请运用有关《宪法》和法律知识，对此案进行分析。

3. 2024 年新修订的《国务院组织法》第 8 条明确了国务院各类会议的主要任务。请回答：

我国《宪法》和《国务院组织法》中规定的国务院会议的形式有哪几种？

4. 2012 年 8 月 28 日，最高人民法院公布《最高人民法院关于军事法院管辖民事案件若干问题的规定》，规定了军事法院管辖涉军队的民事案件的具体范围，以及军事法院对民事案件进行管辖的若干原则和制度。请回答：

（1）军事法院能否办理民事案件？

（2）最高人民法院能否决定军事法院的管辖范围？

（3）针对最高人民法院的规定，全国人大常委会应该如何处置？

5. 为加强城市交通管理，某设区的市的人大常委会出台了《城市交通安全管理条例》。该条例规定，出行高峰禁止外地电动车行驶，如违反，将扣押电动车并托运回原籍。外地来该城市务工人员张某认为该规定同宪法法律相抵触，向全国人大常委会提出审查建议。结合上述材料，根据我国宪法和法律，回答下列问题：（考研）

（1）该条例公布后，应如何备案？

（2）全国人大常委会收到张某的审查建议后，应如何处理？

论述题与深度思考题

1. 试述总理负责制。

2. 评析人民法院向人大报告工作的制度。

3. 论述我国中央与特别行政区的关系。（考研）

4. 比较人民政府与人民检察院的领导体制。（考研）

5.《立法法》对军事法规、军事规章是如何规定的？学术界对于中央军委的立法权限是如何认识的？

6. 学术界对于授权立法的位阶有哪些不同观点？

7. 我国国家元首属于单一元首还是集体元首？

参考答案

名词解释和概念比较

1. 国家机构是国家存在的物质形式，是实现国家职能的组织体系，是国家机关的总和。

2. 民主集中制是指导我国政治生活的主要原则，也是我国国家机构组织活动的基本原则。把民主集中制作为国家机构组织活动的原则，主要体现了两方面含义：一方面，国家机构建立在充分民主的基础之上，国家机关对国家重大问题的决定，对国家重大事务的管理，必须符合广大人民群众的利益和要求；另一方面，国家机构又在民主的基础上进行集中，形成正确的决定，集中处理国家事务，带领广大人民群众为共同的目标而奋斗。

3.

自治条例	单行条例
自治条例是指民族自治地方的人民代表大会依照《宪法》和《民族区域自治法》的规定制定的关于民族自治地方的自治机关的组织、活动原则，自治机关的自治权以及自治地方经济、文化重大事项的全面性的规范性文件	单行条例是指民族自治地方的人民代表大会依照当地民族的政治、经济和文化特点制定的有关社会生活某一方面具体事项的规范性文件

4.

村民委员会	居民委员会
村民委员会是村民自我管理、自我教育、自我服务的基层群众性自治组织	居民委员会是居民自我管理、自我教育、自我服务的基层群众性自治组织

5. 立法权是指有权的国家机关依照法定程序制定、修改、补充和废止法律的权力。

6. 民族自治权是指民族自治地方的自治机关依照《宪法》《民族区域自治法》和其他法律的规定，根据本地方的实际情况自主地管理本地方、本民族内部事务的权力。

7.

香港特别行政区行政长官	澳门特别行政区行政长官
香港特别行政区行政长官是香港特别行政区的首长，代表香港特别行政区，依照基本法的规定对中央人民政府和香港特别行政区负责	澳门特别行政区行政长官是澳门特别行政区的首长，代表澳门特别行政区，依照基本法的规定对中央人民政府和澳门特别行政区负责
行政长官由年满 40 周岁，在香港通常居住连续满 20 年并在外国无居留权的香港特别行政区永久性居民中的中国公民担任，在当地通过选举或协商产生，由中央人民政府任命。行政长官任期 5 年，可连任一次	行政长官由年满 40 周岁，在澳门通常居住连续满 20 年的澳门特别行政区永久性居民中的中国公民担任，在当地通过选举或协商产生，由中央人民政府任命。行政长官任期 5 年，可连任一次

8. 香港特别行政区立法会是香港特别行政区的立法机关，其主席由立法会议员互选产生，行使下列职权：主持会议；决定议程，政府提出的议案须优先列入议程；决定开会时间；在休会期间可召开特别会议；应行政长官的要求召开紧急会议；立法会议事规则所规定的其他职权。

9. 根据《地方各级人民代表大会和地方各级人民政府组织法》第 14 条的规定，乡、民族乡、镇的人民代表大会设主席，并可以设副主席一人至两人。主席、副主席由本级人民代表大会从代表中选出，任期同本级人民代表大会每届任期相同。乡、民族乡、镇的人民代表大会主席、副主席不得担任国家行政机关的职务；如果担任国家行政机关的职务，必须向本级人民代表大会辞去主席、副主席的职务。乡、民族乡、镇的人民代表大会主席、副主席在本级人民代表大会闭会期间负责联系本级人民代表大会代表，根据主席团的安排组织代表开展活动，反映代表和群众对本级人民政府工作的建议、批评和意见，并负责处理主席团的日常工作。

10. 人民检察院是国家法律监督机关。人民检察院内部由检察长统一领导检察院的工作。最高人民检察院检察长统一领导最高人民检察院的工作。最高人民检察院检察长由全国人民代表大会选举和罢免，任期为 5 年，连续任职不得超过两届。最高人民检察院副检察长、检察委员会委员和检察员由最高人民检察院检察长提请全国人民代表大会常委会任免。

11. 国务院由总理、副总理、国务委员、各部部长、各委员会主任、审计长、秘书长组成。国务院实行总理负责制。总理领导国务院的工作。副总理、国务委员协助总理工作。国务委员受总理委托，负责某些方面的工作或者专项任务，并且可以代表国务院进行外事活动。

12. 民族乡是我国农村的基层行政区域，在少数民族聚居的乡，建立民族乡，设立人民代表大会和人民政府，是基层政权的组成部分。但是，民族乡不是民族自治地方，不享有民族自治权。

13. 行政公署亦称行署或地区，是我国省、自治区的人民政府在必要时经国务院批准设立的派出机关。它不是一级政府。

14. 质询是我国国家权力机关行使监督权的一种重要形式，是对受监督的机关提出问题，进行质问，令其就采取的政策、措施及其后果作出答复，并承担相应责任的一种制度。

15. 总理负责制是指国务院总理对国务院的工作负全部责任，同时对国务院的工作有完全的决定权。

选择题

（一）单项选择题

1. 答案 D

专门委员会是全国人大的辅助性的工作机构，是从代表中选举产生的、按照专业分工的工作机关；在全国人大闭会期间，根据全国人大常委会的要求进行经常性工作。它受全国人大或者其常委会的领导，故D说法正确。由于专门委员会只有提案权和审议权，并没有决定权，虽然它也作出决议，但这种决议必须经过全国人大或者全国人大常委会审议通过之后，才具有等同于国家权力机关所作的决定的效力。故A项说法错误。各委员会由主任1人、副主任和委员若干人组成。各委员会的人选由全国人民代表大会主席团在代表中提名，由大会表决决定。在全国人大闭会期间，全国人大常委会可以任免专门委员会的副主任委员和委员，由委员长会议提名，常委会会议表决通过。故B项说法错误。全国人大各专门委员会每届任期与全国人大的任期相同，即5年。而特定问题调查委员会是临时性机构，并没有任期的规定。故C项说法错误。本题答案为D。

2. 答案A

选项A涉及特区与中央政府的权力分配：根据《澳门特别行政区基本法》第104条的规定，澳门保持财政独立；澳门财政收入全部由澳门自行支配，不上缴中央人民政府；中央人民政府不在澳门征税。据此，A选项正确。选项B错误：根据《澳门特别行政区基本法》第77条的规定，澳门立法会举行会议的法定人数为不少于全体议员的1/2，除本法另有规定外，立法会的法案、议案由全体议员过半数通过，而不是2/3。选项C错误：根据《香港特别行政区基本法》第67条的规定，香港特别行政区立法会由在外国无居留权的香港特别行政区永久性居民中的中国公民组成；但非中国籍的香港特别行政区永久性居民和在外国有居留权的香港特别行政区永久性居民也可以当选为香港特别行政区立法会议员，其所占比例不得超过立法会全体议员的20%。因此，非中国国籍的香港特别行政区永久性居民也有当选为立法会议员的可能，只是在总体数额上作了一些限定而已。选项D错误：虽然廉政公署独立工作，不受其他政府部门的干预，但其要对行政长官而非立法会负责。

3. 答案B

自治州、自治县的自治条例和单行条例，报省或者自治区的人民代表大会常务委员会批准后生效，并报全国人民代表大会常务委员会备案。

4. 答案D

根据《香港特别行政区基本法》第17条第2款和《澳门特别行政区基本法》第17条第2款的规定，特别行政区的立法机关制定的法律须报全国人民代表大会常务委员会备案。备案不影响该法律的生效。

5. 答案C

根据《香港特别行政区基本法》第17条和《澳门特别行政区基本法》第17条的规定，全国人大常委会在征询其所属的特别行政区基本法委员会的意见后，如认为特别行政区立法机关制定的任何法律不符合基本法关于中央管理的事务及中央和特别行政区的关系的条款，可将有关法律发回，但不作修改。经全国人大常委会发回的法律立即失效。该法律的失效，除特别行政区的法律另有规定外，无溯及力。

6. 答案D

在我国，民族自治机关是国家的一级地方政权机关，因此，要行使一般地方国家机关的职权；同时，依据《宪法》和《民族区域自治法》的规定，民族自治机关享有自治权。民族自治地方行使自治权的国家机关是人民代表大会和人民政府，没有法院和检察院，因此，A项说法错误。自治州人民政府根据《立法法》的规定，可以制定政府规章，但法律并没有规定可以作变通性规定。在我国，变通性规定只有两个：一是经济特区法规；二是自治条例和单行条例。但是，变通的对象只能是法律和行政法规，而不能是宪法，故B、C项说法错误。单行条例和自治条例的制定者是自治区、自治州和自治县。自治区的自治条例和单行条例，报全国人民代表大会常务委员会批准生效。自治州、自治县的自治条例和单行条例，报省或者自治区的人民代表大会常务委员会批准生效，并报全国人民代表大会常务委员会和国务院备案。故D项说法正确。本题答案为D。

7. 答案D

D选项错误：中央军委副主席由全国人大根据中央军委主席的提名决定产生，在全国人大闭会期间，也可以由全国人大常委会根据中央军委主席的提名任免。ABC选项均正确。同时提醒大家，在国家机关的体系中，一般行政机关和军事机关都是首长负责制，中央军委主席的任期每届5年，同时没有法律规定上的连选连任的限制（由宪法惯例约束）。

（1）选举产生：国家主席、副主席、中央军委主席、最高人民法院院长、最高人民检察院检察长、全国人大常委会组成人员（主席团提名，投票产生）。

（2）决定产生：①根据国家主席提名，决定国务院总理人选。②根据国务院总理提名，决定国务院其他组成人员（副总理、国务委员、部委行署正职、秘书长）。③根据中央军委主席的提名，决定中央军委其他组成人员。决定由国家主席公布。

8. 答案 D

《全国人民代表大会议事规则》第 60 条规定，会议表决议案采用无记名按表决器方式。如表决器系统在使用中发生故障，采用举手方式。宪法的修改，采用无记名投票方式表决。

9. 答案 C

代表资格审查委员会依法对当选代表是否符合宪法、法律规定的代表的基本条件，选举是否符合法律规定的程序，以及是否存在破坏选举和其他当选无效的违法行为进行审查，提出代表当选是否有效的意见，向本级人民代表大会常务委员会或者乡、民族乡、镇的人民代表大会主席团报告。故 A 选项错误。

常务委员会设立法制工作委员会、预算工作委员会和其他需要设立的工作委员会。工作委员会的主任、副主任和委员由委员长提请常务委员会任免，并不要求其从全国人大常委会组成人员中产生。故 B 选项错误。

全国人大设立民族委员会、宪法和法律委员会、监察和司法委员会、财政经济委员会、教育科学文化卫生委员会、外事委员会、华侨委员会、环境与资源保护委员会、农业与农村委员会、社会建设委员会和全国人民代表大会认为需要设立的其他专门委员会。结合上面分析，全国人大常委会工作机构并非根据全国人大专门委员会需要而分别对应设置。故 D 错误。

10. 答案 C

《宪法》第 64 条规定："宪法的修改，由全国人民代表大会常务委员会或者五分之一以上的全国人民代表大会代表提议，并由全国人民代表大会以全体代表的三分之二以上的多数通过。"

11. 答案 C

本题考核全国人民代表大会的代表团。选项 A 错误：《全国人民代表大会组织法》第 10 条规定，全国人民代表大会代表按照选举单位组成代表团。各代表团分别推选代表团团长、副团长，而不是由各代表团全体成员选举产生。选项 B 错误：《全国人民代表大会组织法》第 17 条规定，1 个代表团或者 30 名以上的代表联名，可以向全国人民代表大会提出属于全国人民代表大会职权范围内的议案。选项 C 正确：《全国人民代表大会组织法》第 20 条规定，全国人民代表大会主席团、3 个以上的代表团或者 1/10 以上的代表，可以提出对于全国人民代表大会常务委员会的组成人员，中华人民共和国主席、副主席，国务院和中央军事委员会的组成人员，国家监察委员会主任，最高人民法院院长和最高人民检察院检察长的罢免案，由主席团提请大会审议。选项 D 错误：《全国人民代表大会组织法》第 21 条规定，在全国人民代表大会会议期间，1 个代表团或者 30 名以上的代表联名，可以书面提出对国务院以及国务院各部门、国家监察委员会、最高人民法院、最高人民检察院的质询案。

12. 答案 B

A 选项错误：在特别行政区适用的全国性法律主要由基本法的附件三单独列明，这就意味着全国性的法律在特别行政区以适用为例外，以不适用为原则。

B 选项正确：根据《澳门特别行政区基本法》第 87 条的规定，"终审法院法官的任命和免职须报全国人民代表大会常务委员会备案"。

C 选项错误：澳门立法会制定的法案只需报全国人大常委会备案即可。

D 选项错误：《澳门特别行政区基本法》在澳门特别行政区具有最高的法律效力，其制定和修改主体为全国人大，因此其反映的是包括澳门特别行政区同胞在内的全国人民的意志。

13. 答案 C

特别行政区实行高度自治，享有行政管理权、立法权、独立的司法权和终审权以及发行货币等权力，但是国防、外交等权力由中央人民政府享有。

14. 答案 D

根据《宪法》第 81 条的规定，中华人民共和国主席根据全国人民代表大会常务委员会的决定，派遣和召回驻外全权代表。因此，该项正确答案为 D。

15. 答案 B

村委会属于基层群众自治组织，因此其职权上有相当的自主性，基层政府无法随意干预，其工作报告也不由乡政府审议通过，它需要向村民会议负责并报告工作，因此 A 选项错误。B 选项正确：村规民约由村民会议制定，无须乡政府批准，但需要向乡政府备案。村委会成员由村民直接选举产生，具体工作由选举委员会主持，因此如果遇到对选民名单有争议的情形，应当向选举委员会申诉反映情况，故C选项错误。D选项错误：村民委员会出缺的，可以由村民会议或者村民代表会议进行补选，而不是由乡政府任命新的成员。综上，本题答案为B。

16. 答案C

这道题有一定的迷惑性，容易在看到自治州以后就立马将题目中的法律文件定位于民族自治法规。但需要注意的是，民族自治法规的制定主体是民族自治地方的人大，并不包含其常委会（常委会不是自治机关），因此《关于加强本州湿地保护与利用的决定》在性质上属于由自治州人大常委会制定的地级市级别的地方性法规。明白这一点以后，这道题就会变得很简单了。A选项错误：自治州的地方性法规在经过省级人大常委会批准后，由自治州人大常委会发布公告进行公布。B选项错误：只有民族自治法规才有权根据民族特点对法律和行政法规进行变通，地方性法规无权变通。C选项正确：地级市级别的地方性法规需要经过省级人大常委会的批准后才能生效（事前的合法性审查）。D选项错误：地方性法规与部门规章矛盾时，先由国务院提出意见，国务院认为应当适用地方性法规的，直接适用地方性法规即可，国务院认为应当适用部门规章的，还应提交全国人大常委会作出最终裁决，因此国务院是没有最终决定权的。

17. 答案C

本题考查的是我国的派出机关。我国法律有关派出机关的规定是：县级以上地方各级人民政府可以根据工作需要，在一定区域内设立派出机关。

我国地方人民政府的派出机关主要有三种类型：省、自治区人民政府经国务院批准设立的行政公署；县、自治县人民政府经省、自治区、直辖市人民政府批准设立的区公所；市辖区、不设区的市人民政府经上一级人民政府批准设立的街道办事处。另外，市人民政府设立的经济技术开发区管理委员会也属于派出机关。此外需要注意的是，派出机关与派出机构的区别：派出机关是人民政府派出的国家行政机关，而派出机构是政府职能部门派出的从事某种专门职能的机构。

18. 答案A

根据《地方组织法》第33条的规定，县级以上的地方各级人民代表大会常务委员会组成人员、专门委员会组成人员和人民政府领导人员，监察委员会主任，人民法院院长，人民检察院检察长，可以向本级人民代表大会提出辞职，由大会决定是否接受辞职；大会闭会期间，可以向本级人民代表大会常务委员会提出辞职，由常务委员会决定是否接受辞职。常务委员会决定接受辞职后，报本级人民代表大会备案。人民检察院检察长的辞职，须报经上一级人民检察院检察长提请该级人民代表大会常务委员会批准。因此，赵某作为县法院院长，应该向同级县人大常委会提出辞职请求，由县人大常委会决定接受辞职。符合谁选举，谁罢免，向谁辞职的规律。故A项说法正确。而钱某的辞职首先要向同级县人大常委会提出，由县人大常委会决定接受辞职，并且报经上一级人民检察院检察长提请该级人民代表大会常务委员会批准。故B项说法不全面。根据《地方组织法》第50条第13项的规定，县级以上地方各级人大常委会在本级人代会闭会期间，在人民法院院长因故不能担任职务的时候，从本级人民法院副职领导人员中决定代理的人选。因此孙某出任代理院长由县人大常委会决定，无须上报县人大批准。故C项说法错误。根据《地方组织法》第50条第13项的规定，县级以上的地方各级人民代表大会常务委员会，在本级人民代表大会闭会期间，决定副省长、自治区副主席、副市长、副州长、副县长、副区长的个别任免；在省长、自治区主席、市长、州长、县长、区长和人民法院院长、人民检察院检察长因故不能担任职务的时候，从本级人民政府、人民法院、人民检察院副职领导人员中决定代理的人选；决定代理检察长，须报上一级人民检察院和人民代表大会常务委员会备案。故D项中，李某出任代理检察长由县人大常委会决定，须报上一级人民检察院和人民代表大会常务委员会备案而不是批准。故D项说法错误。本题答案为A。

19. 答案D

根据题干可知，宪法条文当然可以以说理的方式出现在裁判文书之中，故A选项错误。宪法作为公民行为的最高行为准则和公民权利的最高规范保障，当事人当然可以援引宪法保障自身权利，故B选项错误。宪法是其他一切法律规范的最高渊源，依据其他法律规范作出的生效判决同样不得违反宪法的内容，否则无效，故C选项错误。根据题干，宪法不能直接作为司法适用的依据，法院需依据其他法律规范作出判决，因此D选项正确。本题答案为D。

20. 答案D

《宪法》第91条规定：“国务院设立审计机关，对国务院各部门和地方各级政府的财政收支，对国家的财政金融机构和企业事业组织的财务收支，进行审计监督。”“审计机关在国务院总理领导下，依照法律规定独立行使审计监督权，不受其他行政机关、社会团体和个人的干涉。”第109条规定：“县级以上的地方各级人民政府设立审计机关。地方各级审计机关依照法律规定独立行使审计监督权，对本级人民政府和上一级审计机关负责。”

21. 答案A

《宪法》第89条规定：“国务院行使下列职权：……（十三）改变或者撤销各部、各委员会发布的不适当的命令、指示和规章……”《立法法》第108条规定：“改变或者撤销法律、行政法规、地方性法规、自治条例和单行条例、规章的权限是：……（三）国务院有权改变或者撤销不适当的部门规章和地方政府规章……”

22. 答案D

根据《全国人民代表大会议事规则》的规定，主席团的决定，由主席团全体成员的过半数通过。故D错误。其他表述正确。

23. 答案B

《人民法院组织法》规定：“地方各级人民法院院长由本级人民代表大会选举，副院长、审判委员会委员、庭长、副庭长和审判员，由院长提请本级人民代表大会常务委员会任免。”

24. 答案D

本题考查的是全国人大各专门委员会。我国《宪法》规定：全国人民代表大会设立民族委员会、宪法和法律委员会、财政经济委员会、教育科学文化卫生委员会、外事委员会、华侨委员会和其他需要设立的专门委员会。在全国人民代表大会闭会期间，各专门委员会受全国人民代表大会常务委员会的领导。在《宪法》通过后，新增设的委员会包括：宪法和法律委员会（2018年）、监察和司法委员会（2018年）、社会建设委员会（2018年）、农业与农村委员会（1998年）、环境与资源保护委员会（1993年设立，1994年更名）。至此，全国人大共设立了10个专门委员会。

25. 答案D

根据《宪法》第4条的规定，各民族都有使用和发展自己的语言文字的自由，都有保持或者改革自己的风俗习惯的自由，因此A选项说法正确。根据《民族区域自治法》第31条的规定，民族自治地方依照国家规定，可以开展对外经济贸易活动，经国务院批准，可以开辟对外贸易口岸，故B选项说法正确。根据《宪法》第113条的规定，自治区、自治州、自治县的人民代表大会常务委员会中应当有实行区域自治的民族的公民担任主任或者副主任，故C选项说法正确。根据《民族区域自治法》第20条的规定，上级国家机关的决议、决定、命令和指示，如有不适合民族自治地方实际情况的，自治机关可以报经该上级国家机关批准，变通执行或者停止执行；该上级国家机关应当在收到报告之日起60日内给予答复。因此对上级国家机关的决议、决定、命令和指示并非自行变通和停止，而是需要向上级国家机关报批，故D选项说法错误。本题为选非题，故D选项当选。

26. 答案B

本题考查的是人民检察院的性质和地位。我国《宪法》规定，中华人民共和国人民检察院是国家的法律监督机关；最高人民检察院领导地方各级人民检察院和专门人民检察院的工作，上级人民检察院领导下级人民检察院的工作；人民检察院依照法律规定独立行使检察权，不受行政机关、社会团体和个人的干涉。所以，A、C、D项的表述是正确的。《宪法》同时规定，最高人民检察院检察长每届任期同全国人民代表大会每届任期相同，连续任职不得超过两届。但法律并没有对地方人民检察院检察长的连任次数作出限制，所以B项错误。

27. 答案C

《宪法》第140条规定：“人民法院、人民检察院和公安机关办理刑事案件，应当分工负责，互相配合，互相制约，以保证准确有效地执行法律。”

28. 答案C

根据《香港特别行政区基本法》第19条的规定，香港特别行政区法院对国防、外交等国家行为无管辖权。香港特别行政区法院在审理案件中遇有涉及国防、外交等国家行为的事实问题，应取得行政长官就该等问题发出的证明文件，上述文件对法院有约束力。行政长官在发出证明文件前，须取得中央人民政府的证明书。故A选项错误。

根据《香港特别行政区基本法》第 49 条的规定，香港特别行政区行政长官如认为立法会通过的法案不符合香港特别行政区的整体利益，可在 3 个月内将法案发回立法会重议，立法会如以不少于全体议员 2/3 多数再次通过原案，行政长官必须在 1 个月内签署公布或按本法第 50 条的规定处理。根据《香港特别行政区基本法》第 50 条的规定，香港特别行政区行政长官如拒绝签署立法会再次通过的法案或立法会拒绝通过政府提出的财政预算案或其他重要法案，经协商仍不能取得一致意见，行政长官可解散立法会。行政长官在解散立法会前，须征询行政会议的意见。行政长官在其一任任期内只能解散立法会一次。故全体议员 2/3 多数再次通过原法案时，行政长官并非只能签署公布，也可以解散立法会，重新选出立法会。故 B 选项错误。

根据《香港特别行政区基本法》第 95 条的规定，香港特别行政区可与全国其他地区的司法机关通过协商依法进行司法方面的联系和相互提供协助，故 C 选项正确。

根据《香港特别行政区基本法》第 55 条的规定，香港特别行政区行政会议的成员由行政长官从行政机关的主要官员、立法会议员和社会人士中委任，其任免由行政长官决定。行政会议成员的任期应不超过委任他的行政长官的任期，故 D 选项错误。

本题答案为 C。

29. 答案 C

一个代表团或者 30 名以上全国人大代表只能向全国人大提出议案和质询案，向全国人大常委会提议案和质询案的是 10 个以上的常委会成员。故 A 错误。法院、检察院提议案只能是最高人民法院和最高人民检察院向全国人大及其常委会提议案，地方的法院、检察院不能向本级人大及其常委会提议案，故 B 错误。地方向本级人大提议案的组织包括本级政府、本级人大常委会、本级人大专门委员会、本级人大主席团，地方向本级人大常委会提议案的组织包括本级政府、本级人大专门委员会、本级人大常委会主任会议，故 C 正确。5 名以上乡级人大代表可以向乡人大提出议案，但质询案需要 10 名以上乡级人大代表提出，故 D 错误。本题答案为 C。

30. 答案 C

本题考查的是国家主席的职权。国家主席一般根据权力机关的决定行使权力。一般而言，主席单独行使的权力是：代表中华人民共和国，进行国事活动，接受外国使节。

31. 答案 A

A 选项说法错误，《宪法》第 131 条和《人民法院组织法》第 4 条规定：人民法院依照法律规定独立行使审判权，不受行政机关、社会团体和个人的干涉。《宪法》第 136 条和《人民检察院组织法》第 4 条规定：人民检察院依照法律规定独立行使检察权，不受行政机关、社会团体和个人的干涉。《刑事诉讼法》第 5 条规定：人民法院依照法律规定行使审判权，人民检察院依照法律规定行使检察权，不受行政机关社会团体和个人的干涉。但是须注意依法独立行使职权与中国共产党领导、人大监督之间的关系。中国共产党是执政党，坚持党对执法机关的领导，是人民法院和人民检察院依法独立行使职权的根本保证。党的方针、政策是制定法律的根据，是执行法律的灵魂，依法独立行使职权同正确执行党的方针、政策是一致的。因此，各级人民法院和各级人民检察院必须在工作中自觉贯彻执行党的路线、方针和政策，在办案中自觉地接受党的领导和监督。但是党委领导在通常情况下，不必对案件的处理作具体指示。在国家机关体系中，人民法院和人民检察院都由各级国家权力机关产生，各级人民法院和各级人民检察院都应依法向同级国家权力机关负责并报告工作，自觉接受监督。这不仅与依法独立行使职权原则不矛盾，而且是人民法院和人民检察院排除各种干扰，严格依法办案的有力保障。国家权力机关发现人民法院、人民检察院办案有错误时，可以提出纠正意见，对此，人民法院、人民检察院应当尊重，但不是必须服从。

最高人民法院印发的《关于人民法院落实廉政准则防止利益冲突的若干规定》第 6 条规定：人民法院工作人员在审理相关案件时，以本人或者他人名义持有与所审理案件相关的上市公司股票的，应主动申请回避。因此，B 选项说法正确。

CD 两项均为《中共中央关于全面推进依法治国若干重大问题的决定》的内容，因此 CD 说法均正确。

本题答案为 A 项。

32. 答案 B

根据我国《立法法》第 11 条的规定，犯罪与刑罚，对公民政治权利的剥夺和限制人身自由的强制措施及处罚，属于法律的绝对保留事项，因此只能由全国人大或全国人大常委会制定法律加以规定，国务院的行政法规无权规定上述事项。据此，A选项错误。部门规章与地方政府规章没有高低之分，在发生矛盾的情况下，由国务院裁决，因此B选项正确。2018年宪法修改创设了监察委员会这一全新的国家机关，专职负责监察工作，原政府部门中的监察部门并入监察委员会，因此国务院不再领导和管理监察工作，故C选项错误。D选项错误：行政法规与部门规章不可同日而语，前者具有高于地方性法规的效力，但部门规章与地方性法规不是上位法和下位法的关系，二者发生矛盾时，由国务院决定适用法规或由全国人大常委会决定裁决。本题答案为B。

33. 答案B

检察院是我国法定的法律监督机关，对刑事案件的立案、侦查、审判活动进行监督是检察院的法定职责，通过加强检察监督，能够有效地督促公安机关和法院妥善行使职权，减少逮捕率、错判率，保障当事人人权，节约司法资源。因此对其作出正面评价的ACD选项均为正确选项。B选项显然错误：实现案件的公正处理是公检法机关的共同追求，也是我国政法机关的法定职责，因此检察机关与侦查机关在实现个案正义的目标上并无不同。本题答案为B。

34. 答案B

民族区域自治是指在少数民族聚居的区域当中实行区域自治，设立自治机关，行使自治权，保障少数民族当家作主，因此是民族自治和区域自治的结合，故A选项正确。《民族区域自治法》第15条第1款规定："民族自治地方的自治机关是自治区、自治州、自治县的人民代表大会和人民政府。"司法机关与监察机关作为贯彻国家统一法制的地方国家机关，不是自治机关。故B选项错误。根据《民族区域自治法》第20条的规定，"上级国家机关的决议、决定、命令和指示，如有不适合民族自治地方实际情况的，自治机关可以报经该上级国家机关批准，变通执行或者停止执行；该上级国家机关应当在收到报告之日起六十日内给予答复"，故C项正确。《民族区域自治法》第38条第1款规定："民族自治地方的自治机关自主地发展具有民族形式和民族特点的文学、艺术、新闻、出版、广播、电影、电视等民族文化事业，加大对文化事业的投入，加强文化设施建设，加快各项文化事业的发展。"发展具有民族特色的教科文卫事业，是民族自治地方自治权的重要内容之一。故D项正确。本题为选非题，答案为B。

35. 答案B

（1）国家市场监督管理总局作为国务院直属机构，其设立、撤销、合并以及编制的增加应当由国务院批准，故A项错误。

（2）编制是指机构编制管理机关核定的行政机构和事业单位的人员数额和领导职数。实践中，不可能仅有一个"空壳"机构，而不配备相应的领导和办事人员，所以国务院行政机构的编制在国务院行政机构设立时就确定下来了，故B项正确。

（3）《立法法》第91条规定，国务院各部、委员会、中国人民银行、审计署和具有行政管理职能的直属机构以及法律规定的机构，可以制定规章。由此可知，有权制定部门规章的主体为国务院组成部门和国务院直属机构。国家市场监督管理总局作为国务院直属机构，是负责市场管理秩序、产品质量安全监督管理和食品安全等事项的监管部门，不可能无权制定规章，故C项错误。

（4）国家市场监督管理总局是独立的监管部门，其职能是对外进行行政管理，而不是协调机构之间关系的机构。承担跨国务院行政机构的重要业务工作的组织协调任务的是国务院议事协调机构，故D项错误。

综上，本题答案为B。

36. 答案B

本题的关键在于定位《中华人民共和国国际海运条例》是何种性质的法律文件。如果法律文件以某某"条例"来命名，基本就可以确定其属于"法规"的范畴（规章的命名方式往往为某某"办法"或"规定"）。但我们知道，法规一般包括地方性法规和行政法规两类，要区分二者，关键就是看这个法律文件的前缀：如果以"中华人民共和国"来命名，那么就证明该条例辐射全国，属于中央立法，也就是行政法规。如果该法律文件之前冠以"某省"或"某市"的名字，那就证明其属于地方性法规的范畴。显然，《中华人民共和国国际海运条例》是全国性的条例，也就是行政法规。由于我国幅员辽阔，考虑到某些地方的特殊情况，针对部分中央立法不适合在地方实施的情形，我国相关法律对此作出了灵活性的规定，可以由相关立法机关对自己制定的法律文件决定在某些特殊地方调整实施和适用，因此针对法律的调整实施，由全国人大或全国人大常委会决定；针对行政法规的调整实施，由国务院决定。因此，本题答案为B。

37. 答案 A

(1) 国家乡村振兴局为国务院直属机构，既非“一高”，又非“一低”，所以，它的设立、撤销、合并应当由国务院决定。可见，A选项正确。

(2)《立法法》第91条规定，国务院各部、委员会、中国人民银行、审计署和具有行政管理职能的直属机构以及法律规定的机构，可以制定规章。可知，有权制定部门规章的主体为国务院组成部门和国家乡村振兴局这类的国务院直属机构。可见，B选项错误。

(3) 国务院扶贫开发领导小组属于议事协调机构，国务院议事协调机构是负责各部门之间牵线搭桥、组织协调的机构，它是由各个相关部门派员组成的，本身不是一个独立的实体，故而一般没有独立的人员编制。可见，C选项错误。

(4) 国务院直属机构主管国务院的某项专门业务，具有独立的行政管理职能，但议事协调机构一般没有独立的行政管理职能。可见，D选项错误。

综上，本题答案为A。

38. 答案 A

本题考查的是全国人大常委会的人事任免权。根据宪法规定，全国人民代表大会常务委员会行使下列职权：在全国人民代表大会闭会期间，根据国务院总理的提名，决定部长、委员会主任、审计长、秘书长的人选；全国人民代表大会闭会期间，根据中央军事委员会主席的提名，决定中央军事委员会其他组成人员的人选；根据国家监察委员会主任的提请，任免国家监察委员会副主任、委员；根据最高人民法院院长的提请，任免最高人民法院副院长、审判员、审判委员会委员和军事法院院长；根据最高人民检察院检察长的提请，任免最高人民检察院副检察长、检察员、检察委员会委员和军事检察院检察长，并且批准省、自治区、直辖市的人民检察院检察长的任免。所以概而言之，在全国人大闭会期间，全国人大常委会依法无权更换总理、副总理、国务委员、中央军委主席和副主席、最高人民法院院长和最高人民检察院检察长。

39. 答案 C

(1) 规章解释权属于规章制定机关，《机动车排放召回管理规定》由国家市场监督管理总局和生态环境部共同制定，所以，解释主体不只有国家市场监督管理总局，还应当有生态环境部。A选项遗漏了生态环境部，故而错误。

(2) 部门规章签署公布后，及时在国务院公报或者部门公报和中国政府法制信息网以及在全国范围内发行的报纸上刊载。可见，刊载部门规章的公报不只有国务院公报，部门公报也可以刊载。B选项表述过于绝对，错误。

(3) 国家机关、社会团体、企业事业组织、公民认为规章同法律、行政法规相抵触的，可以向国务院书面提出审查的建议，由国务院法制机构研究并提出处理意见，故C选项正确。

(4) 审议规章草案时，由法制机构作说明，也可以由起草单位作说明。为什么草案这么规定，而不那么规定，负责审议规章的相关负责人可能不完全清楚，此时，就需要由起草单位或审查单位（法制机构）阐明立法理由，解释立法必要性和可行性，为其最终决断提供依据。可见，除了起草单位，法制机构也可以作说明。D选项表述绝对，错误。

综上，本题答案为C。

40. 答案 B

根据《宪法》的规定，中华人民共和国中央军事委员会领导全国武装力量。中央军事委员会由下列人员组成：主席，副主席若干人，委员若干人。中央军事委员会实行主席负责制。中央军事委员会每届任期同全国人民代表大会每届任期相同。中央军事委员会主席对全国人民代表大会和全国人民代表大会常务委员会负责。此处需要注意的是，中央军委实行的是主席负责制，而不是委员会制，因此是由中央军委主席向最高国家权力机关负责。

41. 答案 D

本题考查的是国务院常务会议组成人员。国务院会议分为国务院全体会议和国务院常务会议。国务院全体会议由国务院全体成员组成，即由总理、副总理、国务委员、各部部长、各委员会主任、审计长、秘书长组成。国务院常务会议由总理、副总理、国务委员、秘书长组成。需要对比记忆的是，全国人大常委会委员长会议的组成及职责：常务委员会的委员长、副委员长、秘书长组成委员长会议，处理常务委员会的重要日常工作。

42. 答案 B

《宪法》第60条第2款规定：“全国人民代表大会

任期届满的两个月以前，全国人民代表大会常务委员会必须完成下届全国人民代表大会代表的选举。”

43. 答案 C

全国人大专门委员会是全国人大的常设工作机构，在全国人大闭会期间，受全国人大常委会的领导；专门委员会没有独立的法定职权，其主要职责是在全国人大及其常委会的领导下，研究、审议和拟定有关议案；专门委员会审议全国人大主席团或者全国人大常委会交付的议案；专门委员会组成人员的人选由全国人大主席团从代表中提名，由大会审议通过。

44. 答案 C

《宪法》第 62 条规定：“全国人民代表大会行使下列职权：……（五）根据中华人民共和国主席的提名，决定国务院总理的人选……”

45. 答案 B

2022 年《地方组织法》的修改亮点颇多，其中之一就在于贯彻了地方的“区域协同，一体发展”的理念。这里的“区域协同”主要指一定级别地方的人大和政府在履行立法和行政职能时的积极沟通和有效协作，主要涉及两个方面：第一是在立法领域中，省、自治区、直辖市以及设区的市、自治州的人民代表大会根据区域协调发展的需要，可以开展协同立法；第二是在行政管理领域中，县级以上的地方各级人民政府根据国家区域发展战略，结合地方实际需要，可以共同建立跨行政区划的区域协同发展工作机制，加强区域合作，并且县级以上的地方各级人民政府根据应对重大突发事件的需要，可以建立跨部门指挥协调机制。据此我们不难得出结论，立法协同的级别限定为省市两级（普通的县级人大及其常委会根本没有立法权），在行政协同中，无论是区域协同还是部门协同的级别限定为县级以上（乡是最低级别的区划，也没有工作部门的设置，因此不可能存在跨行政区划和跨部门的问题）。据此，A 选项正确，B 选项错误。C 选项正确：地方的协同立法需要在宪法和法律的框架内推进，尤其是不能存在违宪问题，全国人大常委会作为宪法的解释机关和监督实施机关，理应要加强对地方协同立法的监督和指导工作，并且地方工作受中央的领导和监督也是一般常识，因此 C 选项不难判断。D 选项正确：协同立法能够有效增进不同地方的互相协作和有效沟通，增强发展的整体性和协调性，这对于破除地方保护主义，形成全国统一大市场当然益处多多。并且协同立法是全国人大贯彻党中央最新发展理念和布局的立法体现，此处给予正面评价也是政治正确的基本要求。

综上，本题答案为 B。

46. 答案 B

《宪法》第 1 条第 2 款规定：社会主义制度是中华人民共和国的根本制度。中国共产党领导是中国特色社会主义最本质的特征。禁止任何组织或者个人破坏社会主义制度。因此本题选 B。

47. 答案 B

《宪法》规定：国家监察委员会领导地方各级监察委员会的工作，上级监察委员会领导下级监察委员会的工作。B 项错误，本题选 B。

48. 答案 A

根据《香港特别行政区基本法》第 104 条的规定，香港特别行政区行政长官、主要官员、行政会议成员、立法会议员、各级法院法官和其他司法人员在就职时必须依法宣誓拥护中华人民共和国香港特别行政区基本法，效忠中华人民共和国香港特别行政区。故 A 项正确。目前香港立法会由 90 名议员组成，分别依照相关规定选举产生，而非行政长官任命产生，因此 B 项表述错误。根据《香港特别行政区基本法》第 71 条的规定，香港特别行政区立法会主席由立法会议员互选产生。香港特别行政区立法会主席由年满 40 周岁，在香港通常居住连续满 20 年并在外国无居留权的香港特别行政区永久性居民中的中国公民担任。因此，香港立法会主席由立法会议员互选产生，无须人大常委会任命，由此 C 选项错误。香港特别行政区立法会由在外国无居留权的香港特别行政区永久性居民中的中国公民组成。但非中国籍的香港特别行政区永久性居民和在外国有居留权的香港特别行政区永久性居民也可以当选为香港特别行政区立法会议员，因此 D 项表述错误。

49. 答案 B

A 错误：澳门特别行政区有行政法院，香港特别行政区则没有行政法院。B 正确：《香港特别行政区基本法》第 19 条第 3 款规定：香港特别行政区法院对国防、外交等国家行为无管辖权。C 错误：特区终审法院不受最高人民法院监督。D 错误：没有相关规定。

50. 答案 A

B 选项错误：军事法院院长由全国人大常委会根

据最高人民法院院长的提名任免。C选项错误：海事法院管辖第一审的海事案件和海商案件，不包括刑事案件。D选项错误：我国专门法院不包括行政法院，我国的行政诉讼案件由法院内设的行政审判庭进行审理。2014年8月31日，全国人大常委会表决通过了全国人大常委会《关于在北京、上海、广州设立知识产权法院的决定》，故A项正确。

51. 答案D

国务院、中央军事委员会、最高人民法院、最高人民检察院和各省、自治区、直辖市的人民代表大会常务委员会认为行政法规、地方性法规、自治条例和单行条例同宪法或者法律相抵触的，可以向全国人民代表大会常务委员会书面提出进行审查的要求，由常务委员会工作机构分送有关的专门委员会进行审查、提出意见。《立法法》第108条第1款规定：全国人民代表大会有权改变或者撤销它的常务委员会制定的不适当的法律，有权撤销全国人民代表大会常务委员会批准的违背宪法和本法第85条第2款规定的自治条例和单行条例。因此，合宪性审查的对象包括法律、行政法规、地方性法规、自治条例和单行条例，故ABC属于此列而D不属于，因此本题选D。

（二）多项选择题

1. 答案AC

根据我国《宪法》第62条的规定，全国人民代表大会行使下列职权：（1）修改宪法。（2）监督宪法的实施。（3）制定和修改刑事、民事、国家机构的和其他的基本法律。（4）选举中华人民共和国主席、副主席。（5）根据中华人民共和国主席的提名，决定国务院总理的人选；根据国务院总理的提名，决定国务院副总理、国务委员、各部部长、各委员会主任、审计长、秘书长的人选。（6）选举中央军事委员会主席；根据中央军事委员会主席的提名，决定中央军事委员会其他组成人员的人选。（7）选举国家监察委员会主任。（8）选举最高人民法院院长。（9）选举最高人民检察院检察长。（10）审查和批准国民经济和社会发展计划和计划执行情况的报告。（11）审查和批准国家的预算和预算执行情况的报告。（12）改变或者撤销全国人民代表大会常务委员会不适当的决定。（13）批准省、自治区和直辖市的建置。（14）决定特别行政区的设立及其制度。（15）决定战争和和平的问题。（16）应当由最高国家权力机关行使的其他职权。

由上述分析可知A、C两项正确。注意，①国家总理、副总理是依决定而非依选举产生的，因此B项错误；②从该条来看，并未规定特别行政区的建置由全国人大决定，因此D项说法并不符合宪法条文的规定。

2. 答案ACD

科学立法、严格执法、公正司法和全民守法是全面依法治国工作的重要环节，也是建设法治国家和法治体系的必然要求。健全法律法规规章起草征求人大代表意见制度，增加代表列席常委会会议人数，体现了人大主导立法和民主立法的要求，符合科学立法的基本理念，故A选项正确。B选项错误：法治政府的建设要求贯彻行政责任原则，实现行政活动的权责统一，但这并不意味着政府的所有决策都要适用终身责任追究制度及责任倒查机制，这样反而会导致责任审查能力的过于分散和丧失重点，终身责任追究制度及责任倒查机制只针对重大行政决策。C选项正确：减少多头执法，减少市县两级政府执法队伍种类，符合有条件推进综合执法，实现政府精兵简政的改革方向，体现了法治政府的建设要求。D选项也是正确的：通过案例指导和司法解释制度，能够有效地避免司法适用过程中的不统一现象，符合公正司法的基本理念。综上，本题答案为ACD。

3. 答案ABCD

特别行政区基本法是全国人大制定的法律，属于基本法律，故A正确。特别行政区行政长官在当地通过选举或协商产生，由中央人民政府任命，故B正确。中央人民政府负责管理与特别行政区有关的外交事务，故C正确。特别行政区的立法机关制定的法律须报全国人民代表大会常务委员会备案，备案不影响该法律的生效，故D正确。

4. 答案CD

2019年10月26日第十三届全国人民代表大会常务委员会第十四次会议通过了《关于国家监察委员会制定监察法规的决定》。根据该决定，监察法规的主要内容有二：（1）为执行法律的规定需要制定监察法规的事项；（2）为履行领导地方各级监察委员会工作的职责需要制定监察法规的事项。如果类比大家相对比较熟悉的国务院行政法规，根据上述决定内容，监察法规主要有两种基本类型：第一种是执行性立法，也就是为了更好地执行法律（主要是《监察法》）而制定的实施细则（本题中的《中华人民共和国监察法实施条例》即为此种类型）；第二种是“自主性立法”，即为了更好履行自身职责，特别是对下级监察委员会领导职责而制定的监察法规。一旦明确了本题中《中华人民共和国监察法实施条例》的性质和定位，故B选项就可以轻松判断为错误了，因为《中华人民共和国监察法实施条例》是为了更好执行《监察法》的规定而进行的细化，自然不存在“变通”的问题。顺便提醒各位，在我国现行立法体制的大背景下，所谓“变通立法”主要是指地方立法对中央立法的“变通”，也就是咱们上课时反复强调的民族自治地方所制定的民族自治法规和经济特区根据授权所制定的经济特区法规，监察法规显然不在此列。A选项显然错误：立法活动中关于法律文件的公布，其基本规律就在于制定主体和公布主体的同一性，也就是谁制定谁公布，因为不同国家机关都有不同等级的机关公报，基于权威性和地位的差异，也不可能出现下级立法机关制定的法律文件由上级公布的情况。C选项正确：全国人大下属的“一府两院一委”（国务院、最高人民法院、最高人民检察院、国家监察委员会）是平行关系，不存在上下级问题，因此国务院制定的行政法规和国家监察委员会制定的监察法规效力等级相当（但基于两机关的定位和职能差异，理论上不存在矛盾问题）。D选项正确：监察法规的效力次于宪法和法律，与行政法规类似，也需要自公布之日起30日内报全国人大常委会备案。

5. 答案 CD

自治州的州长由本级人民代表大会选举产生，无须上级政府任命。故A项错误。自治条例和单行条例都是由自治地方人民代表大会制定的，自治州、自治县制定的自治条例和单行条例，须报省或者自治区的人大常委会批准后生效，并由批准机关报全国人大常委会和国务院备案。故B错而C正确。自治条例和单行条例可以对法律和行政法规的规定作出变通规定，而地方性法规、部门规章和地方政府规章的效力显然低于法律和行政法规，自治条例和单行条例可以对效力位阶更低的地方性法规作出变通规定，因此D项正确。本题答案为CD。

6. 答案 ABC

《宪法》第93条第2款规定，中央军事委员会由下列人员组成：主席，副主席若干人，委员若干人。

7. 答案 ABC

根据《立法法》第23条的规定，列入全国人民代表大会会议议程的法律案，由宪法和法律委员会根据各代表团和有关的专门委员会的审议意见，对法律案进行统一审议，向主席团提出审议结果报告和法律草案修改稿，对涉及的合宪性问题以及重要的不同意见应当在审议结果报告中予以说明，经主席团会议审议通过后，印发会议。故A项说法正确。

根据《立法法》第25条的规定，列入全国人民代表大会会议议程的法律案，在交付表决前，提案人要求撤回的，应当说明理由，经主席团同意，并向大会报告，对该法律案的审议即行终止。故B项说法正确。

根据《立法法》第33条的规定，列入常务委员会会议议程的法律案，各方面的意见比较一致的，可以经两次常务委员会会议审议后交付表决；调整事项较为单一或者部分修改的法律案，各方面的意见比较一致，或者遇有紧急情形的，也可以经一次常务委员会会议审议即交付表决。故C项说法正确。

根据《立法法》第45条的规定，列入常务委员会会议审议的法律案，因各方面对制定该法律的必要性、可行性等重大问题存在较大意见分歧搁置审议满两年的，或者因暂不付表决经过两年没有再次列入常务委员会会议议程审议的，委员长会议可以决定终止审议，并向常务委员会报告；必要时，委员长会议也可以决定延期审议。故D项说法错误。

综上本题答案为ABC。

8. 答案 AB

《宪法》第112条规定：民族自治地方的自治机关是自治区、自治州、自治县的人民代表大会和人民政府。

9. 答案 ACD

宪法当中对于我国的审计制度进行了原则性规定，因此《审计法》的制定与实施是对宪法的贯彻落实，故A选项正确。B选项错误：地方各级审计机关对本级人民政府和上级审计机关负责。根据《宪法》的规定，国务院设立审计机关，对国务院各部门和地方各级政府的财政收支，对国家的财政金融机构和企业事业组织的财务收支，进行审计监督，故CD选项正确。

10. 答案 ABC

《澳门特别行政区基本法》第46条规定：“澳门特别行政区行政长官由年满四十周岁，在澳门通常居住连续满二十年的澳门特别行政区永久性居民中的中国公民担任。”

11. 答案 BD

民族区域自治制度，是指在国家统一领导下，各少数民族聚居的地方实行区域自治，设立自治机关，行使自治权的制度。该制度体现民族自治和区域自治的结合。既然有民族自治的部分，那么在自治机关的关键职位上就应当由实行区域自治的少数民族公民来担任相应职位。此处有两个重点：一是该职位限定在自治机关当中，二是自治机关里的关键职位。根据《民族区域自治法》的规定，民族自治地方的国家机关中，只有人大和政府才是自治机关，法院、检察院和监察委并非自治机关，因此本题中监察委主任丙、中级法院院长丁、检察院检察长戊均没有民族成分的限定，据此C选项错误。接下来再看前述的“关键职位”，根据《民族区域自治法》的规定，民族自治地方人大常委会的主任或副主任，政府的首长（自治区的主席，自治州的州长，自治县的县长）只能由实行区域自治的少数民族公民担任。据此A选项错误，B选项正确，人大常委会的主任或副主任只要有一个是实行区域自治的少数民族公民即可，而政府的首长只能由实行区域自治的少数民族公民担任。D选项是正确的：由于检察院的双重从属制，因此地方检察院的检察长在产生程序上除了要经过本级人大选举，还需要经过上一级检察院检察长提请同级人大常委会完成批准程序，因此该自治州检察院检察长戊的任职还须由省检察院检察长报省人大常委会批准。

12. 答案 BCD

《宪法》第64条第1款规定：“宪法的修改，由全国人民代表大会常务委员会或者五分之一以上的全国人民代表大会代表提议，并由全国人民代表大会以全体代表的三分之二以上的多数通过。”第67条规定：“全国人民代表大会常务委员会行使下列职权：（一）解释宪法，监督宪法的实施……”

13. 答案 CD

A选项错误：市人大常委会与市人民政府之间属于监督关系，因此市人大常委会如果认为该决定不适当，直接撤销即可。B选项错误：法院在审理案件时如果发现该决定与上位法不一致，直接根据上位法优于下位法的法律适用原则进行处理即可，但无权作出合法性解释，因为我国属于立法机关保障宪法实施的模式，法院没有违宪审查权。CD选项正确：地方政府规章和部门规章之间不存在上位法和下位法的关系，二者效力相同，如果发生矛盾，由国务院作出裁决。

部门规章与地方性法规之间对同一事项规定不一致时，按照下列步骤处理：（1）国务院提意见；（2）国务院认为适用地方性法规的，直接适用地方性法规；（3）国务院认为应当适用部门规章的，应当提请全国人大常委会裁决。

14. 答案 ABCD

A选项正确，行政事业性收费项目涉及公民、法人和其他组织的切身利益，属于行政机关应当主动公开的事项范围。B选项正确，根据《监督法》第9条第2款的规定，“人民政府、人民法院和人民检察院可以向本级人民代表大会常务委员会要求报告专项工作”，因此专项工作报告可以由政府主动向人大常委会提出。人大及其常委会的组成人员，有权书面提出对一府两院的质询案，因此CD选项正确。

15. 答案 ABD

《宪法》第89条规定了国务院行使的18项职权，主要包括：（1）法规制定权，包括制定行政措施、制定行政法规、发布决定和命令的权力；（2）提案权；（3）领导权；（4）管理权；（5）任免权；（6）行政区域的划分权；（7）紧急状态决定权；（8）全国人民代表大会和全国人民代表大会常务委员会授予的其他职权。决定同外国缔结条约和重要协定的批准和废除是全国人大常委会的职权。

16. 答案 AB

《全国人大组织法》第44条规定：“全国人民代表大会代表应当同原选举单位和人民保持密切联系，可以列席原选举单位的人民代表大会会议……”故A选项说法正确。《宪法》第93条规定，中华人民共和国中央军事委员会领导全国武装力量。中央军事委员会由下列人员组成：主席，副主席若干人，委员若干人。中央军事委员会实行主席负责制。中央军事委员会每届任期同全国人民代表大会每届任期相同。故B项说法正确。《宪法》第109条规定，县级以上的地方各级人民政府设立审计机关。地方各级审计机关依照法律规定独立行使审计监督权，对本级人民政府和上一级审计机关负责。故C项说法错误。《地方各级人民代表大会和地方各级人民政府组织法》第85条第3款规定：市辖区、不设区的市的人民政府，经上一级人民政府批准，可以设立若干街道办事处，作为它的派出机关。故D项说法错误。本题答案为A、B。

17. 答案 ABC

本题考查的是连续任职的限制。根据《宪法》的规定，全国人大常委会委员长、副委员长连续任职不得超过两届；国务院总理、副总理、国务委员连续任职不得超过两届；最高人民法院院长和最高人民检察院检察长连续任职不得超过两届。另外，需要特别注意的是，中央军委的每届任期与全国人大相同，为5年。但是，《宪法》没有对国家主席、中央军委主席连续任职问题作出规定。因此，关于国家主席、中央军委主席的连选连任是没有限制的。

18. 答案 BCD

《宪法》第129条第1款规定：中华人民共和国设立最高人民法院、地方各级人民法院和军事法院等专门人民法院。

19. 答案 ACD

各级权力机关、行政机关、审判机关、检察机关以及国家主席、军事机关等都属于我国国家机构的组成部分，但是中国人民政治协商会议不属于国家机关，而是一个爱国统一战线组织。

20. 答案 ABCD

《地方各级人民代表大会和地方各级人民政府组织法》第24条第1款规定：地方各级人民代表大会举行会议的时候，代表10人以上联名可以书面提出对本级人民政府和它所属各工作部门以及监察委员会、人民法院、人民检察院的质询案。质询案必须写明质询对象、质询的问题和内容。

21. 答案 ABC

根据《地方各级人民代表大会和地方各级人民政府组织法》第32条的规定，县级以上的地方各级人民代表大会常务委员会组成人员和人民政府组成人员，监察委员会主任，人民法院院长，人民检察院检察长，可以向本级人民代表大会提出辞职；由大会决定是否接受辞职；大会闭会期间，可以向本级人民代表大会常务委员会提出辞职，由常务委员会决定是否接受辞职。常务委员会决定接受辞职后，报本级人民代表大会备案。人民检察院检察长辞职，须报上一级人民检察院检察长提请该级人民代表大会常务委员会批准。乡、民族乡、镇的人民代表大会主席、副主席，乡长、副乡长，镇长、副镇长，可以向本级人民代表大会提出辞职，由大会决定是否接受辞职。

22. 答案 AD

A项中，特别行政区按照法律的规定，享有高度的自治权，具有行政管理权、立法权、独立的司法权和终审权，故A项说法正确。对于B项，民族区域自治地方的自治区的主体是人大和政府，不包括法院，故B项说法错误。C项中，享有自治权的区域只有自治区、自治州和自治县，不包括民族乡。故C项说法错误。D项中，基层群众性自治组织包括村民委员会和居民委员会，故D项说法正确。本题正确答案为AD。

23. 答案 AB

本题考查的是我国国家机构的领导体制。A项错误：最高人民法院监督地方各级人民法院和专门人民法院的审判工作，上级人民法院监督下级人民法院的审判工作。B项错误：上下级人大常委会可以概括为三种关系：一是法律上的监督关系；二是选举上的指导关系；三是工作上的联系关系。C项正确：最高人民检察院领导地方各级人民检察院和专门人民检察院的工作，上级人民检察院领导下级人民检察院的工作。D项正确。上级人民政府领导下级人民政府的工作。

24. 答案 BC

《地方各级人民代表大会和地方各级人民政府组织法》第21条第1款和第2款分别规定：县级以上的地方各级人民代表大会常务委员会的组成人员，乡、民族乡、镇的人民代表大会主席、副主席，省长、副省长，自治区主席、副主席，市长、副市长，州长、副州长，县长、副县长，区长、副区长，乡长、副乡长，镇长、副镇长，监察委员会主任，人民法院院长，人民检察院检察长的人选，由本级人民代表大会主席团或者代表依照本法规定联合提名。省、自治区、直辖市的人民代表大会代表30人以上书面联名，设区的市和自治州的人民代表大会代表20人以上书面联名，县级的人民代表大会代表10人以上书面联名，可以提出本级人民代表大会常务委员会组成人员，人民政府领导人员，监察委员会主任，人民法院院长，人民检察院检察长的候选人。乡、民族乡、镇的人民代表大会代表10人以上书面联名，可以提出本级人民代表大会主席、副主席，人民政府领导人员的候选人。不同选区或者选举单位选出的代表可以酝酿、联合提出候选人。

25. 答案 ACD

根据《地方各级人民代表大会和地方各级人民政府组织法》第85条的规定，省、自治区的人民政府在必要的时候，经国务院批准，可以设立若干派出机关。其派出机关一般称为“行政公署”。县、自治县的人民政府在必要的时候，经省、自治区、直辖市人民政府批准，可以设若干区公所，作为它的派出机关。市辖区、不设区的市的人民政府在必要时，经上一级人民政府批准，可以设立若干街道办事处，作为它的派出机关。居民委员会或者村民委员会是基层群众性自治组织，不是基层人民政府的派出机关。

26. 答案 ACD

A项中，根据《香港特别行政区基本法》第154条第2款的规定，对世界各国或各地区的人入境、逗留和离境，香港特别行政区政府可实行出入境管制。根据《澳门特别行政区基本法》第139条第2款的规定，对世界各国或各地区的人入境、逗留和离境，澳门特别行政区政府可实行出入境管制。故A项说法正确。

B项中，《香港特别行政区基本法》第88条规定，香港特别行政区法院的法官，根据当地法官和法律界及其他方面知名人士组成的独立委员会推荐，由行政长官任命。《澳门特别行政区基本法》第87条规定，澳门特别行政区各级法院的法官，根据当地法官、律师和知名人士组成的独立委员会的推荐，由行政长官任命。《澳门特别行政区基本法》第90条规定，澳门特别行政区检察长由澳门特别行政区永久性居民中的中国公民担任，由行政长官提名，报中央人民政府任命。检察官经检察长提名，由行政长官任命。因此，澳门检察长是由中央任命的，故B项说法错误。

根据《香港特别行政区基本法》第79条的规定，香港特别行政区立法会议员如有下列情况之一，由立法会主席宣告其丧失立法会议员的资格：……（7）行为不检或违反誓言而经立法会出席会议的议员2/3通过谴责。故C项说法正确。

D项中，《香港特别行政区基本法》第158条规定，本法的解释权属于全国人民代表大会常务委员会。《澳门特别行政区基本法》第143条规定，本法的解释权属于全国人民代表大会常务委员会。故D项说法正确。

本题答案为ACD。

27. 答案 ABCD

《立法法》第49条规定：“国务院、中央军事委员会、国家监察委员会、最高人民法院、最高人民检察院、全国人民代表大会各专门委员会，可以向全国人民代表大会常务委员会提出法律解释要求或者提出相关法律案。省、自治区、直辖市的人民代表大会常务委员会可以向全国人民代表大会常务委员会提出法律解释要求。”故A项中的地方各级政府的说法错误。

《立法法》第12条规定：“本法第十一条规定的事项尚未制定法律的，全国人民代表大会及其常务委员会有权作出决定，授权国务院可以根据实际需要，对其中的部分事项先制定行政法规，但是有关犯罪和刑罚、对公民政治权利的剥夺和限制人身自由的强制措施和处罚、司法制度等事项除外。”故B项中限制人身自由的强制措施属于法律绝对保留事项，不得授权国务院先制定行政法规，错误。

《立法法》第30条规定：“常务委员会组成人员十人以上联名，可以向常务委员会提出法律案，由委员长会议决定是否列入常务委员会会议议程，或者先交有关的专门委员会审议、提出是否列入会议议程的意见，再决定是否列入常务委员会会议议程。不列入常务委员会会议议程的，应当向常务委员会会议报告或者向提案人说明。专门委员会审议的时候，可以邀请提案人列席会议，发表意见。”故C选项错误，对提案人的邀请应为“可以”而非“应当”。

D项中，首先，不是所有级别的地方政府都能制定规章，其级别最低仅到地级市政府或自治州政府。其次，《立法法》第108条规定：改变或者撤销法律、行政法规、地方性法规、自治条例和单行条例、规章的权限是：

（1）全国人民代表大会有权改变或者撤销它的常务委员会制定的不适当的法律，有权撤销全国人民代表大会常务委员会批准的违背宪法和本法第85条第2款规定的自治条例和单行条例；

（2）全国人民代表大会常务委员会有权撤销同宪法和法律相抵触的行政法规，有权撤销同宪法、法律和行政法规相抵触的地方性法规，有权撤销省、自治区、直辖市的人民代表大会常务委员会批准的违背宪法和本法第85条第2款规定的自治条例和单行条例；

（3）国务院有权改变或者撤销不适当的部门规章和地方政府规章；

（4）省、自治区、直辖市的人民代表大会有权改变或者撤销它的常务委员会制定的和批准的不适当的地方性法规；

（5）地方人民代表大会常务委员会有权撤销本级人民政府制定的不适当的规章；

（6）省、自治区的人民政府有权改变或者撤销下一级人民政府制定的不适当的规章；

（7）授权机关有权撤销被授权机关制定的超越授权范围或者违背授权目的的法规，必要时可以撤销授权。

所以，是地方人大常委会而不是人大有权撤销本级人民政府制定的不适当的规章。故D项说法错误。

综上，本题答案为ABCD。

28. 答案 ABCD

本题考查的是国家审计的对象范围。根据《宪法》的规定，国务院设立审计机关，对国务院各部门和地方各级政府的财政收支，对国家的财政金融机构和企业事业组织的财务收支，进行审计监督。审计机关在国务院总理领导下，依照法律规定独立行使审计监督权，不受其他行政机关、社会团体和个人的干涉。

29. 答案 AB

A选项正确：法院的上级和下级之间是监督关系，少数民族自治地方的法院也不例外，理应受到最高人民法院和上级法院的监督。并且要提醒大家注意的是，并非所有的民族自治地方的国家机关都是自治机关，自治机关只有人大和政府，并不包含法检。

B选项正确：民族自治地方的政府首长应当由实行区域自治的民族的公民担任，实行首长负责制。同时，在民族自治地方的领导职务中，有民族身份限制的还包括当地人大常委会的主任或副主任职务。

C选项错误：民族自治地方的自治条例和单行条例统一实行事前批准制，自治区一级的自治条例和单行条例由全国人大常委会批准，自治州和自治县的自治条例和单行条例由省级人大常委会批准。因此，全国人大无权审批民族自治区的自治条例和单行条例。

D选项错误：计划生育是我国宪法确定的基本国策和基本法律原则，全国统一适用，不在允许变通之列，因此“民族自治地方自主决定本地区人口政策，不实行计划生育”的说法是错误的。

30. 答案 ABCD

本题考查的是立法保留制度。根据《立法法》的规定，下列事项只能制定法律：（1）国家主权的事项；（2）各级人民代表大会、人民政府、人民法院和人民检察院的产生、组织和职权；（3）民族区域自治制度、特别行政区制度、基层群众自治制度；（4）犯罪和刑罚；（5）对公民政治权利的剥夺、限制人身自由的强制措施和处罚；（6）税种的设立、税率的确定和税收征收管理等税收基本制度；（7）对非国有财产的征收、征用；（8）民事基本制度；（9）基本经济制度以及财政、海关、金融和外贸的基本制度；（10）诉讼和仲裁制度；（11）必须由全国人民代表大会及其常务委员会制定法律的其他事项。以上事项尚未制定法律的，全国人民代表大会及其常务委员会有权作出决定，授权国务院可以根据实际需要，对其中的部分事项先制定行政法规，但是有关犯罪和刑罚、对公民政治权利的剥夺和限制人身自由的强制措施和处罚、司法制度等事项除外。

31. 答案 BC

本题考查的是规范性法律文件的公布权归属。此处需要掌握的是，我国通过和公布宪法的机关是全国人民代表大会。此处还需要注意的是，对宪法修正案的公布主体并没有明确规定，但是根据我国的宪法惯例，由全国人大会议主席团公布宪法修正案。与此相关，法律和法律修正案的公布主体是国家主席，法律解释的公布主体是全国人大常委会。

32. 答案 ABCD

选项A说法正确：我国的审判制度包括两审终审、人民陪审、审判公开制度等，这些制度的实施保障和促进实现审判活动科学化、规范化。选项B说法正确：《人民调解法》第5条第2款规定，基层人民法院对人民调解委员会调解民间纠纷进行业务指导。选项C说法正确：检察机关作为法律监督机关，有权对诉讼活动进行法律监督，包括立案监督、侦查监督和审判监督等。选项D说法正确：我国的检察体制实行“检察一体化”，上级检察院领导下级检察院的工作。本题答案为ABCD。

33. 答案 ABCD

根据《立法法》第109条的规定，自治州、自治县的人民代表大会制定的自治条例和单行条例，由省、自治区、直辖市的人民代表大会常务委员会报全国人民代表大会常务委员会和国务院备案；部门规章和地方政府规章报国务院备案，地方政府规章应当同时报本级人民代表大会常务委员会备案，设区的市、自治州的人民政府制定的规章应当同时报省、自治区的人民代表大会常务委员会和人民政府备案。故 B、C 选项正确。

根据《立法法》第 111 条的规定，全国人民代表大会专门委员会、常务委员会工作机构可以对报送备案的行政法规、地方性法规、自治条例和单行条例等进行主动审查，并可以根据需要进行专项审查。国务院备案审查工作机构可以对报送备案的地方性法规、自治条例和单行条例，部门规章和省、自治区、直辖市的人民政府制定的规章进行主动审查，并可以根据需要进行专项审查。故 A 选项正确。

根据《立法法》第 112 条第 3 款的规定，全国人民代表大会宪法和法律委员会、有关的专门委员会、常务委员会工作机构经审查认为行政法规、地方性法规、自治条例和单行条例同宪法或者法律相抵触，或者存在合宪性、合法性问题需要修改或者废止，而制定机关不予修改或者废止的，应当向委员长会议提出予以撤销的议案、建议，由委员长会议决定提请常务委员会会议审议决定。故 D 选项表述正确。

本题答案为 ABCD。

34. 答案 ABCD

A 选项正确，村民会议和村委会之间属于领导关系，因此村民会议有权改变或撤销村委会不适当的决定和命令。

B 选项正确，基层群众自治组织的核心在于自治二字，这意味着大多数的事项都是基层群众自治组织自己决定的，只有在特定的情形下，政府才能干预。

C 选项正确，依据是《村民委员会组织法》第 36 条第 1 款："村民委员会或者村民委员会成员作出的决定侵害村民合法权益的，受侵害的村民可以申请人民法院予以撤销，责任人依法承担法律责任。"

D 选项正确，1/3 以上的村民代表联名可以提出对于村委会成员的罢免案。

（三）不定项选择题

1. 答案 B

根据《人民法院组织法》第 10 条的规定，最高人民法院是最高审判机关。最高人民法院监督地方各级人民法院和专门人民法院的审判工作，上级人民法院监督下级人民法院的审判工作，因而 A 错误。

互联网法院的上诉案件由互联网法院所在地区的中级人民法院管辖，《最高人民法院关于最高人民法院巡回法庭审理案件若干问题的规定》第 3 条第 1 款规定："巡回法庭审理或者办理巡回区内应当由最高人民法院受理的以下案件：（一）全国范围内重大、复杂的第一审行政案件；（二）在全国有重大影响的第一审民商事案件；（三）不服高级人民法院作出的第一审行政或者民商事判决、裁定提起上诉的案件；（四）对高级人民法院作出的已经发生法律效力的行政或者民商事判决、裁定、调解书申请再审的案件；（五）刑事申诉案件；（六）依法定职权提起再审的案件；（七）不服高级人民法院作出的罚款、拘留决定申请复议的案件；（八）高级人民法院因管辖权问题报请最高人民法院裁定或者决定的案件；（九）高级人民法院报请批准延长审限的案件；（十）涉港澳台民商事案件和司法协助案件；（十一）最高人民法院认为应当由巡回法庭审理或者办理的其他案件。"因此 C 项说法不正确。

《中华人民共和国法官法》第 18 条第 4 款规定："地方各级人民法院院长由本级人民代表大会选举和罢免，副院长、审判委员会委员、庭长、副庭长和审判员，由院长提请本级人民代表大会常务委员会任免。"因此 D 选项错误。

2. 答案 AD

县级以上的地方各级人民政府的工作部门受该级人民政府统一领导，并且依照法律或者行政法规的规定，受国务院或上一级人民政府主管部门的业务指导或领导。

3. 答案 D

根据《立法法》第 12 条的规定，有关犯罪和刑罚、对公民政治权利的剥夺和限制人身自由的强制措施和处罚、司法制度等事项，只能由全国人民代表大会及其常务委员会制定法律，不能授权立法，A 选项错误。

根据《立法法》第 13 条的规定，授权决定应当明确授权的目的、事项、范围、期限以及被授权机关实施授权决定应当遵循的原则等。授权的期限不得超过 5 年，但是授权决定另有规定的除外。被授权机关应当在授权期限届满的 6 个月以前，向授权机关报告授权决定实施的情况，并提出是否需要制定有关法律的意见；需要继续授权的，可以提出相关意见，由全国人民代表大会及其常务委员会决定。故 B 选项错误。

《立法法》第 15 条规定，被授权机关应当严格按照授权决定行使被授予的权力。被授权机关不得将被授予的权力转授给其他机关。故 C 选项错误。

根据《立法法》第 14 条的规定，授权立法事项，经过实践检验，制定法律的条件成熟时，由全国人民代表大会及其常务委员会及时制定法律。法律制定后，相应立法事项的授权终止。故D选项正确。

4. 答案 ABC

县级以上的地方各级人民政府设立工作部门。

5. 答案 BC

本题考查的是国家主席的职权。根据《宪法》的规定，中华人民共和国主席根据全国人民代表大会的决定和全国人民代表大会常务委员会的决定，公布法律，任免国务院总理、副总理、国务委员、各部部长、各委员会主任、审计长、秘书长，授予国家的勋章和荣誉称号，发布特赦令，宣布进入紧急状态，宣布战争状态，发布动员令。中华人民共和国主席代表中华人民共和国，进行国事活动，接受外国使节；根据全国人民代表大会常务委员会的决定，派遣和召回驻外全权代表，批准和废除同外国缔结的条约和重要协定。

6. 答案 BC

《宪法》第116条规定：民族自治地方的人民代表大会有权依照当地民族的政治、经济和文化的特点，制定自治条例和单行条例。

7. 答案 BC

《宪法》第133条规定：最高人民法院对全国人民代表大会和全国人民代表大会常务委员会负责。地方各级人民法院对产生它的国家权力机关负责。

8. 答案 BCD

《宪法》第131条规定：人民法院依照法律规定独立行使审判权，不受行政机关、社会团体和个人的干涉。人民法院要对产生它的国家权力机关负责。

9. 答案 BD

全国人大具有修改宪法、监督宪法的实施的职权，而全国人大常委会具有解释宪法的职权，故A项说法错误。全国人大常委会可以决定全国和部分省市进入紧急状态，而国务院可以决定省级范围内部分地区进入紧急状态，故B项说法正确。根据宪法和法律的规定，省、自治区人民政府在必要的时候，经国务院批准，可以设立若干行政公署，作为它的派出机关而不是派出机构，同时，不包含直辖市。故C项说法错误。根据宪法和人民检察院组织法的规定，人民检察院实行双重从属制，既要对同级国家权力机关负责，又要对上级人民检察院负责。故D项说法正确。本题答案为BD。

10. 答案 ABD

《人民检察院组织法》第35条规定，人民检察院的检察人员由检察长、副检察长、检察委员会委员和检察员等人员组成；第36条规定，人民检察院检察长领导本院检察工作，管理本院行政事务。人民检察院副检察长协助检察长工作。

11. 答案 CD

《法官法》第12条第1款规定："担任法官必须具备下列条件：（一）具有中华人民共和国国籍；（二）拥护中华人民共和国宪法，拥护中国共产党领导和社会主义制度；（三）具有良好的政治、业务素质和道德品行；（四）具有正常履行职责的身体条件；（五）具备普通高等学校法学类本科学历并获得学士及以上学位；或者普通高等学校非法学类本科及以上学历并获得法律硕士、法学硕士及以上学位；或者普通高等学校非法学类本科及以上学历，获得其他相应学位，并具有法律专业知识；（六）从事法律工作满五年。其中获得法律硕士、法学硕士学位，或者获得法学博士学位的，从事法律工作的年限可以分别放宽至四年、三年；（七）初任法官应当通过国家统一法律职业资格考试取得法律职业资格。"

12. 答案 D

《居民委员会组织法》第2条规定：居民委员会是居民自我管理、自我教育、自我服务的基层群众性自治组织。不设区的市、市辖区的人民政府或者它的派出机关对居民委员会的工作给予指导、支持和帮助。居民委员会协助不设区的市、市辖区的人民政府或者它的派出机关开展工作。故A选项表述错误。基层政府对居民委员会的工作给予指导、支持和帮助（注意不是领导），故C选项表述错误。另据《居民委员会组织法》第8条的规定，居民委员会主任、副主任和委员，由本居住地区全体有选举权的居民或者由每户派代表选举产生；根据居民意见，也可以由每个居民小组选举代表二至三人选举产生。居民委员会每届任期5年，其成员可以连选连任。年满18周岁的本居住地区居民，不分民族、种族、性别、职业、家庭出身、宗教信仰、教育程度、财产状况、居住期限，都有选举权和被选举权；但是，依照法律被剥夺政治权利的人除外。故B选项表述错误。监察机关监察的对象是一切履行公职，从事公共管理的人员，居民委员会和村民委员会尽管不是国家机关，但是它的管理人员是在管理基层的公共事务，所以说也是要受到监察的，故D选项表述正确。本题答案为D。

13. 答案 BC

《宪法》第80条规定：中华人民共和国主席根据全国人民代表大会的决定和全国人民代表大会常务委员会的决定，公布法律，任免国务院总理、副总理、国务委员、各部部长、各委员会主任、审计长、秘书长，授予国家的勋章和荣誉称号，发布特赦令，宣布进入紧急状态，宣布战争状态，发布动员令。第81条规定：中华人民共和国主席代表中华人民共和国，进行国事活动，接受外国使节；根据全国人民代表大会常务委员会的决定，派遣和召回驻外全权代表，批准和废除同外国缔结的条约和重要协定。

14. 答案 AC

A选项正确：全国人大是我国的最高权力机关，代表人民行使当家作主的权力。B选项错误：上级人大和下级人大属于监督关系。C选项正确：全国人大是最高权力机关，其他所有的国家机关都由其产生受其监督，全国人大只向全国人民负责，只接受人民的监督。D选项错误：乡级人大没有常委会。

15. 答案 D

《宪法》第65条中规定："全国人民代表大会常务委员会组成人员中，应当有适当名额的少数民族代表。"

16. 答案 ABD

《宪法》第79条第2款规定："有选举权和被选举权的年满四十五周岁的中华人民共和国公民可以被选为中华人民共和国主席、副主席。"

17. 答案 ACD

《全国人民代表大会常务委员会议事规则》第18条规定：委员长会议可以向常务委员会提出属于常务委员会职权范围内的议案，由常务委员会会议审议。国务院，中央军事委员会，国家监察委员会，最高人民法院，最高人民检察院，全国人民代表大会各专门委员会，可以向常务委员会提出属于常务委员会职权范围内的议案，由委员长会议决定列入常务委员会会议议程，或者先交有关的专门委员会审议、提出报告，再决定列入常务委员会会议议程。常务委员会组成人员10人以上联名，可以向常务委员会提出属于常务委员会职权范围内的议案，由委员长会议决定是否列入常务委员会会议议程，或者先交有关的专门委员会审议、提出报告，再决定是否列入常务委员会会议议程；不列入常务委员会会议议程的，应当向常务委员会会议报告或者向提案人说明。

18. 答案 ABC

《宪法》第65条中规定："全国人民代表大会常务委员会的组成人员不得担任国家行政机关、监察机关、审判机关和检察机关的职务。"

19. 答案 D

《宪法》第74条规定："全国人民代表大会代表，非经全国人民代表大会会议主席团许可，在全国人民代表大会闭会期间非经全国人民代表大会常务委员会许可，不受逮捕或者刑事审判。"

20. 答案 BD

《宪法》第62条规定的全国人民代表大会享有的职权第12项为"改变或者撤销全国人民代表大会常务委员会不适当的决定"。

21. 答案 ABC

人民代表大会制度是人民主权原则的体现，表明国家的一切权利属于人民，各级人大及人大代表都由选举产生，对人民负责，受人民监督。"一府一委两院"是指政府、监察委、法院与检察院，其主要组成人员均由人大产生，受人大监督。故ABC正确，D选项错在人民代表大会制度是社会主义民主的重要形式，而非唯一形式，民族区域自治制度、基层群众性自治组织制度等均是社会主义民主形式的重要内容。本题答案为ABC。

22. 答案 AD

本题考查的是地方人大的运作程序。地方各级人民代表大会会议每年至少举行一次，所以A项表述是不准确的。乡、民族乡、镇的人民代表大会举行会议的时候，选举主席团，所以B项表述是正确的。县级以上的地方各级人民代表大会每次会议举行预备会议，选举本次会议的主席团和秘书长，通过本次会议的议程和其他准备事项的决定，预备会议由本级人民代表大会常务委员会主持，所以C项说法是正确的。经过1/5以上代表提议，可以临时召集本级人民代表大会会议，所以D项表述是不正确的。

23. 答案 AD

县级以上的地方各级人民政府设立审计机关。地方各级审计机关依照法律规定独立行使审计监督权，对本级人民政府和上一级审计机关负责，故A项正确。

地方政府工作部门的设立、增加、减少或者合并由上一级政府批准，报本级人大常委会备案，故B选项错误。县和自治县人民政府经省级人民政府的批准，可以设立区公所，故C选项错误。D选项正确：自治州、县、自治县、市、市辖区的人民政府的各工作部门受人民政府统一领导，并且依照法律或者行政法规的规定受上级人民政府主管部门的业务指导或者领导。本题答案为AD。

24. 答案 BC

（1）《立法法》第91条规定，国务院各部、委员会、中国人民银行、审计署和具有行政管理职能的直属机构以及法律规定的机构，可以制定规章。可知，有权制定部门规章的主体为国务院组成部门和国务院直属机构，故A选项错误。

（2）在国务院下属的各类型的国家机构中，只有国务院议事协调机构不单独确定编制，国务院组成部门和国务院直属机构具有独立的人员编制。可见，B选项正确。

（3）国务院直属机构既非“一高”，又非“一低”，所以，它的设立、撤销、合并应当由国务院决定。可见，C选项正确。

（4）国务院直属机构主管国务院的某项专门业务，具有独立的行政管理职能。而特定业务是国务院组成部门管理的国家行政机构（简称“部管局”）主管的，故D选项错误。

综上，本题答案为BC。

25. 答案 ABC

本题考查的是省级政府的职权。地方各级人民政府是地方各级人民代表大会的执行机关，是地方各级国家行政机关。地方各级人民政府对本级人民代表大会和上一级国家行政机关负责并报告工作。县级以上的地方各级人民政府在本级人民代表大会闭会期间，对本级人民代表大会常务委员会负责并报告工作。全国地方各级人民政府都是国务院统一领导下的国家行政机关，都服从国务院的领导。省、自治区、直辖市的人民政府可以根据法律、行政法规和本省、自治区、直辖市的地方性法规，制定规章，报国务院和本级人民代表大会常务委员会备案。

26. 答案 ACD

《立法法》第109条规定：行政法规、地方性法规、自治条例和单行条例、规章应当在公布后的30日内依照下列规定报有关机关备案：（1）行政法规报全国人民代表大会常务委员会备案。（2）省、自治区、直辖市的人民代表大会及其常务委员会制定的地方性法规，报全国人民代表大会常务委员会和国务院备案；设区的市、自治州的人民代表大会及其常务委员会制定的地方性法规，由省、自治区的人民代表大会常务委员会报全国人民代表大会常务委员会和国务院备案。（3）自治州、自治县的人民代表大会制定的自治条例和单行条例，由省、自治区、直辖市的人民代表大会常务委员会报全国人民代表大会常务委员会和国务院备案；自治条例、单行条例报送备案时，应当说明对法律、行政法规、地方性法规作出变通的情况。（4）部门规章和地方政府规章报国务院备案；地方政府规章应当同时报本级人民代表大会常务委员会备案；设区的市、自治州的人民政府制定的规章应当同时报省、自治区的人民代表大会常务委员会和人民政府备案。（5）根据授权制定的法规应当报授权决定规定的机关备案；经济特区法规、浦东新区法规、海南自由贸易港法规报送备案时，应当说明变通的情况。

27. 答案 BC

《立法法》第28条规定：全国人民代表大会通过的法律由国家主席签署主席令予以公布。第47条规定：常务委员会通过的法律由国家主席签署主席令予以公布。根据宪法惯例，我国宪法修正案是由全国人大会议主席团公布的；特别行政区立法会制定的法律由特别行政区行政长官签署、公布。

28. 答案 ACD

ACD正确：《宪法》第109条规定，“县级以上的地方各级人民政府设立审计机关。地方各级审计机关依照法律规定独立行使审计监督权，对本级人民政府和上一级审计机关负责”。B项错误：垂直管理是指中央政府或上级政府部门、单位与其派出机构或分支机构是垂直领导关系，其机构设置、人员编制、财务、物资供应等均由上级政府部门直接管理，地方政府对设立在本行政区域内的这些机构、单位没有直接管理关系。而宪法规定，审计机关需要对本级人民政府和上一级审计机关负责。因此，审计机关实行省级以下垂直管理的说法错误。

29. 答案 AD

《国务院行政机构设置和编制管理条例》第6条第3款规定，国务院组成部门依法分别履行国务院基本的行政管理职能。国务院组成部门包括各部、各委员会、中国人民银行和审计署。所以，A 项、D 项属于国务院的组成部门，正确。中国证券监督管理委员会为国务院直属机构，不属于国务院组成部门。所以，B 项错误。国务院国有资产监督管理委员会是国务院直属特设机构，不属于国务院组成部门。所以，C 项错误。综上所述，本题的答案为 AD。

简答题

1. 作为不同于政党、社会团体和其他企业事业组织的国家机构，具有以下特点。

（1）国家机构有鲜明的阶级性。它作为上层建筑，执行统治阶级的意志，维护和发展统治阶级的利益，不可能对全社会成员一视同仁。

（2）国家机构行使国家权力，以国家的名义进行活动。

（3）国家机构是由统治阶级中最优秀的那部分成员组成的。

（4）国家机构是一个严密的组织体系。

（5）国家机构是一个历史范畴。国家机构不是从来就有的，也不会永远存在。它是同阶级、国家、法律这些现象相联系而存在的。

2. 我国《宪法》规定，中华人民共和国的一切权力属于人民。人民行使国家权力的机关是全国人民代表大会和地方各级人民代表大会。中华人民共和国全国人民代表大会是最高国家权力机关。这一规定表明了全国人民代表大会的性质和它在整个国家机构体系中所处的核心地位。全国人民代表大会作为最高国家权力机关，其地位主要体现在以下几个方面。

（1）全国人民代表大会统一行使全国人民赋予的最高国家权力，向全国人民负责，受全国人民监督。

（2）全国人民代表大会的职权具有全权性，覆盖了国家政治、经济、军事、外交、文化教育以及社会生活的方方面面。

（3）全国人民代表大会的权力具有至上性，高于行政权、监察权、审判权、检察权。最高国家行政机关、监察机关、审判机关、检察机关都由它产生，对它负责，并接受它的监督。任何国家机关都不能超越全国人民代表大会之上，也不能和它并列。

（4）全国人民代表大会制定的法律、通过的决议和决定，一切国家机关和武装力量、各政党和各社会团体、各企事业组织以及所有公民都必须严格遵守。

3. 民族自治地方的自治机关除行使一般地方国家权力机关和地方国家行政机关的职权外，还依照宪法、民族区域自治法和其他法律的规定行使自治权，根据本地方的实际情况贯彻执行国家的法律、政策；在不违背宪法和法律的原则下，有权采取特殊政策和灵活措施，加速民族自治地方经济、文化建设事业的发展。自治机关的自治权可概括为以下几个方面。

（1）制定自治条例和单行条例。《宪法》规定：民族自治地方的人民代表大会有权依照当地民族的政治、经济和文化的特点，制定自治条例和单行条例。

（2）对上级国家机关的决议、决定、命令和指示的变通执行和停止执行。上级国家机关的决议、决定、命令和指示，如有不适合民族自治地方实际情况的，自治机关可以报经该上级国家机关批准，变通执行或者停止执行。

（3）自主地管理地方财政。宪法规定：民族自治地方的自治机关有管理地方财政的自治权。

（4）自主地安排和管理地方经济建设事业。

（5）自主地管理本地方的教育、科学、文化、卫生、体育事业。

（6）组织本地方的公安部队。民族自治地方的自治机关依照国家的军事制度和当地的实际需要，经国务院批准，可以组织本地方维护社会治安的公安部队。

（7）使用和发展当地通用的一种或几种语言文字。

（8）培养干部、专业人才和技术工人。

4. （1）在全国人民代表大会闭会期间，审查和批准国民经济和社会发展计划、国家预算在执行过程中所必须作的部分调整方案。

（2）决定同外国缔结的条约、重要协定的批准和废除。

（3）规定军人和外交人员的衔级制度和其他专门衔级制度。

（4）规定和决定授予国家的勋章和荣誉称号。

（5）决定特赦。

（6）在全国人民代表大会闭会期间，如果遇到国家遭受武装侵犯或者必须履行国际间共同防止侵略的条约的情况，决定战争状态的宣布。

（7）决定全国总动员或者局部动员。

（8）决定全国或个别省、自治区、直辖市进入紧急状态。

（9）在全国人民代表大会闭会期间，有权根据国务院总理提出的议案，决定国务院各部、各委员会的设立、撤销或者合并等。

5.（1）选举和罢免全国人大常委会委员长、副委员长、秘书长和委员。

（2）选举和罢免中华人民共和国主席、副主席。

（3）根据中华人民共和国主席的提名，决定国务院总理人选；根据国务院总理的提名，决定国务院副总理、国务委员、各部部长、各委员会主任、审计长和秘书长的人选，并有权罢免上述人员。

（4）选举中央军事委员会主席；根据中央军事委员会主席的提名，决定中央军事委员会其他组成人员的人选，并有权罢免上述人员。

（5）选举和罢免国家监察委员会主任。

（6）选举和罢免最高人民法院院长。

（7）选举和罢免最高人民检察院检察长。

（8）通过全国人民代表大会各专门委员会的主任委员、副主任委员和委员的人选，并有权撤销其职务。

6. 根据《宪法》的规定，国家主席的具体职权主要有以下四个方面。

（1）公布法律，发布命令。法律在全国人民代表大会或全国人民代表大会常务委员会正式通过后，由国家主席予以颁布施行。国家主席根据全国人民代表大会常务委员会的决定，发布特赦令，宣布进入紧急状态，宣布战争状态，发布动员令等。

（2）任免国务院的组成人员和驻外全权代表。国家主席根据全国人民代表大会或全国人民代表大会常务委员会的决定，任免国务院总理、副总理、国务委员、各部部长、各委员会主任、审计长、秘书长。国家主席还根据全国人民代表大会常务委员会的决定，派遣和召回驻外的全权代表、大使、公使。

（3）外事方面的职权。中华人民共和国主席对外代表中华人民共和国，进行国事活动，接受外国使节。国家主席根据全国人民代表大会常务委员会的决定，宣布批准或废除条约和重要协定。

（4）授予荣誉权。国家主席根据全国人民代表大会或全国人民代表大会常务委员会的决定，代表国家向那些对国家有重大功勋的人授予荣誉奖章和光荣称号。

国家主席职权的基本特点是，国家主席不独立决定国家事务，他只是在全国人大或全国人大常委会对国家事务作出决定后，予以宣布或执行。而且这种宣布和执行是必需的，实际上是履行特定的法律程序。国家主席并不参与行政工作，他对全国人大不负行政责任。国家主席既不是行政首脑，也不是权力机关的首脑，他是一个独立的国家机关，从属于全国人民代表大会。

7.（1）言论免责权。全国人大代表在全国人民代表大会各种会议，包括大会全体会议、代表团全体会议、代表团小组会议上的发言和表决不受法律追究。

（2）人身特别保护权。全国人大代表在全国人民代表大会会议期间，非经全国人民代表大会主席团许可，在全国人民代表大会闭会期间，非经全国人大常委会许可，不受逮捕或者刑事审判。如果因为是现行犯被拘留，执行拘留的机关也应当立即向全国人民代表大会主席团或者全国人大常委会报告。

（3）执行代表职务的时间保障。全国人大代表在全国人民代表大会闭会期间，参加全国人民代表大会或全国人大常委会安排的代表活动，代表所在单位必须给予时间保障。

（4）执行代表职务的物质保障。全国人大代表在闭会期间参加全国人大及其常委会安排的活动，其所在生产、工作单位应当按照正常出勤对待，不得扣发工资和取消其他待遇。全国人大代表出席全国人民代表大会会议，出席选举单位的人民代表大会会议，应邀列席全国人大常委会会议、选举单位的人大常委会会议时，也应按正常出勤对待，保留人大代表所在单位的工资和其他待遇。此外，全国人大代表在出席全国人民代表大会会议和执行其他代表职务的时候，国家根据实际需要给予适当的补贴和物质上的便利。

（5）执行代表职务的服务保障。一是全国人大常委会办事机构应当为全国人大代表执行代表职务提供服务；二是为代表持证视察制发视察证；三是对来自民族地区的代表执行代表职务，在语言文字、生活习惯等方面给予必要的帮助和照顾。

（6）对阻碍全国人大代表执行代表职务的惩戒。有义务协助代表执行代表职务而拒绝履行义务的，有关单位应当给予批评教育，直至给予行政处分；阻碍代表依法执行代表职务的，根据情节，由所在单位或者上级机关给予行政处分，或者依照《治安管理处罚法》的规定处罚；以暴力、威胁方法阻碍代表依法执行代表职务的，依照《刑法》第 277 条的规定追究刑事责任；对代表依法执行代表职务进行打击报复的，由所在单位或者上级机关责令改正或者给予行政处分；国家工作人员进行打击报复构成犯罪的，依照《刑法》第 254 条的规定，追究刑事责任。

8. 根据《宪法》和《人民法院组织法》的规定，人民法院审判工作的原则和制度如下。

（1）依法独立审判。人民法院依照法律规定独立行使审判权，不受行政机关、社会团体和个人的干涉。

（2）在适用法律上一律平等。

（3）使用本民族语言文字进行诉讼。各民族公民都有用本民族语言文字进行诉讼的权利。人民法院对于不通晓当地通用的语言文字的当事人，应当为他们翻译。在少数民族聚居或者多民族杂居的地区，人民法院应当用当地通用的语言进行审讯，用当地通用的文字发布判决书、布告和其他文件。

（4）公开审判。人民法院审判案件，除涉及国家机密、个人隐私和未成年人犯罪案件外，一律公开进行。

（5）被告人有权获得辩护。

（6）合议制。

（7）两审终审制。

（8）审判监督制度。

（9）回避制度。

9.（1）国务院即中央人民政府，是相对于地方各级人民政府而言的。它对外以中国政府名义进行活动，对内则同地方各级人民政府组成国家行政机关体系。

（2）国务院是最高国家权力机关的执行机关，即国务院是最高国家权力机关全国人民代表大会及其常设机关全国人民代表大会常务委员会的执行机关。

（3）国务院是最高国家行政机关，表明国务院除具有最高国家权力机关执行机关的性质外，还具有行政机关的性质以及国务院在整个国家行政机关体系中的最高地位。

（4）国务院对全国人民代表大会及其常务委员会负责并报告工作，表明国务院与全国人民代表大会及其常务委员会之间的从属关系。

10. 1982 年《宪法》规定：中华人民共和国中央军事委员会领导全国武装力量。这一规定表明，中央军事委员会是国家最高军事领导机关，有权领导和指挥全国武装力量。1982 年《宪法》把“中央军事委员会”单列一节，规定中央军事委员会由全国人民代表大会产生，并规定中央军事委员会主席对全国人民代表大会和全国人民代表大会常务委员会负责，表明中央军事委员会同最高国家行政机关、最高国家监察委机关、最高国家审判机关、最高国家检察机关一样，在国家机构体系中处于从属于最高国家权力机关的地位。

《宪法》同时规定中央军事委员会实行主席负责制，从而明确了中央军事委员会的领导体制为首长负责制，即主席领导中央军事委员会的工作，副主席和委员协助主席工作。但是，主席负责制的组织形式则是委员会制。一方面，中央军委的组成人员应向军委主席负责，在军委主席领导下工作，并由军委主席向全国人大和全国人大常委会负责；另一方面，中央军委工作中的重大问题须经中央军事委员会会议集体讨论。

11.《香港特别行政区基本法》规定，香港特别行政区行政长官是香港特别行政区的首长，代表香港特别行政区，依照基本法的规定对中央人民政府和香港特别行政区负责。行政长官由年满 40 周岁，在香港通常居住连续满 20 年并在外国无居留权的香港特别行政区永久性居民中的中国公民担任，在当地通过选举或协商产生，由中央人民政府任命。行政长官任期 5 年，可连任一次。行政长官行使下列职权：领导香港特别行政区政府；负责执行基本法和依照基本法适用于香港特别行政区的其他法律；签署立法会通过的法案，公布法律；决定政府政策和发布行政命令；提名并报请中央人民政府任命各司司长、副司长，各局局长，廉政专员，审计署审计长，警务处处长，入境事务处处长，海关关长；建议中央人民政府免除上述官员职务；依照法定程序任免各级法院法官和公职人员；执行中央人民政府就基本法规定的有关事务发出的指令；代表香港特别行政区政府处理中央授权的对外事务和其他事务；批准向立法会提出有关财政收入或支出的动议；根据安全和重大公共利益的考虑，决定政府官员或其他负责政府公务的人员是否向立法会或其属下的委员会作证和提供证据；赦免或减轻刑事罪犯的刑罚；处理请愿、申诉事项。香港特别行政区设行政会议协助行政长官决策，并设立廉政公署和审计署，独立工作，对行政长官负责。

12. 新中国成立以来，我国检察机关领导体制曾经有过几次变动。

（1）1951 年 9 月 3 日中央人民政府委员会第十二次会议通过的《各级人民检察署组织通则》规定了双

重领导的体制，即地方各级人民检察署既受上级人民检察署的领导，又受同级人民政府委员会的领导。

(2) 1954年《宪法》和《人民检察院组织法》把双重领导改为垂直领导，规定：地方各级人民检察院独立行使职权，不受地方国家机关的干涉；地方各级人民检察院和专门人民检察院在上级人民检察院的领导下，并且一律在最高人民检察院的统一领导下，进行工作。

(3) 1975年《宪法》规定：检察机关的职权由各级公安机关行使。1978年《宪法》规定：最高人民检察院监督地方各级人民检察院和专门人民检察院的检察工作，上级人民检察院监督下级人民检察院的检察工作；地方各级人民检察院对本级人民代表大会负责并报告工作。这一规定，把1954年《宪法》规定的检察机关上下级之间的领导关系改成了监督关系。

(4) 1979年7月1日，第五届全国人民代表大会第二次会议通过的《关于修正〈中华人民共和国宪法〉若干规定的决议》和《人民检察院组织法》，又将上级人民检察院同下级人民检察院的关系由“监督”改为“领导”，规定：最高人民检察院领导地方各级人民检察院和专门人民检察院的工作，上级人民检察院领导下级人民检察院的工作。同时规定：地方各级人民检察院对本级人民代表大会和本级人民代表大会常务委员会负责并报告工作。至此，人民检察院的双重领导体制确定下来。

13.《宪法》和法律对民族自治地方的自治机关的民族构成方面，作了特殊规定。

(1) 民族自治地方的人民代表大会常务委员会中应当有实行区域自治的民族的公民担任主任或副主任。

(2) 自治区主席、自治州州长、自治县县长由实行区域自治的民族的公民担任，自治区、自治州、自治县的人民政府的其他组成人员以及民族自治地方自治机关所属工作部门的干部中，要尽量配备实行区域自治的民族和其他少数民族的人员。

(3) 民族自治地方的人民代表大会中，除实行区域自治的民族的代表外，其他居住在本行政区域内的民族也应当有适当名额的代表。民族自治地方的人民代表大会中，实行区域自治的民族和其他少数民族代表的名额和比例，根据法律规定的原则，由省、自治区的人民代表大会常务委员会决定，并报全国人民代表大会常务委员会备案。

14.《村民委员会组织法》在总结各地方实践的基础上，增加了对村民委员会民主选举程序的规定，完善了选举制度。

(1) 村民委员会主任、副主任和委员，由村民直接选举产生。任何组织或者个人不得指定、委派或者撤换村民委员会成员。

(2) 村民委员会每届任期5年，届满应当及时举行换届选举。村民委员会成员可以连选连任。

(3) 年满18周岁的村民，不分民族、种族、性别、职业、家庭出身、宗教信仰、教育程度、财产状况、居住期限，都有选举权和被选举权；但是，依照法律被剥夺政治权利的人除外。

(4) 登记参加选举的村民名单，应当在选举日的20日以前公布。

(5) 选举村民委员会，由登记参加选举的村民直接提名候选人。候选人的名额应当多于应选名额。

(6) 选举村民委员会，有登记参加选举的村民的过半数投票，选举有效；候选人获得参加投票的村民的过半数的选票，始得当选。选举实行无记名投票、公开计票的方法，选举结果应当当场公布。选举时，应当设立秘密写票处。

(7) 对以暴力、威胁、欺骗、贿赂、伪造选票、虚报选举票数等不正当手段，妨害村民行使选举权、被选举权，破坏村民委员会选举的行为，村民有权向乡、民族乡、镇的人民代表大会和人民政府或者县级人民代表大会常务委员会和人民政府及其有关主管部门举报，由乡级或者县级人民政府负责调查并依法处理。以暴力、威胁、欺骗、贿赂、伪造选票、虚报选举票数等不正当手段当选的，当选无效。

(8) 本村1/5以上有选举权的村民或者1/3以上的村民代表联名，可以提出罢免村民委员会成员的要求，并说明要求罢免的理由。

15. (1) 全国人大专门委员会是全国人民代表大会的常设工作机构，由全国人民代表大会产生，受全国人民代表大会领导，向全国人民代表大会负责。在每次全国人民代表大会会议上，各专门委员会都要向全国人民代表大会书面报告一年来的工作和今后一年的工作要点；在每届全国人大一次会议上还要报告过去5年的工作。在全国人民代表大会闭会期间，全国人大各专门委员会受全国人大常委会的领导。

(2) 它是全国人民代表大会及其常委会的工作机

关，不是最后决定问题的国家权力机关。它没有独立的法定职权，其主要职责是在全国人大及其常委会的领导下，研究、审议和拟定有关议案。全国人民代表大会根据宪法的规定和实际需要设立专门委员会，是完善人民代表大会制度、充分发挥全国人大及其常委会作用的重要措施。

（3）专门委员会工作的最大特点是专业化和经常化。他们对有关问题比较熟悉，而且人数较少，便于分门别类地研究讨论问题，可以考虑得更深入些、更周到些。同时，他们不会因全国人民代表大会闭会而停止工作，可以进一步协助全国人大及其常委会进行经常性工作。

（4）全国人大专门委员会的工作，对全国人大及其常委会有效地行使立法、监督、决定、任免等项职权，更好地履行最高国家权力机关的职能，起着不可替代的作用。

16. 责任制原则是我国国家机构的组织和活动原则之一。我国宪法规定，一切国家机关必须实行工作责任制，即每个国家机关都要负责任。

（1）根据宪法规定的我国国家机关的不同性质，我国国家机关的责任制分为集体负责制和个人负责制两种。集体负责制的合议制机关在决定问题时，由全体组成人员集体讨论，按照少数服从多数的原则作出决定。集体组织的每个成员的地位和权利平等，任何人都没有特殊的权利，由集体承担责任。全国人民代表大会及其常委会，地方各级人大及其常委会在行使职权时，实行的就是集体领导和集体负责制。个人负责制也称首长负责制，指国家特定机关在行使职权时，由首长个人决定并承担相应责任的一种领导体制。根据宪法规定，国务院及其所属各部、各委员会以及中央军事委员会和地方各级人民政府都实行个人负责制。

（2）集体负责制和个人负责制这两种责任制都是民主集中制在国家权力运行中的表现形式。集体负责制并不是否定个人和减轻个人责任，而是为了更好地集思广益，从而发挥集体的智慧和作用，实现集体领导和个人负责的辩证统一，克服主观性、片面性，以防止独断专行和个人或极少数人决定重大问题。首长负责制则分工明确，权责相称，在执行决定时可以避免出现无人负责或推卸责任现象，能够充分发挥首长的个人智慧和才能，决策果断迅速，有利于提高工作质量和工作效率。

17. 1982年《宪法》主要从以下几个方面对国家机构进行了重大改革。

（1）扩大全国人大常委会的职权，加强它的组织建设。

（2）恢复设立中华人民共和国主席。

（3）设立中央军事委员会。

（4）国务院和地方各级人民政府实行行政首长负责制。

（5）县级以上地方各级人民代表大会设立常务委员会。

（6）省、自治区、直辖市人大及其常委会和省、自治区人民政府所在地的市，经国务院批准的较大的市的人大及其常委会享有制定地方性法规的权力。

（7）取消政社合一的体制，建立乡级政权。

（8）国家的一些重要领导职务实行限任制。

18.（1）依法独立行使检察权原则。

（2）平等适用法律原则。

（3）司法公正原则。

（4）司法民主原则。

（5）检务公开原则。

（6）司法责任制原则。

（7）使用本民族语言文字进行诉讼。

19.（1）最高人民检察院检察长由全国人民代表大会选举和罢免。最高人民检察院副检察长、检察委员会委员、检察员和军事检察院检察长由最高人民检察院检察长提请全国人民代表大会常务委员会任免。

（2）省、自治区、直辖市人民检察院检察长和人民检察院分院检察长由省、自治区、直辖市人民代表大会选举和罢免，副检察长、检察委员会委员和检察员由省、自治区、直辖市人民检察院检察长提请本级人民代表大会常务委员会任免。省、自治区、直辖市人民检察院检察长的任免，须报最高人民检察院检察长提请全国人民代表大会常务委员会批准。

（3）自治州、省辖市、县、市、市辖区人民检察院检察长由本级人民代表大会选举和罢免，副检察长、检察委员会委员和检察员由自治州、省辖市、县、市、市辖区人民检察院检察长提请本级人民代表大会常务委员会任免。自治州、省辖市、县、市、市辖区人民检察院检察长，须报上一级人民检察院检察长提请该级人民代表大会常务委员会批准。

（4）省和县一级人民检察院设置的工矿区、农垦区、林区人民检察院检察长、副检察长、检察委员会委员和检察员，均由派出的人民检察院检察长提请本级人民代表大会常务委员会任免。

（5）全国和省、自治区、直辖市人民代表大会常务委员会根据本级人民检察院检察长的建议，可以撤换下级人民检察院检察长、副检察长和检察委员会委员。

20.（1）宣传宪法、法律、法规和国家的政策，维护居民的合法权益，教育居民履行依法应尽的义务，爱护公共财产，开展多种形式的社会主义精神文明活动。

（2）办理本居住地区居民的公共事务和公益事业。

（3）调解民间纠纷。

（4）协助维护社会治安。

（5）协助人民政府或者它的派出机关做好与居民利益有关的公共卫生、计划生育、优抚救济、青少年教育等项工作。

（6）向人民政府或者它的派出机关反映居民的意见、要求和提出建议。

此外，居民委员会应对编入居民小组的被依照法律剥夺政治权利的人进行监督和教育。

21.（1）不设区的市、市辖区人民政府或者它的派出机关对居民委员会的工作给予指导、支持和帮助。

（2）居民委员会协助不设区的市、市辖区人民政府或者它的派出机关开展工作。

（3）市、市辖区的人民政府有关部门需要居民委员会或者它的下属委员会协助进行工作，应经市、市辖区的人民政府或者它的派出机关同意并统一安排。

（4）市、市辖区的人民政府的有关部门，可以对居民委员会有关的下属委员会进行业务指导。

22.（1）办理本村的公共事务和公益事业，调解民间纠纷，协助维护社会治安，向人民政府反映村民的意见、要求和提出建议。

（2）村民委员会应当支持和组织村民依法发展各种形式的合作经济和其他经济，承担本村生产的服务和协调工作，促进农村生产建设和社会主义市场经济的发展。

（3）村民委员会应当尊重集体经济组织依法独立进行经济活动的自治权，维护以家庭承包经营为基础、统分结合的双层经营体制，保障集体经济组织和村民、承包经营户、联户或者合伙的合法的财产权和其他合法的权利和利益。

（4）村民委员会依照法律规定，管理本村属于村民集体所有的土地和其他财产，教育村民合理利用自然资源，保护和改善生态环境。

（5）村民委员会应当宣传宪法、法律、法规和国家的政策，教育和推动村民履行法律规定的义务，爱护公共财产，维护村民的合法的权利和利益，发展文化教育，普及科技知识，促进村和村之间的团结、互助，开展多种形式的社会主义精神文明建设活动。

（6）村民委员会应当协助有关部门，对被剥夺政治权利的村民进行教育、帮助和监督。

（7）多民族村民居住的村，村民委员会应当教育和引导村民加强团结、互相尊重、互相帮助。

23. 香港特别行政区立法会行使下列职权：根据基本法规定并依照法定程序制定、修订和废除法律；根据政府的提案，审核、通过财政预算；批准税收和公共开支；听取行政长官的施政报告并进行辩论；对政府的工作提出质询；就任何有关公共利益问题进行辩论；同意终审法院法官和高等法院首席法官的任免；接受香港居民申诉并作出处理；如立法会全体议员的1/4联合动议，指控行政长官有严重违法或渎职行为而不辞职，经立法会通过进行调查，立法会可委托终审法院首席法官负责组成独立的调查委员会，并担任主席。调查委员会负责进行调查，并向立法会提出报告。立法会以全体议员2/3多数通过，可提出弹劾案，报请中央人民政府决定。立法会在行使上述各项职权时，如有需要，可传召有关人士出席作证和提供证据。

24.（1）除法律特别规定的以外，刑事案件的侦查、拘留、执行逮捕、预审，由公安机关负责；检察、批准逮捕、提起公诉，由人民检察院负责；审判由人民法院负责。

（2）公安机关逮捕犯罪嫌疑人、被告人，必须经过人民检察院批准或者人民法院决定。

（3）人民检察院提起公诉的案件由人民法院进行审查。除适用简易程序的案件外，人民法院审判公诉案件，人民检察院应当派员出席法庭支持公诉。

（4）人民检察院认为人民法院减刑、假释的裁定不当，应当提出书面纠正意见；执行机关在刑罚执行中，如果认为判决有错误，应转请人民检察院或者原判人民法院处理，人民检察院对执行机关执行刑罚的活动是否合法实行监督。如果发现有违法的情况，应当通知执行机关纠正。

25.《宪法》规定：民族自治地方的自治机关有管理地方财政的自治权。民族自治地方的财政是一级财政，是国家财政的组成部分。凡是依照国家财政体制属于民族自治地方的财政收入，都应当由民族自治地方的自治机关自主地安排使用。民族自治地方财政收入和财政支出的项目，由国务院按照优待民族自治地方的原则规定。民族自治地方按国家财政体制的规定，财政收入多于财政支出的，定额上缴上级财政，上缴数额可以几年不变；收入不敷支出的，由上级财政补助。民族自治地方设立机动资金，预备费在预算中所占比例高于一般地区的。民族自治地方的自治机关在执行财政预算过程中，自主安排使用收入的超收和支出的结余资金。民族自治地方的自治机关可以制定对本地方的各项开支标准、定员、定额的补充规定和具体办法。除应由国家统一审批的减免税收项目以外，对属于地方财政收入的某些需要从税收上加以照顾和鼓励的，经省或自治区批准后可以实行减税或者免税。

26.本村1/5以上有选举权的村民或者1/3以上的村民代表联名，可以要求罢免村民委员会成员。罢免要求应当提出罢免理由。被提出罢免的村民委员会成员有权提出申辩意见。村民委员会应当及时召开村民会议，投票表决罢免要求。罢免村民委员会成员，须有登记参加选举的村民过半数投票，并须经投票的村民过半数通过。

27.（1）在人民代表大会会议上的发言和表决，不受法律追究。

（2）县级以上的地方各级人民代表大会代表，非经本级人民代表大会主席团许可，在大会闭会期间，非经本级人民代表大会常务委员会许可，不受逮捕或者刑事审判。如果是因为现行犯被拘留，执行拘留的公安机关应当立即向该级人民代表大会主席团或者常务委员会报告。

（3）地方各级人民代表大会代表在出席人民代表大会会议和执行代表职务时，国家根据需要给予往返的旅费和必要的物质上的便利或者补贴。

（4）省、自治区、直辖市、自治州、设区的市的人民代表大会代表可以列席原选举单位的人民代表大会会议。

28.地方各级人民代表大会举行会议时，主席团、常务委员会、各专门委员会、本级人民政府可以向本级人民代表大会提出属于本级人民代表大会职权范围内的议案，由主席团决定提交人民代表大会会议审议，或者先交有关的专门委员会审议、提出报告，再由主席团审议决定提交大会表决。县级以上的地方各级人民代表大会10人以上联名，乡、民族乡、镇的人民代表大会代表5人以上联名，可以向本级人民代表大会提出属于本级人民代表大会职权范围内的议案，由主席团决定是否列入大会议程，或者先交有关的专门委员会审议，提出是否列入大会议程的意见，再由主席团决定是否列入大会议程。议案在交付大会表决前，提案人要求撤回的，经主席团同意，会议对该项议案的审议即行终止。

29.依照现行《宪法》和《地方各级人民代表大会和地方各级人民政府组织法》的规定，省、自治区、直辖市、自治州、县、自治县、市、市辖区、乡、民族乡和镇设立人民代表大会。地方各级人民代表大会是地方国家权力机关。本级的地方国家行政机关、监察机关、审判机关和检察机关都由人民代表大会选举产生，在本行政区域内要对它负责，受它监督。因此，地方各级人民代表大会在本行政区域处于首要的地位。地方各级人民代表大会作为本行政区域内代表人民行使国家权力的机关，具有广泛的职权和一定的自主性，所以地方各级人民代表大会之间、全国人民代表大会与地方各级人民代表大会之间，不存在领导与被领导的关系。

30.我国宪法确立的合宪性审查制实行最高代表机关审查制。全国人大监督宪法的实施，同时全国人大常委会也有权监督宪法实施；全国人大之下各专门委员会协助全国人大及其常委会行使监督宪法实施的权力。在我国，合宪性审查的主要任务是由全国人大常委会承担。《立法法》《法规、司法解释备案审查工作办法》规定了全国人大常委会进行合宪性审查的程序。

（1）规范性文件向全国人大常委会备案的期限和程序。行政法规、地方性法规、自治条例和单行条例、规章、司法解释应当在公布后的30日内由以下机关报全国人大常委会备案：行政法规报全国人民代表大会常务委员会备案；省、自治区、直辖市的人民代表大会及其常务委员会制定的地方性法规，报全国人民代表大会常务委员会和国务院备案；设区的市、自治州的人民代表大会及其常务委员会制定的地方性法规，由省、自治区的人民代表大会常务委员会报全国人民代表大会常务委员会和国务院备案；自治州、自治县的人民代表大会制定的自治条例和单行条例，由省、自治区、直辖市的人民代表大会常务委员会报全国人民代表大会常务委员会和国务院备案；自治条例、单行条例报送备案时，应当说明对法律、行政法规、地方性法规作出变通的情况；部门规章和地方政府规章报国务院备案；地方政府规章应当同时报本级人民代表大会常务委员会备案；设区的市、自治州的人民政府制定的规章应当同时报省、自治区的人民代表大会常务委员会和人民政府备案；根据授权制定的法规应当报授权决定规定的机关备案；经济特区法规报送备案时，应当说明对法律、行政法规、地方性法规作出变通的情况；司法解释由制定的最高人民法院或者最高人民检察院报全国人大常委会备案。

（2）全国人大常委会审查规范性文件是否合宪的启动程序。国务院、中央军事委员会、最高人民法院、最高人民检察院和各省、自治区、直辖市的人大常委会，如果认为行政法规、地方性法规、自治条例和单行条例、司法解释同宪法或者法律相抵触，可以向全国人大常委会书面提出进行审查的要求，由全国人大常委会工作机构分送有关的专门委员会进行审查，提出意见；上述国家机关以外的其他国家机关和社会团体、企业事业组织以及公民如果认为行政法规、地方性法规、自治条例和单行条例、司法解释同宪法或者法律相抵触的，可以向全国人大常委会书面提出进行审查的建议，由全国人大常委会工作机构进行研究，必要时，送有关的专门委员会进行审查、提出意见。

（3）全国人民代表大会专门委员会经审查认为行政法规、地方性法规、自治条例和单行条例、司法解释同宪法或者法律相抵触的，可以向制定机关提出书面意见；也可以由宪法和法律委员会与有关的专门委员会召开联合审查会议，要求制定机关到会说明情况，再向制定机关提出书面审查意见。制定机关应当在 2 个月内研究提出是否修改的意见，并向全国人大宪法和法律委员会以及有关的专门委员会反馈。

（4）全国人大宪法和法律委员会及有关的专门委员会审查认为行政法规、地方性法规、自治条例和单行条例、司法解释同宪法或者法律相抵触而制定机关不予修改的，可以向委员长会议提出书面审查意见和予以撤销的议案，由委员长会议决定是否提请常务委员会审议决定。

31. 有权制定地方性法规的机关如下。

（1）省、自治区、直辖市的人民代表大会及其常务委员会根据本行政区域的具体情况和实际需要，在不同宪法、法律、行政法规相抵触的前提下，可以制定地方性法规。

（2）设区的市的人民代表大会及其常务委员会根据本市的具体情况和实际需要，在不同宪法、法律、行政法规和本省、自治区的地方性法规相抵触的前提下，可以对城乡建设与管理、环境保护、历史文化保护等方面的事项制定地方性法规，法律对设区的市制定地方性法规的事项另有规定的，从其规定。设区的市的地方性法规须报省、自治区的人民代表大会常务委员会批准后施行。省、自治区的人民代表大会常务委员会对报请批准的地方性法规，应当对其合法性进行审查，同宪法、法律、行政法规和本省、自治区的地方性法规不抵触的，应当在 4 个月内予以批准。

（3）经济特区所在地的省、市的人民代表大会及其常务委员会根据全国人民代表大会的授权决定，制定法规，在经济特区范围内实施。

（4）民族自治地方的人民代表大会有权依照当地民族的政治、经济和文化的特点，制定自治条例和单行条例。自治州的人民代表大会及其常务委员会可以行使设区的市制定地方性法规的职权。

地方性法规的制定程序如下。

（1）制定本行政区域有关特别重大事项的地方性法规，应当由人民代表大会通过。

（2）地方性法规草案、自治条例和单行条例草案的提出、审议和表决程序，根据《地方各级人民代表大会和地方各级人民政府组织法》，参照《立法法》第二章第二节、第三节、第五节的规定，由本级人民代表大会规定。

（3）地方性法规草案由负责统一审议的机构提出审议结果的报告和草案建议稿。

（4）省、自治区、直辖市的人民代表大会制定的地方性法规由大会主席团发布公告予以公布。省、自治区、直辖市的人民代表大会常务委员会制定的地方性法规由常务委员会发布公告予以公布。设区的市、自治州的人民代表大会及其常务委员会制定的地方性法规报经批准后，由设区的市、自治州的人民代表大会常务委员会发布公告予以公布。自治条例和单行条例报经批准后，分别由自治区、自治州、自治县的人民代表大会常务委员会发布公告予以公布。

（5）地方性法规、自治区的自治条例和单行条例公布后，及时在本级人民代表大会常务委员会公报和中国人大网、本地方人民代表大会网站以及本行政区域范围内发行的报纸上刊载。在常务委员会公报上刊登的地方性法规、自治条例和单行条例文本为标准文本。

（6）设区的市、自治州的人民代表大会及其常务委员会制定的地方性法规，需要报省、自治区的人民代表大会常务委员会批准后施行。省、自治区的人民代表大会常务委员会对报请批准的地方性法规，应审查其合法性，同宪法、法律、行政法规和本省、自治区的地方性法规不抵触的，应在 4 个月内予以批准。省、自治区的人民代表大会常务委员会在对报请批准的设区的市、自治州的地方性法规进行审查时，发现其同本省、自治区的人民政府的规章相抵触的，应当作出处理决定。自治区的自治条例和单行条例，报全国人民代表大会常务委员会批准后生效。自治州、自治县的自治条例和单行条例，报省、自治区、直辖市的人民代表大会常务委员会批准后生效。

案例分析题

1.（1）根据《宪法》和《地方各级人民代表大会和地方各级人民政府组织法》的规定，组成政府及任命和罢免政府组成人员的权力属于人民代表大会及其常务委员会；县政府选举产生后，应在 2 个月内提请县人民代表大会常务委员会任命局长等政府组成人员。

（2）县委组织部不能直接任命郭某为政府商务局局长，这是一种以党代政的、违反法治精神的错误做法。

（3）郭某应先向乡人民代表大会主席团辞去乡长职务，再经过县人民代表大会常务委员会的任命，方能就任局长职务。

（4）老百姓的说法表明人民群众对不遵守宪法的行为和对不尊重选民意志的行为的不满，也说明地方人民代表大会不受尊重、地方党委不遵守宪法和法律及法治观念淡薄的现象。

2.（1）该法院的处理是正确的。

（2）因为我国实行的并不是司法审查制度，法院在审理案件过程中，不能直接依据宪法作出裁判。

（3）我国行政诉讼法规定，抽象行政行为不是行政诉讼法的受案范围。

（4）在我国，人民代表大会有监督权，有权撤销政府的违法规定。

3. 根据《宪法》和《国务院组织法》的规定，国务院的会议形式只有两个，即国务院全体会议和国务院常务会议。国务院全体会议由国务院全体成员组成，包括总理、副总理、国务委员、各部部长、各委员会主任、审计长、秘书长。国务院常务会议由总理、副总理、国务委员、秘书长组成。总理召集和主持国务院全体会议和国务院常务会议。国务院工作中的重大问题，必须经国务院常务会议或者国务院全体会议讨论决定。

4.（1）根据我国《宪法》和《人民法院组织法》等有关法律的规定，我国法院分为普通法院和专门法院。军事法院是专门法院的一种。各类法院管辖权的分配属于国家权力的配置范围。按照法治原理，国家权力的配置应由宪法规定或由民意代表机关通过法律形式来决定。《立法法》中明确规定关于诉讼和仲裁的事项只能制定法律。军事法院的管辖权应由法律作出规定。在现行法律中，并无有关军事法院可以审理军内民事案件的规定。因此，军事法院是不可以审理民事案件的。

（2）军事法院的管辖权应由全国人大或全国人大常委会以法律的形式作出规定。最高人民法院无权就军事法院管辖权问题作出规定。

（3）全国人大常委会可根据宪法与有关法律的规定，主动地对最高人民法院进行监督，要求最高人民法院撤销此决定。

5.（1）应由省、自治区的人民代表大会常务委员会报全国人民代表大会常务委员会和国务院备案。

（2）全国人大常委会收到张某的审查建议后，由常务委员会工作机构进行研究，必要时，送有关的专门委员会进行审查、提出意见。全国人民代表大会专门委员会、常务委员会工作机构在审查、研究中认为该地方性法规同宪法或者法律相抵触的，可以向制定机关提出书面审查意见、研究意见；也可以由宪法和法律委员会与有关的专门委员会、常务委员会工作机构召开联合审查会议，要求制定机关到会说明情况，再向制定机关提出书面审查意见。制定机关应当在 2 个月内研究提出是否修改的意见，并向全国人民代表大会宪法和法律委员会和有关的专门委员会或者常务委员会工作机构反馈。全国人民代表大会宪法和法律委员会、有关的专门委员会、常务委员会工作机构向制定机关提出审查意见、研究意见，制定机关按照所提意见对行政法规、地方性法规、自治条例和单行条例进行修改或者废止的，审查终止。全国人民代表大会宪法和法律委员会、有关的专门委员会、常务委员会工作机构经审查、研究认为该地方性法规同宪法或者法律相抵触而制定机关不予修改的，应当向委员长会议提出予以撤销的议案、建议，由委员长会议决定提请常务委员会会议审议决定。

论述题与深度思考题

1. 总理负责制是指国务院总理对国务院的工作负全部责任，同时对国务院的工作有完全的决定权。总理负责制的主要表现和基本内容如下。

（1）国务院总理由国家主席提名，并由国家主席根据全国人大的决定，予以任命。由于国家主席代表国家，国家主席的提名和任命程序意味着总理受命于国家组织政府，并承担总理全国行政的责任。

（2）国务院其他组成人员的人选，由总理提名，全国人大或全国人大常委会决定，国家主席任命。

（3）总理领导国务院的工作，副总理、国务委员协助总理工作，国务委员受总理委托，负责某些方面的工作或者专项任务，并且可以代表国务院进行外事活动。

（4）总理召集国务院全体会议和常务会议，议题由总理确定，会议在决定问题时不进行表决，而是在充分展开集体讨论的基础上，由总理集中与会者意见，形成国务院的决定。

（5）国务院颁布行政法规，规定行政措施，发布决定和命令，任免国家工作人员以及向全国人大或者全国人大常委会提出议案，都必须由总理签署。

2. （1）我国《宪法》第 133 条规定：“最高人民法院对全国人民代表大会和全国人民代表大会常务委员会负责。地方各级人民法院对产生它的国家权力机关负责。”此规定并未要求人民法院向人大报告工作；但是，《人民法院组织法》规定：“最高人民法院对全国人民代表大会及其常务委员会负责并报告工作。地方各级人民法院对本级人民代表大会及其常务委员会负责并报告工作。”人民法院向人民代表大会报告工作体现了审判机关与权力机关之间的关系。

（2）人民法院向人大报告制度，体现了人大代表人民对人民法院的工作进行监督，是人民法院对人民负责的表现。

（3）人大听取人民法院的工作报告，并对工作报告表决通过，是从宏观上、总体上进行工作监督，目的是监督人民法院依法独立公正审理案件，并不是在个案审理上作出指示。

3. 特别行政区是指在我国版图内，根据宪法和法律的规定，实行不同于一般行政区的政治、经济和法律制度，享有高度自治权的地方行政区域，直辖于中央人民政府。

特别行政区是中华人民共和国不可分离的部分，是一个直辖于中央人民政府的地方行政区域；由全国人民代表大会授权特别行政区实行高度自治；中央对特别行政区拥有全面管治权。中央人民政府负责管理特别行政区的外交事务和防务及其他事务。特别行政区行政长官和行政机关的主要官员，由当地永久性居民中在外国无居留权的中国公民担任，并且由中央人民政府任命。特别行政区立法机关制定的法律均不得同基本法相抵触，

基于中央与特别行政区的关系、特别行政区的地位，中央拥有对特别行政区的全面管治权。同时，按照香港、澳门特别行政区基本法的规定，中央对香港、澳门特别行政区行使下列职权：（1）中央人民政府负责管理与特别行政区有关的外交事务；（2）中央人民政府负责管理特别行政区的防务；（3）中央人民政府任命特别行政区行政长官和行政机关的主要官员；（4）全国人大常委会有权决定特别行政区进入紧急状态；（5）全国人大常委会享有对特别行政区基本法的解释权；（6）全国人大对特别行政区基本法享有修改权。

中央人民政府和特别行政区的关系，既要体现国家对特别行政区的主权，又要体现特别行政区的高度自治。（1）特别行政区享有行政管理权、立法权、独立的司法权和终审权。特别行政区行政机关和立法机关由当地永久性居民依照基本法有关规定组成，保留除同基本法相抵触或特别行政区立法机关作出修改者以外的原有法律。（2）实行独立的税收制度，保持自由港、独立关税地区；香港还保持国际金融中心地位。（3）可自行制定有关经济、贸易、科学、教育、文化等方面的政策，自行发行货币。（4）自行处理有关的

对外事务，可以“中国香港”或“中国澳门”的名义单独地同各国、各地区及有关国际组织保持和发展经济、文化关系，还可以“中国香港”或“中国澳门”的名义参加不以国家为单位参加的国际组织和国际会议。(5) 负责维持社会治安。(6) 特别行政区可享有全国人大及其常委会和中央人民政府授予的其他权力。

4. 在我国，人民政府与人民检察院的领导体制都应遵循民主集中制的原则，但又不完全一致，存在差别。

(1) 就机关内部的领导体制来看，人民政府实行首长负责制，行政首长主持人民政府的工作，对重大问题有决定权。但是，行政首长对政府工作中的重大问题必须按照民主集中制的原则，在经过集体讨论，充分听取各方面的意见后才能最后决定。所以，首长负责制是同会议制度相结合的。县级以上各级人民政府的会议分全体会议和常务会议两种。全体会议和常务会议均由行政首长负责召集和主持。

检察院则实行检察长负责制和检察委员会制度，体现了民主集中制原则。检察官受检察长领导，任何检察活动应服从检察委员会的决定。在我国，虽然检察机关的独立性和检察官的外部独立性有法律依据，但检察官的内部独立性尚未得到法律的确认。2000 年开始普遍推行的主诉检察官办案责任制等，只是一种正在推行的具有内部授权性特点的改革措施，尚未通过检察立法成为明确的法律关系。这一点与人民政府内部的领导体制是有区别的。

(2) 就机关外部的领导体制来看，地方各级人民政府由同级人民代表大会产生并接受其监督，同时还要接受上级人民政府的领导；行政首长对上级人民政府和本级人民代表大会及其常务委员会承担行政领导责任。

我国检察院的领导体制为双重领导体制。首先，各级人民检察院要接受本级人民代表大会及其常委会的监督，向同级人民代表大会及其常委会负责并报告工作。其次，上级人民检察院领导下级人民检察院的工作，最高人民检察院领导地方各级人民检察院和专门人民检察院的工作，上级人民检察院与下级人民检察院的关系是领导与被领导的关系。最后，地方各级人民检察院检察长的任免，在经过同级人民代表大会选举（或免除）后，还要经上一级人民检察院检察长报同级人民代表大会常委会批准。

(3) 人民政府和检察院都要接受同级党委的领导。

5. (1)《立法法》在“附则”中规定：中央军事委员会根据宪法和法律，制定军事法规。中央军事委员会各总部、军兵种、军区、中国人民武装警察部队，可以根据法律和中央军事委员会的军事法规、决定、命令，在其权限范围内，制定军事规章。军事法规、军事规章在武装力量内部实施。军事法规、军事规章的制定、修改和废止办法，由中央军事委员会依照本法规定的原则规定。

(2) 学术界对于中央军委的立法权限，有赞成和反对两种意见。赞成意见认为，宪法规定了中央军委的地位，可推定其有立法权；从实践来看，中央军委已制定了多件军事法规和规章，还制定有关于军事法规和规章制定程序的办法；从现实需要来看，军队在保卫国防和稳定局势中起着重要作用，军队的革命化、现代化和正规化建设需要依法治军。也有人主张，可用授权决定的方式授权中央军委制定军事法规，其法规的效力等级与国务院行政法规相同；其涉及事项以军事事项为限。(可参见李林：《立法权限综述研究》，载李步云主编：《立法法研究》，315～316 页，长沙，湖南人民出版社，1998。) 反对意见则认为，立法有据是立法的基本要求，我国宪法和法律未赋予军委任何立法权，在国际上也很难找到类似的惯例，加之“军事法规”“军事规章”“军事行政法规”“军事行政规章”等概念的含义不明，此类立法的管辖权是属人还是属地也不确定，故此中央军委不应享有立法权。从《立法法》的规定来看，军事法规并非限于“执行”宪法、法律，其具有极大的空间，关于中央军委各总部、军兵种、军区有权制定军事规章，无宪法依据，且有可能会削弱军队的统一。该观点对简单承认军事立法权限表示了忧虑。[可参见周永坤：《法治视角下的立法法——立法法若干不足之评析》，载《法学评论》，2001 (2)。]

6. 学术界在授权立法位阶问题上意见不一，主要存在三种观点。第一种观点认为，授权立法的位阶与授权机关根据职权制定的法文件的位阶相同。第二种观点认为，根据授权而制定的法文件是介于授权机关根据职权而制定的法文件与被授权机关根据职权而制定的法文件之间的一种具有新的效力等级的法文件。第三种观点认为，授权立法的位阶与被授权机关根据职权制定的法文件的位阶相同。[可参见杨海坤主编：《跨入新世纪的中国宪法学——中国宪法学研究现状与评价（上）》，439～441 页，北京，中国人事出版社，2001。]

7. 一般认为，国家元首的类型有单一元首和集体元首两种。单一元首是一个人独任国家元首的制度。凡由二人以上组成合议制的机关，由它的全体成员共同担任国家元首职务和行使国家元首职务者，为集体元首。

按我国传统观念，我国的国家元首是一种集体元首制度，从新中国成立以后编写的各种教材一直坚持这种观点。他们认为国家主席是国家元首的组成部分，与全国人大常委会结合起来行使国家元首的职权。这种认识与刘少奇在 1954 年宪法草案报告中表达的观点有很大关系。刘少奇在报告中指出，我们的国家元首职权由全国人大常委会和中华人民共和国国家主席结合起来行使。我们的国家元首是集体的国家元首。

通行的观点认为，我国的国家元首是单一元首，国家主席就是国家元首。因为：首先，从国家元首的基本特征看，国家主席是对内、对外两方面国家权力的最高代表；其次，从国家主席的作用看，国家元首权体现在国家主席对内、对外活动的程序性、礼仪性和象征性方面；最后，从事实上看，国家主席在外交活动中也是以国家元首的名义出访和接受来访，在事实上被国际社会认为是我国的国家元首。[可参见杨海坤主编：《跨入新世纪的中国宪法学——中国宪法学研究现状与评价（上）》，452～456 页，北京，中国人事出版社，2001。]

综合测试题（一）

一、名词解释（共4题，每题5分，共20分）

1. 宪法规范
2. 宪法性文件
3. 全国人民代表大会
4. 君主立宪制

二、选择题（共20题，共30分）

（一）单项选择题（共10题，每题1分）

1. 下列关于国籍的说法正确的是（　　）。

A. 我国管理国籍申请的机关，在国内是申请人居住的县、市公安机关，在国外是中国大使馆和领事机构

B. 我国出生国籍采取血统主义

C. 定居在中国的外国人有正当理由可以申请加入中国国籍

D. Jacky的父母为无国籍人，他出生在美国，但父母现在定居在中国，Jacky具有中国国籍

2. 公平正义是社会主义法治的价值追求。关于我国宪法与公平正义的关系，下列哪一选项是不正确的？（　　）（法考改编）

A. 树立与强化宪法权威，必然要求坚定地守持和维护公平正义

B. 法律面前人人平等原则是公平正义在宪法中的重要体现

C. 宪法对妇女、老人、儿童等特殊主体权利的特别保护是实现公平正义的需要

D. 禁止一切差别是宪法和公平正义的要求

3. 关于我国宪法修改，下列哪一选项是正确的？（　　）（法考改编）

A. 我国修宪实践中既有对宪法的部分修改，也有对宪法的全面修改

B. 经1/10以上的全国人大代表提议，可以启动宪法修改程序

C. 全国人大常委会是法定的修宪主体

D. 宪法修正案是我国宪法规定的宪法修改方式

4. 下列关于全国人大常委会的说法正确的是（　　）。

A. 我国的宪法解释权和法律解释权都归属全国人大常委会

B. 全国人大常委会有权撤销或改变国务院制定的同宪法、法律相抵触的行政法规、决定和命令

C. 在全国人大常委会举行会议的时候，可以由各省、自治区、直辖市的人大常委会派主任和副主任列席会议

D. 全国人大常委会组成人员有10人以上可以向国务院及其各部委、中央军委、最高人民法院、最高人民检察院提出书面的质询案

5. 关于全国人大和全国人大常委会职权的划分，下列表述正确的是（　　）。（考研）

A. 全国人大批准自治区的建置，全国人大常委会批准自治县的建置

B. 全国人大决定特别行政区的设立，全国人大常委会决定其社会制度

C. 全国人大批准国家预算，全国人大常委会批准国家预算的部分调整方案

D. 全国人大决定国务院总理的人选，全国人大常委会决定国务院副总理的人选

6. 下列关于国家主席的说法正确的是（　　）。

A. 有选举权和被选举权的年满 40 周岁的我国公民可以被选为中华人民共和国主席和副主席

B. 我国宪法并没有规定国家副主席的职权

C. 我国的国家元首是国家主席

D. 国家主席、副主席缺位时，由全国人大常委会委员长直接代理国家主席的职位

7. 下列说法正确的是（　　）。

A. 地方各级人大会议每年至少召开一次，经 1/3 以上代表的提议，可以临时召开本级人大会议

B. 县以上地方各级人大代表 10 人以上，乡、民族乡、镇人大代表 5 人以上联名，可以向本级人大提出属于本级人大职权范围内的议案

C. 县以上地方各级人大代表 5 人以上，乡、民族乡、镇人大代表 3 人以上联名，可以向本级人大提出属于本级人大职权范围内的议案

D. 市辖区、不设区的市的人民政府，可以设立若干街道办事处，作为它的派出机关

8. 下列关于香港特别行政区的法律说法正确的是（　　）。

A. 全国人大常委会如认为香港特别行政区制定的任何法律不符合基本法，可将有关法律发回，但不作修改。经全国人大常委会发回的法律立即失效

B. 香港特别行政区的法律的解释权在全国人大常委会

C. 香港特别行政区法院也可以对涉及中央与香港特别行政区关系的基本法条款进行解释

D. 香港特别行政区基本法的修改权在全国人大常委会

9. 参选下列哪些职务不需要必须具备香港特别行政区永久居民和在外国无居留权这两个条件？（　　）

A. 香港特别行政区的公务人员　　B. 香港特别行政区行政会议成员

C. 香港特别行政区立法会议员　　D. 香港特别行政区法院首席法官

10. 下列说法正确的是（　　）。

A. 地方性法规只能就以下事项作出规定：为执行法律、行政法规的规定，需要根据本行政区域的实际情况作具体规定的事项；属于地方性事务需要制定地方性法规的事项

B. 民族自治地方的人大有权依照当地民族的政治、经济和文化的特点，制定自治条例和单行条例，报全国人大常委会备案

C. 有关犯罪和刑罚、对公民政治权利的剥夺和限制人身自由的强制措施和处罚、诉讼和仲裁制度只能制定法律

D. 设区的市的人大及其常委会制定的所有法规都必须报省、自治区的人大常委会批准后施行

（二）多项选择题（共 5 题，每题 2 分）

1. 下列关于民族区域自治制度的说法错误的是（　　）。

A. 民族自治地方的自治机关是自治区、自治州、自治县、民族乡的人民代表大会和人民政府

B. 自治区、自治州、自治县的人大常委会中应当由实行区域自治的民族的公民担任主任

C. 自治条例是指民族自治地方的人大及其常委会根据宪法和法律的规定，并结合当地民族政治、文化、经济的特点制定的有关管理自治地方事务的综合法性法规

D. 民族自治地方的自治机关依照国家军事制度和当地的实际需要，可以组织维护社会治安的公安部队

2. 下列属于我国公民的政治权利的是（　　）。

A. 申诉权　　B. 宗教信仰自由　　C. 通信秘密　　D. 监督权

3. 下列关于国务院的说法不正确的是（　　）。

A. 国务院有权撤销或者改变地方各级行政机关所发布的不适当的决定、命令和规章

B. 国务院秘书长的连续任职不得超过两届

C. 国务院常务会议由总理、副总理、国务委员组成

D. 国务院总理、副总理、国务委员、各部部长、各委员会主任、审计长和秘书长的任免决定都由全国人大宣布

4. 下列关于中央军委的说法错误的是（　　）。

A. 中央军委主席对全国人大和全国人大常委会负责

B. 中央军委主席连续任职不得超过两届

C. 中央军委既是党的领导机关，又是国家机构的一部分

D. 全国人大闭会期间，全国人大常委会根据中央军委主席的提名，选举中央军委其他组成人员

5. 宪法实施的主要原则包括（　　）。

A. 人民主权原则　　B. 合理性原则

C. 稳定性原则　　D. 发展性原则

视频讲题

（三）不定项选择题（共5题，每题2分）

1. 宪法解释的机关主要包括（　　）。

A. 由国家元首解释　　B. 由立法机关解释，如英国和我国

C. 由司法机关解释，如美国　　D. 由特设机关解释，如法国、德国、日本

2. 下列关于我国宪法实施保障的说法正确的是（　　）。

A. 我国的宪法实施保障由立法机关负责

B. 我国的宪法实施保障实行事先审查和事后审查相结合

C. 我国的宪法实施保障是附带性审查

D. 我国的宪法实施保障除法律保障外，还有政治保障和组织保障

3. 下列哪些情形下人可以从国家或社会获得物质帮助？（　　）

A. 五保户　　B. 疾病　　C. 失业　　D. 年老

4. 下列关于紧急状态的说法正确的是（　　）。

A. 国务院决定西藏自治区阿里地区进入紧急状态，国家主席根据国务院的决定宣布阿里地区进入紧急状态

B. 全国人大常委会决定香港特别行政区的紧急状态

C. 全国人大决定重庆市和四川省进入紧急状态

D. 香港特别行政区政府有权决定某些情况下的香港特别行政区的紧急状态

5. 下列关于选举的说法正确的是（　　）。

A. 乡、民族乡、镇的人大常委会委员的候选人数应比应选人数多1/10～1/5

B. 由选民直接选举的代表候选人名额应多于应选代表名额的1/3～1/5

C. 间接选举的代表候选人数应多于应选代表名额的1/5～1/2

D. 人大常委会主任、秘书长，乡、民族乡、镇的人大主席，只能进行差额选举

三、简答题（共3题，每题10分，共30分）

1. 简述民族自治地方的自治权的内容。

2. 简述2004年修宪的内容。
3. 简述宪法规范调整社会关系的特点。

四、论述题（共1题，每题20分，共20分）

试论述备案审查中的合宪性、合法性、适当性、政治性等标准，并阐释其相互之间的关系。

参考答案

一、名词解释

1. 宪法规范是宪法最基本的要素和构成单位，它是指调整宪法关系并具有最高法律效力的各种规范的总和。

2. 宪法性文件是从部门法意义上按照调整的社会关系得出的概念，它是指一国宪法的基本内容不是统一在一部法律文书（宪法典）之中，而是由多部法律文书表现出来的宪法。在不成文宪法国家中，国家最根本、最重要的问题规定在多部单行法律文书之中；而在成文宪法国家，除根本意义上的宪法——宪法典之外，也存在部门法意义上的宪法，如选举法、立法法、代表法等。这些我们都称之为宪法性文件。

3. 全国人民代表大会是最高国家权力机关，在整个国家机构体系中处于核心地位。其核心地位表现在：全国人民代表大会统一行使最高国家权力，对全体人民负责；职权的全权性；权力的至上性；其通过的法律、决议，一切国家机关、单位、个人必须遵守，一切规范性文件不得与之抵触。

4. 君主立宪制，又称有限君主制，是以君主或国王为国家元首，国家最高权力名义上由君主掌握，但实际上其权力受到宪法和议会的限制的政权组织形式。

二、选择题

（一）单项选择题

1. 答案 A

本题考查我国公民的国籍。取得国籍的方式分为出生国籍和继有国籍。我国出生国籍采取以血统主义为主，以出生地主义为辅的原则。父母双方或一方具有中国国籍的，本人一般具有中国国籍，除非父母定居在外国，本人出生在外国。父母为无国籍人或者国籍不明，定居在中国，本人出生在中国的，具有中国国籍。所以B、D两项不对。继有国籍的取得条件是：（1）申请人是中国公民的近亲属；（2）本人定居在中国；（3）有其他正当理由等。所以C项也不能选。

2. 答案 D

A项中，《宪法》必须体现公平正义，树立和强化宪法的权威，必须坚持公平正义，故A项说法正确。B项中，《宪法》明确规定，法律面前人人平等，而公平正义的第一要求就是平等。故B项说法正确。C项中，平等不是均等，不是一刀切，而是根据具体情况对特殊人群进行特殊保护。因此，《宪法》对妇女、老人、儿童等特殊主体权利的特别规定是公平正义的体现，故C项说法正确。D项中，平等反对歧视，反对特权，但是它容忍合理的差别对待，比如对弱势群体的特殊待遇，故平等也反对禁止一切差别的对待，故D项说法错误。本题为选非题，答案为D。

3. 答案 A

根据修改宪法的幅度，修宪可以分为全面修改和部分修改。就我国的修宪实践来看，1975年《宪法》、1978年《宪法》和1982年《宪法》分别就是对前一部宪法的全面修改，而1979年和1980年两次修宪，是对1978年《宪法》的部分修改；我国现行1982年《宪法》到目前为止，也经历了1988年、1993年、1999年、2004年和2018年五次部分修改。据此A选项正确。

在我国，修宪的启动程序相较于普通法律而言更加严格，需要由全国人大常委会或1/5以上的全国人大代表提出，由全国人大全体代表的2/3以上多数通过，据此BC选项错误。

需要注意的是我国宪法的修改虽采用宪法修正案的形式，但这只是实践当中的惯常做法，在性质上可被视为宪法惯例，在宪法典当中并未明确规定，因此D选项错误。

4. 答案A

本题考查全国人大常委会。B项错在全国人大常委会对于国务院制定的同宪法、法律相抵触的行政法规、决定和命令只能撤销，不能改变，同时对省、自治区、直辖市的人大制定的同宪法、法律和行政法规相抵触的地方性法规也只能撤销，不能改变。C项错在，在全国人大常委会举行会议时，各省、自治区、直辖市的人大常委会只能派主任或者副主任一人参加会议，而非两人都参加。D项错在全国人大常委会组成人员不能向中央军委提出质询案，这主要是考虑到保密的问题。

5. 答案C

根据《宪法》第89条第15项的规定，批准省、自治区、直辖市的区域划分，批准自治州、县、自治县、市的建置和区域划分。批准自治县的建置属于国务院的职权，而非全国人大常委会的职权，故A错。

根据《宪法》第31条的规定，国家在必要时得设立特别行政区。在特别行政区内实行的制度按照具体情况由全国人民代表大会以法律规定。无论是设立特别行政区，还是决定其制度，均是全国人民代表大会的权力，故B选项错误。

根据《宪法》第62条第11项的规定，全国人大审查和批准国家的预算和预算执行情况的报告；根据《宪法》第67条第5项的规定，在全国人大闭会期间，全国人大常委会审查和批准国家预算在执行过程中所必须作的部分调整方案。故C选项正确。

根据《宪法》第62条第5项的规定，全国人大根据国家主席的提名，决定国务院总理的人选；根据国务院总理的提名，决定国务院副总理、国务委员、各部部长、各委员会主任、审计长、秘书长的人选。根据《宪法》第67条第9项的规定，在全国人大闭会期间，全国人大常委会根据国务院总理的提名，决定部长、委员会主任、审计长、秘书长的人选。根据《全国人大组织法》，全国人大常委会可以决定国务院副总理的人选，但是，全国人大不仅可以决定国务院总理的人选，还可以决定国务院副总理、国务委员等人选，故D选项错误。

6. 答案B

本题考查国家主席。A项错在我国公民当选国家主席、副主席的年龄限制是不低于45周岁，而非40周岁，特别行政区行政长官是不低于40周岁。我国的国家元首是集体元首，即由国家主席和全国人大常委会委员长结合行使国家元首的职权。所以C项不能选。D项较具迷惑性，我国的国家主席、副主席缺位时，仍要由全国人大进行补选产生，全国人大常委会委员长的代理只是暂时性的。

7. 答案B

本题考查地方人大和地方人民政府。A项的错误在于地方各级人大召开临时会议需要有1/5以上的代表提议。C项的错误在于混淆了人大常委会委员和人大代表的提案权。省、自治区、直辖市、设区的市的人大常委会组成人员5人以上、县级人大常委会3人以上联名，可以向本级人大常委会提出议案。D项错在市辖区、不设区的市的人民政府要设立派出机关必须经上一级人民政府批准，所以不选。

8. 答案C

本题考查香港特别行政区的基本法的解释权、修改权、审查权。A项错在，全国人大常委会审查香港特别行政区制定的法律的条件是其不符合基本法关于中央管理的事项及中央和香港特别行政区的关系的条款，而且在发回前要征询香港特别行政区基本法委员会。B项错在要区分香港特别行政区的法律和基本法的解释权，香港特别行政区的法律解释权在香港特别行政区法院，基本法的解释权才属于全国人大常委会。D项错在香港特别行政区基本法的修改权在全国人民代表大会。

9. 答案A

本题考查香港特别行政区官员的任职条件。本题中要注意A选项，香港特别行政区的公务人员中，主要官员需要由在外国无居留权的香港特别行政区永久性居民担任，其他人员仅需要是香港特别行政区永久性居民，不需要在外国无永久居留权。另外，香港特别行政区终审法院和高等法院的首席法官，应由在外国无居留权的香港特别行政区永久性居民担任，其他法官不需要符合永久性居民和在外国无居留权的条件。

10. 答案 C

本题考查地方性法规、自治条例和单行条例、经济特区的法规。A 项错在地方性法规除题中所列两项内容外，还可以就尚未制定法律或者行政法规的事项先制定地方性法规，在国家制定的法律或者行政法规生效后，地方性法规同法律或者行政法规相抵触的规定无效，制定机关应当及时予以修改或者废止。B 项错在民族自治地方的单行条例和自治条例必须首先报上级人大常委会批准后生效，然后在公布后 30 日内，自治州、自治县制定的自治条例和单行条例由省、自治区、直辖市的人大常委会报全国人大常委会和国务院备案。设区的市的人大及其常委会制定的地方性法规需要报省、自治区人大常委会批准，但根据全国人大的授权制定的法规不需要经上级人大常委会批准。

（二）多项选择题

1. 答案 ABCD

本题考查我国民族区域自治制度。A 选项错在民族乡不是我国的民族自治地方。B 选项错在自治区、自治州、自治县的人民代表大会常务委员会中应当有实行区域自治的民族公民担任主任或者副主任。C 选项错在自治条例只能由民族自治地方的人大制定，人大常委会不能制定自治条例，只能制定地方性法规。D 选项错在民族自治地方的自治机关要组织公安部队必须得到国务院的批准，不能自行决定。

2. 答案 AD

本题考查我国公民的政治权利。我国公民享有五大类基本权利：平等权、政治权利、宗教信仰自由、人身自由、社会经济文化教育权利。其中政治权利包括选举权和被选举权、政治自由、监督权和获得赔偿权。监督权又包括批评建议权、控告检举权、申诉权。所以 A、D 当选，B、C 不能选。

3. 答案 ABCD

本题考查国务院。A 项错在国务院只能改变地方各级行政机关所发布的不适当的决定、命令和规章，对于所属部委发布的不适当的决定和命令才有权撤销或改变。宪法对国务院总理、副总理、国务委员的连续任期有限制，但对于秘书长没有限制。所以 B 项当选。C 项错在国务院常务会议的组成人员还包括秘书长。这是考生容易忽略的。D 项错在国务院总理、副总理、国务委员、各部部长、各委员会主任、审计长和秘书长的任免决定由国家主席宣布。

4. 答案 BD

本题考查中央军委。中央军委主席没有任期的限制，所以 B 项错误。全国人大闭会期间，全国人大常委会根据中央军委主席的提名，决定中央军委其他组成人员，而非选举。这是考生需要注意的：只要是根据某项提名，往往是决定。

5. 答案 CD

本题考查宪法实施的原则。宪法实施的原则包括最高权威性原则、民主原则、合法性原则、稳定性原则和发展性原则。所以 A、B 两项不选。

（三）不定项选择题

1. 答案 ABC

本题考查宪法解释的机关。D 项不选的原因在于日本的宪法解释机关是最高法院，所以属于由司法机关解释。

2. 答案 ABD

本题考查我国宪法实施保障。C 项错在，附带性审查是指司法机关在审理案件的过程中，因当事人提出对所适用的法律、法规和法律性文件是否违宪的问题，而对该法律、法规和法律性文件所进行的合宪性审查。由此可见，附带性审查只发生在由司法机关负责宪法实施保障的过程中，而我国的宪法实施保障实行立法机关负责的体制，所以 C 项不能选。

3. 答案 ABD

本题考查公民的物质帮助权。我国《宪法》第 45 条规定，中华人民共和国公民在年老、疾病或者丧失劳动能力的情况下，有从国家和社会获得物质帮助的权利。本题中，A 项较具迷惑性，五保户在我国农村属于年老、疾病、没有劳动能力的人群，所以，A 项应选。C 项不属于享有获得物质帮助权的情形。

4. 答案 ABCD

本题考查我国紧急状态的决定权。2004 年 3 月通过的《宪法修正案》第 27 条、第 29 条规定了我国紧急状态的决定权。我国紧急状态的决定主体有三个：(1) 全国人大常委会决定全国或者个别省、自治区、直辖市进入紧急状态。(2) 国务院决定省、自治区、直辖市的范围内部分地区进入紧急状态。(3) 全国人大常委会因香港特别行政区发生香港特别行政区政府不能控制的危及国家统一或安全的动乱而决定香港特别行政区进入紧急状态。其中第三点，须作以下理解：如果香港特别行政区能够控制该情况或者该情况没有危及国家的统一或安全，香港特别行政区政府可以自行决定进入紧急状态，否则，才由全国人大常委会决定。

5. 答案 AC

本题考查《全国人民代表大会和地方各级人民代表大会选举法》和《地方各级人民代表大会和地方各级人民政府组织法》。B 项错在直接选举的代表候选人名额应多于应选代表名额的 1/3 到 1 倍。如果提名的候选人数只有一人，人大常委会主任、秘书长，乡、民族乡、镇的人大主席，可以进行等额选举。

三、简答题

1. 民族自治地方的自治权是指民族自治地方的自治机关根据宪法和法律的规定，根据实际情况自主地管理本地方、本民族内部事务的权力，主要包括以下方面：(1) 制定自治条例和单行条例。(2) 根据当地民族的实际情况，贯彻执行国家的法律和政策。(3) 自主管理地方财政。(4) 自主管理地方性经济建设。(5) 自主管理教育、科学、文化、卫生、体育事业。(6) 组织维护社会治安的公安部队。(7) 使用本民族的语言文字。

2. 2004 年十届全国人大二次会议对宪法进行了第四次修正。修改的主要内容包括：(1) 在宪法序言中增加“三个代表”重要思想这一指导思想。(2) 在宪法序言关于爱国统一战线组成结构的表述中增加“社会主义事业的建设者”。(3) 将国家的土地征用制度修改为：“国家为了公共利益的需要，可以依照法律规定对土地实行征收或者征用并给予补偿”。(4) 将国家对非公有制经济的政策修改为：“国家保护个体经济、私营经济等非公有制经济的合法的权利和利益。国家鼓励、支持和引导非公有制经济的发展，并对非公有制经济依法实行监督和管理”。(5) 将国家对公民私人财产的政策修改为：“公民的合法的私有财产不受侵犯。国家依照法律规定保护公民的私有财产权和继承权。国家为了公共利益的需要，可以依照法律规定对公民的私有财产实行征收或者征用并给予补偿”。(6) 增加规定：“国家尊重和保障人权”。(7) 增加规定：“国家建立健全同经济发展水平相适应的社会保障制度”。(8) 将全国人大代表的产生方式修改为：“全国人民代表大会由省、自治区、直辖市、特别行政区和军队的代表组成。各少数民族都应当有适当名额的代表”。(9) 将全国人大常委会、国务院对戒严的决定权改为对紧急状态的决定权；相应地，国家主席对戒严的宣布权也改为对紧急状态的宣布权。(10) 将乡镇人大的任期由 3 年改为 5 年。(11) 在宪法中增加关于国歌的规定。

3. 宪法规范所调整的社会关系的特点是：(1) 此类社会关系所涉及的领域非常广泛，几乎包括国家生活的各个方面，但均属原则性方面的关系。(2) 此类社会关系的一方通常是国家或者国家机关。

四、论述题

备案审查是指由规范性文件的备案机关对报备的文件进行审查。

政治性审查的功能在于确保党和国家重大政策得到贯彻落实。政治性审查标准的三个维度：①是否同党的理论、路线、方针、政策等保持一致；②是否贯彻落实党中央作出的重大决策部署；③是否同国家的重大改革方向保持一致。

合法性审查又称“合乎上位法”的审查，这里的“上位法”并不包括作为一国法律体系最高法的宪法。合法性审查主要是审查下位法是否抵触上位法。所谓“抵触”，根据全国人大常委会法工委的解释，是指：(1) 上位法有明确规定，与上位法的规定相反的；（2）虽然不是与上位法的规定相反，但旨在抵消上位法的规定的，即搞“上有政策下有对策的”；（3）上位法没有明确规定，与上位法的立法目的和立法精神相反的；（4）违反了《立法法》关于立法权限的规定，越权立法的；（5）下位法超出上位法规定的处罚的种类和幅度的。适当性审查又称“合理性审查”或者“合目的性审查”，是指审查规范性文件的内容是否合乎理性。一个立法除了合乎上位法（法律上正确），还应当具备其他的正确性标准，比如经济性、促进公共福祉、便民性、透明性、可接受性、效率性、平等对待、公平性、可预见性、可靠性、可操作性、可持续性、灵活性和创新性等等。适当性审查的依据应当是《立法法》第 7 条：“立法应当从实际出发，适应经济社会发展和全面深化改革的要求，科学合理地规定公民、法人和其他组织的权利与义务、国家机关的权力与责任。法律规范应当明确、具体，具有针对性和可执行性。”

合宪性审查的内容应当包括：（1）形式合宪性审查。第一，是否超越立法权限，包括宪法中规定的基本法律和非基本法律的立法权限、国务院的职权立法权限、中央与地方之间的立法权限。第二，是否违反立法程序，主要包括宪法中规定的法律修改程序、人大开会程序。（2）实质合宪性审查。第一，立法是否侵犯了公民的基本权利。此时，可以按照“基本权利的保护范围—干预—干预的阻却违宪事由”的顺序来进行审查。第二，立法是否有助于宪法序言和总纲中的国家目标、国家任务的实现，是否有助于保护国家象征。

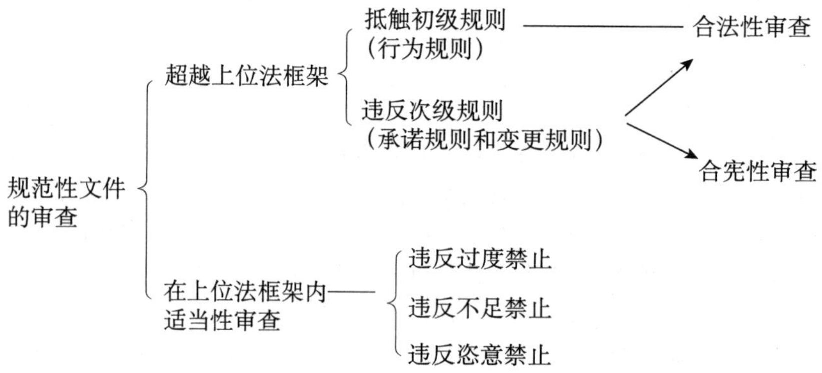

合宪性审查与合法性审查的联系：虽然合宪性审查是审查初级规则是否违反宪法中的次级规则，合法性审查是审查下级初级规则是否抵触上级初级规则，但是，我国的立法权限、程序和形式并不仅出现在宪法中，其他立法中也有次级规则的存在，包括《立法法》、《行政法规制定程序条例》和《规章制定程序条例》。同时，很多地方还出台了地方立法的程序规定，比如《重庆市地方立法条例》《山东省地方立法条例》等等。另外，对于授权立法，授权决定往往会规定立法的权限问题。对于职权立法，组织法往往会构成其职权的来源。因此，合法性审查中既有“抵触”问题，也有“违反”问题，这也就是《立法法》第 107 条、《各级人民代表大会常务委员会监督法》第 30 条以及 2018 年最高人民法院《关于适用〈中华人民共和国行政诉讼法〉的解释》第 148 条第 2 款将合法性审查中的超越职权、违反法定程序与“相抵触”并列的原因。

合宪性审查与适当性审查的联系：比例原则的宪法化导致了适当性审查被合宪性审查所吸收，比如在立法是否侵犯基本权利的合宪性审查中，比例原则就成为判断立法干预是否具备阻却违宪事由的标准。另外，由于我国某些规范性文件只有适当性审查，主要是全国人大常委会的法律和决定，此时通过适当性审查可以“变相”实现对其的合宪性审查。但是，适当性审查在我国仍然具有独立价值，这主要体现在指导机关所进行的适当性审查需要区分不同的审查强度上，同时，在适当性审查的方式上，领导机关可以对不适当的文件进行改变，而指导机关只能对不适当的文件进行撤销。改变这种审查方式的存在也是适当性审查不同于合宪性审查和合法性审查之处。

合宪性审查、合法性审查、适当性审查的联系还体现在审查次序上。首先，根据由表及里、由浅入深的原则，合宪性审查、合法性审查应当优先于适当性审查进行。在合法性审查与合宪性审查之间，应当按照“穷尽法律救济”和“回避宪法判断”的原理，优先进行合法性审查。其次，即使规范性文件已经通过了合法性审查和合宪性审查的检验，仍然可能在适当性审查阶段被改变或撤销，此时，适当性审查可以起到对合法性审查和合宪性审查进行“补遗”的作用。由此构建起一个“先合法性审查、再合宪性审查、最后适当性审查”的阶层性审查次序。

备案审查首先要以合宪/法性审查代替政治性审查，将政治性审查纳入合宪/法性审查范畴。贯彻合宪/法性审查就是在落实党中央的决策、部署、政策和主张。没必要把中央政策和改革决策与合宪/法性审查割裂开来，也无法把改革决策和立法决策相分离，应该通过严格落实合宪/法性审查确保党的意志和中央政策得到贯彻。政治性审查应当贯穿备案审查制度。

综合测试题（二）

一、名词解释（共4题，每题5分，共20分）

1. 宪法典
2. 言论免责权
3. 单一制
4. 全国人大专门委员会

二、选择题（共20题，共30分）

（一）单项选择题（共10题，每题1分）

1. 下列哪项属于全国人大各专门委员会的职权？（　　）

A. 审议自治州、自治县报请全国人大常委会批准的自治条例和单行条例

B. 对属于全国人大或者全国人大常委会职权范围内的问题进行调查研究

C. 香港特别行政区基本法委员会也是专门委员会之一

D. 研究其他国家机关和社会团体、企业事业组织以及公民向全国人大常委会书面提出的对行政法规、地方性法规、自治条例和单行条例同宪法或者法律相抵触的审查建议

2. 下列属于全国人大及其常委会选举产生的职务是（　　）。

A. 中央军委主席

B. 驻外全权代表

C. 省、自治区、直辖市的人民检察院检察长

D. 国务院秘书长

3. 下列关于宪法的本质的说法正确的是（　　）。

A. 宪法的本质是各种阶级力量对比关系的集中表现

B. 宪法的本质是社会物质生活条件的反映

C. 宪法的本质是各种政治力量对比关系的集中表现

D. 宪法的本质是民主事实法律化的基本形式

4. 根据《宪法》和《香港特别行政区基本法》的规定，下列哪一选项是正确的？（　　）（法考改编）

A. 行政长官就法院在审理案件中涉及的国防、外交等国家行为的事实问题发出的证明文件，对法院无约束力

B. 行政长官对立法会以不少于全体议员2/3多数再次通过的原法案，必须在1个月内签署公布

C. 香港特别行政区可与全国其他地区的司法机关通过协商依法进行司法方面的联系和相互提供协助

D. 行政长官仅从行政机关的主要官员和社会人士中委任行政会议的成员

5. 下列说法正确的是（　　）。

A. 人民民主专政本质上就是无产阶级专政

B. 我国新时期的爱国统一战线的组成包括全体社会主义劳动者、拥护社会主义的爱国者和拥护祖国统一和致力于中华民族伟大复兴的爱国者

C. 第二次世界大战以后，世界各国宪法关于文化制度的规定大体上可以分为两种类型：资本主义文化制度和社会主义文化制度

D. 我国宪法规定，可以为集体所有的自然资源包括森林、山岭、草原、荒地、水流、滩涂

6. 下列关于行政区域变更的说法正确的是（　　）。

A. 省、自治区、直辖市行政区域界线的变更，须经全国人大审批

B. 县、市、市辖区的设立、撤销、更名或者隶属关系的变更，须经省、自治区、直辖市人民政府审批

C. 自治州、自治县的行政区域界线的变更，须经国务院审批

D. 县、市行政区域界线的重大变更，须经省、自治区、直辖市人民政府审批

7. 下列关于特别行政区的说法正确的是（　　）。

A. 中央人民政府任命特别行政区行政长官和行政机关的主要官员

B. 特别行政区行政长官对特别行政区立法会负责

C. 澳门特别行政区法院包括初级法院、中级法院、高级法院和终审法院

D. 香港特别行政区廉政公署主管刑事检察工作

8. 根据宪法和法律，下列表述哪一项是正确的？（　　）

A. 被剥夺政治权利的公民不再享有科学研究的自由

B. 被剥夺政治权利的公民不再享有艺术创作的自由

C. 被剥夺政治权利的公民不再享有出版著作的自由

D. 被剥夺政治权利的公民不再享有宗教信仰的自由

9. 规范性法律文件的备案制度是保证规范性法律文件合法的重要措施。下列有关规范性法律文件备案的说法中，正确的是（　　）。

A. 省、自治区、直辖市人民代表大会及其常务委员会制定的地方性法规，只需报全国人民代表大会常务委员会和国务院备案

B. 自治县制定的自治条例和单行条例，只需由省、自治区、直辖市人大常委会报全国人大常委会备案

C. 设区的市的人民政府制定的规章只需报省、自治区的人大常委会备案

D. 设区的市的人民代表大会及其常务委员会制定的地方性法规，只需由省、自治区的人民代表大会常务委员会报全国人民代表大会常务委员会备案

10. 下列选项中哪一说法是正确的？（　　）

A. 法与国家同时产生，因此宪法也与国家同时产生

B. 1789 年法国《人权和公民权宣言》是马克思所称的世界上“第一个人权宣言”

C. 1787 年美国联邦宪法是世界上第一部宪法

D. 在欧洲大陆最早制定成文宪法典的国家是法国

（二）多项选择题（共 5 题，每题 2 分）

1. 下列说法正确的是（　　）。

A. 地方各级人大会议经过 1/5 以上代表提议，可以临时召集本级人大会议

B. 县级以上的地方各级人大主席团或者 1/5 以上代表书面联名，可以向本级人大提议组织关于特定问题的调查委员会

C. 乡、民族乡、镇的人大举行会议的时候，主席团或者 1/5 以上代表联名，可以提出对人大主席、副主席，乡长、副乡长、镇长、副镇长的罢免案

D. 主任会议或者 1/5 以上的常务委员会组成人员书面联名，可以向本级人大常务委员会提议组织关于特定问题的调查委员会

2. 在我国，可以被提起合宪性审查的规范性法律文件有（　　）。

A. 法律　　B. 行政法规

C. 地方性法规　　D. 规章

3. 下列哪些是古代西方“宪法”一词的含义？（　　）
A. 优于刑法等一般法律的基本法
B. 有关规定城邦组织与权限方面的法律
C. 皇帝的诏书、谕旨
D. 颁布法律、实施法律
4. 日本《明治宪法》的性质是（　　）。
A. 成文宪法　　B. 柔性宪法　　C. 协定宪法　　D. 钦定宪法
5. 下列说法正确的是（　　）。
A. 在奴隶社会和封建社会不可能产生作为国家根本法的宪法
B. 英国宪法不具有根本法的形式特征
C. 美国宪法的发展，是通过宪法修正案、宪法解释和宪法惯例等方式实现的
D.《被剥夺劳动人民权利宣言》是1918年《苏俄宪法》的序言
（三）不定项选择题（共5题，每题2分）
1. 下列属于我国1993年宪法修改的内容的是（　　）。
A. 增加规定“国家允许私营经济在法律规定的范围内存在和发展。私营经济是社会主义公有制经济的补充。国家保护私营经济的合法权利和利益，对私营经济实行引导、监督和管理”
B. 明确把“建设有中国特色社会主义”“坚持改革开放”写进宪法
C. 明确把“我国将长期处于社会主义初级阶段”“发展社会主义市场经济”写入宪法
D. 将社会主义市场经济确定为国家的基本经济体制
2. 我国宪法的基本原则是（　　）。
A. 人民民主原则　　B. 基本人权原则
C. 法治原则　　D. 权力分立原则
3. 下列说法正确的是（　　）。
A.《立法法》属于宪法性法律　　B. 英国的《人身保护法》属于宪法性法律
C. 国际条约和宪法惯例也是宪法的渊源之一　　D. 我国并不存在宪法惯例和宪法判例
4. 下列关于选举法的说法正确的是（　　）。
A. 我国选区划分的标准是居住状况、生产单位、事业单位、工作单位
B. 候选人名单在选举日5天前公布
C. 在实行直接选举和间接选举的地方，选区全体选民的过半数参加，投票方为有效，代表候选人获得参加投票的选民的过半数的选票即为当选
D. 罢免间接选举产生的代表，须经原选举单位过半数的代表通过，在代表大会闭会期间，须经各该级人大常委会组成人员的过半数通过
5. 下列哪些机关有权直接撤销某省某设区的市所管辖的自治县人民代表大会制定的与宪法相违背的自治条例？（　　）
A. 全国人民代表大会常委会　　B. 该省人民代表大会
C. 该省人民代表大会常委会　　D. 该设区的市人民代表大会

三、简答题（共3题，每题10分，共30分）

1. 简述我国选举制度的基本原则。
2. 简述现行宪法对非公有制经济的规定。
3. 简述基层群众性自治组织的性质与特点。

四、论述题（共 1 题，每题 20 分，共 20 分）

论述监察机关的性质、地位、职权与工作机制。

参考答案

一、名词解释

1. 宪法典是成文宪法国家宪法的主要表现形式，是指一国最根本、最重要的问题由一种有逻辑、有系统的法律文书加以明确规定而形成的宪法。

2. 言论免责权是指全国人大代表在全国人民代表大会的各种会议上或列席原选举单位的人民代表大会时的发言和表决，不受法律追究的权利。

3. 单一制是以普通行政单位（省、县、乡等）或自治单位的形式来划分其国家内部组成，它在形式上比较简单，是一个统一完整的政治实体。其主要特点是：国家设有统一的立法机关和统一的中央政府；全国只有一个宪法；按行政区域划分行政单位和自治单位。

4. 全国人大专门委员会是全国人民代表大会的常设工作机构，由全国人民代表大会产生，受全国人民代表大会领导，向全国人民代表大会负责。

二、选择题

（一）单项选择题

1. 答案 C

本题考查全国人大各专门委员会的职权。A 项错在自治州、自治县的自治条例和单行条例不需要报请全国人大常委会批准。B 项错在各专门委员会调查研究的问题是与本专门委员会有关的问题，而非所有问题。D 项错在从事该项研究工作的是全国人大常委会的工作机构，而非各专门委员会，全国人大常委会工作机构研究完后，有必要时，送相关的专门委员会审查，提出意见。

2. 答案 A

本题考查全国人大及其常委会对国家领导人员的产生方式。全国人大及其常委会对国家领导人的产生方式共有四种：（1）选举。此只限于国家主席、副主席，中央军事委员会主席，国家监察委员会主任，最高人民法院院长、最高人民检察院检察长的产生。（2）决定。此根据国家主席、中央军事委员会主席的提名进行。（3）任免。根据国家监察委员会主任、最高人民法院院长、最高人民检察院检察长的提请，任免国家监察委员会副主任、委员，最高人民法院副院长、审判员、审判委员会委员和军事法院院长，最高人民检察院副检察长、检察员、检察委员会委员和军事检察院检察长。（4）批准。全国人大常委会批准省、自治区、直辖市的人民检察院检察长的任免。对于 B 项只能决定，对于 C 项是批准，对于 D 项只能决定。

3. 答案 C

本题考查宪法的本质。A 选项较具迷惑性，在阶级社会，宪法自然体现为各种阶级力量的对比关系，但是在阶级已经被消灭的社会，比如我国当前，显然，宪法已不再是各种阶级力量的对比关系，而是同一阶级内各种政治力量的对比关系的体现。所以，选 C。

4. 答案 C

根据《香港特别行政区基本法》第 19 条的规定，香港特别行政区法院对国防、外交等国家行为无管辖权。香港特别行政区法院在审理案件中遇有涉及国防、外交等国家行为的事实问题，应取得行政长官就该等问题发出的证明文件，上述文件对法院有约束力。行政长官在发出证明文件前，须取得中央人民政府的证明书。故 A 选项错误。

根据《香港特别行政区基本法》第 49 条的规定，香港特别行政区行政长官如认为立法会通过的法案不符合香港特别行政区的整体利益，可在 3 个月内将法案发回立法会重议，立法会如以不少于全体议员 2/3 多数再次通过原案，行政长官必须在 1 个月内签署公布或按本法第 50 条的规定处理。根据《香港特别行政区基本法》第 50 条的规定，香港特别行政区行政长官如拒绝签署立法会再次通过的法案或立法会拒绝通过政府提出的财政预算案或其他重要法案，经协商仍不能取得一致意见，行政长官可解散立法会。行政长官在解散立法会前，须征询行政会议的意见。行政长官在其一任任期内只能解散立法会一次。故全体议员 2/3 多数再次通过原法案时，行政长官并非只能签署公布，也可以解散立法会，重新选出立法会。故 B 选项错误。

根据《香港特别行政区基本法》第 95 条的规定，香港特别行政区可与全国其他地区的司法机关通过协商依法进行司法方面的联系和相互提供协助，故 C 选项正确。

根据《香港特别行政区基本法》第 55 条的规定，香港特别行政区行政会议的成员由行政长官从行政机关的主要官员、立法会议员和社会人士中委任，其任免由行政长官决定。行政会议成员的任期应不超过委任他的行政长官的任期，故 D 选项错误。

本题答案为 C。

5. 答案 A

本题考查我国宪法规定的基本制度。对 B 选项一定要注意。2004 年宪法修改之后，我国爱国统一战线的组成部分多了社会主义事业的建设者，主要是指一些非公有制经济的参与人士，所以 B 不能选。第二次世界大战后，宪法上的文化制度可以分为三类，除资本主义文化制度和社会主义文化制度以外，还有民族民主主义的文化制度，主要集中在一些第三世界国家。我国宪法规定的国有财产和集体财产，需要牢记。水流和矿藏只能是国家所有，不能为集体所有。因此 D 项不选。另外，农村和城市郊区的土地既可以为集体所有，也可以为国家所有。但是，城市的土地只能为国家所有。

6. 答案 C

本题考查行政区域变更的法律程序。全国人大审批的是省、自治区、直辖市的设立、撤销、更名，特别行政区的成立。国务院审批的是：(1) 省、自治区、直辖市行政区域界线的变更；(2) 自治州、县、自治县、市、市辖区的设立、撤销、更名或者隶属关系的变更；(3) 自治州、自治县的行政区域界线的变更；(4) 县、市行政区域界线的重大变更。省、自治区、直辖市人民政府审批的是：(1) 县、市、市辖区部分行政区域界线的变更；(2) 乡、民族乡、镇的设立、撤销、更名或者行政区域界线的变更。所以，A、B、D 项均不对。

7. 答案 A

本题考查我国特别行政区制度。B 选项错在特别行政区长官对中央人民政府和特别行政区负责，对立法会负责的是特别行政区政府。C 选项错在澳门特别行政区法院只有初级法院、中级法院、终审法院三级，高级法院只在香港特别行政区存在。D 选项错在香港特别行政区的刑事检察工作由律政司来负责，廉政公署只负责公职人员的职务犯罪的检察工作。

8. 答案 C

根据《刑法》第 54 条的规定，很显然，C 选项的说法是正确的，其他选项均错误。

9. 答案 A

详见《立法法》第 109 条。

10. 答案 D

考查宪法的发展历史。

（二）多项选择题

1. 答案 ACD

本题考查临时会议、调查委员会、罢免案的提出人数。数字类题目是宪法题目中比较具有难点的一种。B 项错在县级以上的地方各级人大主席团或者 1/10 以上代表书面联名，可以向本级人大提议组织关于特定问题的调查委员会。另外，县级以上的地方各级人大举行会议的时候，主席团、常务委员会或者 1/10 以上代表联名，可以提出对本级人大常委会组成人员、人民政府组成人员、监察委员会主任、人民法院院长、人民检察院检察长的罢免案。

2. 答案 BC

本题考查我国可以被提起合宪性审查的规范性法律文件。我国《立法法》第 110 条规定的合宪性审查的规范性法律文件，只有行政法规、地方性法规、自治条例和单行条例。

3. 答案 BC

本题考查宪法的语义。宪法一词在中国古代和西方古代都曾出现过，但含义不同。在中国古代大致有三种用法，在西方古代也有三种用法，A、D 项属于中国古代宪法一词的含义，所以不选。

4. 答案 AD

本题考查宪法的分类。成文宪法并非指以文字形式表现的宪法，而是指具有统一的宪法典形式的宪法，因为不成文宪法也是以文字形式表现出来的，如英国的《人身保护法》《权利请愿书》等。另外还要注意的是协定宪法和钦定宪法：协定宪法是君主和国民或者国民的代表机关协商制定的宪法，钦定宪法是由君主或者以君主的名义制定和颁布的宪法。有些宪法虽然表面上具有协定的性质，但实质上是钦定的，比如我国清代的《钦定宪法大纲》。

5. 答案 ABCD

本题考查宪法的发展历史。A 选项较具迷惑性，虽然在奴隶社会、封建社会曾经出现过名为宪法的文件，但是根据马克思主义法学理论，宪法是与民主制度紧密联系的，它是民主事实和民主制度的确认和保障，而奴隶制、封建制国家并不存在民主制度。B 选项也容易出错，要牢记英国宪法作为不成文宪法和柔性宪法的特征。

（三）不定项选择题

1. 答案 BD

本题考查我国历次宪法修改的内容。A 选项是 1988 年宪法修改的内容，C 选项是 1999 年宪法修改的内容，1993 年宪法修改共有五项内容。参考 1993 年宪法修正案。

2. 答案 BC

本题考查我国宪法的基本原则。我国宪法的基本原则是人民主权原则、基本人权原则、法治原则和权力制约原则。A、D 项较具迷惑性。

3. 答案 ABC

本题考查宪法的渊源。宪法性法律有两种含义：在成文宪法国家它是指由国家立法机关为实施宪法而制定的有关规定宪法内容的法律。在不成文宪法国家，它是指组成不成文宪法的各个法律文件。所以 A、B 项正确。我国存在宪法惯例，比如由中国共产党中央委员会行使宪法修改的建议权就是一条被默认的宪法惯例。但是，不存在宪法判例。

4. 答案 AD

本题考查我国选举法。B 选项较具迷惑性。需要区分候选人名单和正式候选人名单：候选人名单在选举日 15 天以前公布，正式候选人名单在经过该选区的各选民小组反复酝酿、讨论、协商后，根据多数选民的意见，在选举日 7 天以前公布。对于 C 项，考生应注意区分直接选举和间接选举当选的票数不同，直接选举的当选票数是参加投票的选民的过半数，间接选举的当选票数是全体代表的过半数。

5. 答案 A

参见《立法法》第 108 条。

三、简答题

1. 我国的选举制度的基本原则表现如下。

（1）选举的普遍性原则。“中华人民共和国年满十八周岁的公民，不分民族、种族、性别、职业、家庭出身、教育程度、财产状况、居住期限，都有选举权和被选举权，但是依照法律被剥夺政治权利的人除外。”

（2）选举权的平等性原则，表现在：每个选民在一次选举中只有一个投票权；每票的效力和价值相同。

（3）直接选举和间接选举并用原则。依《选举法》的规定，不设区的市、市辖区、县、自治县、乡、民族乡、镇的人民代表大会代表由直接选举产生，其他各级人大代表由下一级人民代表大会选举产生。

（4）无记名投票原则。是指选举人无须在选票上写任何人的名字，而只需要在印有候选人姓名的选票上画一记号，以表示其选举意向的一种投票方式。无记名投票对应于公开投票，即选举人在选票上必须签署自己的姓名，或者不用书面投票而是在公众场合以口头、举手方式表示自己意愿的选举方式。

2. 根据《宪法》第11条的规定，在法律规定范围内的个体经济、私营经济等非公有制经济，是社会主义市场经济的重要组成部分。国家保护个体经济、私营经济等非公有制经济的合法的权利和利益。国家鼓励、支持和引导非公有制经济的发展，并对非公有制经济依法实行监督和管理。

3. 基层群众性自治组织是指依照有关法律规定，以城乡居（村）民一定的居住地为纽带和范围设立，并由居（村）民选举产生的成员组成的，实行自我管理、自我教育、自我服务的社会组织。基层群众性自治是非政权性的，即非国家性质的自治，而是一种社会自治。基层群众性自治组织具有以下几个方面的特点：（1）基础性。基层群众性自治组织的这一特点，主要表现为三个方面：一是从组织构成上看，居民委员会和村民委员会成员都是由社会最基本的单元——个人组成的，每个社会成员都平等地参加了该自治组织。二是从组织系统上看，居民委员会和村民委员会只存在于居住地区范围的基层社区。它们都没有上级组织，更没有全国性、地区性的统一组织。三是从自治内容上看，居民委员会和村民委员会的任务及所从事的工作，都是居（村）民居住范围内的公共事务和公益事业，不涉及其他地区。（2）独立性。居民委员会和村民委员会在组织上具有独立性，它既不是国家机关的下级组织，也不隶属于任何社会团体和社会经济组织，它们之间不存在领导和被领导的关系，国家机关及其派出机构无权对它发布指示和命令。（3）自治性。居民委员会和村民委员会在活动上具有自治性，它通过居（村）民的自我管理、自我教育、自我服务开展工作，实行民主选举、民主政策、民主管理、民主监督。尽管不设区的市、市辖区的人民政府或者它的派出机关、乡、民族乡、镇的人民政府，对居民委员会和村民委员会的工作可给予指导、支持和帮助，但不得干预依法应属于居（村）民自治范围的事项。

四、论述题

中华人民共和国设立国家监察委员会和地方各级监察委员会。中华人民共和国各级监察委员会是国家的监察机关。各级监察委员会是行使国家监察职能的专责机关，是依照宪法和监察法对所有行使公权力的公职人员进行监察，调查职务违法和职务犯罪，开展廉政建设和反腐败工作，维护宪法和法律的尊严的机关。监察委员会是集党纪监督、行政监督与法律监督于一体的综合性、混合性与独立性的机关，既不同于党的机关，也不同于行政机关或者司法机关，其职权具有综合性与混合性。中华人民共和国国家监察委员会是最高监察机关。省、自治区、直辖市、自治州、县、自治县、市、市辖区设立监察委员会。国家监察委员会由全国人民代表大会产生，负责全国监察工作。国家监察委员会由主任、副主任若干人、委员若干人组成，主任由全国人民代表大会选举，副主任、委员由国家监察委员会主任提请全国人民代表大会常务委员会任免。

地方各级监察委员会由本级人民代表大会产生，负责本行政区域内的监察工作。地方各级监察委员会由主任、副主任若干人、委员若干人组成，主任由本级人民代表大会选举，副主任、委员由监察委员会主任提请本级人民代表大会常务委员会任免。

各级监察委员会可以向本级中国共产党机关、国家机关、法律法规授权或者委托管理公共事务的组织和单位以及所管辖的行政区域、国有企业等派驻或者派出监察机构、监察专员。监察机构、监察专员对派驻或者派出它的监察委员会负责。

监督机关的职权如下：

（1）监督、调查权：监察机关行使监督、调查职权，有权依法向有关单位和个人了解情况，收集、调取证据。

（2）要求说明、陈述权：对于可能发生职务违法的监察对象，监察机关按照管理权限，可以直接或者委托有关机关、人员进行谈话或者要求说明情况。

（3）询问权：在调查过程中，监察机关可以询问证人等人员。

（4）留置权：被调查人涉嫌贪污贿赂、失职渎职等严重职务违法或者职务犯罪，监察机关已经掌握其部分违法犯罪事实及证据，仍有重要问题需要进一步调查，并有下列情形之一的，经监察机关依法审批，可以将其留置在特定场所：1）涉及案情重大、复杂的；2）可能逃跑、自杀的；3）可能串供或者伪造、隐匿、毁灭证据的；4）可能有其他妨碍调查行为的。对于涉嫌行贿犯罪或者共同职务犯罪的涉案人员，监察机关可以依照前述规定采取留置措施。留置场所的设置、管理和监督依照国家有关规定执行。

（5）查询、冻结权：监察机关调查涉嫌贪污贿赂、失职渎职等严重职务违法或者职务犯罪，根据工作需要，可以依照规定查询、冻结涉案单位和个人的存款、汇款、债券、股票、基金份额等财产。有关单位和个人应当配合。

（6）搜查权：监察机关可以对涉嫌职务犯罪的被调查人以及可能隐藏被调查人或者犯罪证据的人的身体、物品、住处和其他有关地方进行搜查。在搜查时，应当出示搜查证，并有被搜查人或者其家属等见证人在场。搜查女性身体，应当由女性工作人员进行。监察机关进行搜查时，可以根据工作需要提请公安机关配合，公安机关应当依法予以协助。

（7）调取、查封、扣押权：监察机关在调查过程中，可以调取、查封、扣押用以证明被调查人涉嫌违法犯罪的财物、文件和电子数据等信息。采取调取、查封、扣押措施，应当收集原物原件，会同持有人或者保管人、见证人，当面逐一拍照、登记、编号，开列清单，由在场人员当场核对、签名，并将清单副本交财物、文件的持有人或者保管人。对于查封、扣押的财物、文件，经查明与案件无关的，应当在查明后3日内解除查封、扣押，予以退还。

（8）勘验检查、鉴定权：监察机关在调查过程中，可以直接或者指派、聘请具有专门知识、资格的人员在调查人员主持下进行勘验检查。勘验检查情况应当制作笔录，由参加勘验检查的人员和见证人签名或者盖章。

（9）采取技术措施权：监察机关调查涉嫌重大贪污贿赂等职务犯罪，根据需要，经过严格的批准手续，可以采取技术调查措施，按照规定交有关机关执行。

（10）通缉和限制出境权：依法应当留置的被调查人如果在逃，监察机关可以决定在本行政区域内通缉，由公安机关发布通缉令，追捕归案。通缉范围超出本行政区域的，应当报请有权决定的上级监察机关决定。监察机关为防止被调查人及相关人员逃匿境外，经省级以上监察机关批准，可以对被调查人及相关人员采取限制出境措施，由公安机关依法执行。

（11）建议权：涉嫌职务犯罪的被调查人主动认罪认罚，有下列情形之一的，监察机关经领导人员集体研究，并报上一级监察机关批准，可以在移送人民检察院时提出从宽处罚的建议：1）自动投案，真诚悔罪悔过的；2）积极配合调查工作，如实供述监察机关还未掌握的违法犯罪行为的；3）积极退赃，减少损失的；4）具有重大立功表现或者案件涉及国家重大利益等情形的。

综合测试题（三）

一、名词解释（共 4 题，每题 5 分，共 20 分）

1. 宪法秩序
2. 宪法无形修改
3. 宪法遵守
4. 宪法价值

二、选择题（共 20 题，共 30 分）

（一）单项选择题（共 10 题，每题 1 分）

1. 有关《香港特别行政区基本法》修改的表述不正确的是（　　）。

A. 基本法的修改权属于全国人大常委会

B. 基本法的任何修改均不得同“一国两制”的基本方针相抵触

C. 香港特别行政区基本法的修改提案权属于全国人大常委会、国务院和香港特别行政区

D. 基本法的修改议案，须经香港特别行政区的全国人大代表 2/3 以上多数、香港特别行政区立法会全体议员 2/3 以上多数和香港特别行政区行政长官同意

2. 关于 2004 年宪法修正案，下列说法错误的是（　　）。

A. 增加规定“公民的合法的私有财产不受侵犯”

B. 在统一战线中增加了“社会主义事业的建设者”

C. 将有关“紧急状态”的规定改为“戒严”

D. 将“政治文明”“尊重和保障人权”等内容明确写入宪法

3. 根据宪法和法律，下列哪一选项合宪并合法？（　　）

A. 某检察院根据国务院制定的行政法规决定对张某实行逮捕

B. 某海关根据全国人大常委会制定的法律决定对王某进行人身扣留 48 小时

C. 某法院根据国务院制定的某条例为审理行政案件对某公民的通信情况进行检查

D. 某法院根据全国人大委托国务院制定的有关法律法规剥夺李某政治权利 3 年

视频讲题

4. 根据宪法，下列哪些人员由国家主席任免？（　　）

A. 中央军委主席　　　　B. 商务部部长

C. 国家税务总局局长　　　　D. 最高人民法院院长

5. 下列职务必须由实行区域自治的民族的公民担任的是（　　）。

A. 自治区人大常委会主任　　　　B. 自治区高级人民法院院长

C. 自治区人大常委会副主任　　　　　　　　　　D. 自治区主席

6. 我国《宪法》规定县级以上的各级地方人民政府设立审计机关，地方各级审计机关依照法律规定独立行使审计监督权，对下列哪些机关负责？（　　）

A. 国务院审计署和本级人民政府

B. 本级人民代表大会常委会和上一级审计机关

C. 本级人民代表大会和本级人民政府

D. 本级人民政府和上一级审计机关

7. 关于省级人民政府的职权的表述，下列哪一选项是正确的？（　　）

A. 省级人民政府有权审查本行政区域内设区的市人大制定的地方性法规

B. 省级人民政府制定的地方政府规章，报本级人大常委会和全国人大常委会备案

C. 省级人民政府受国务院统一领导，服从国务院，对国务院负责并报告工作

D. 省级人民政府对本级人大及其常委会负责，并向全国人大及其常委会报告工作

8. 我国 2004 年的宪法修正案涉及下列哪个方面的内容？（　　）

A. 增加规定："私营经济是社会主义公有制经济的补充。国家……对私营经济实行引导、监督和管理"

B. 修改规定："在法律规定范围内的个体经济、私营经济等非公有制经济，是社会主义市场经济的重要组成部分"

C. 修改规定："国家对个体经济、私营经济实行引导、监督和管理"

D. 修改规定："国家鼓励、支持和引导非公有制经济的发展，并对非公有制经济依法实行监督和管理"

9. 根据我国宪法，法律可分为基本法律和基本法律以外的其他法律。下列关于基本法律的表述，正确的是（　　）。

A. 基本法律具有最高的法律效力

B. 全国人大常委会有权制定和修改基本法律

C. 限制人身自由的强制措施，只能由基本法律予以规定

D. 民法典、刑事诉讼法和民族区域自治法都属于基本法律

10. 下列关于向全国人大提出议案的表述中，正确的是哪一个？（　　）

A. 全国人大主席团可以向全国人大提出法律案

B. 全国人大 3 个以上代表团或 1/10 以上代表可以向全国人大提出宪法修正案

C. 全国人大 1 个代表团或 30 名以上代表可以向全国人大提出对中央军委的质询案

D. 全国人大 30 名以上代表联名可以向全国人大提出对中华人民共和国主席的罢免案

（二）多项选择题（共 5 题，每题 2 分）

1. 宪法具有最高法律效力，宪法的最高法律效力主要包括以下哪些方面的含义？（　　）

A. 宪法是制定普通法律的依据，任何普通法律、法规都不得与宪法相抵触

B. 宪法是一切国家机关、社会团体和全体公民的最高行为准则

C. 在制定和修改程序上，宪法比其他法律的要求更加严格

D. 在内容上，宪法规定国家最根本、最重要的问题

2. 下列重大事项中，由全国人民代表大会常委会决定的有哪些？（　　）

A. 决定同外国缔结的条约、重要协定的批准和废除

B. 决定香港特别行政区的设立及其制度

C. 决定北京市海淀区进入紧急状态

D. 决定全国总动员

3. 下列有关我国选举机构的表述正确的有哪些？（　　）

A. 乡、民族乡、镇设立选举委员会，主持本级人大代表的选举

B. 县、自治县的人大常委会主持本级人大代表的选举

C. 省级人民代表大会在选举全国人大代表时，由省级人大主席团主持

D. 乡、民族乡、镇的选举委员会受本级人大的领导

4. 当不同的规范性法律文件的规定发生冲突时，必须由全国人民代表大会常务委员会作出裁决的情形包括（　　）。

A. 法律之间对同一事项的新的一般规定与旧的特别规定不一致，不能确定如何适用时

B. 行政法规之间对同一事项的新的一般规定与旧的特别规定不一致，不能确定如何适用时

C. 地方性法规与部门规章之间对同一事项的规定不一致，不能确定如何适用时

D. 根据授权制定的法规与法律规定不一致，不能确定如何适用时

5. 2019 年 1 月国务院发布了《关于在市场监管领域全面推行部门联合“双随机、一公开”监管的意见》（国发〔2019〕5 号），对此，说法正确的是(　　)。(法考改编)

A. 该意见可以作为法官裁判的依据　　B. 该意见为行政法规

C. 该意见可以作为制定部门规章的依据　　D. 对该意见不能进行附带性审查

（三）不定项选择题（共 5 题，每题 2 分）

1. 根据我国现行立法监督权划分的法律规定，下列哪些机关有权直接撤销设区的市的人大常委会制定的与法律相抵触的地方性法规？（　　）

A. 全国人大常委会　　B. 设区的市的人大

C. 所在的省或自治区人民政府　　D. 所在省或自治区人大常委会

2. 根据选举法，下列有关代表辞职程序的表述，不正确的有哪些？（　　）

A. 全国人大代表向全国人大常委会书面提出辞职

B. 设区的市人大代表向选举他的市辖区、县的人大常委会书面提出辞职

C. 县级人大代表向本级人大常委会书面提出辞职

D. 乡级人大代表向县级人大常委会书面提出辞职

3. 根据 2004 年 3 月 14 日宪法修正案，判断以下说法正确的是（　　）。

A. 地方各级人民代表大会每届任期 5 年

B. 中华人民共和国主席代表中华人民共和国，进行国事活动，接受外国使节

C. 国家为了公共利益的需要，可以依照法律规定对土地实行征收或者征用，并给予补偿

D. 省、直辖市、县、市、市辖区的人民代表大会每届任期 5 年。乡、民族乡、镇的人民代表大会每届任期 3 年

4. 以下哪些属于我国单一制国家结构形式的主要特点？（　　）

A. 民族自治地方的设立　　B. 经济特区的设立

C. 特别行政区的设立　　D. 直辖市的设立

5. 下列哪些选项属于宪法规范的主要特点？（　　）

A. 宪法对它所调整的社会关系，作出了原则性的规定

B. 宪法规定了国家生活和社会生活各方面的根本制度

C. 宪法在国家生活中居于最高的地位，具有最高的权威

D. 宪法在实施以后通常能在较长时间内不作变动或不作较大的变动

三、简答题（共 3 题，每题 10 分，共 30 分）

1. 平等包括形式平等和实质平等，论述我国宪法上特定群体的权利保障。(考研)

2. 如何理解宪法解释与法律解释的关系？

3. 简述我国公民基本权利和义务的统一性。

四、材料分析题（共1题，每题20分，共20分）

（1）国家主席习近平2020年8月11日签署主席令，根据十三届全国人大常委会第二十一次会议于11日下午表决通过的全国人大常委会关于授予在抗击疫情斗争中作出杰出贡献的人士国家勋章和国家荣誉称号决定，授予钟南山“共和国勋章”，授予张伯礼、张定宇、陈薇（女）“人民英雄”国家荣誉称号。

（2）第十三届全国人民代表大会常务委员会第十三次会议决定：

一、授予下列人士“共和国勋章”：于敏、申纪兰（女）、孙家栋、李延年、张富清、袁隆平、黄旭华、屠呦呦（女）。

二、授予下列外国人士“友谊勋章”：劳尔·卡斯特罗·鲁斯（古巴）、玛哈扎克里·诗琳通（女，泰国）、萨利姆·艾哈迈德·萨利姆（坦桑尼亚）、加林娜·维尼阿米诺夫娜·库利科娃（女，俄罗斯）、让-皮埃尔·拉法兰（法国）、伊莎白·柯鲁克（女，加拿大）。

三、授予下列人士国家荣誉称号：授予叶培建、吴文俊、南仁东（满族）、顾方舟、程开甲“人民科学家”国家荣誉称号；授予于漪（女）、卫兴华、高铭暄“人民教育家”国家荣誉称号；授予王蒙、秦怡（女）、郭兰英（女）“人民艺术家”国家荣誉称号；授予艾热提·马木提（维吾尔族）、申亮亮、麦贤得、张超“人民英雄”国家荣誉称号；授予王文教、王有德（回族）、王启民、王继才、布茹玛汗·毛勒朵（女，柯尔克孜族）、朱彦夫、李保国、都贵玛（女，蒙古族）、高德荣（独龙族）“人民楷模”国家荣誉称号；授予热地（藏族）“民族团结杰出贡献者”国家荣誉称号；授予董建华“‘一国两制’杰出贡献者”国家荣誉称号；授予李道豫“外交工作杰出贡献者”国家荣誉称号；授予樊锦诗（女）“文物保护杰出贡献者”国家荣誉称号。

1. 结合材料分析国家元首的荣典权。
2. 结合材料分析国家主席的性质和地位。
3. 结合材料分析国家主席的职权。

参考答案

一、名词解释

1. 宪法秩序是一种社会秩序，它是基于人们对一定社会规律的认识，通过制宪对该社会所需要的“一致性、连续性和确定性”进行确认，形成一种宪法上的应然秩序，再通过宪法的各种调整手段，将宪法上的应然秩序转变成现实而形成的社会秩序。宪法秩序既可指应然宪法秩序，也可指实然宪法秩序。

2. 宪法无形修改是指在宪法条文未作变动（包括修改、解释或者由宪法惯例加以补充）的情况下，由于社会的发展、国家权力的运作等，宪法条文本来的含义发生变化。

3. 宪法遵守是指一切国家机关、社会组织和公民个人严格依照宪法的规定从事各项行为。宪法遵守通常包括三层含义：一是享有宪法赋予的权利；二是履行宪法规定的作为义务；三是遵循宪法规定的禁止性命令。

4. 宪法价值是指宪法本身及其在实施过程中能够满足宪法关系主体一系列需要或实现宪法关系主体一系列目标的内在规定性。

二、选择题

（一）单项选择题

1. 答案A

根据《香港特别行政区基本法》第159条的规定，基本法的修改权属于全国人大，而不是全国人大常委会。

2. 答案C

2004年宪法修正案将有关“戒严”的规定改为“紧急状态”。

3. 答案 B

《立法法》第 11 条规定，下列事项只能制定法律：(1) 国家主权的事项；(2) 各级人民代表大会、人民政府、人民法院和人民检察院的产生、组织和职权；(3) 民族区域自治制度、特别行政区制度、基层群众自治制度；(4) 犯罪和刑罚；(5) 对公民政治权利的剥夺、限制人身自由的强制措施和处罚；(6) 税种的设立、税率的确定和税收征收管理等税收基本制度；(7) 对非国有财产的征收、征用；(8) 民事基本制度；(9) 基本经济制度以及财政、海关、金融和外贸的基本制度；(10) 诉讼和仲裁制度；(11) 必须由全国人民代表大会及其常务委员会制定法律的其他事项。第 12 条规定：本法第 11 条规定的事项尚未制定法律的，全国人民代表大会及其常务委员会有权作出决定，授权国务院可以根据实际需要，对其中的部分事项先制定行政法规，但是有关犯罪和刑罚、对公民政治权利的剥夺和限制人身自由的强制措施和处罚、司法制度等事项除外。

4. 答案 B

《宪法》第 80 条规定：中华人民共和国主席根据全国人民代表大会的决定和全国人民代表大会常务委员会的决定，公布法律，任免国务院总理、副总理、国务委员、各部部长、各委员会主任、审计长、秘书长。

5. 答案 D

《宪法》第 113 条规定：自治区、自治州、自治县的人民代表大会中，除实行区域自治的民族的代表外，其他居住在本行政区域内的民族也应当有适当名额的代表。自治区、自治州、自治县的人民代表大会常务委员会中应当有实行区域自治的民族的公民担任主任或者副主任。第 114 条规定：自治区主席、自治州州长、自治县县长由实行区域自治的民族的公民担任。

6. 答案 D

《宪法》第 109 条规定：县级以上的地方各级人民政府设立审计机关。地方各级审计机关依照法律规定独立行使审计监督权，对本级人民政府和上一级审计机关负责。

7. 答案 C

省、自治区的人民政府的规章的效力与本行政区域内的设区的市的地方性法规没有高低之分，所以 A 项错。根据《立法法》第 109 条第 4 项，部门规章和地方政府规章不报全国人大常委会备案。必须报全国人大常委会备案的规范性文件包括行政法规、地方性法规、自治州和自治县的自治条例和单行条例，所以 B 项错。

8. 答案 D

A 选项是 1988 年《宪法修正案》第 1 条的内容。B、C 选项是 1999 年《宪法修正案》第 16 条的内容。

9. 答案 D

宪法具有最高的法律效力，而不是基本法律，故 A 项错误。全国人民代表大会制定和修改刑事、民事、国家机构的和其他的基本法律。全国人民代表大会常务委员会制定和修改除应当由全国人民代表大会制定的法律以外的其他法律；在全国人民代表大会闭会期间，对全国人民代表大会制定的法律进行部分补充和修改，但是不得同该法律的基本原则相抵触。故 B 项错误。限制人身自由的强制措施，只能由法律予以规定，但没有要求必须是基本法律，故 C 项错误。民法典、刑事诉讼法和民族区域自治法都是由全国人大制定的法律，是基本法律，故 D 项正确。

10. 答案 A

《全国人民代表大会组织法》第 16 条规定：全国人民代表大会主席团，全国人民代表大会常务委员会，全国人民代表大会各专门委员会，国务院，中央军事委员会，国家监察委员会，最高人民法院，最高人民检察院，可以向全国人民代表大会提出属于全国人民代表大会职权范围内的议案。第 17 条规定：1 个代表团或者 30 名以上的代表联名，可以向全国人民代表大会提出属于全国人民代表大会职权范围内的议案。第 20 条规定：全国人民代表大会主席团、3 个以上的代表团或者 1/10 以上的代表，可以提出对全国人民代表大会常务委员会的组成人员，中华人民共和国主席、副主席，国务院和中央军事委员会的组成人员，国家监察委员会主任，最高人民法院院长和最高人民检察院检察长的罢免案，由主席团提请大会审议。第 21 条规定：全国人民代表大会会议期间，1 个代表团或者 30 名以上的代表联名，可以书面提出对国务院以及国务院各部门、国家监察委员会、最高人民法院、最高人民检察院的质询案。

（二）多项选择题

1. 答案 AB

本题考查的是宪法规范的最高法律效力的表现。《宪法》第 5 条规定：一切法律、行政法规和地方性法规都不得同宪法相抵触。一切国家机关和武装力量、各政党和各社会团体、各企业事业组织都必须遵守宪法和法律。以上是宪法最高法律效力的主要体现。因此选 A、B。后两个选项是回答宪法为什么是国家根本法的原因，而不是宪法作为国家根本法的最高法律效力的表现。所以不选 C、D。

2. 答案 AD

B 选项属于全国人大的职权，《宪法》第 62 条规定：“全国人民代表大会行使下列职权：……（十四）决定特别行政区的设立及其制度”。C 选项属于国务院的职权，《宪法》第 89 条规定：“国务院行使下列职权：……（十六）依照法律规定决定省、自治区、直辖市的范围内部分地区进入紧急状态”。A、D 选项属于全国人大常委会的职权范围，《宪法》第 67 条规定：“全国人民代表大会常务委员会行使下列职权：……（十五）决定同外国缔结的条约和重要协定的批准和废除……（二十）决定全国总动员或者局部动员”。

3. 答案 AC

《全国人民代表大会和地方各级人民代表大会选举法》第 9 条规定：全国人民代表大会常务委员会主持全国人民代表大会代表的选举。省、自治区、直辖市、设区的市、自治州的人民代表大会常务委员会主持本级人民代表大会代表的选举。不设区的市、市辖区、县、自治县、乡、民族乡、镇设立选举委员会，主持本级人民代表大会代表的选举。不设区的市、市辖区、县、自治县的选举委员会受本级人民代表大会常务委员会的领导。乡、民族乡、镇的选举委员会受不设区的市、市辖区、县、自治县的人民代表大会常务委员会的领导。省、自治区、直辖市、设区的市、自治州的人民代表大会常务委员会指导本行政区域内县级以下人民代表大会代表的选举工作。第 39 条规定：县级以上的地方各级人民代表大会在选举上一级人民代表大会代表时，由各该级人民代表大会主席团主持。

4. 答案 AD

《立法法》第 105 条规定：“法律之间对同一事项的新的一般规定与旧的特别规定不一致，不能确定如何适用时，由全国人民代表大会常务委员会裁决。行政法规之间对同一事项的新的一般规定与旧的特别规定不一致，不能确定如何适用时，由国务院裁决。”第 106 条规定：“地方性法规、规章之间不一致时，由有关机关依照下列规定的权限作出裁决：（一）同一机关制定的新的一般规定与旧的特别规定不一致时，由制定机关裁决；（二）地方性法规与部门规章之间对同一事项的规定不一致，不能确定如何适用时，由国务院提出意见，国务院认为应当适用地方性法规的，应当决定在该地方适用地方性法规的规定；认为应当适用部门规章的，应当提请全国人民代表大会常务委员会裁决；（三）部门规章之间、部门规章与地方政府规章之间对同一事项的规定不一致时，由国务院裁决。根据授权制定的法规与法律规定不一致，不能确定如何适用时，由全国人民代表大会常务委员会裁决。”

5. 答案 CD

（1）本题最根本的做题前提是判断《关于在市场监管领域全面推行部门联合“双随机、一公开”监管的意见》（以下简称为《意见》）的法律性质，其为国务院制定的其他规范性文件。其他规范性文件为专有名词，指的是除行政法规和规章之外的抽象行政行为，由于其他规范性文件的制定程序随意，法律位阶较低，所以，所有的行政机关均有权制定，上至国务院，下至乡政府，也包含公安局等政府的工作部门。判断方法如下：第一，行政法规一般称“条例”，也可以称“规定”“办法”等。国务院根据全国人民代表大会及其常务委员会的授权决定制定的行政法规，称“暂行条例”或者“暂行规定”。而从《意见》的文件名称上可以判断它的性质不是行政法规，只能是其他规范性文件。第二，行政法规会以国务院令公布施行，比如，行政法规《食品安全法实施条例》，其文件编号为“国令第 721 号”，而《意见》的编号为“国发〔2019〕5 号”，文件编号中的“发”字即说明其性质并非行政法规，只能是其他规范性文件。综上，B选项错误。

(2) 既然《意见》的性质为其他规范性文件，则不可表达为“作为法官裁判的依据”，法律和法规是法官裁判的依据，规章是法官裁判的参照，其他规范性文件是法官裁判的参考，所以，A选项错误。

(3)《规章制定程序条例》第3条第2款规定：“没有法律或者国务院的行政法规、决定、命令的依据，部门规章不得设定减损公民、法人和其他组织权利或者增加其义务的规范，不得增加本部门的权力或者减少本部门的法定职责。没有法律、行政法规、地方性法规的依据，地方政府规章不得设定减损公民、法人和其他组织权利或者增加其义务的规范。”可见，部门规章制定的依据为“法律或者国务院的行政法规、决定、命令”，其中，国务院的决定和命令即为国务院制定的其他规范性文件，C选项正确。

(4)《行政诉讼法》并没有将全部抽象行政行为纳入行政诉讼附带性审查范围，允许附带性审查的只有其他规范性文件（国务院制定的其他规范性文件除外）。国务院制定的其他规范性文件由于制定主体的特殊身份，不允许审查，要排除出来，所以，D选项正确。

综上，本题答案为CD。

（三）不定项选择题

1. 答案A

《立法法》第108条第2项规定，“全国人民代表大会常务委员会有权撤销同宪法和法律相抵触的行政法规，有权撤销同宪法、法律和行政法规相抵触的地方性法规，有权撤销省、自治区、直辖市的人民代表大会常务委员会批准的违背宪法和本法第八十五条第二款规定的自治条例和单行条例”。

2. 答案BC

《全国人民代表大会和地方各级人民代表大会选举法》第55条规定：全国人民代表大会代表，省、自治区、直辖市、设区的市、自治州的人民代表大会代表，可以向选举他的人民代表大会的常务委员会书面提出辞职……县级的人民代表大会代表可以向本级人民代表大会常务委员会书面提出辞职，乡级的人民代表大会代表可以向本级人民代表大会书面提出辞职。

3. 答案ABC

《宪法修正案》第30条规定：《宪法》第98条“省、直辖市、县、市、市辖区的人民代表大会每届任期五年。乡、民族乡、镇的人民代表大会每届任期三年”修改为“地方各级人民代表大会每届任期五年”。

4. 答案AC

我国单一制国家结构形式的特点是：(1) 通过建立民族区域自治制度解决单一制下的民族问题。我国是多民族国家，因此，实行民族区域自治，赋予民族自治地方的自治机关以自治权，是妥善处理单一制国家的民族关系，充分尊重各少数民族自身特点的基本途径。(2) 通过建立特别行政区制度解决单一制下的历史遗留问题。为了香港、澳门回归祖国，我国政府依法在香港、澳门建立了特别行政区，允许特别行政区实行与国家其他地区不同的政治、经济、社会制度，保留原有的资本主义制度和生活方式不变。

5. 答案ABCD

A项属于宪法原则性的表述，D项属于宪法稳定性的表述，B、C项属于宪法的根本性和最高性的表述。

三、简答题

1. 平等权在宪法上主要是作为一种基本权利而存在的，但它与其他基本权利不同，在整个宪法的基本权利体系中具有一定的超越地位。它不但通过民族平等、男女平等，而且广泛地通过政治平等权、社会经济平等权以及其他具体的基本权利来体现其作为一种基本权利的具体内容，为此是一种原理（原则）性的、概括性的基本权利。平等可以分为形式平等和实质平等。形式平等终极的意义上指的是宪法对各个人所保障的、各自在其人格的形成和实现过程中的机会上的平等。实质平等是现代宪法对形式平等原理进行修正和补充的原理，指的是为了纠正由于保障形式平等所导致的事实上的不平等，依据各个人的不同属性分别采取不同的方式，对作为各个人的人格发展所必需的前提条件进行实质意义上的平等保障。

依据人的生理差异所采取的合理差别，如我国《宪法》第48条规定的男女平等以及现实中由于妇女生理上的特殊情况而对妇女予以的在劳动中的特殊照顾和保护。依据民族的差异所采取的合理差别，如各种法律所规定的对少数民族在政治、经济、文化等领域施行优惠措施，其中包括选举法所规定的汉族与其他各少数民族在各级人大选举中各代表所代表的人口基数的不同比例，高考加分等。法律面前一律平等，既包含了形式平等，又包含了实质平等。形式平等旨在反对不合理的差别，而实质平等必然承认合理的差别。这两个方面构成了一种相辅相成、互为一体的关系。

2. 宪法解释和法律解释的关系可以从宪法与法律之间的关系角度进行理解。具体来说：(1) 宪法解释是一种广义上的法律解释，因为宪法是法律的一种，所以宪法解释的原则、方法、程序以及运作的一般原理都应遵循法律解释的一般规律。(2) 宪法是“法律的法律”，因而是一种特殊的法律，所以宪法解释与普通法律解释又有区别。宪法相对于普通法律而言，具有历史性、包容性、妥协性和敏感性等特点，因此在解释宪法与适用宪法的时候，必须照顾到宪法规定的整体；同时，阐释法条和补充解释对宪法解释来说比对普通法律的解释更加重要。(3) 由于宪法是国家根本法，因而宪法的解释程序比普通法律的解释程序更加严格。

3. 权利义务的统一性，是指权利和义务互相依存、互相促进、互为条件的辩证统一关系。(1) 宪法要求公民既享有宪法和法律规定的权利，又必须履行宪法和法律规定的义务。不允许只享受权利而不履行义务，也不允许只履行义务而不享有权利的现象存在。(2) 公民的某些权利和义务是相互结合的，如劳动权、受教育权，它们既是公民的权利，又是公民的义务。(3) 权利和义务是相互促进的。在我国，国家对公民行使权利和自由提供保障，这有利于激发公民政治热情和生产积极性，促进他们对义务的自觉履行，而公民履行义务的自觉性越高，国家就会建设得更加富强，公民的权利和自由也就更有保障。

四、材料分析题

1. 国家元首的荣典权

国家主席根据全国人大及其常委会的决定，授予国家的勋章和荣誉称号。

我国国家主席的荣典权可以和人大常委会共同行使，也可以单独行使。如在我国国家主席享有荣典权，国家主席根据全国人大常委会的决定，向国家勋章和国家荣誉称号获得者授予国家荣誉称号奖章，签发证书。国家主席在进行国事活动时，有权直接授予外国政要、国际人士等人士“友谊勋章”。我国国家主席荣典权还包括高级军官的授衔，高级外交官的授衔，或者授予国家的重大荣誉、奖励等。通常情况下，荣典权行使的对象是在中国特色社会主义建设中作出突出贡献的杰出人士，并不限于我国公民，也可以包括外国人士。

2. 国家主席的性质和地位

国家主席是我国的国家元首，是国家机构的组成部分，依照宪法和法律行使相应的国家权力。

国家主席由全国人民代表大会选举产生，受全国人大和全国人大常委会的监督，全国人大有权罢免国家主席、副主席。

3. 国家主席的职权

国家主席的职权主要有以下几个方面：(1) 公布法律，发布命令。法律在全国人大或全国人大常委会通过后，由国家主席公布施行。国家主席根据全国人大及其常委会的决定，发布特赦令、宣布进入紧急状态、发布动员令、宣布战争状态。(2) 任免权。国家主席向全国人大提名国务院总理的人选；根据全国人大决定的人选任免国务院总理、副总理、国务委员、各部部长、各委员会主任、审计长、秘书长；在全国人大闭会期间，根据国务院总理的提名和全国人大常委会决定的人选，任免部长、委员会主任、审计长、秘书长。(3) 外事权。国家主席代表中华人民共和国，进行国事活动，接受外国使节；根据全国人大常委会的决定，派遣和召回驻外全权代表，批准和废除同外国缔结的条约与重要协定。(4) 授予荣誉权。国家主席根据全国人大及其常委会的决定，授予国家的勋章和荣誉称号。

图书在版编目（CIP）数据

宪法练习题集/胡锦光主编．--5版．--北京：中国人民大学出版社，2024.5
21世纪法学系列教材配套辅导用书
ISBN 978-7-300-32831-7

Ⅰ.①宪… Ⅱ.①胡… Ⅲ.①中华人民共和国宪法－高等学校－习题集 Ⅳ.①D921-44

中国国家版本馆CIP数据核字（2024）第095337号

21世纪法学系列教材配套辅导用书
宪法练习题集（第五版）
主　编　胡锦光
Xianfa Lianxi Tiji

出版发行	中国人民大学出版社		
社　　址	北京中关村大街31号	**邮政编码**	100080
电　　话	010－62511242（总编室）		010－62511770（质管部）
	010－82501766（邮购部）		010－62514148（门市部）
	010－62515195（发行公司）		010－62515275（盗版举报）
网　　址	http://www.crup.com.cn		
经　　销	新华书店		
印　　刷	唐山玺诚印务有限公司	**版　　次**	2006年4月第1版
开　　本	890 mm×1240 mm　1/16		2024年5月第5版
印　　张	15.25	**印　　次**	2025年10月第4次印刷
字　　数	452 000	**定　　价**	49.00元

《　　　　　　》[※]任课教师调查问卷

为了能更好地为您提供优秀的教材及良好的服务，也为了进一步提高我社法学教材出版的质量，希望您能协助我们完成本次小问卷，完成后您可以在我社网站中选择与您教学相关的 1 本教材作为今后的备选教材，我们会及时为您邮寄送达！如果您不方便邮寄，也可以申请加入我社的**法学教师 QQ 群：436438859（申请时请注明法学教师）**，然后下载本问卷填写，并发往我们指定的邮箱（cruplaw@163.com）。

邮寄地址：北京市海淀区中关村大街甲 59 号文化大厦 1202 收

邮　　编：100080

再次感谢您在百忙中抽出时间为我们填写这份调查问卷，您的举手之劳，将使我们获益匪浅！

基本信息及联系方式：[※]

姓名：______________ 性别：____________ 课程：____________________________

任教学校：______________________________ 院系（所）：_______________________

邮寄地址：______________________________ 邮编：____________________________

电话（办公）：______________ 手机：______________ 电子邮件：________________

调查问卷：[※]

1. 您认为图书的哪类特性对您选用教材最有影响力？（　　）（可多选，按重要性排序）

　A. 各级规划教材、获奖教材　　B. 知名作者教材

　C. 完善的配套资源　　D. 自编教材

　E. 行政命令

2. 在教材配套资源中，您最需要哪些？（　　）（可多选，按重要性排序）

　A. 电子教案　　B. 教学案例

　C. 教学视频　　D. 配套习题、模拟试卷

3. 您对于本书的评价如何？（　　）

　A. 该书目前仍符合教学要求，表现不错将继续采用。

　B. 该书的配套资源需要改进，才会继续使用。

　C. 该书需要在内容或实例更新再版后才能满足我的教学，才会继续使用。

　D. 该书与同类教材差距很大，不准备继续采用了。

4. 从您的教学出发，谈谈对本书的改进建议：__________________________________

____

____

选题征集：如果您有好的选题或出版需求，欢迎您联系我们：

联系人：黄　强　联系电话：010-62515955

索取样书：书名：____

书号：____

备注：※ 为必填项。

使用说明

学习卡使用说明：

1. 扫描封二学习卡上二维码
2. 进入序列号兑换界面，点击“确定”，激活本书
3. 进入课程学习界面，点击“确定”，激活配套课程

加群流程：

1. 进入课程学习界面，点击题目下“立即扫码”
2. 长按识别二维码
3. 扫码加入专属答疑群

题库使用说明：

1. 关注“人大社法律出版”微信公众号
2. 点击“电子书”菜单栏下“芸题库”
3. 手机注册进入芸题库，点击“添加新题库”，选择法学题库进行学习